續資治通鑑

第十一册

元世祖至元十三年丙子四月起
元英宗至治三年癸亥止

卷一百八十三
至卷二百一

中華書局

續資治通鑑卷第一百八十三

賜進士及第兵部尚書兼都察院右都御史總督湖北湖南等處地方軍務兼理糧餉世襲二等輕車都尉畢沅編集

元紀一

起柔兆困敦(丙子)四月，盡著雍攝提格(戊寅)四月，凡二年有奇。

世祖聖德神功文武皇帝 諱呼必賚，(舊作忽必烈。)睿宗第四子，母莊聖太后，以乙亥八月乙卯生，實宋寧宗之嘉定八年也。歲辛亥，憲宗即位，以同母弟惟帝長且賢，盡屬以漠南漢地。戊午，奉命分道攻宋，次江北，聞憲宗凶問，北還。中統元年三月戊辰朔，至開平，諸王大臣勸進，遂即皇帝位。

至元十三年 宋景炎元年。(丙子、一二七六)

1 夏，四月，庚辰，詔修太廟。

2 郝經入見，帝賜宴大廷，咨以政事，其從行者賞賚有差。

3 先是宋丞相文天祥至鎮江，與其客杜滸等十二人，夜亡入眞州，安撫使苗再成出迎，喜且泣曰：「兩淮兵足以興復，特二閫少隙，不能合從耳。」時猶未知夏貴納款，故再成以二閫爲言。天祥問：「計將安出？」再成曰：「今先約淮西兵趣建康，彼必悉力以扞吾西兵。吾指揮淮東諸將，以通、泰兵攻灣頭，以高郵、寶應、淮安兵攻揚子橋，以揚兵攻瓜步，吾以舟師直擣鎮江，同日大舉。灣頭、揚子橋，皆沿江脆兵，且日夜望我師之至，攻之即下，合攻瓜步之三面，吾自江中一面薄之，雖有智者，不能爲之謀矣。瓜步既舉，以淮東兵入京口，淮西兵入金陵，要其歸路，其大帥可坐致也。」天祥大稱善，即以書遺李庭芝，遣使四出結約。

初，天祥未至眞時，揚有逸卒，言北朝密遣一丞相入眞州說降矣，庭芝信之，以天祥爲來說降也，使再成亟殺之。再成不忍，紿天祥出相城壘，以制司文字示之，閉之門外。久之，復遣二路分覘天祥，果說降者即殺之。二路分與天祥語，見其忠義，亦不忍殺，導之如揚。四鼓，抵城下，聞候門者談，制置司下令捕文丞相甚急，衆相顧吐舌。天祥乃變姓名爲清江劉洙，東入海道，遇北兵，伏環堵中得免，飢莫能起，從樵者乞得餘糝羹。行入板橋，北兵又至，衆走伏叢篠中，北兵入索之，虞候張慶矢中目，身被二創，執杜滸、金應以去。滸、應解所懷金與卒，得逸，募二樵者，以蕢荷天祥至高郵稽家莊。稽聳迎天祥至家，遣子德潤衞送至泰州，遂由通州汎海以求二王，是月，始得抵溫州。

4 五月，乙未朔，以平宋，遣官告天地、祖宗於上都之近郊，遣使代祀岳瀆。

5 宋陳宜中、張世傑等奉益王昰即帝位於福州府，改元景炎。【考異】經世大典作改咸熙元年，以爲據南劍州安撫使馬良佐所報，蓋偵探有未實也。今從宋史。遙上德祐帝尊號爲孝恭懿聖皇帝，又上太皇太后尊號，冊楊淑妃爲皇太妃，進封廣王昺爲衞王。升福州爲福安府，以大都督府爲垂拱殿，便廳爲延和殿，王剛中知福安府。金華尉趙孟壘懷太上皇后帛書間道來上，擢孟壘宗正寺簿。是日，有大聲出府中，衆皆驚仆。福州城南壁忽崩七里。

6 初，宋吳堅等來使，不得命，留館中，高應松絕粒不語，七日而卒，賈餘慶病死。家鉉翁聞國亡，旦夕哭泣，不食飲者數日，帝高其節，欲尊官之，鉉翁辭不受。宋主㬎及全太后至燕，鉉翁迎謁，伏地流涕，謝奉使無狀，不能保存宋社。

宋主㬎及太后遂赴上都。丙申，見帝于大安殿。【考異】元史世祖紀：五月，乙未，朔，巴延（舊作伯顏。）以宋主㬎至上都，制授開府儀同三司，封瀛國公。宋史瀛國公紀作丙申，山居新語亦云：三宮赴北，五月初二日，拜見世祖皇帝。按丙申，即五月初二日也。今從宋史。乙巳，授宋主㬎開府儀同三司、檢校大司徒，封瀛國公，從行內人安康朱夫人、安定陳才人，俱自經死，有留題於裙帶曰：「誓不辱國，誓不辱身。」【考異】宋宮嬪殉節事，浩然齋曰：據諸書所載，稍有同異，惟山居新語載之甚詳，云：十二日，內人安康朱夫人、安定陳才人，又二侍兒失其姓氏，浴罷，肅襟焚香於地，各以抹胸自縊而死。解下衣巾，有清江紙書一卷云「不免辱國，幸免辱身」云云。丙子，五月吉日泣血書。十三日，奏聞，露埋四尸，取其首懸於全后寓所，以戒其餘。今酌書之。

7 宋以陳宜中爲左丞相兼樞密使、都督諸路軍馬，陳文龍、劉黼參知政事，張世傑爲樞密副使，陸秀夫直學士院，蘇劉義主管殿前司。

8宋召李庭芝爲右丞相，姜才爲保康軍承宣使，召故相葉夢鼎爲少師，充太一宮使。夢鼎聞命，卽航海赴之，道梗不能進，南向慟哭而還。

9宋以趙溍爲江西制置使，進兵邵武；謝枋得爲江東制置使，進兵饒州；李世逵、方興等進兵浙東，吳浚爲浙東招諭使，鄒㵯副之。毛統由海道至淮，約兵會合。仍詔傅卓、翟國秀等分道出兵。時枋得敗走，已不能軍。㵯，吉水人也。

10宋文天祥至福安，拜右丞相兼樞密使，都督諸路軍馬。天祥以國事皆決于陳宜中，議論多不合，固辭不拜，乃以爲樞密使、同都督。天祥使呂武招豪傑于江、淮，杜滸募兵于溫州。

11帝召宋降將問曰：「汝等何降之易耶？」對曰：「賈似道專國，每優禮文士而輕武臣，臣等久積不平，故望風送款。」帝遣董文忠語之曰：「似道實輕汝曹，特似道一人之過，汝主何負焉！正如汝言，則似道輕汝也固宜！」

12巴延入朝，帝命百官郊迎以勞之。既至，拜同知樞密事，以陵州、藤州戶六千爲食巴〔邑〕。

13以董文用爲衞輝路總管。衞輝當要衝，民爲兵者十九，餘皆單弱，貧病不任力役。會初得江南，圖籍、金玉、財帛之運，日夜不絕於道，贅衞輸輓，日役數千夫。文用曰：「吾民敝矣，而又重妨穡事，殆不可。」乃言於司運者曰：「郡邑胥役足備用，不必煩民也。」司運者曰：「即如公言，萬有一不虞，罪將誰歸？」文用即爲手書，具官職、姓名保任之。民得以時耕，而運亦濟。

14 宋直學士院陸秀夫罷。

陳宜中以秀夫久在兵間，知軍務，每事咨訪始行，秀夫亦悉心贊之。旋與宜中議不合，宜中使言者劾罷之，謫居潮州。

15 時衢、婺諸州皆復爲宋守，董文炳謂索多（舊作唆都，今改。）曰：「嚴州不守，臨安必危，公往鎮之。」未十日，諸州連兵來攻，索多拒戰三閱月，復破婺州。衢守備甚嚴，索多率總管高興等鼓譟先登，拔其城。宋權知府事蕭雷龍脫走，與同里黃巡檢起兵，度不能支，與麾下數人奔入閩，未出境，爲同安武人徐浚沖獲送縣，縣尹劉聖仲素與雷龍有怨，殺之。

時監軍趙孟壘復明州，戰敗，見獲，不屈，磔死。福王與芮從子孟桀，謀舉兵紹興，事泄，被執至臨安，范文虎詰其謀逆，孟桀詬曰：「賊臣負國厚恩，共危社稷。我帝室之胄，欲一刷宗廟之恥，乃更以爲逆乎？」文虎怒，驅出，斬之，過宋廟，呼曰：「太祖、太宗之靈，何以使孟桀至此！」杭人爲之隕涕。

16 宋故相留夢炎降。

17宋廣東經略使徐直諒，遣其將梁雄飛請降于隆興，阿爾哈雅舊作阿里海牙，今改。假雄飛招討使，使徇廣東。既而直諒聞閩中頒詔，乃命權通判李性道、擢鋒軍將黃俊等拒雄飛于石門。性道不戰，俊戰敗，直諒棄城遁。六月，丁卯，雄飛入廣州，諸降將皆授以官，俊獨不受，被殺。

18宋吳浚聚兵于廣昌，遂復南豐、宜黃、寧都三縣。翟國秀取鉛山，傅卓至衢、信諸縣，民多應之者。會浚兵戰敗，國秀引還，卓兵亦敗，遂降。

19己巳，以孔子五十三世孫曲阜縣尹孔治兼權主祀事。

20壬申，罷兩浙大都督府，立行尙書省于鄂州、臨安；設諸路宣慰司，以行省官爲之，並帶相銜；其立行省者，不立宣慰司。

21甲戌，以大明曆浸差，命太子贊善王恂與江南日官置局更造新曆，以樞密副使張易董其事。易、恂奏：「今之曆家，徒知曆術，罕明曆理，宜得者儒如許衡者商訂。」從之。詔衡赴大都。

22國子生博果密舊作不忽木，今改。受學於王恂、許衡，尤爲衡所推許，帝嘗召試所業，嘉歎之。至是偕同舍生上疏曰：「王者建國君民，建學爲先。自堯、舜、禹、湯、文、武之世，莫不有學，故治隆於上，俗美於下。臣等復取平南之君建置學校者爲陛下陳之：晉武帝嘗平吳矣，始建國子學；隋文帝嘗滅陳矣，俾國子不隸太常；唐高祖嘗滅梁矣，詔諸州縣及鄉並令置學；太宗增築學舍，高宗立六學，皆承高祖之意也。然晉之平吳，得戶五十三萬而已；隋之滅陳，得郡縣五百而已；唐之滅梁，得戶六十餘萬而已；其崇重學校已如此。況我堂堂大國，奄有江、嶺之地，計亡宋之戶不下千萬，此陛下神功，非晉、隋、唐所敢比也；然學校之政，尚未全舉，臣竊惜之！臣等向蒙聖恩，俾習儒學，聖意豈不以諸色人仕宦者常多，蒙古人仕宦者常少，欲臣等曉識世務，以備陛下之任使乎？然學制未定，學徒數少，譬猶責嘉禾於數苗，求良驥於數馬，恐其不易得也。爲今之計，欲人材衆多，通習漢法，必如古昔偏立學校然後可。若猶未暇，宜於大都弘闡國學，擇蒙古人年十五以下、十歲以上質美者百人，百官子弟與凡民俊秀者百人，俾廩給各有定制，選德業充備足爲師表者，充司業、博士、助教而教育之。使其教必本於人倫，明乎物理，爲之講解經傳，授以修身、齊家、治國、平天下之道。其下復立數科，如小學、律、書、算之類，每科設置教授，各令以本業訓導。小學科則令讀誦經書，教以應對進退事長之節；律科則專令通曉吏事；書科則專令曉習字畫；算科則專令熟嫺算數；或一藝通然後改授，或一日之間更次爲之，俾國子學官總領其事，常加點勸，務要俱通，仍以義理爲主，有餘力者，聽令學作文字。日月歲時，隨其利鈍，各責所就功課，程其勤惰而賞罰之，勤者升之上舍，惰者罰之下舍，待其改過，則復升之，假日則聽令學射，自非假日，無故不令出學。數年後，上舍生學業有成就者，聽學官保舉，蒙古人若何品級，諸色人若何仕進。其未成就者，且令依舊學習，俟其可以從政，然後歲聽學官舉其賢者能者，使之依例入仕。其終不可教者，三年聽令出學。凡學政因革增減，皆得不時奏聞，則學無弊欺，而天下之材亦皆觀感而興起矣。然後續立郡縣之學，求以化民成俗，無不可者。」書奏，帝覽之喜。【考異】博果密疏請立學校，嚴冬友據稗要，以爲博果密之意在於薦許衡，博果密固衡之弟子也。余以爲許衡在國學著有成效，即使博果密專爲衡而發，亦不得議其涉私，況其言將以定一代之制，不爲一人也，今不取。

23 戊寅，詔作平金、平宋錄及諸國臣服傳記，命耶律鑄監修國史。

24 壬辰，以戶部尙書張澍參知政事，行中書省於北京。

25 秋，七月，丁酉，宋文天祥開府南劍州，經略江西。天祥欲還溫州進取，陳宜中不從。蓋宜中棄溫入閩，欲倚張世傑復浙東、西以自洗濯，故命天祥開府南劍。

26 宋涪州觀察楊立子嗣榮請降詔招諭其父，從之。

27 初，臨安既破，阿珠（舊作阿朮。）以宋太皇太后手詔諭李庭芝使降。庭芝登城謂使者曰：「奉詔守城，未聞以詔諭降也。」及帝㬎次瓜洲，太皇太后復賜庭芝詔曰：「比詔卿納款，日久未報，豈未悉吾意，尙欲固圉耶？今吾與嗣君既已臣伏，卿尙爲誰守之？」庭芝不答，命發弩射使者，斃一人，餘皆奔去。阿珠乃遣兵守高郵、寶應以絕其餉道，博羅懽又攻拔泰州之新城，驅夏貴淮西降卒至城下以示庭芝。庭芝幕客或勸爲計，庭芝曰：「吾惟一死而已！」阿珠復遣使者持詔招庭芝，庭芝開壁納使者，斬之，焚其詔於陴上。既而淮安、盱眙、泗州以糧盡降，庭芝猶括民間粟以給兵，粟盡，又令官人出粟，又盡，令將校出粟，雜牛皮、麴蘖以給之。兵有自食其子者，然猶力戰不屈。

姜才聞高郵米運將至，出步騎五千戰于丁村，自夜達旦，北兵多敗。阿珠使巴延徹爾舊作伯顏察兒，今改。救之，所將皆阿珠麾下，才軍識其旗幟，皆潰，才脫身走。時高郵水路已絕，阿珠復遣將陸路邀擊米運，殺負米卒數千，由是餉益不繼。

阿珠請於帝，降詔赦庭芝焚詔、殺使之罪，令早歸款，庭芝不納。會福安使至，庭芝欲赴召，命制置副使朱煥守揚，而自與姜才將兵七千趣泰州，將東入海。庭芝既行，煥卽以城降。阿珠分道追及庭芝，殺步卒千餘人。庭芝走入泰州，阿珠圍之，且驅其妻子至陴下招降。會姜才疽發背，不能戰；泰州裨將孫貴、胡惟孝、尹端甫、李遇春，開北門納外兵。庭芝投蓮池中，水淺不死，遂與才俱被執，至揚州。阿珠責其不降，才曰：「不降者我也！」憤罵不已。然阿珠猶愛其材勇，未忍殺之。煥請曰：「揚自用兵以來，積骸滿野，皆庭芝與才所爲，不殺之何俟！」阿珠乃皆殺之，揚民聞者莫不泣下。

有宋應龍者，以儒生知兵，出入行陣三十餘年，至是爲泰州諮議官。州守孫良臣之弟舜臣，自軍中來說降，良臣召應龍與計。應龍極陳國家恩澤，君臣大義，請殺舜臣以戒持二心者，良臣不得已殺之。及泰州降，應龍夫婦自經死。提刑司諮議廬人褚一正，置司高郵，督戰，亦被創沒水死。淮東地盡歸附。

28甲寅，以楊村至浮雞泊漕渠回遠，改從孫家務。

29丙辰，遣使以香幣祀岳瀆、后土。

30以尚書右丞阿爾哈雅舊作阿里海牙，今改。爲平章政事，簽書樞密院事、淮東行樞密院錫奇里密實舊作別乞里迷失，今改。爲中書右丞，參知政事董文炳爲中書左丞，淮東左副元帥達春、舊作塔出，今改。兩浙大都督范文虎，江東·江西大都督、知江州呂師夔，淮東·淮西左副都元帥陳巖，並參知政事。

31是月，翰林侍讀學士郝經卒。

經爲人，尚氣節，爲學務有用，拘宋十六年，從者皆通于學。及卒，官爲護喪還葬，謚文忠。

32八月，己巳，穿武淸蒙村漕渠。

33揚州既破，元兵攻眞州益急。宋都統司計議趙孟錦，乘霧襲其營，少頃，霧開，營中見孟錦兵少，逐之，孟錦登舟，失足墮水死，城遂破。安撫使苗再成死之。

34 召阿珠入朝，賜泰興戶二千爲食邑。

35 宋楊亮節居中秉權，秀王與擇，自以國家親賢，多所諫正，遂犯忌嫉，諸將俱憚之。至是詔出兵浙東，朝臣言：「與擇有劉更生之忠，曹王臯之孝，宜留輔以隆國本。」譖者益急，卒遣之。與擇圍婺州，董文炳拒之，乃還。

36 宋以王積翁爲福建招捕使，黃恮副之。積翁兼知南劍州，備禦上三州；恮兼知漳州，備禦下三州。

37 宋張世傑遣都統張世虎與吳浚合兵十萬，期必復建昌，與李恆戰，兵敗，浚奔寧都。

38 帝歸自上都，以鄂囉齊舊作奧魯赤，今改。參知政事。

39 宋太皇太后謝氏，以疾久留臨安；至是遣人自宮中舁其牀以出，同侍衞七十二人北赴大都，降封壽春郡夫人。

40 九月，壬辰朔，命國師作佛事于太廟。

41 庚子，命姚樞、王磐選宋三學生之有實學者留京師，餘聽還家。

42 癸卯，以平宋赦天下。

43 丙午，敕常德府歲貢包茅。

44阿喇罕、舊作阿刺罕，今改。董文炳及蒙古岱、（舊作忙古帶。）索多以舟師出明州，達春舊作塔出，今改。及呂師夔、李恆等以騎兵出江西，分道略閩、廣。

45東莞民熊飛守潮、惠，聞宋趙溍至，即以兵應之；攻梁雄飛于廣州，雄飛遁，飛遂復韶州、新會。會曾逢龍亦率兵至廣州，李性道出迎謁，飛與逢龍執性道，殺之，溍遂入廣州。

46宋知邕州宕昌馬墍將入衞，而臨安已破，因留靜江，總屯戍諸軍。阿爾哈雅將進取廣西，墍發所部及諸峒兵守靜江，而自將三千人守嚴關，攻之，不克，乃以偏師入平樂，過臨桂，夾攻墍，墍退保臨江。阿爾哈雅使人招降，墍發弩射之。攻三月，墍不解甲，前後百餘戰，城中死傷相藉，訖無降意。

47辛酉，詔宋宗臣鄂州教授趙與票赴闕。與票入見，言宋敗亡之故，悉由誤用權奸，詞旨激切。帝爲之感動，即授翰林待制。

48冬，十月，丁亥，兩浙宣撫使焦友直，以臨安經籍、圖畫、陰陽祕書來上。

49戊子，淮西安撫使夏貴請入覲，乞令其孫貽孫權領宣撫司事，從之。

50以淮東左副都元帥阿爾舊作阿里，今改。爲平章政事，河南等路宣慰使哈喇哈遜舊作合刺合孫，今改。爲中書右丞。

51（壬戌朔），宋文天祥師次汀州，遣趙時賞等將一軍趣贛以取寧都，吳浚將一軍取雩都，劉洙等皆自江西以兵來會。時賞，和州宗室也。（校者按：此條應移48冬十月下丁亥上。）

52 呂師夔等將兵度梅嶺，趙溍使熊飛及曾逢龍禦之于南雄，逢龍敗死，飛走韶州。進兵圍之，守將劉自立以城降，飛率兵巷戰，兵敗，赴水死。

53 十一月，阿喇罕、董文炳攻處州，知州李珏以城降。（甲辰）宋秀王與擇偕弟與慮、子孟備及觀察使李世達、監軍趙由璘、察訪使林溫、知瑞安府方洪被執，皆不屈死。

54 大兵破建寧府、邵武軍，宋陳宜中、張世傑，備海舟奉宋主及衞王、楊太妃等登舟。時軍人十七萬，民兵三十萬，淮兵萬人，與北舟相遇，值天霧晦冥，舟得(以)進。

55 宋王積翁棄南劍走福安，遣人納款。至是軍集城下，積翁爲內應，遂與知府王剛中同降。

56 宋主行至泉州，舟泊於港，招撫使蒲壽庚來謁，請駐蹕，張世傑不可。初，壽庚提舉市舶，擅利者三十年，或勸世傑留壽庚不遣，凡海舶不令自隨，世傑不從，縱之歸。繼而舟不足，乃掠其舟，并沒其貲，壽庚怒，殺諸宗室及士大夫與淮兵之在泉州者，宜中等乃奉宋主趣潮州。壽庚遂與知泉州田子眞以城降。

57 癸丑，併省內外諸司。

58 庚申，敕：「管民及理財之官由中書銓調，軍官由樞密院定議。」

59 高麗國王王愖更名睶。

60 十二月，辛酉朔，宋江西制置使趙溍棄廣州遁，副使方興亦遁。

61 降將王世強爲鄉導，破福安。王剛中既降，使徇興化軍，宋知軍事陳文龍斬之而縱其副使，持書責世強、剛中負國，遂發民兵固守。阿喇罕復遣使招之，文龍復斬之。有風其納款者，文龍曰：「諸君特畏死耳，未知此生能不死乎？」乃使其部將林華禦于境上，華反爲鄉導，引兵至城下，通判曹澄孫開門降。文龍被執，勸之降，不屈，左右凌挫之，文龍指其腹曰：「此皆節義文章也，何相逼耶！」卒不屈，乃械送臨安，文龍不食死。其母繫福安尼寺，病甚，左右視之泣下，母曰：「吾與吾子同死，又何恨哉！」亦死之。衆歎曰：「有是母宜有是子！」爲收葬之。

62 東、西川守將合兵萬人圍宋重慶，大肆剽掠，軍政不一，城中益得自守。宋制置使張珏領重慶之命，不能赴官，留合州以抗北軍，遣帥復瀘、涪二州，北軍以不和而潰，珏乃得入城，遣將四出，所向俱捷。珏旋遣使訪二王所在，時宋主遷播閩、廣，號令不達於四川，而川中諸將猶爲宋守。

63 阿爾哈雅致書馬塈，許以爲廣西大都督，塈不聽；又請帝親降手詔諭之，塈焚詔斬使。

靜江以水爲固，阿爾哈雅乃築堰，斷大陽、小溶二江以遏上流，決東南埭以涸其湟，城遂破；堅閉內城堅守，又破之。堅率死士巷戰，傷臂被執，斷其首，猶握拳奮起，立踰時始仆。堅家世以忠勇爲名將，至堅，死節最烈。

淮人黃文政，先戍蜀，軍潰，走靜江，堅邀與同守，城破，亦被執。文政大詬不屈，斷其舌，以次劓、刖之，文政含胡叱咄，比死不絕聲。

邕守馬成旺及其子都統應麒以城降。堅部將婁鈐轄，猶以二百五十人守月城不下。阿爾哈雅笑曰：「是何足攻！」圍之十餘日，婁從壁上呼曰：「吾屬飢，不能出降，苟賜之食，當聽命。」乃遺之牛數頭，米數斛，一部將開門取歸，復閉壁。北軍登高視之，兵皆分米，炊未熟，生臠牛，啖立盡。鳴角伐鼓，諸將以爲出戰也，甲以待，婁乃令所部人擁一火礮然之，聲如雷霆，震城堞皆崩，煙氣漲天，外兵多驚死者。火熄，入視之，灰燼無遺矣。阿爾哈雅悉坑其民。民得逃入西山者七百人，阿爾哈雅許以不殺，招之使降，七百人皆自殺，無一降者。阿爾哈雅乃分兵取鬱林、潯、容、藤、梧等州。廣西提刑邛人鄧得遇，聞靜江破，朝服南望拜辭，書幅紙云：「宋室忠臣，鄧氏孝子，不忍偷生，寧甘溺死。」遂投南流江而死。

64 宋主在惠州，甲子，遣倪堅奉表詣軍前請降。踰時，索多命其子元帥伯嘉努（舊作百家奴。）偕堅赴大都。【考異】元史紀以宋廣王奉表繫於十五年三月。據伯嘉努傳，二王奉表在十二月，次年三月始上表耳，今從宋史。又，倪堅或作「倪宙」，又作「倪雷」。

65以哈坦、舊作合丹，今改。奇爾濟蘇舊作闊里吉思，今改。領東川行樞密使，攻合州，布哈、舊作不花，今改。李德輝領西川行樞密院，攻重慶，仍令德輝留成都給軍食。

66壬申，李思敬告運使姜毅所言悖妄，指毅妻子爲證，帝曰：「妻子豈爲證者耶？」詔勿問。

67庚寅，詔諭浙東、西、江東、西、淮東、西、湖南、北府州軍縣官吏軍民：「昔以萬戶、千戶漁奪其民，致令逃散，今悉以人民歸之元籍州縣。凡管軍將校及宋官吏，有以勢力奪民田廬產業者，俾各歸其主，無主則以給附近人民之無生產者。其田租、商稅、茶、鹽、酒、醋、金、銀、鐵冶、竹貨、湖泊課程，從實辦之。凡故宋繁冗科差、聖節上供、經總制錢百餘件，悉除免之。」

68是歲，行省雲南賽音諤德齊舊作賽典赤，今改，以所改郡縣上聞。

雲南俗無禮義，男女往往自相配偶，親死則火之，不爲喪祭，無秔稻桑麻，子弟不知讀書。賽音諤德齊教之拜跪之節，婚姻行媒，死者爲之棺槨、奠祭，教民播種，爲陂池以備水旱，創建孔子廟、明倫堂，購經史，授學田，由是文風稍興。

雲南民以貝代錢，是時初行鈔法，民不便之，賽音諤德齊爲聞于朝，許仍其俗。

又患山路險遠，盜賊出沒，爲行者病，相地置鎭，每鎭設土酋吏一人，百夫長一人，往來者或遭劫掠，則罪及之。有土吏數輩，怨賽音諤德齊不己用，至京師誣其專僭數事，帝顧侍臣曰：「賽音諤德齊憂國愛民，朕洞悉之，此輩何敢誣告！」卽命械送賽音諤德齊處治之。既至，脫其械，且諭之曰：「若曹不知上以便宜命我，故訴我專僭。我今不汝罪，且命汝以官，能竭忠自贖乎？」皆叩頭拜謝曰：「某有死罪，平章既生之而又官之，誓以死報。」

交趾叛服不常，湖廣省發兵屢征，不利，賽音諤德齊遣人諭逆順禍福，且約爲兄弟，交趾王大喜，親至雲南，賽音諤德齊郊迎，待以賓禮，遂乞永爲藩臣。

羅槃甸叛，往征之，有憂色，從者問故，賽音諤德齊曰：「吾非憂出征也，憂汝曹冒鋒鏑，不幸以無辜而死，又憂汝曹劫擄平民，使不聊生，及民叛則又從而征之耳。」師次羅槃城三日，不降，諸將請攻之，賽音諤德齊不可，遣使以理諭之，羅槃主奉命。越三日，又不降，諸將奮勇請進兵，賽音諤德齊又不可。俄而將卒有乘城進攻者，賽音諤德齊大怒，遽鳴金止之，召萬戶叱責之曰：「天子命我安撫雲南，未嘗命以殺戮也。無主將命而擅攻，於軍法當誅。」命左右縛之。諸將叩首，請俟城下之日從事。羅槃主聞之曰：「平章寬仁如此，吾拒命，不祥。」乃舉國出降，將卒亦釋不誅，遂改爲元江府。由是西南諸夷翕然款附。

夷酋每來見，例有所獻納，賽音諤德齊悉分賜從官，或以給貧民，秋毫無所私。爲酒食勞酋長，製衣冠、襪履，易其卉服、草履，酋皆感悅。

至元十四年宋景炎二年。（丁丑、一二七七）

1 春，正月，丙申，以江南平，百姓疲於供軍，免諸路今歲所納絲、銀。

2 兵下汀關，宋文天祥欲據城拒戰，汀守黃去疾聞宋主航海，擁兵有異志，天祥乃移軍漳州。

時趙孟濙等軍還，吳浚不至。未幾，浚與去疾俱降。

3 嗣漢天師張宗演召至大都，帝命百官郊勞，待以客禮，因賜號演道靈應沖和眞人，領江西諸路道教。尋令修周天醮於長春宮，事畢，還龍虎山，留弟子張留孫于大都。

4 癸卯，復立諸道提刑按察司。

先是監察御史姚天福謂御史大夫伊實特穆爾舊作玉速帖木兒，（本傳作玉昔帖木兒。）今改。曰：「按察司之設，所以廣視聽，虞非常，慮至深遠，不但繩有司已也，不宜罷。」伊實特穆爾駭然曰：「微公言，幾失之。」夜，入帝臥內，奏其言，帝大悟，至是復立之。阿哈瑪特不悅，左遷天福衡州路同知。

甲寅，敕：「宋福王趙與芮家貲之在杭、越者，有司輦至京師，付其家。」

5 宋知循州劉興，知梅州錢榮之，並以城降。

6 二月，癸亥，慧〔彗〕出東北，長四尺餘。

7 廣州下，遂破廣東諸郡。

8 吳浚既降，因至漳州說文天祥降，天祥責以大義，斬之。

9 帝如上都。

10 南伐之師引還，留潛說友爲福州宣慰使，王積翁副之。時北方有警，帝召諸將班師，凡諸將及淮兵在福安者，命李雄統之。

11 壬午，隳吉、撫二州城，以隆興濱江，姑存之。

12 以西僧嘉木楊喇勒智舊作楊璉眞珈，今改。爲江南總攝，掌釋教，除僧租賦，禁擾寺宇者。

13 三月，宋文天祥復梅州。

14 李雄殺潛說友。

15 宋陳瓚舉兵誅林華，復興化軍。瓚，文龍從子也。

16 帝以去冬無雨雪，春澤未繼，問便民事于翰林國史院耶律鑄、姚樞、王磐、竇默等，對曰：「足食之道，唯節浮費，靡穀之多，無踰醪醴，況自周、漢以來，嘗有明禁。祈神賽社，費亦不貲，宜一切禁止。」從之。

17翰林待制獲鹿王思廉嘗進讀通鑑，至唐太宗有殺魏徵語及長孫皇后進諫事，帝命內官引至皇后閤，講衍其說。后曰：「是誠有益於宸衷。爾宜擇善言進講，愼勿以瀆辭煩上聽也。」每侍讀，帝命御史大夫伊實特穆爾、太師伊徹察喇、舊作月赤察兒，今改。御史中丞薩里曼舊作撒里蠻，今改。等咸聽受焉。

18廉希憲在江陵，疾久不愈。董文忠言於帝曰：「江陵濕熱，如希憲病何！」帝卽召希憲還。江陵民號泣遮道，留之不得，相與畫像建祠。希憲還，囊槖蕭然，琴書自隨而已。帝知其貧，特賜金鈔。

19夏，四月，宋廣東制置使張鎭孫復廣州。

20宋文天祥引兵自梅州出江西，吉、贛兵皆會之，遂復會昌縣。

21宋淮人張德興，與淮西野人原寨劉源等起兵興復，司空山民傅高舉兵應之，遂復黃州、壽昌軍，用景炎正朔。賈居貞使湖北宣慰使鄭鼎將兵拒之，鼎言鄂之大姓皆與高通，請先除之以絕禍本，居貞不可。鼎將行，留其所善部將曰：「聞吾還兵，汝卽舉烽，城樓內外合發，當盡殺城中大姓。」鼎與德興遇於樊口，戰敗，溺死。

22五月，癸巳，申嚴大都酒禁，犯者籍其家貲，散之貧民。

23廉希憲至上都，太常卿田忠良來問疾。希憲謂曰：「上都，聖上龍飛之地，天下視爲根本。近聞龍岡失火，延燒民居，此常事耳，愼勿令妄談地理者惑動上意。」未幾，果有數輩以徙置都邑事奏，樞密副使張易、中書左丞張文謙與之廷辯，力言不可，帝不悅。明日，召忠良質其事，忠良以希憲語對，帝曰：「希憲病甚，猶慮及此耶？」其議遂止。詔徵名醫於揚州視其疾，希憲服藥，能杖而起，帝喜，謂希憲曰：「卿得良醫，疾向愈矣。」對曰：「醫持善藥以療臣疾，苟能戒愼，則誠如聖諭。設或肆情，良醫何益！」蓋以醫以諷也。

24 辛亥，以河南、山東水旱，除河泊課，聽民自漁。

25 乙卯，選蒙古、漢軍相參宿衞。

26 六月，辛酉，宋文天祥軍入雩都。

27 丙寅，宋涪州安撫楊立及其子嗣榮相繼降，命立爲夔路安撫使，嗣榮爲管軍都統。

28 秋，七月，宋文天祥遣趙時賞等分道復吉、贛諸縣，遂圍贛州，衡山人趙璠，撫州人何時，皆以兵應之。

29 壬辰，敕犯盜者皆棄市。符寶郎董文忠，言盜有強、竊，贓有多寡，似難悉置於法，帝然其言，遽命止之。

30 漕司議通沁水，使東流合御河以便漕，董文用曰：「衞爲郡，地最下，大雨時行，沁輒溢出百十里間，雨更甚，水不得達於河，卽浸淫及衞。今又道之使來，豈惟無衞，將無大名、長蘆矣。」會朝議遣使相地形，文用上言：「衞州城中浮圖最高者，纔與沁水平，勢不可開也。」事得寢不行。

31 癸卯，諸王錫里濟舊作昔里吉，今改。劫北平王于阿里瑪圖舊作阿力麻里，今改。之地，械繫右丞相安圖舊作安童，今改。脅諸王以叛，使通好於哈都。（舊作海都。）哈都弗納，遂率兵至和林城北。帝命巴延舊作伯顏，今改。率軍往禦之。

32 乙巳，宋張世傑自將淮兵討蒲壽庚。時汀、漳諸路劇盜陳弔眼及畲婦許夫人所統諸峒畲軍皆會，兵勢稍振，壽庚閉城自守。世傑遂傳檄諸路，陳瓚起家丁，召募五百人應世傑，世傑遣將高日新復邵武軍。

33 淮兵在福州者，謀殺王積翁以應張世傑，事覺，皆爲積翁所殺。

34 丙午，置御史臺於揚州，以都元帥姜衞舊作相威，今改。爲御史大夫，置八道提刑按察司。衞曰：「陛下以臣爲耳目，臣以監察御史、按察司爲耳目，倘非其人，是人之耳目先自閉塞，下情何由上達！」帝嘉之，命御史臺清其選，每除目至，必集幕僚、御史議其可否，不協公論者，卽劾去之。

35 戊申，東川都元帥張德潤取涪州。

36置行中書省於江西，以達春爲右丞，敏珠爾丹舊作麥朮丁，今改。爲左丞，李恆、蒲壽庚、程鵬飛並參知政事，行江西省事。

37丁巳，以參知政事、行江東道宣慰使呂文煥爲中書左丞。

38詔皇子安西王北征，命王相商挺曰：「關中事有不便者，可悉更張之。」挺進十策於王，曰睦親鄰，安人心，敬民時，備不虞，厚民生，一事權，清心源，謹自治，固根本，察下情。王爲置酒嘉納。

39八月，李恆遣兵援贛，而自將攻文天祥于興國。天祥不意恆猝至，遣兵戰鍾步，不利。時鄒渢聚兵數萬於永豐，天祥引兵就之，會渢兵先潰，恆追天祥至方石嶺，及之。諸將鞏信以短兵接戰，恆疑有伏，斂兵不進。信坐巨石，餘卒侍左右，箭雨集，屹不動，恆從間道就視之，創被體而死不仆。天祥至空坑，兵盡潰。時趙時賞坐肩輿，追兵問爲誰，時賞曰：「我姓文。」追兵以爲天祥，擒之。天祥由是得與杜滸、鄒渢等逸去，至循州，散兵頗集。天祥妻子及幕僚、客將皆被執。

時賞至隆興，憤罵不屈，僚屬有係累至者，輒麾去，云：「小小簽廳官耳，執之何爲！」得脫者甚衆。臨刑，劉洙頗自辯，時賞叱曰：「死耳，何必然！」於是被執者皆死。恆送天祥妻子、家屬於燕，二子死於道。信，安豐人也。【考異】元史李恆傳，以空阬之戰連繫於十三年，誤也，今從宋史。又恆傳云：降其衆二十萬，按天祥收合餘燼，不應有衆二十萬，今削之。

40 九月，戊申，頁特密實舊作也的迷失，今改。破邵武軍，入福安。宋主舟次廣之淺灣。

41 命達春舊作塔出，今改。與李恆、呂師夔等以步卒入大庾嶺，蒙古岱舊作忙兀台，今改。索多、舊作唆都，今改。蒲壽庚及元帥劉深等以舟師下海，合追宋二王。

42 宋張世傑使謝洪永進攻泉州南門，不利。蒲壽庚復陰賂畬軍，攻城不力，得間道求救於索多。至是索多來援，世傑解圍，還淺灣。劉深言王積翁嘗通書于張世傑，積翁亦上言兵單弱，若不暫從，恐爲合郡生靈之患，帝原其罪。

43 昂吉爾舊作昂吉兒，今改。等將兵襲司空山寨，破之。黃州復破，殺張德興，執其子以去。傳高變姓名出走，尋被獲，死之。

44 巴延討錫里濟，遇於鄂勒歡河，舊作斡魯歡河，今改。夾水而陣，相持終日，俟其懈，麾軍爲兩隊，掩其不備，破之。錫里濟走死。

45 冬，十月，丙辰朔，日有食之。

46 己未，饗於太廟。

47 宋以陸秀夫同簽書樞密院事。

秀夫之謫，張世傑讓陳宜中曰：「此何如時，動以臺諫論人。」宜中惶恐，亟召秀夫還行朝。時播越海濱，庶事疏略，楊太妃垂簾與羣臣語，猶自稱奴。每時節朝會，獨秀夫儼然正笏立如治朝，或時在行中淒然泣下，以朝衣拭淚，衣盡濕，左右無不悲慟者。

48 甲申，以行省參政呼圖特穆爾、舊作忽都帖木兒，今改。崔斌並爲中書左丞，鄂州達嚕噶齊（舊作達魯花赤。）張鼎，湖北宣慰使賈居貞並參知政事。

49 播州安撫使楊邦憲言：「本族自唐至宋，世守此土將五百年，昨奉旨許令仍舊，乞降璽書。」從之。

50 索多至興化，宋陳瓚閉城堅守。【考異】元史索多傳作陳瓚乞降，復閉城拒守。按瓚死事甚烈，何故乞降而復守？今從宋史。索多臨城諭之，矢石雨下，乃造雲梯，礮石攻破其城。瓚以死自誓，巷戰終日。獲瓚，車裂之，屠其民，血流有聲。

51 十一月，達春令索多取道泉州泛海，會于廣之富場。索多取興化軍及漳州，進攻潮州，守臣馬發竭力拒守，恐失期，舍之去。至惠州，與呂師夔合軍趣廣州。（庚寅），制置使張鎮孫及侍郎譚應斗以城降，達春遂隳廣州城。

52 元帥劉深攻淺灣，宋張世傑戰不利，奉宋主走秀山。山中居民萬餘家，世傑買富民宅以居宋主，軍士多病死。世傑復奉宋主赴井澳，陳宜中遁入占城。

53 詔：「凡僞造寶鈔，同情者並死；其分用者減死，杖之。具爲令。」

54 庚子，以吏部尚書巴圖魯鼎舊作別都魯丁，今改。參知政事。

55 命中書省檄諭中外：「江南旣平，宋宜曰『亡宋』，行在宜曰『杭州』。」

56 時軍士俘溫、台民男女數千口，浙東宣慰使陳祜新至，悉奪還之。未幾，行省榷民商酒稅，祜請曰：「兵火之餘，傷殘之民，宜從寬卹。」不報。遣祜檢覆慶元、台州民田，及還，至新昌，值玉山鄉盜，倉猝不及爲備，遂遇害。

57 十二月，庚午，宋梁山軍袁世安以城降。

58 乙亥，以參議中書省事耿仁參知政事。

59 都元帥楊文安攻咸淳府，克之。

60 丙子，宋主至井澳，颶風大作，舟敗，幾溺。【考異】經世大典以益王爲溺死，癸辛雜識亦云溺死，蓋傳聞之誤，今從宋史。宋主驚悸成疾。旬餘，諸軍士稍集，死者過半。

61 劉深攻井澳，宋主奔謝女峽，復入海。深追至七里洋，【考異】經世大典作「七州洋」，今從宋史。擊敗之，獲宋主之舅俞如珪。宋主欲往占城，不果。

62 是歲，遣使徵緬甸朝貢，不從，率衆侵擾永昌。雲南行省遣兵伐之，降其砦三百餘而還。

至元十五年宋炎興〔景炎〕三年。五月後改祥興元年。（戊寅、一二七八）

1正月，癸巳，西京饑，發粟賑之，仍諭阿哈瑪特（舊作阿合馬。）廣貯積以備闕乏。

2順德府總管張文煥，太原府達嚕噶齊台哈布哈，舊作達魯花赤太不花，今改。以按察司發其姦贓，遣人詣省自首，反以罪誣按察御史。臺臣奏：「按察司設果有罪，不應因事而告，宜待文煥等事決，方聽其訴。」從之。

3己亥，禁官吏軍民賣所娶江南子女及爲娼者，賣買者兩從〔罪〕之，沒其直，人復爲良。

4山東提刑按察使徐世隆移淮東，宋將許瓊家僮告瓊匿官庫財，有司繫其妻孥徵之，世隆曰：「瓊所匿者，故宋之物，豈得與今盜官財者同論耶？」同僚不從，世隆獨抗章力辨，行臺是之，釋不問。

5戊申，從阿哈瑪特請，自今御史臺非白於省，毋擅召倉庫吏，亦毋究錢穀數，及集議中書不至者，罪之。

6降封宋福王與芮爲平原郡公。

7布哈舊作不花，今改。督汪良臣等兵入重慶，李德輝遺書張珏曰：「君之爲臣，不親於宋之子孫；合之爲州，不大於宋之天下。彼子孫已舉天下而歸我，汝猶偃然負阻窮山，而曰忠於所事，不亦惑乎？」珏不答，布哈至城下，營造雲梯、鵝車，將攻之。珏悉衆與良臣鏖戰，良臣身中四矢，明日，督戰益急。珏與伊蘇岱爾舊作也速解兒，今改。戰扶桑壩，良臣等從後合擊之，珏兵大潰。其夜，都統趙安以城降。珏率兵巷戰，不支，歸索鴆飲，不得，乃順流走涪，布哈遣舟師邀之，遂被執。【考異】元史紀以重慶之破繫於十四年，今從宋史。又元史誤以爲珏降，據宋史，則執送京師也。珏，西鳳州人。

先是瀘州食盡，爲萬戶圖們達勒舊作禿滿達而，今改。所破，安撫王世昌自經死。東川副都元帥張德潤破涪州，守將王明及總轄韓文廣、張遇春，皆不屈被殺。紹慶、南平、夔、施、恩、播諸州相繼降。

8 定武官承襲之制：凡有功陞秩者，原職令他有功者居之，不得以子姪代，陣亡者始得襲，病死者降一等。總把百戶，老死者不襲。著爲令。

9 二月，戊午，祀先農，命蒙古胄子代耕籍田。

10 癸亥，賑咸淳等郡饑。

11 命平章政事按塔哈阿哩舊作阿答海阿里，今改。選擇江南廉能之官，去其冗員與不勝任者。

12 辛未，以川蜀地多嵐瘴，弛酒禁。

13 呂師夔以張鎭孫及其妻子赴燕，鎭孫自經死。

14 宋主舟還廣州。達春令索多還攻潮州，宋知州馬發城守益備。索多塹塡壕，造雲梯、鶻車，日夜急攻，發潛遣人焚之。凡相拒二十餘日而敗，發死之，索多屠其民。

15 壬午，置太史院，命太子贊善王恂掌院事，工部郎中郭守敬副之，集賢大學士兼國子祭酒許衡領焉。

16 改華亭縣爲松江府。

17 遣使代祀岳瀆。

18 以參知政事夏貴、范文虎、陳巖並爲中書左丞，黄州路宣慰使唐古特、舊作唐兀帶，今改。史弼並參知政事。

19 三月，乙酉，詔蒙古岱、索多、蒲壽庚行中書省事于福州，鎮撫瀕海諸郡。以沿海經略副使哈喇岱舊作合剌帶，今改。領舟師南征，陞經略使兼左副都元帥，佩虎符。

20 甲午，西川行樞密院招降重慶等府。

21 乙未，命揚州行省選特穆爾布哈舊作鐵木兒不花，今改。所部兵助隆興進討。

22 丁酉，命達哈舊作塔海，今改。毀夔府城壁。

23 乙巳，廣南西道宣慰司招降雷、化、高三州。

24 宋文天祥以弟璧及母在惠州，乃趨之，行收兵出海豐縣，遂次于麗江浦。

25 宋都統凌震及轉運判官王道夫復廣州。

26宋主遷駐碙洲，曾淵子至自雷州，以爲參知政事、廣西宣諭使。時淵子起兵據雷州，元帥府諭降，不聽，進兵攻之。淵子奔至碙洲，遂有是命。

27夏，四月，乙卯，命元帥劉國傑將萬人北征。

28丙辰，詔以雲南疆土曠遠，未降者多，簽軍萬人進討。

29戊午，以江南土寇竊發，人心未安，命行中書省左丞夏貴等分道撫治，檢覈錢糧，察郡縣被旱災甚者。吏廉能者，舉以聞，其貪殘不勝任者，劾罷之。

30甲子，命布哈留鎮西川。巡軍之戍西川者遣還。

31立雲南、湖南二轉運使。

32以時雨霑足，稍弛酒禁，民之衰疾飲藥者，官爲醖釀量給之。

33戊辰，宋主殂於碙州，年十一。羣臣多欲散去，陸秀夫曰：「度宗皇帝一子尙在，將焉置之！古人有以一旅以成中興者，今百官有司皆具，士卒數萬，天若未欲絕宋，此豈不可爲國耶！」乃與衆共立衞王昺，年八歲矣。

方登壇，禮畢，御輦所向有黃龍自海中見，旣入宮，雲陰不絕。上前主謚曰裕文昭武愍孝皇帝，廟號端宗。楊太妃仍同聽政。

時陳宜中入占城，日候其還朝，竟不至。張世傑秉政而秀夫裨助之，外籌軍旅，內調工役，凡有述作，盡出其手，雖匆遽流離中，猶日書大學章句以勸講。

34 庚辰，遣使至杭州，取在官書籍板刻至京師，從許衡之言也。

35 壬午，立行中書省於建康府。

續資治通鑑卷第一百八十四

賜進士及第兵部尚書兼都察院右都御史總督湖北湖南等處地方軍務兼理糧餉世襲二等輕車都尉畢沅編集

元紀二 起著雍攝提格（戊寅）五月，盡屠維單閼（己卯）十二月，凡一年有奇。

世祖聖德神功文武皇帝

至元十五年 宋祥興元年。（戊寅、一二七八）

1五月，癸未朔，詔翰林學士和爾果斯：舊作和禮果孫，今改。「今後進用宰執及主兵重臣，其與儒臣老者同議。」

2宋改元祥興。時碙洲糧少，乃遣人徵糧於瓊州，海道灘水淺急，艱於轉運，別取道杏磊浦以進，雷州總管蒙古特（舊作蒙古帶。）以兵邀擊之。

3宋升碙洲爲翔龍縣。

4宋遣張應科、王用將兵取雷州，應科三戰不利，用遂降。

5乙未，以烏蒙路隸雲南行省。

6己亥，江東道按察使阿巴齊，舊作阿八赤，今改。求宣慰使呂文煥金銀器皿及宅舍、子女，不獲，誣其私匿兵仗，詔行臺大夫姜衞（舊作相威。）詰之。事白，免阿巴齊官。

7宋駙馬楊鎮從子玠節，家富於貲，守藏吏姚溶竊其銀，懼事覺，誣玠節陰與唐（廣）、益二王通，有司搒笞，誣服。獄成，總管府推官申屠致遠讞之，得其情，溶服辜。玠節以賄爲謝，致遠怒，絕之。

杭人金淵者，欲冒籍爲儒，儒學教授彭宏不從。淵誣宏作詩有異志，揭書於市，邏者以上。致遠察其情，執淵窮詰，罪之。

屬縣械反者十七人，訊之，蓋因寇作以兵自衞，實非反者，皆得釋。

8六月，丁巳，宋張應科收兵復戰，敗死。張世傑悉衆圍城，城中絕糧，士食草，史格遣欽、廉、高、化諸州糧以給之。世傑引還。

9己未，宋主遷駐新會之厓山。時諸軍泊雷、化犬牙處，而厓山在新會縣南八十里大海中，與石山對立如兩扉，故有鎮戍。經世大典云：厓山南北互二百餘里，東南控海，西北皆港。張世傑以爲天險可守，乃遣人入山伐木，造行宮三十間，軍屋三千間，正殿曰慈元，楊太妃居之。升廣州爲翔龍府。時官民兵尙二十餘萬，多居於舟，資糧取辦於廣右諸郡、海外四州；復刷人匠造舟楫，製器械，至十月始罷。

10 己巳，有大星殞於廣南，聲如雷，數刻乃已。

11 乙亥，敕省、院、臺、諸司應聞奏事必由起居注。

12 己卯，參知政事蒙古岱（舊作忙哥帶。）請頒詔招宋廣王及張世傑，不從。

13 江東宣慰使張弘範入覲，請於帝曰：「張世傑立廣王於海上，閩、廣響應，宜進取之。」帝以弘範爲蒙古、漢軍都元帥，陛辭，奏曰：「國制，無漢人典蒙古軍者。臣漢人，恐乖節度，猝難成功，願得親信蒙古大臣與俱。」帝曰：「爾憶而父與察罕之事乎？其破安豐也，汝父留兵守之，察罕不肯，師既南而城復爲宋有，進退幾失據，汝父至不勝其悔恨也，由委任不專。今豈可使汝復有汝父之悔乎！」賜錦衣、玉帶，弘範辭曰：「奉命遠征，無所事於衣帶也。苟以劍甲爲賜，則臣得仗國威靈率不聽者，臣得其職矣。」帝壯之，出上方劍以賜，曰：「劍，汝副也，有不用命者，以此處之。」及行，弘範薦李恆自副。至揚州，發水陸之師二萬，分道南下。帝復命達春（舊作塔出。）留後，供軍食。

14 秋，七月，宋湖南制置司張烈良及提刑劉應龍，起兵以應厓山，雷、瓊、全、永與潭屬縣之民周隆、賀十二等咸應之，大者衆數萬，小者不下數千。帝命阿爾哈雅（舊作阿里海牙，今改。）往討，獲周隆、賀十二，斬之。烈良等舉宗及餘兵奔思州烏羅洞，爲官軍所襲，皆戰死。阿爾哈雅略地海外，唯瓊州安撫趙與珞及冉安國、黃之傑等率兵拒於白沙口，相約固守，以死自誓，日望援兵不至，其南寧、萬安、吉陽諸州縣及八蕃、羅甸諸蠻皆附。

15 阿哈瑪特（舊作阿合馬，今改。）奏立江西榷茶運司及諸路轉運監（鹽）使司、宣課提舉司，宣課司官吏多至五百餘人。

先是湖南行省左丞崔斌入覲，從帝至察罕諾爾，（舊作腦兒。）帝問江南各省撫治如何，斌對以治安之道在得人，今所用多非其人。因言：「江南官冗，杭州地大民衆，阿哈瑪特溺於私愛，以任其不肖子巴蘇呼。（舊作抹速忽，今改。）且阿哈瑪特先自陳乞免其子弟之任，今乃身爲平章，而子若姪或爲參政，或爲尙書，或領將作監、會同館，一門悉處要津，有虧公道。」帝命罷黜之，然終不以爲阿哈瑪特罪。

既而淮西宣慰使昂吉爾（舊作昂吉兒。）入朝，亦以官冗爲言，於是詔：「江西省併入福建，罷榷茶營田司歸本道宣慰司，罷漕運司歸行省。」

16 帝嘗謂昂吉爾曰：「宰相明天道，察地理，盡人事，能兼三者，乃爲稱職。爾縱有功，宰相非可覬者。回回人中，阿哈瑪特才任宰相，阿爾（舊作阿里。）年少亦精敏，南人如呂文煥、范文虎率衆來歸，或可以相位處之。」

17 丙戌，以江南事繁，行省官未有知書者，恐於吏治未便，分命崔斌至揚州行省，張守智至潭州行省。阿哈瑪特惡崔斌，不欲其在內，故因事出之。

18丙申，以達春、舊作塔出，今改。呂師夔、賈居貞行中書事於贛州，福建、江西、廣東皆隸焉。

19辛亥，改京兆府爲安西府。

20詔江南、浙西等處，毋非理征民。時諸將市功，且利俘獲，往往濫及無辜，或强籍新民以爲奴隸。令出，得還爲民者數千人。

21建漢祖天師正一祠於大都，令張留孫居之。

22八月，壬子朔，追毁宋故官所受告身。

23庚申，有星墮廣州南，初隕，色紅，大如箕，中爆裂爲五，既墮地，聲如鼓，一時頃止。

24己巳，宋加文天祥少保、封信國公，張世傑封越國公。天祥聞宋主即位，上表自劾兵敗江西之罪，請入朝，優詔不許，更加官爵。天祥移書陸秀夫曰：「天子幼沖，宰相遯荒，詔令皆出諸公之口，豈得以游詞相拒！」會軍中大疫，士卒多死，天祥母亦病沒，詔起復之。天祥長子復亡，家屬皆盡。

25辛未，復給漳州安撫使沈世隆家貲。世隆前守建寧府，有郭贊者，受宋張世傑檄招世隆，世隆執贊，斬之。蒙古岱舊作蒙古帶，今改。以世隆擅殺，籍其家，帝曰：「世隆何罪！其還之。」仍授本路管民總管。

26 壬申，宋以姚良臣爲右丞相，夏士林參知政事，王德同知樞密院事。

27 辛巳，以中書左丞董文炳簽書樞密院事，參知政事索多、（舊作唆都。）蒲壽庚爲中書左丞。因命索多等招徠東南諸蕃國，許以互市。

28 九月，壬午朔，宋葬前主於永福陵。

29 庚寅，以中書左丞行江東道宣慰使呂文煥爲中書右丞。

30 冬，十月，己未，饗于太廟。

31 丁卯，弛山場樵采之禁。

32 十一月，丁亥，以辰、沅、靖、鎭遠等郡與蠻獠接壤，民不安業，命達春、程鵬飛並爲荆湖北道宣慰使。

33 張弘範以弟弘正爲先鋒，戒之曰：「汝以驍勇見選，非私汝也。軍法重，我不敢以私撓公，汝愼之。」進攻三江寨，寨據隘乘高，不可近，乃連兵環之。寨中懼，人持滿以待。弘範令下馬治朝食，若將持久者，持滿者疑不敢動。他寨俱不設備，弘範忽麾軍連拔數寨，迴擣三江，拔之。

34 壬辰，中書左丞行江東道宣慰使囊嘉特舊作囊加帶，今改。言：「江南既平，兵民宜各置官屬，蒙古軍宜分屯大河南北，以餘丁編立部伍，絕其擄掠之患。分揀官僚，本以革阿哈瑪特濫設之弊，其將校立功者，例行沙汰，何以勸後！新附軍士，宜令行省賜之衣糧，毋使闕乏。」帝嘉納之。

35 徵宋故相馬廷鸞、章鑑赴闕，不至。

36 張弘範以舟師由海道襲漳、潮、惠三州，李恆以步騎由梅嶺襲廣州。阿爾哈雅遣人招安撫使趙與珞及冉安國、黃之傑等於瓊州；不從，率兵禦之。癸巳，瓊州民作亂，執與珞等降，與珞及安國、之傑皆死之。

37 甲午，弛酒禁。

38 初，阿哈瑪特子呼遜、（舊作忽辛，今改。）阿薩爾（舊作阿散爾。）等，以崔斌論列免官，至是以張惠請，詔復之。惠又請復其子巴蘇呼及姪巴圖嚕鼎（舊作拔都丁。）等職，帝不從。

39 丁未，詔諭沿海官司，通日本國人市舶。

40 安西王之北征也，六盤守者搆亂，王相趙炳自京兆率兵往捕，誅其首惡。既而六盤復亂，炳又討平之。王還自北，嘉歎戰功，賚賜有加。是月，王薨。

41 閏月，庚戌朔，羅氏鬼國主阿榨、西南蕃主韋昌盛並內附。

42 李恆兵至清遠，宋王道夫迎戰，大敗。恆遂擊凌震，震又敗。道夫、震並棄廣州遁，恆入廣州，以待張弘範。

43十二月，己卯朔，簽書四川行樞密院昝順招都掌蠻內附。

44壬午，宋王道夫、淩震攻廣州，與李恆復戰，兵敗，震走厓山，與翟國秀軍合。

文天祥屯潮陽，鄒㵯、劉子俊皆集師會之，遂討劇盜陳懿、劉興於潮。興死，懿遁，以海舟導張弘範兵濟潮陽。天祥帥麾下走海豐，先鋒將張弘正追之。天祥方飯五坡嶺，弘正兵突至，衆不及戰，天祥遂被執，呑腦子，不死，鄒㵯自剄。劉子俊自詭爲天祥，冀天祥可間走也；別隊執天祥至，相遇於途，各爭眞僞，得實，遂烹子俊。

天祥至潮陽，見弘範，左右命之拜，天祥不屈。弘範曰：「忠義人也。」釋其縛，以客禮之。天祥固請死，弘範不許，處之舟中，族屬被俘者悉還之。子俊，廬陵人也。

45丙午，禁玉泉山樵采、漁弋。

46戊申，封伯夷爲昭義淸惠公，叔齊爲崇讓仁惠公。

47導肥河入於酇，淤陂皆爲良田。

48會諸王于大都，以臨安所俘寶玉器幣分賜之。

49江南釋教總統嘉木揚喇勒智，舊作楊璉眞加，今改。怙恩橫肆，窮驕極淫，以是月帥徒役頓蕭山，發宋寧宗、理宗、度宗、楊后四陵。宋陵使中官羅銑，守陵不去，與之力爭，凶徒痛箠銑，脅之以刃，銑慟哭而去。乃大肆發掘，得寶玉極多，截理宗頂以爲飲器，棄骨草莽間。是夕，聞四山皆有哭聲。山陰唐珏聞之，痛憤，亟貨家具，執劵行貸得金，具酒醪，市羊豕，邀里中少年狎坐轟飲，酒酣，少年起請曰：「君儒者，若是，將何爲焉？」珏慘然具以告，願收遺骸共瘞之。衆謝曰：「諾。」中一少年曰：「總浮屠眈眈虎視，事露柰何？」珏曰：「余固籌之矣。今四郊多暴骨，竄取以易，誰復知之！」乃造數木函，刻紀年一字爲號，分委而散遣之。衆如珏指，夜，往拾遺骸，詰朝來集，出白金羨餘酬之。

既而嘉木揚喇勒智復發徽、高、孝、光四陵及諸后陵，徽宗柩中止有朽木一段，邢后柩惟鐵燈檠一枚而已。宋太學生東嘉林景熙，故與珏善，乃託爲丐者，背竹籮，手持竹夾，遇物卽拾，以投籮中，鑄銀作小牌，繫於腰間，取賂西僧，曰：「餘不敢望，得高宗、孝宗足矣。」西僧左右之，果得兩朝骨，爲兩函貯之，託言佛經，遂與珏所得之骨並瘞蘭亭山南，移常朝殿冬青樹植其上以識。

未幾，嘉木揚喇勒智下令，裒諸陵骨，雜置牛馬枯骼中，建白塔於故宮，欲取宋高宗所書九經石刻以築基，杭州總管府推官申屠致遠力拒之，乃止。塔成，名曰鎭南，以厭勝之。杭人悲感，不忍仰視。蓋珏等事甚祕，杭人未有知者。

方珏等之始謀拾骨也，宋將作監簿山陰王英孫持其議，東陽鄭宗仁襄其役，長溪謝翶爲之籌畫。翶，故文天祥之客也，遇寒食，則相與密祭之。久之，事漸泄，人多指目珏、景熙，謂旦夕禍且不測。珏、景熙亦自承，不以爲懼。事幸不發，人皆稱曰唐、林二義士。【考異】羅有開唐義士傳、鄭元祐林義士事蹟各紀所聞。張孟兼撰唐珏傳作戊寅。黃宗羲爲謝翱冬青引作註，據「知君種年星在尾」句，以爲寅年之證，是也。癸辛雜識以爲乙酉年十一月，徐氏後編信爲至確，遂分唐、林所舉爲二事，從而辨之曰：唐、林之義，其時異，其陵異，其所取之骨異，所葬之地亦異。唐事在戊寅，林事在乙酉，是其時異也；戊寅發光宗等四陵，乙酉發高、孝等九陵，是其陵異也；唐得數函，林止兩函，是所收之骨有多少也；唐葬蘭亭，林瘞東嘉，是所葬之地有遠近也。今按徐氏所辨非也。周密雜識載此事，頗爲疎舛。如云發徽、欽、高、孝、光五帝陵，欽陵止有鐵燈檠一枚，豈知欽宗之柩終於不返，金史明言葬於鞏洛，則紹興安得有欽陵！蓋誤以邢后之陵爲欽陵。其傳聞失實如此，則所繫年月，又豈可信乎！雜識以爲歸葬東嘉者，止以林爲溫州人，從而實之耳。豈知林爲汐社中人，與王英孫、唐珏諸人互相唱酬，固爲紹興之寓公乎！總之，僧徒發陵，不能定爲一時，而唐、林相濟而成，斯無可疑者。徐氏據林景熙詩「雙匣親傳竺國經」，引爲景熙收高、孝二陵骨之證。按此詩或云唐作，或云林作，今白石樵唱集有此詩，可斷爲林作。然集中有夢中作四首，此特其一。又有詩云：「水到蘭亭倍嗚咽，不知眞帖落誰家？」是林所得者俱葬蘭亭，卽其確證。豈得舉其一而廢其餘乎！今爲參考而連書之。輟耕錄云：丙子下江南，至乙酉將十載，版圖必已定，法制必已明，安得有此事！惟戊寅距丙子不三年，此時庶事草創，故妖髡得肆其惡。徐氏據至元二十一年籍發陵所收金寶，修天衣寺，謂世祖實知而弗禁，駁陶氏之誤，其說允矣。徐氏又云：戊寅，粤東未下，必妖髡獻厭勝之術，欲使粤東速敗，故世祖聽其發掘，不兩月而厓山覆歿，帝服其奇驗。得寶非初志，後聞其所收極多，乃籍之於官耳。此亦想像之詞。宋至厓山，其勢已不能立國，在僧徒或以此厭勝，而宋之覆歿不係乎此也。至王英孫主持其議，則黃溍、傅藻、趙汸並述之。謝翺晞髮集有「夜夢繞於越，落日冬青枝」之句，不止冬青引一首也。連百正集有贈鄭宗仁詩，亦指此事，皆當時共事之可徵者。理宗首爲飲器，明洪武中，始歸葬紹興，高啓大全集、貝瓊清江集俱詠其事，亦可爲葬蘭亭之證云。

50是歲，雲南行省奏招降諸蠻城砦一百二十餘所。安西王相府奏西蜀俱平。

至元十六年 宋祥興二年。（己卯、一二七九）

1春，正月，甲寅，禁無籍軍侵掠平民。時諸王質弼特穆爾舊作只必帖木兒，今改。所部，爲暴尤甚，命捕爲首者置之法。

2辛酉，宋合州安撫使王立以城降。

先是東川行院恥功不成，乃辭西川而自以兵圍合州。立與東川有深怨，懼降而受戮，乃遣間使納款於西川。安西王相李德輝，單舸至城下，呼立出降，安集其民而罷置其吏，合人德之。東川行院與德輝爭功，因奏立久抗王師，嘗指斥憲宗，宜殺之。降臣李諒亦訟立前殺其妻子，有其財物，遂詔殺立，籍其家貲償諒。既而安西王具立降附本末來上，具言東川院臣憤德輝受降之故，誣奏誅立，樞密院亦以前奏爲非，帝怒曰：「卿視人命若戲耶？前遣使，計殺立久矣，今追悔何及！」會安西王使再至，言未殺立。乃詔立入覲，命爲潼川路安撫使、知合州事。

3張弘範由潮陽港乘舟入海，至甲子門，獲斥候將劉青、顧凱，知宋主所在。壬戌，弘範兵至厓山。

或謂張世傑曰：「北兵以舟師塞海口，則我不能進退，盍先據之！幸而勝，國之福也；不勝，猶可西走。」世傑恐久在海中，士卒離心，動則必散，乃曰：「頻年航海，何時已乎！今須與決勝負。」遂焚行朝草市，結大舶千餘，作一字陣，碇海中，中艫外舳，貫以大索，四周起樓柵如城堞，奉宋主居其間爲死計，人皆危之。

厓山北水淺，舟膠不可進。弘範由山東轉而南，入大洋，與世傑之師相遇，薄之，且出奇兵斷宋軍汲路，世傑舟堅不能動。弘範乃舟載茅茨，沃以膏脂，乘風縱火焚之，世傑戰艦皆塗泥，縛長木以拒火，舟不爇，弘範無如之何。

時世傑有韓氏甥，在弘範軍中，弘範署爲萬戶府經歷，三遣諭禍福。世傑不從，曰：「吾知降生且富貴，但爲主死，不移也！」因歷數古忠臣以答之。弘範乃強文天祥爲書招世傑，天祥曰：「吾不能扞父母，乃教人叛父母，可乎？」固強之，天祥遂書所過零丁洋詩與之，其末有云：「人生自古誰無死，留取丹心照汗青。」弘範笑而止。復遣人語厓山士民曰：「汝陳丞相已去，文丞相已執，汝復欲何爲？」士民亦無叛者。

弘範又以舟師據海口，世傑兵士茹乾糧，飲海水，水鹹，卽嘔泄，皆大困。世傑帥蘇劉義、方興等旦夕大戰。庚午，李恆兵自廣州來會，與弘範合守厓山北，諸將請以礮攻之，弘範曰：「礮攻，敵必浮海散去。吾分追非所利，不如以計聚留而與戰也。且上戒吾必翦滅此，今使之遁，何以復！」恆亦曰：「我軍雖圍敵，而敵船正當海港，日逐潮水上下，宜急攻之。不然，彼薪水既絕，自知力屈，恐乘風潮之勢遁去，徒費軍力，不能成功也。」遂定議，與宋舟相直對攻。

4 丙子，以中書左丞拜奇爾默色舊作別乞里迷失，今改。同知樞密院事。

5 賜廉希憲鈔萬貫，詔復入中書。希憲稱疾篤，皇太子遣侍臣問疾，因問治道，希憲曰：「君天下在用人，用君子則治，用小人則亂。臣病雖劇，委之於天。所甚憂者，大奸專政，羣小阿附，誤國害民，病之大者。殿下宜開聖意，急爲屏除，不然，日就沈痾，不可藥矣。」

6 二月，戊寅朔，祭先農於籍田。

7 宋張世傑部將陳寶來降。己卯，宋都統張達乘夜來襲，敗還。癸未，平旦，張弘範分諸將爲四軍，李恆當其北及西北角樓，諸將分居其南及西，弘範將其一，相去里許，令曰：「敵東附山，潮退必南遁，南軍急攻勿失之。西北軍聞吾樂作，乃戰。」又令曰：「敵有西南艦，聞其將左大守之，必驍勇也，吾其自當之。」頃之，有黑氣出山西，弘範曰：「吉兆也！」潮退，水南瀉，恆從北面順流衝擊，世傑以淮兵殊死戰，矢石蔽空。日中，潮長，南面軍復乘流進攻，世傑腹背受敵，戰益力，恆不能勝。弘範所乘艦以布障四面，將士負盾而伏，樂作，世傑以爲且宴，少懈。弘範回艦尾抵左大柵，左大射矢集布障、桅索如蝟。弘範度其矢盡，命撤障，伏盾兵矢石俱發，奪左大艦，又與夏御史戰，奪七艘，諸將合勢乘之，自巳至申，呼聲震天。俄而宋軍有一舟檣旗仆，諸舟之檣旗皆仆，世傑知事去，乃抽精兵入中軍，諸軍大潰，翟國秀、淩震等皆解甲降。

會日暮，風雨昏霧四塞，咫尺不相辨，世傑遣小舟至宋主所，欲奉宋主至其舟，謀遁去，陸秀夫恐爲人所賣，或被俘辱，執不肯赴。宋主舟大，且諸舟環結，秀夫度不得脫，乃先驅其妻子入海，謂宋主曰：「國事至此，陛下當爲國死。德祐皇帝辱已甚，陛下不可再辱！」即負宋主同溺，後宮諸臣從死者甚衆。宋主時年九歲。世傑乃與蘇劉義斷維奪港，乘昏霧潰去，餘舟尚八百，盡爲弘範所得。越七日，屍浮海上者十餘萬人。軍卒求物尸間，遇一尸，小而晳，衣黃衣，負詔書之寶，卒取寶以獻。弘範亟往求之，已不獲矣。遂以廣王溺死報。

楊太妃聞之，撫膺大慟曰：「我忍死間關至此者，止爲趙氏一塊肉耳，今無望矣！」遂赴海死，世傑葬之海濱。

世傑將趣占城，土豪強之還廣東，乃回舟艤南恩之海陵山，散潰稍集。颶風忽大作，將士勸世傑登岸，世傑曰：「無以爲也。」登柁樓，露香祝曰：「我爲趙氏，亦已至矣，一君亡，復立一君，今又亡。我未死者，庶幾敵兵退，別立趙氏以存祀耳。今若此，豈天意耶！」風濤愈甚，世傑墮水溺死。【考異】元史以張世傑爲死於海陵山下，與經世大典同。宋史忠義張世傑傳作平章山下，與元史異。傳又云：世傑斷維，以十餘艦奪港去。後還，收兵厓山，劉自立擊敗之，降其將方遇龍、葉秀榮、章文秀等四十餘人。世傑復奉楊太妃求趙氏後而立之，俄颶風壞舟，溺死。是張弘範兵退之後，世傑復至厓山，又爲劉自立所敗也。元史闕而不書，何耶？據楊太后墓在厓山，則世傑復至厓山，當得其實，元史文有不具耳。元史張弘範傳云：磨厓紀功而還。考紀功之碑，至明中葉猶存。世傑復至厓山，何以不毀？殆爲時倉猝，無暇計及此也。癸辛雜識云：張世傑之戰海上也，嘗與祥興之主約曰：「萬一事不可爲，則老臣必死於戰，有沈香一株，重千餘兩，是時，當焚此香爲驗，或香烟及御舟，可即遣援兵，或不然，宜速爲之所，無墮其計中也。」及厓山之敗，張儼然立船首焚香拜天曰：「臣死罪，無以報國，不能翊運輔主，惟天鑒之。」倘有將佐三十餘亦立其後，如此者一晝夜，從者亦聳立不少動。既而北軍擁至，篙師亦皆小舟逃去，風起浪湧，舟遂沈，溺者甚衆。是以世傑與宋主爲同時溺死，疑係傳聞之誤也。宋史陸秀夫傳云：海上之事，世莫得其詳。今從宋、元史參酌連書之。

8 甲申，以征日本，敕揚州、湖南、贛州、泉州造戰船六百艘。

9 乙未，詔湖南行省：「於戍軍還途，每四五十里立安樂堂，疾者醫之，飢者廩之，死者官給其需，槀葬之。」

10 禁諸鄂囉(舊作奥魯。)及漢人持弓矢，其出征所持兵仗，還卽輸之官庫。

11甲辰，中書省請以眞定路達嚕噶齊（舊作達魯花赤。）蒙古岱（舊作蒙古帶。）爲保定路達嚕噶齊。帝曰：「此正人也，朕將別以大事付之。」

12先是郭守敬言：「曆之本在於測驗，而測驗之器莫先儀表。今司天渾儀，宋皇祐中汴京所造，不與此處天度相符，比量南北二極，約差四度。」表石年深，亦復欹側，守敬乃盡攷其失而移置之。既又別圖高爽地，以木爲重棚，創作簡儀高表，用相比覆。又以爲天樞附極而動，昔人嘗展管望之，未得其的，作候極儀；極辰既位，天體斯正，作渾天象；象雖形似，莫適所用，作玲瓏儀；以表之矩方，測天之正圜，莫若以圜求圜，作仰儀；石有經緯，【考異】元史郭守敬傳「石」作「古」，今從齊履謙知太史院事郭公行狀。結而不動，守敬易之，作立運儀；日有中道，月有九行，守敬一之，作證理儀；表高景虛，罔象非眞，作景符；月雖有明，察景則難，作闚几；曆法之驗，在於交會，作日月食儀；天有赤道，輪以當之，兩儀低昂，標以指之，作星晷定時儀。又作正方案圭表，【考異】齊履謙郭公行狀作「凡表」，元史郭守敬傳譌「九表」。今從曆志。懸正儀座，正儀爲四方行測者所用。又作仰規覆矩圖，異方渾蓋圖，日出入永矩圖，與上諸儀互相參攷。至是以王恂爲太史令，守敬同知太史院事，始進儀表式。

守敬嘗上前指陳理致，至於日晏，帝不爲倦。守敬因奏：「唐一行，開元間令南宮說天下測景，書中見者凡十三處。今疆宇比唐尤大，若不遠方測驗，日月交食，分數時刻不同，晝夜長短不同，日月星辰去天高下不同，卽目測驗，人少可先南北立表，取直測景。」帝可其奏，遂設監候官一十四員，分道而出，東至高麗，西極滇池，南踰朱崖，北盡鐵勒，四海測驗，凡二十七所。

13三月，壬子，囊嘉特舊作囊加歹，今改。括兩淮造回回礮新附軍匠六百及蒙古、回回、漢人新附能造礮者，俱至京師。

14丙寅，敕中書省：「凡掾史文移，稽緩一日、二日者杖，三日者死。」

15潭州行省招下西南諸蕃。甲戌，以龍方零等爲小龍蕃等處安撫使，仍以兵三千戍之。

16詔太常寺講究州縣社稷制度。禮官折衷前代，定祭祀儀式及壇壝祭器制度，圖寫成書，名曰至元州縣社稷通禮。

17夏，四月，大都等十六路蝗。

18帝師帕克斯巴舊作八思巴，今改。卒，策琳沁舊作赤〔亦〕憐眞，今改。嗣爲帝師。賜帕克斯巴號皇天之下一人之上宣文輔治大聖至德普彗〔覺〕眞智祐國如意大寶法王西天佛子大元帝師。以後累朝皆有帝師，相承不絕。

19同簽書樞密院事趙良弼言：「宋亡，江南士人多廢學，宜設經史科以育人材，定律令以戢姦吏。」帝常從容問曰：「高麗，小國也，匠工弈技，皆勝漢人；至於儒人，皆通經書，學孔、孟。漢人惟務課賦吟詩，將何用焉！」良弼對曰：「此非學者之病，在國家所尚何如耳。尚詩賦則必從之，尚經學則人亦從之矣。」

20 五月，辛亥，以泉州經張世傑兵，減今年租賦之半。

21 丙辰，以五臺僧多匿逃奴及逋賦之民，敕西京宣慰司、按察司搜索之。

22 丙寅，敕江南僧司文移毋輒入遞。

23 丙子，命宗師張留孫卽行宮作醮事，奏赤章於天，凡五晝夜。

24 先是兵下江西，南安守臣迎降，獨南安縣不下。縣人李梓發、黃賢，共推縣尉葉茂爲主，繕治守具，達春引衆萬餘攻之。邑猶彈丸，城牆甫及肩，梓發率衆死守，晝則隨機應變，夜則鳴金鼓劫砦。達春等相顧曰：「城如碟子大，人心乃爾硬耶！」遂親至城下諭降，城上祼譟大罵。俄礮發，幾中達春，乃徙砦水南。自冬徂春，力攻三十五日，死者數千，不能克。久之，茂出降，元軍乃退，梓發、賢堅守如故。及匡山破，參政賈居貞又往諭降，城上仍詬罵不已。時衆稍稍徙去，心力頗懈，居貞命方文等進攻，凡十五日，城破，屠之。梓發擧家自焚，縣人多殺家屬巷戰，殺敵猶過當。

25 甲申，敕造戰船征日本，以高麗材用所出，卽其地製之，令高麗王議其便以聞。

26 雲南都元帥愛嚕尼雅斯拉鼎，（舊作愛魯納速剌丁。）將兵抵金齒、蒲驃、緬國界內，招下三百砦，籍戶十一萬。詔定賦租，立站遞，設衞送軍。軍還，獻馴象十二。

27 辛丑，以通州水路淺，舟運甚艱，命樞密院發軍五千，仍令食祿諸官雇役千人開浚，以五十日訖工。

28 臣僚有請賦北京、西京車牛以運軍糧，帝曰：「民之艱苦，汝等不問，但知役民。使今年盡取之，來歲禾稼何由得種！其止之。」

29 癸卯，以臨洮、鞏昌、通安等十驛歲饑，供役繁重，有質賣子女以供役者，命選官撫治之。旋以襄陽屯田戶七百代軍當驛役。

30 甲辰，以阿哈瑪特子呼遜舊作忽辛，今改。爲潭州行省左丞，呼實哈雅（舊作忽失海牙。）等並復舊職。

31 是夏，四川宣慰使楊文安入覲，以所得城邑繪圖以獻。帝勞之曰：「汝攻城之功何若是多也！」擢四川南道宣慰使。

32 秋，七月，乙卯，定江南上、中路置達嚕噶齊二員，下路一員。

33 丁巳，交趾國貢馴象。

34 己未，以蒙古軍二千，諸路軍一千，新附軍一千，合萬，令李庭將之。

35 壬戌，罷潭州行省造征日本及交趾戰船。

36 癸酉，西南八番、羅氏等國內附，峒砦凡千六百二十六。

37 命崔彧至江南，訪求藝術之人。

38 八月，丁丑，帝歸自上都。如上都，元史失書。

39 戊子，范文虎言：「臣奉詔征日本，比遣周福、欒忠與日本僧齎詔往諭其國，期以來年四月還報，待其從否，始宜進兵。」從之。

40 庚寅，帝以每歲聖誕節及元辰日，禮儀費用皆斂之民，詔天下罷之。

41 丁酉，以江南所獲玉爵及玷凡四十九事納於太廟。

42 先是捕海賊金通精，不獲。通精死，獲其從子溫，有司請論如法，帝曰：「通精已死，溫何預焉！」特赦其罪。

43 甲辰，詔：「漢軍出征，逃者罪死，且沒其家。」

44 九月，乙巳朔，范文虎薦可爲守令者三十人。詔令「後所薦朕自擇之。凡有官守，不勤於職，勿問漢人、回回，皆論誅，籍沒。」

45 庚戌，詔行省左丞呼遜兼領杭州等路諸色人匠，以杭州稅課所入，歲造繒段十萬以進。

46 阿哈瑪特言王相府官趙炳云：「陝西課程，歲辦萬九千錠，所司若果盡心措辦，可得四萬錠。」即命炳總之。

47同知揚州總管府事董仲威坐贓罪，行臺方按其事，仲威反誣行臺官以他事。詔免仲威官，仍沒其產十之二。

48戊午，議罷漢人之爲達嚕噶齊者。

49己巳，樞密院言：「有唐古岱(舊作唐兀帶。)者，冒禁，引軍千餘人，於辰溪、沅州等處劫掠新附人千餘口及牛馬、金銀、幣帛，而麻陽縣達嚕噶齊呼巴布哈(舊作武伯不花。)爲之鄉導。」敕斬唐古岱、呼巴布哈，餘減死論，以所掠者還其民。

50冬，十月，己卯，饗於太廟。

51戊子，千戶託訥(舊作脫略，今改。)總把呼岱(舊作忽帶，今改。)擅引軍入婺州永康縣界，殺掠吏民。事覺，自陳扈從先帝出征有功，乞貸死。敕沒其家貲之半，杖遣之。

52辛卯，賑和州貧民鈔。

53乙未，納碧玉爵於太廟。

54辛丑，以月直元辰，命五祖眞人李居壽作醮事，奏赤章，凡五晝夜。事畢，居壽請間言：「皇太子春秋鼎盛，宜預國政。」帝喜曰：「尋將及之。」明日，下詔：「皇太子燕王參決朝政，凡中書省、樞密院、御史臺及百司之事，皆先啓後聞。」

55是月，敍州、夔府至江陵界置水驛。

56 蜀地既平，以張庭瑞爲諸蠻夷部宣慰使，甚得蠻夷心。碉門羌與婦人老幼入市，爭價，持刃入碉門，魚通司繫其人，羌酋怒，斷繩橋，謀入刦之。魚通司來告急，左丞汪惟正問計，庭瑞曰：「羌俗暴悍，以鬬殺爲勇。今如蜂毒一人，而卽以門牆之寇待之，不可。宜遣使往諭禍福，彼悟，當自回矣。」惟正曰：「使者無過於君。」遂從數騎抵羌界，羌陳兵以待，庭瑞進前語之曰：「殺人償死，羌與中國之法同。有司繫諸人，欲以爲見證耳，而汝卽肆無禮。如行省聞於朝，召近郡兵，空汝巢穴矣。」其酋長棄槍弩拜曰：「我近者生裂羊胛卜之，視肉之文理何如則吉，其兆曰：『有白馬將軍來，可不勞兵而罷。』今公馬果白，敢不從命！」乃論殺人者，餘盡縱遣之。遂與約，自今交市者以碉門爲界，無相出入。

官買蜀茶，增價鬻於羌人，人以爲患。庭瑞更變引法，每引納二緡，而付文券與民，聽其自市於羌，羌、蜀便之。

先時運糧由揚州泝江，往往覆陷，庭瑞始立屯田，人得免患。

都掌蠻叛，蠻善飛槍，聯松枝爲牌自蔽。行省命庭瑞討之，庭瑞所射矢出其牌半幹，蠻驚曰：「何物弓矢，如此之力！」卽請服。遂斬其酋，而招復其餘民。

庭瑞旋授敍州等處蠻夷部宣慰（撫）使。

57 宋文天祥之被執也，數求死不得，太學生廬陵王炎午作生祭文勸其速死，置於衢路，天祥未之見也。行至南安，不食八日猶生，是月至燕，館人供帳甚盛，天祥不寢處，坐達旦，遂移兵馬司，設卒守之。天祥南面坐，未嘗面北，留夢炎說之則罵。王積翁欲合降臣謝昌元等十人請釋天祥爲道士，夢炎不可，曰：「天祥出，復號召江南，置吾十人於何地！」事遂已。已而丞相博囉（舊作孛羅。）等召見於樞密院，天祥入，長揖。欲使跪，天祥曰：「南之揖，北之跪。予南人，行南禮。」博囉叱左右曳之地，天祥不屈。問有何言，天祥曰：「自古有興有廢，帝王、將相，滅亡誅戮，何代無之！我盡忠於宋以至此，願求早死。」博囉曰：「汝謂有興有廢，且問盤古至今日，幾帝幾王？」天祥曰：「一部十七史從何處說起，我今日非應博學弘詞科，何暇泛論！」博囉曰：「汝不肯說廢興事，且道古來有以宗社與人而復逃者乎？」天祥曰：「奉國與人，是賣國之臣也。賣國者必不去，去者必非賣國者也。予前除宰相不拜，奉使軍前，尋被拘執。不幸有賊臣獻國，國亡當死，所以不死者，爲度宗二子在浙東，老母在廣故耳。」博囉曰：「棄德祐嗣君而立二王，忠乎？」天祥曰：「當此之時，社稷爲重，君爲輕。吾別立君，爲宗廟社稷計也。從懷、愍而北者非忠，從元帝爲忠；從徽、欽而北者非忠，從高宗爲忠。」博囉不能詰。有問：「晉元帝、宋高宗有所受命，二王立不以正，是篡也？」天祥曰：「景炎乃度宗長子，德祐親兄，不可謂不正；即位於德祐去國之後，不可謂篡；陳丞相以太后命奉二王出宮，不可謂無所受命。」博囉等皆無詞，但以無所受命爲解。天祥曰：「天與之，人歸之，雖無傳受之命，推戴擁立，亦何不可！」博囉怒曰：「汝立二王，竟成何功？」天祥曰：「立君以存宗社，存一日則盡臣子一日之責，何功之有！」博囉曰：「既知其不可，何必爲？」天祥曰：「父母有疾，雖不可爲，無不下藥之理。盡吾心焉，不可救，則天命也。天祥今日至此，唯有一死，不在多言。」博囉欲殺之，帝及諸大臣不可。張弘範病中亦表奏天祥忠於所事，願釋勿殺，乃復囚之。【考異】宋史天祥傳：世祖多求才南官，王積翁言南人無如天祥者，遂遣積翁諭旨，天祥曰：「國亡，吾分一死矣。儻緣寬假，得以黃冠歸故鄉，他日以方外備顧問可也。若遽官之，非直亡國之大夫不可與圖存，舉其平生而盡棄之，將安用我！」陳桱通鑑續編同。按天祥對博囉之言，唯求早死，豈復有黃冠歸故鄉之想！論者以爲必留夢炎輩忌天祥全節者，因積翁有請釋爲道士意，遂附會其語以誣天祥耳，今不取。

58 十一月，壬子，遣禮部尚書柴椿偕安南國使杜中贇詔往諭安南國世子陳日烜，責其來朝。

59 乙卯，罷太原、平陽、西京、延安路新簽軍還籍。罷招討使劉萬努（舊作萬奴。）所管無籍軍願從大軍征討者。

60 戊辰，命湖北道宣慰使劉深教練鄂州漢陽新附水軍。

61 十二月，戊寅，發粟鈔賑鹽司竈戶之貧者。

62丙申，敕樞密、翰林院官就中書省與索多舊作唆都，今改。議招收海外諸番事。

63丁酉，敕：「自明年正月朔，建醮于長春宮，凡七日，歲以爲例。」

64增置宿衞。

初，宿衞皆領於四集賽，舊作怯薛，今改。以太祖功臣博勒呼、舊作博爾忽，今改。博爾濟、舊作博爾朮，今改。穆呼哩、舊作木華黎，今改。齊拉袞舊作赤老溫，今改。四族世領集賽之長。集賽者，猶言分番宿衞也。年老既久，卽擢爲一品，或以才能任使，貴盛雖極，一日歸至內庭，則執事如故。其後集賽增至四千八百，而累朝鄂爾多（舊作斡里朶。）集賽尤多，爲國大費。

65建聖壽萬安寺於京城。

帝師策琳沁卒，敕諸國教師禪師百有八人，卽萬安寺設齋圓戒，賜衣。

66是歲，雲南行省平章政事賽音諤德齊舊作賽典赤，今改。卒，百姓巷哭。交趾國王遣使者十二人衰絰致祭，使者號泣震野。

續資治通鑑卷第一百八十五

賜進士及第兵部尚書兼都察院右都御史總督湖北湖南等處地方軍務兼理糧餉世襲二等輕車都尉 畢沅 編集

元紀三 起上章執徐（庚辰）正月，盡玄黓敦牂（壬午）六月，凡二年有奇。

世祖聖德神功文武皇帝

至元十七年（庚辰、一二八〇）

1 春，正月，丙辰，立遷轉官員法：凡無過者授見闕，物故及過犯者選人補之，滿代者令還家以俟。又定諸路差稅課程，增益者卽上報，隱漏者罪之。

2 詔括江、淮銅及銅錢、銅器。

3 辛酉，以海賊賀文達所掠良婦百三十餘人還其家。

4 廣西廉州海賊霍公明、鄭仲龍等伏誅。

5 甲子，敕泉州行省：「山寨未卽歸附者率兵拔之，已拔復叛者屠之。」

6 錄收宋二王功，以總管張瑄爲沿海招討使，千戶羅璧爲管軍總管。

7先是阿爾哈雅、舊作阿里海牙，今改。呼圖特穆爾舊作忽都帖木兒，今改。等下荆南、江西、廣西、海南之地，凡得州五十八，峒夷山獠不可勝計，所俘三萬二千餘人，悉役爲奴，自置吏治之，責其租賦。行臺御史以爲言，戊辰，敕御史大夫姜衞舊作相威，今改。檢覈之，並放爲民。

8置行中書省于福州。

9蒙古漢軍都元帥張弘範卒。弘範自厓山入朝，賜宴內殿，慰勞甚厚。未幾，瘴癘疾作，帝命尚醫診視，遣近臣臨議用藥，衞士監門止雜人無擾其病。病甚，沐浴易衣冠，扶掖至中庭，面闕再拜，退坐，命酒作樂，與親故言別，出所賜劍甲付子珪曰：「汝父以是立功，汝佩服勿忘也。」端坐而卒，年四十三。

弘範好讀書，過目通大義，善應對。初從巴延(舊作伯顏。)下建康，軍中會諸將頒賞，弘範後至，巴延曰：「軍中會集，後至者罪，雖勳舊不貸，汝何敢爾！」弘範曰：「出戰不敢後，受賞恥居先。」巴延無以難。居常曰：「律己廉則公明自生，賞罰信則人皆效力，不懷報怨之心則怨亦自釋。」聞者韙之。後追封淮陽郡王，謚獻武。

10二月，乙亥，張易言高和尚有祕術，能役鬼爲兵，遙制敵人。命和爾果斯舊作和禮霍孫，今改。將兵與高和尚同赴北邊。

11丁丑，達爾布罕舊作答里不罕，今改。以雲南行省軍攻定昌路，擒總管谷納，殺之。詔達爾布罕還，以阿達（舊作阿答。）代之。

12雲南行省右丞尼雅斯拉鼎舊作納速剌丁，今改。等上言：「緬國輿地形勢，皆已在臣目中。臣先奉旨，若重慶諸郡平，然後有事緬國。今四川已底寧，請益兵征之。」帝以問丞相托里圖哈，舊作脫里奪海，今改。托里圖哈曰：「陛下初命發士卒六萬人征緬，今尼雅斯拉鼎止欲得萬人。」帝曰：「足矣。」遂詔尼雅斯拉鼎將精兵萬人征之。

尼雅斯拉鼎又建言三事：其一謂：「雲南省規措所造金簿，貿易病民，宜罷。」一謂：「雲南有省，有宣慰司，又有都元帥府。近宣慰司已奏罷，而元帥府尙存。臣謂行省既兼領軍民，則元帥府亦在所當罷。」一謂：「雲南官員子弟入質，臣謂達官子弟當遣，餘宜罷。」奏可。尼雅斯拉鼎，賽音諤德齊舊作賽典赤，今改。之長子也。

13己丑，命梅國寶襲其父應春瀘州安撫使職。

初，瀘州嘗降宋，應春爲前重慶制置使張珏所殺。國寶詣闕訴冤，詔以珏畀國寶，使復其父讎，時珏在京兆，解弓弦自縊死。國寶請贖還瀘州軍民之爲俘者，從之。【考異】宋史忠義傳：張珏至安西，趙老菴其友，謂之曰：「公盡忠一世以報所事，今至此，縱得不死，亦何以哉？」珏乃解弓弦自經廁中，從者焚其骨，以瓦缶葬之死所。元史紀先書珏降，繼書梅國寶請復讎事，今以事理度之，珏非降者也。方元人招珏降，以呂文煥、夏貴故事許之。使珏果降，當授顯職，國寶豈得請復仇哉？當是被執不降未死，元主始聽復仇耳。今從宋、元史酌書之。

14 日本殺國使杜世忠等，征東元帥實都、舊作忻都，今改。洪俊奇，請自率兵往討；廷議姑少緩之。

15 庚子，發侍衞軍三千浚通州運糧河。

16 江淮行省左丞夏貴請老，從之，仍官其子孫。

17 辛丑，以廣中民不聊生，召右丞達春、（舊作塔出。）左丞呂師夔，廷詰壞民之由，命頁迪密實、（舊作也的迷失。）賈居貞行宣慰司往撫之。師夔至，廷辯無驗，復命還省治事。

18 三月，癸卯，命王積翁入領省事；中書省臣以爲不可，改戶部尚書。

19 甲辰，帝幸上都。時上都留守闕，宰相進擬十數人，皆不稱旨。帝顧賀仁傑曰：「無以易卿者，」遂授之。仁傑善於其職，每歲春秋行幸，供億未嘗闕。

20 乙卯，立都功德使司，掌帝師所統僧人并吐番軍民等事。

21 初，安西王旣薨，召其相趙炳入見，因言陝西運使郭琮、郎中郭叔雲不法事，帝怒，遣使偕炳往按其罪。至則琮等矯世子阿南達舊作阿難答，今改。旨，收炳及妻子囚之平涼北崆峒山。

【考異】元史商挺傳：或告炳不法，妃命囚之六盤獄以死，與趙炳傳微異。炳子仁榮上訴，詔遣使馳往脫炳，且械琮黨偕來，琮等留使者，醉以酒，先遣人毒炳於獄中。帝聞之，大怒，琮至，親鞫之，伏辜，命仁榮手刃琮及叔雲於市，籍其家畀之。仁榮曰：「不共戴天之人所有，何忍受之！」帝稱善，別賜鈔二萬緡，爲治喪具。尋贈炳中書左丞，諡忠愍。

22 趙炳之死也，與王府相商挺無預；會王府女奚有預郭琮之謀者，臨刑，望以求生，語連挺及其子瓛。帝怒，召挺，拘炳家，瓛下獄，命諸儒讞其罪。吏部尚書青陽夢炎曰：「臣宋人，不知挺向來之功可補今之過否？」帝不悅曰：「是同類相助之詞也。」符寶郎董文忠曰：「夢炎不知挺何如人，臣以曩時推戴之功語之矣。」帝良久曰：「其事果何如？」文忠曰：「臣目未覩，耳固聞之，殺人之謀，挺不與也。」帝默然，久之，始得釋。

23 先是，索多（舊作唆都。）軍士擾民，故南劍等路民復叛，及蒙古岱（舊作忙古帶。）往招徠之，民始獲安。夏，四月，壬申朔，詔以蒙古岱仍行省福州。

24 癸酉，南康杜可用叛，命史弼討擒之。

25 乙酉，以太常樂付太常寺。

26 丁亥，立杭州路金玉總管府。

27 五月，甲辰，作行宮于察罕諾爾。舊作察罕腦兒，今改。

28 丙午〔癸丑〕，詔雲南行省發四川軍萬人，命鐸喇哈（舊作藥剌海。）領之，與前所遣將同征緬國。
29 移福建行省於泉州。
30 高麗國王暙，以民饑乞貸糧萬石，許之。
31 甲寅，汀、漳叛賊廖得勝伏誅。
32 六月，丁丑，索多部下聚黨於海道劫奪商貨，范文虎招降之，復議置於法。
33 阿塔哈（舊作阿答海。）等請罷江南所立稅課提舉司，阿哈瑪特（舊作阿合馬。）力爭，詔御史臺選官檢覈，具實以聞，遂遣布嚕哈達（舊作不魯合答。）等檢覈江淮行省錢穀。
34 壬辰，召范文虎，議征日本。
35 命江淮等處頒行鈔法，廢宋銅錢。
36 秋，七月，己酉，立行省於京兆，以前安西王相李德輝爲參知政事兼領錢穀事。
37 徙泉州行省於隆興。
38 戊午，以參知政事郝禎、耿仁並爲中書左丞。
阿哈瑪特在位日久，益肆貪橫，援引二人驟升同列，陰謀交通，專事蒙蔽，逋賦不蠲，衆庶流移，京兆等路歲辦課至五萬四千錠，猶以爲未實。民有附郭美田，輒取爲己有。內通貨賄，外示威刑，廷中相視，無敢論列。有宿衞士洛陽秦長卿者，上書發其姦，事下中書，中貴人力爲救解，議遂寢。阿哈瑪特大恨長卿，以鐵冶事誣逮下吏，籍其家，使獄吏殺之。其後阿哈瑪特雖誅，而長卿之冤終不白。

39 用姚演言，開膠東河，及收集逃民屯田漣、海。

40 初，中書以領大農事張立道熟於雲南，奏授大理等處巡行勸農使。其地有昆明池，介碧雞、金馬間，環五百餘里，夏潦暴至，必冒城郭。立道求泉源所自出，役丁夫二千人治之，洩其水，得壤地萬餘頃，皆爲良田。爨、僰之人，雖知蠶桑而未得其法，立道始教之飼養，收利十倍於舊，雲南由是益富。庶羅諸山蠻慕之，相率來降，收其地，悉爲郡縣。除立道忠慶路總管。

時雲南未知尊孔子，祀王羲之爲先師。立道首建孔子廟，置學舍，勸士人子弟以學，擇蜀士之賢者迎以爲師，歲時率諸生行釋菜禮，人習禮讓，風俗稍變。

至是入朝，力請於帝，以雲南王子額森特穆爾（舊作也先帖木兒，今改。）襲王爵，帝從之；遂命立道爲臨安、廣西道宣撫使兼管軍招討使。立道，大名人也。

41 乙丑，罷江南財賦總管府。

42 割建康民二萬戶種秫，歲輸釀米三萬石，官爲運至京師。

43 己巳，遣中使歷江南名山，訪求高士，且命持香幣詣信州龍虎山、臨江閣皁山、建康三茅山，皆設醮。

44八月，庚午朔，蕭簡等十人歷河南五路，擅招闌遺戶，事覺，謫其爲首者從軍自效，餘皆杖之。

45乙亥，改蒙古侍衞總管爲蒙古侍衞親軍都指揮使司。

46戊寅，占城、馬八兒國皆遣使奉表稱臣，貢寶物犀象。

47丁亥，集賢院大學士兼國子祭酒許衡致仕，皇太子請以其子師可爲懷孟路總管，以便侍養，且遣使諭之曰：「公毋以道不行爲憂也，公安，則道行有時矣。」

48翰林學士承旨姚樞卒，謚文獻。樞含弘仁恕，未嘗疑人欺己，有負其德，亦不留怨，憂患之臨，不見言色，有來卽謀者，必反復告之。

49戊戌，高麗王王賰來朝，且言將益兵三萬征日本。於是以范文虎、實都、洪俊奇爲中書右丞，李庭、張巴圖(舊作拔突，今改。)爲參知政事，並行中書省事。水軍萬戶都元帥張禧請行，卽日拜行省平章政事，與文虎、庭等率舟師泛海東征。至日本，禧卽捨舟，築壘平湖島，約

占城近瓊州，順風舟行，一日可抵。海外諸蕃國唯馬八兒與俱藍爲之綱領。上年冬，遣兵部侍郎嘉琿迪(舊作教化的。)等與索多使占城，諭其王入朝，及是乃遣使內附。

東戰艦，各相去五十步止泊，以避風濤觸擊。已而颶風大作，文虎、庭戰艦悉壞，禧所部獨完。

50 漳州陳弔眼，聚黨數萬，劫掠汀、漳，是月，加鄂勒哲圖舊作完者都，今改。鎮國上將軍、福建等處征蠻都元帥，率兵五千往討，賜翎根甲，面諭遣之，且曰：「賊苟就擒，聽汝施行。」時黃華聚黨三萬人擾建寧，號「頭陀軍」。鄂勒哲圖先引兵鼓行壓其境，軍聲大震，賊驚懼納款。鄂勒哲圖許以爲副元帥，凡征蠻之事一以問之；且慮其姦詐莫測，因大獵以耀武。適有一鶻翔空，鄂勒哲圖仰射之，應弦而落，遂大獵，所獲山積，華大悅服。鄂勒哲圖乃聞於朝，請與之俱討賊，朝廷從之，授華征蠻副元帥，與鄂勒哲圖同署。華遂爲前驅，破其五寨。

51 九月，壬子，帝至自上都。自是夏往避暑，秋還京師，歲以爲常。

52 冬，十月，壬午，詔立陝西、四川等處行中書省，以布哈（舊作不花。）爲右丞，李德輝、汪惟正並左丞。

初，羅施鬼國既降復叛，詔雲南、湖廣、四川合兵三萬人討之。兵且壓境，適李德輝在播州，乃遣安珪馳驛止三道兵勿進，復遣張孝思諭鬼國趣降。其酋阿察，熟德輝名，曰：「是活合州李公耶！其言明信可恃。」卽身至播納款。德輝以其事上聞，乃改鬼國爲順元路，以阿察爲宣撫使。

時有以受鬼國馬千數譖德輝於朝者，帝曰：「是人朕所素知，雖一羊不妄受，寧有是耶！」及左丞之命下，而德輝已卒，蠻夷哭之哀如私親，爲位而祭者動輒千百人。合州安撫使王立，衰經率吏民拜哭，聲震山谷，爲發百人護喪。興元、播州安撫使何彥清率其民立廟祀之。

53 甲申，詔龍虎山天師張宗演赴闕。

54 己丑，命達實舊作都實，今改。爲招討使，佩金虎符，往求河源。達實受命而行，四閱月始抵其地。

還，圖其形勢來上，言：「河出吐蕃朵甘思西鄙，有泉百餘泓，沮洳散渙，弗可逼視，方可七八十里，履高山下瞰，燦若列星，以故名鄂端諾爾，舊作火敦腦兒，今改。鄂端，譯言星宿也。羣流奔湊，近五七里，匯爲二巨澤，名鄂博諾爾。舊作阿剌腦兒，今改。自西而東，連屬吞噬，行一日，迤邐東鶩成川，號齊必勒河。舊作赤賓河，今改。又二三日，水西南來，名伊爾齊，舊作亦里赤〔出〕，今改。與齊必勒河合。又三四日，水南來，名呼蘭。（舊作忽蘭。）又水東南來，名伊拉齊，舊作也里朮，今改。合流入齊必勒，其流浸大，始名黃河，然水猶清，人可涉。又一二日，岐爲八九股，名也孫斡倫，譯言九渡，通廣五七里，可度馬。又四五日，水渾濁，土人抱革囊騎過之。

自是兩山峽束，廣可一里、二里或半里，其深叵測。朶甘思東北有大雪山，名伊爾瑪布譾喇，（舊作亦耳麻不莫剌。）其山最高，譯言騰格爾哈達，舊作騰乞里塔，今改。卽崑崙也。自八九股水至崑崙，行二十日。崑崙以西，山皆不穹峻。其東，山益高，地益漸下，岸狹隘，有狐可一躍而越之處。行五六日，有水西南來，名納鄰哈喇，譯言細黃河也。又兩日，水南來，名奇爾穆蘇。舊作乞兒馬赤（出），今改。二水合流入河，河水北行，轉西，流過崑崙北，向東北流，約行半月，至（貴）德州，地名筆齊里，（舊作必赤里。）始有州治、官府。又四五日，至積石，卽禹貢之積石也。自發源至漢地，南北澗溪，細流傍貫，莫知紀極。山皆草石，至積石方林木暢茂。世言河九折，蓋彼地有二折焉。」

55 丙申，始製象轎。

吏部尚書劉好禮言：「象力甚巨，上往還兩都，乘輿駕象，萬一有變，從者雖多，何力能及！」未幾，象驚，幾傷從者。好禮，祥符人也。

56 十一月，乙巳，置泉府司，掌領御位下及皇太子、皇太后、諸王出納金銀事。

57 戊申，中書省議流通鈔法，凡賞賜宜多給幣帛，課程宜多收鈔，制可之。

58 丁巳，北京行省平章政事廉希憲薨，年五十。希憲嘗戒其子曰：「丈夫見義勇爲，禍福無預於己。謂臯、夔、稷、契、伊、傅、周、召爲不可及，是自棄也。天下事苟無牽制，三代可復也。」又曰：「汝讀狄梁公傳乎？梁公有大節，爲不肖子所墮，汝輩宜愼之。」

後追封魏國公，謚文正，又追封恆陽王。

59 壬戌，詔江淮行中書省括巧匠；未幾，賜將作院工匠銀鈔、幣帛；旋敕逃役之民竄名匠戶者，復爲民。

60 甲子，詔頒授時曆。

初，帝命王恂、許衡、楊恭懿及同知太史院事郭守敬偏攷曆書，晝夜測驗，創立新法，參以古制推算，極爲精密，至是曆成。守敬與恂等同奏言：「自漢以後，曆經七十改，創法者十有三家。今所攷正凡七事：一曰冬至，二曰歲餘，三曰日躔，四曰月離，五曰入交，六曰二十八宿距度，七曰日出入晝夜刻。所創法凡五事：一曰太陽盈縮，二曰月行遲疾，三曰黃赤道差，四曰黃赤道內外度，五曰白道交周。其餘正訛補闕，蓋非一事。」奏上，賜名授時曆，頒之天下。自是八十年間，司天之官遵而用之，靡有差忒。凡日月薄食，五緯陵犯，彗孛飛流，暈珥虹蜺，精祲雲氣，諸係占侯〔候〕者，俱在簡册。

61 丁卯，遣宣慰使嘉琿（迪）、孟慶元等持詔諭占城國主，令其子弟或大臣入朝。

62 昭文館大學士竇默卒。

默每論國家大計，面折廷諍，人謂可方汲黯。帝嘗曰：「朕求賢三十年，得一竇漢卿及李俊民。」又曰：「如竇漢卿之心，姚公茂之才，合而爲一，可謂全人矣。」公茂，樞字也。默後累贈太師，追封魏國公，諡文正。

俊民，澤州人，精於邵雍皇極數。時知數者無如劉秉忠，亦自以爲弗及。帝在潛邸，嘗問以禎祥，及卽位，其言皆驗，而俊民已卒，賜諡莊靜先生。

63 十二月，庚午，殺江淮行省平章政事阿里布、舊作阿里伯，今改。右丞雅克特穆爾，舊作燕帖木兒，今改。左丞崔斌。

斌旣發阿哈瑪特姦蠹，海內稱快。未幾，斌遷江淮行省左丞，阿哈瑪特慮其害己，乃奏遣布拉噶達爾、舊作不魯合答兒，今改。劉思愈檢覈江南行省錢穀，誣搆斌與阿里布等盜官糧四十七萬石，因奏罷宣課提舉司及擅易命官八百餘員，自分左右司官，鑄銀銅印。命都事劉正等往按，獄弗具，復遣參政張澍等雜治之，竟置三人於死。

斌有文學，達政術，副阿爾哈雅取荊湖、廣海，屢建大功，多所全活。太子聞殺斌，方食，投箸惻然，遣使止之不及。天下聞而冤之。

64 辛未，高麗國王王賰，領兵萬人，水手萬五千人，戰船九百艘，糧十萬石，出征日本，給右丞洪俊奇等戰具，高麗國鎧甲戰襖。諭諸道：「征日本兵取道高麗，毋擾其民。」

65 癸酉，以高麗國王王賰爲中書右丞相。

66 乙酉，淮西宣慰使昂吉爾（舊作昂吉兒。）請以軍士屯田，阿達哈等以發民兵非便，宜募民願耕者耕之，且免其租三年，從之。

67 鄂勒哲圖既破陳弔眼，復與副帥高興討陳桂龍等，直抵其壁。賊乘高瞰下，人莫敢進，興命人挾束薪蔽身，進至山半，棄薪而退。如是六日，誘其矢石殆盡，乃爇薪焚柵，斬首二萬級。桂龍遁走入畬洞。

68 甲午，大都重建太廟成，自舊廟奉遷神主于祏室，遂行大饗之禮。

69 丙申，敕鏤板印造帝師帕克斯巴舊作合〔巴〕思八，今改。新譯戒本五百部，頒降諸路僧人。

70 敕：「擅據江南逃亡民田者，罪之。」

71 是歲，改建寧、雷州、廉州、化州、高州爲路，以肇慶路隸廣南西道。

72 賑鞏昌、常德路飢民，仍免其徭役。

至元十八年（辛巳、一二八一）

1 春，正月，辛丑，召阿喇罕、（舊作阿剌罕。）范文虎、囊嘉特（舊作囊加歹。）赴闕受訓，諭以巴圖、張珪、李庭留後，命實都、洪俊奇軍陸行抵日本，兵甲則舟運之，所過州縣給其糧食。用范文虎言，益以漢軍萬人。文虎又請馬二千及回回礮匠，帝曰：「戰船安用此！」皆不從。

2 癸卯，發鈔及金銀付博囉，（舊作孛羅。）以給貧民。

3 丁未，敕：「江南州郡兼用蒙古、回回人，凡諸王位下合設達嚕噶齊，（舊作達魯花赤。）並赴闕。」

4 丙辰，帝幸漷州。

5 癸亥，邵武民高日新據龍樓寨爲亂，擒之。

6 二月，辛未，帝幸柳林。

7 乙亥，立上都留守司。

8 陞敍州爲路，隸安西省。

9 移潭州省治鄂州，徙湖南宣慰司于潭州，從湖廣平章政事阿爾哈雅請也。阿爾哈雅所定荆南、淮西、江西、海南、廣西之地，凡得州五十八，峒夷山獠不可勝計，大率以口舌降之，未嘗專事殺戮。又其取民，悉定從輕賦，民所在立祠祀之。

10 乙酉，改輝和爾（舊作畏吾兒。）斷事官爲北庭都護府。

11 丙戌，征日本軍啓行，諸將陛辭，帝曰：「有一事朕憂之，恐卿輩不和耳。范文虎，新降者也，汝等必輕之。」

先是翰林學士王磐，聞師行有期，入諫曰：「日本小夷，海道險遠，勝之不武，不勝則損威，臣以爲勿伐便。」帝震怒，謂非所宜言，且曰：「此在吾國法，言者不赦，汝豈有他心而然耶？」磐對曰：「臣赤心爲國，故敢以言，苟有他心，何爲從叛亂之地冒萬死而來歸乎！今臣年已八十，且無子嗣，他心欲何爲耶？」明日，帝遣侍臣以溫言慰撫，使無憂懼。後閱內府珍玩，有碧玉寶枕，因出賜之。

12 浙東饑，發粟賑之。

13 己丑，發肅州軍民鑿渠溉田。

14 福建省左丞蒲壽庚言：「詔造海船二百艘，今成者五十，民實艱苦。」詔止之。

15 乙未，皇后鴻吉哩氏（舊作弘吉剌氏。）崩。后性明敏，達於事機，國家初政，左右匡正，與有力焉。四集賽（舊作怯薛。）奏割京城外近地牧馬，帝許之。后將諫，先陽責劉秉忠曰：「汝何不諫？若初定都時，以其地牧馬則可，今軍民分業已定，奪之，可乎？」事遂止。

后嘗於太府監支繒帛表裏各一，帝謂后曰：「此軍國所需，非私家物，后何可得支！」后自是率宮人親執女工，拘諸舊弓弦練之，緝爲紬以製衣。宣徽院羊臑皮置不用，后取之，合縫爲地毯。其勤儉有節而無棄物類如此。

宋亡，幼主入朝，后不樂。帝曰：「江南平，自此不用兵甲，人皆喜之，爾何獨不樂？」后曰：「自古無千歲之國，毋使吾子孫及此則幸矣。」

帝以宋府庫物置殿庭，召后視之，后一視而反。帝遣宦者追問后何欲，后曰：「宋人貯蓄以貽子孫，子孫不能守而歸於我，我又何忍取之！」

宋太后全氏至京，不習風土，后奏請令回江南，帝不允。至三奏，帝乃答曰：「爾婦人，無遠慮，若使之南還，或浮言一動，卽廢其家，非所以愛之也。卽愛之，但時加存卹可矣。」后退，益厚待之。

16 丙辰〔申〕，帝還宮。以中書右丞、行江東道宣慰使阿喇罕爲中書左丞相，行中書省事；江西道宣慰使兼招討使頁特密實舊作也的迷失，今改。參知政事，行中書省事。

17 以遼陽、懿、蓋、北京、大定諸州旱，免今年租稅之半。

18 遣皇太子行邊，復以巴延佐之。帝諭太子曰：「巴延才兼將相，忠於所事，故俾從汝；毋以常人遇之也。」

19 三月，戊戌，國子祭酒致仕許衡病革，會家人祀先，衡曰：「吾一日未死，寧可不有事於祖考！」起，奠獻如儀，旣徹而卒，年七十三。

衡善教，其言煦煦，雖與童子言，如恐傷之，故所至無貴賤、賢不肖皆樂之。服其教者，如金科玉條，終身不敢忘。或未嘗及門，傳其緒餘而折節力行者，往往有之。

後贈司徒，追封魏國公，謚文正。

20 辛酉，立登聞鼓院，許有冤者撾鼓以聞。

21 夏，四月，癸酉，復頒中外官吏俸。

22 辛巳，通、泰二州饑，發粟二萬餘石賑之。

23 五月，甲辰，遣使賑瓜、沙州饑。己酉，禁瓜、沙州爲酒。

24 庚申，嚴鬻人之禁，乏食者量加賑貸。

25 六月，丙寅，敕：「謙州織工貧甚，以粟給之，其所鬻妻子，官與贖還。」

26 己卯，以順慶路隸四川東道宣慰使。

27 日本行省臣遣使言：「大軍駐巨濟島至對馬島，獲島人，言太宰府西六十里舊有戍軍已擣其虛。」詔曰：「軍事卿等當自權衡之。」

28 庚寅，以阿喇罕有疾，詔阿達哈統率軍馬征日本。

29 壬辰，以中書左丞呼圖特穆爾爲中書右丞，行中書省事；御史中丞、行御史臺事呼喇出（舊作忽剌出。）爲中書左丞行尚書省事。

30 秋，七月，己亥，阿喇罕卒于軍。

31 庚戌，以松州知州布薩圖格舊作僕散禿哥，今改。前後射虎萬計，賜號「萬虎將軍」。

32 辛酉，索多征占城，賜駝蓬以避瘴毒。

33 八月，甲子朔，招討使方文，言擇守令、崇祀典、戢姦吏、禁盜賊、治軍旅、奬忠義六事，詔廷臣及諸老議舉行之。

34 庚午，蒙古岱爲中書右丞，行中書省事。

35 壬辰，詔：「征日本軍回，所在官爲給糧。」

先是命阿達哈代阿喇罕分戍三海口，就招海中餘寇。未至而實都、洪俊奇、范文虎、李庭、金方慶等已航海至平壺島，遇颶風，敗舟，諸將各擇堅艦乘之，棄士卒十餘萬於五龍山下。衆推張百戶者爲帥，方伐木作舟爲歸計，日本覘知之，盡殺蒙古、高麗、漢人，謂新附軍爲唐人，不殺而奴之，十萬之衆，得逃還者三人而已。文虎部將楚鼎，別率千餘人渡海，亦遭風壞舟。鼎挾破船板，漂流三晝夜，至一山，會文虎船，因得達高麗之金州合浦，屯駐散兵，漂泛漸集，遂率之以歸。【考異】元史本紀祇言征日本軍大失利，洪俊奇、李庭諸傳亦言之不詳。經世大典云：十八年八月，諸將未見敵，喪全師而返。上言：至日本，欲攻太宰府，暴風破舟。猶欲議戰，萬戶厲德彪、王國佐等不聽節制，逃去。本省載餘軍至合浦，散遣還鄉里。未幾，敗卒于閶脫歸，言官軍六月入海，七月至平壺島，移五龍山。八月一日，風破舟。五日，文虎等諸將各自擇堅好船坐去，棄士卒十餘萬於山下，無食無主者。衆議推張百戶者爲主帥，號之曰張總管，聽其約束。方伐木作舟欲還，七日，日本人來戰，盡死，餘二三萬擄去。九日，至八角島，盡殺蒙古、高麗、漢人，謂新附軍爲唐人，不殺而奴之，閶等是也。蓋行省官議事不和，故皆棄軍歸。久之，閶與莫青、吳萬五者逃歸，十萬之衆，得返者三人而已。按當時諸將諱言喪師，經世大典與日本傳同，今從之。

36閏月，癸巳朔，阿達哈請以戍三海口軍擊福建賊陳弔眼，詔以重勞，不從。

37丙午，帝至自上都。

38丁巳，括江南戶口稅課。

39壬戌，兩淮轉運使阿喇卜丹，舊作阿剌瓦丁，今改。坐盜官鈔及和買馬匹，格朝廷宣命，又以官員所佩符擅與家奴往來貿易，伏誅。

40京兆等路歲辦課額，自一萬九千錠增至五萬四千錠。九月，癸未，阿哈瑪特尙以爲未實，欲發使覆之。帝曰：「阿哈瑪特何知！」事遂止。

41簽江南、浙西道提刑按察司事高源，劾常州達嚕噶齊馬恕奪民田及他不法事，恕懼，賂阿哈瑪特，以他事誣源。旣繫獄，一日忽釋之，莫知所出。先是源所居隣里素知源事母至孝，聞源坐非辜，悉詣阿哈瑪特曰：「源孝子也，非但我知之，天必知之。況媒孽之罪非實，若妄殺人，悖天不祥。」阿哈瑪特亦感悟，源得不死。

42少府爲諸王昌圖（舊作昌童。）建宅于太廟南，太常丞田忠良，往仆其柱。少府奏之，帝問忠良，對曰：「太廟前豈諸王建宅所耶？」帝曰：「卿言是也。」又奏曰：「太廟前無馳道，非禮也。」卽敕中書闢道。國制，十月上吉，有事于太廟，或請牲不用牛，忠良奏曰：「梁武帝用麪爲犧牲，後如何耶？」從之。忠良，中山人也。

43冬，十月，乙未，饗於太廟，貞懿聖順昭天睿文光（應）皇后祔。

44丙申，募民屯田淮西。

45己亥，降詔諭安南國，立日烜之叔遺愛爲安南國王，仍發新附軍千人衞送入安南。

46帝方信桑門之教，詔樞密副使張易等參校道書。易等言道德經爲老子所著，餘皆後人僞撰，己酉，詔悉焚之。【考異】泰安有聖旨焚燬諸路道藏經之碑作二十九年，祥邁至元辨僞錄作十九年，與本紀同，今從之。

47立行中書省於占城，以索多爲右丞，劉深爲左丞，兵部侍郎額密實（舊作也里迷失。）參知政事。

48庚戌，敕以海船百艘、新舊軍及水手合萬人，期以明年正月征海外諸番，仍諭占城郡王給軍食。

49壬子，用和爾果斯言，於揚州、隆興、鄂州、泉州四省置蒙古提舉學校官各二員。

50癸丑，皇太子至自北邊。左諭德李謙嘗爲太子陳十事：曰正心，曰睦親，曰崇儉，曰幾諫，曰戢兵，曰親賢，曰尙文，曰定律，曰正名，曰革弊。

51漳州盜陳弔眼，聚衆十萬，連五十餘寨，扼險自固，高興攻破十五寨。弔眼走保千壁嶺，與上至山半，誘與語，接其手，掣下，擒斬之，潭境悉平。甲子，敕誅弔眼餘黨，幷收其兵仗，繫送京師。

52 （己巳），高麗國金州等處，置鎮邊萬戶府以控制日本。

53 高麗國王請完濱海城，防日本，不允。

54 十二月，甲午，以昂吉爾岱舊作甕吉剌帶，今改。爲中書右丞相。

55 乙（己）亥，罷日本行中書省。

56 丁未，議選侍衞軍萬人，練習以備扈從。

57 癸未（丑），免益都、淄、萊、寧海開河夫今年租賦，仍給其傭直。

58 是歲，改潭州爲路。

59 保定路清苑縣水，平陽路松山縣旱，高唐、夏津、武城等縣蟊害稼，並免今年租，計三萬六千餘石。

60 蜀初定，帝閔其地久受兵，百姓傷殘，擇近臣撫安之，以東宮典文書伊徹爾輝舊作立智理威，今改。爲嘉定路達嚕噶齊。時方以闢田、均賦、弭盜、息訟諸事課守令，伊徹爾輝奉詔甚謹，民安之，使者交薦其能。

會盜起雲南，號數十萬，聲言欲寇成都，伊徹爾輝馳入告急，言辭懇切，繼以涕泣。大臣疑其不然，帝曰：「雲南朕所經理，未可忽也。」乃推食以勞之。又語伊徹爾輝曰：「南人生長亂離，豈不厭兵畏禍耶！御之乖方，保之不以其道，故爲亂耳。其以朕意告諸將，叛則討之，服則舍之，毋多殺以傷生意，則人必定矣。」伊徹爾輝至蜀，宣布上旨，雲南乃安。

61 益都等路宣慰使、都元帥來阿巴齊，（舊作阿八赤，今改。）發兵萬人開運河，往來督視，寒暑不輟。有兩卒自傷其手，以示不可用，阿巴齊檄樞密府并行省奏聞，斬之以懲不律。運河既開，遷膠萊海道漕運使。阿巴齊，寧夏人也。

62 嘉議大夫、太史令王恂，居父喪哀毁，日飲勺水，帝遣內侍慰諭之。未幾卒，年四十七。後追封定國公，謚文肅。

63 河東按察使伊列薩哈（舊作亦力撒合，今改。）遷南臺中丞，帝出內中寶刀賜之，曰：「以鎮外臺。」時丞相阿哈瑪特之子呼遜，（舊作忽辛。）爲江浙行省平章政事，恃勢貪穢，伊列薩哈發其姦，得贓鈔八十一萬錠，奏請誅之；并劾江南釋教總統嘉木揚喇勒智（舊作楊璉真加。）諸不法事，諸道竦動。

至元十九年（壬午、一二八二）

1 春，正月，丙寅，罷征東行中書省。

2 丁卯，諸王扎喇呼（舊作札剌忽。）至自軍中。時皇子北平王，以軍鎮阿里瑪圖（舊作阿里麻里，今改。之地以禦海〔哈〕都，諸王錫里濟（舊作昔里吉。）與托克托穆爾、（舊作脫脫木兒。）〔撒里蠻〕等，謀劫北平王以叛，欲與扎喇呼結援於哈都，不從。薩里曼（舊作撒里蠻。）悔過，執錫里濟等，北平王遣扎喇呼以聞。

3 妖民張圓光伏誅。

4 二月，辛卯朔，帝幸柳林。

5 修宮城、太廟、司天臺。

6 癸巳〔戊戌〕，遣使往乾山，造江南戰船千艘。

7 壬寅，命：「軍官陣亡者，其子襲職，以疾卒者，授官降一等。具爲令。」

8 乙巳，立廣東按察使。

9 戊申，帝還宮。

10 己酉，減省、部冗員。

11 徙浙東宣慰司于温州。

12 分軍戍守江南，自歸州以及江陰至三海口，凡二十八所。

13 壬子，遣諸王桑阿克達爾（舊作相答吾兒〔相吾答兒〕，今改。）擊緬。

初，尼雅斯拉鼎自緬還，言熟其國形勢可擊。遂以台布（舊作太卜，今改。）爲右丞，伊克德濟（舊作也罕的斤，今改。）爲參政，命桑阿克達爾督諸軍復往擊之。

14 甲寅，帝幸上都。

15 申嚴漢人軍器之禁。

16 三月，戊寅，益都千戶王著，以中書左丞相阿哈瑪特蠹國害民，與高和尚合謀殺之。著素志疾惡，因人心憤怨，密鑄大銅鎚，自誓願擊阿哈瑪特首。會高和尚以祕術行軍中無驗而歸，詐稱死，殺其徒，以尸欺衆，逃去，人亦莫知。著乃與合謀，結八十餘人，夜入京城。

時皇太子從帝如上都，而阿哈瑪特留守京師，著以太子素惡其姦，乃遣二西僧至中書，詐稱皇太子與國師還都建佛事。時高觿、張九思宿衞宮中，詰之，倉皇失對，遂以二僧屬吏，訊之，不服。觿、九思乃集衞士及官兵各執弓矢以備。壬（及）午，著復矯太子令，俾樞密副使張易發兵，夜會東宮。易不察，遽以兵往，觿問何爲，易附耳語曰：「太子來誅左相也。」既而省中遣使出迎，悉爲僞太子所殺，奪其馬，入建（健）德門。夜二鼓，觿等聞人馬聲，遙見燭籠、儀仗將至宮門，前一人前呼啓關，觿謂九思：「他時殿下還宮，必以鄂勒哲、（舊作完澤。）薩陽（舊作賽陽。）二人先，請得見二人，然後啓關。」觿呼二人，不應，卽曰：「皇太子平日未嘗行此門，今何來此也？」賊計窮，趨南門，觿留張子政等守西門，亟走南門伺之。僞太子立馬指揮，呼省官至前，責阿哈瑪特數語，著卽牽去，以所袖銅鎚碎其腦，立斃；繼呼左丞郝禎至，殺之，囚右丞張惠。觽乃與九思大呼曰：「此賊也！」叱衞士亟捕之。留守司達嚕噶齊庫端（舊作博敦，今改。）遂持挺前，擊立馬者墜地，弓矢亂發，衆奔潰，多就擒，高和尚等逃去，著挺身請囚。

中丞額森特穆爾馳奏，帝時方駐蹕察罕諾爾，聞之，震怒，卽日至上都，命樞密副使博囉、司徒和爾果斯、參政阿哩（舊作阿里。）等馳驛至大都，討爲亂者。

帝疑廷臣多與謀，召典瑞少監王思廉至行殿，屏左右問之曰：「張易反，若知之乎？」對曰：「未詳也。」帝曰：「反已反，何未詳也？」思廉徐奏曰：「僭號改元，謂之反；亡入他國，謂之叛；羣聚山林，賊害民物，謂之亂；張易之事，臣實不能詳也。」帝曰：「朕自卽位以來，如李璮之不臣，豈以我若漢高帝、趙太祖遽陟帝位者乎？」思廉曰：「陛下神聖天縱，前代之君不足比也。」帝歎曰：「朕往者有問於竇默，其應如響，蓋心口不相違，故不思而得。朕今有問，汝能然乎？且張易所爲，張文謙知之否？」思廉卽對曰：「文謙不知。」帝曰：「何以知之？」對曰：「二人不相安，故知其不知也。」帝意稍釋。

庚辰，獲高和尚於高粱河。

辛巳，博囉等至都。

壬午，誅王著、高和尚于市，皆醢之，并殺張易。著臨刑，大呼曰：「王著爲天下除害，今死矣！異日必有爲我書其事者。」復以張易從著爲亂，將傳首四方，張九思曰：「易應變不審則有之，坐以與謀則過矣，請免傳首。」從之。

17戊子，以領北庭都護阿密實哈舊作阿必失哈，今改。爲御史大夫，行御史臺事。

18集賢直學士兼祕書少監建昌程文海陳五事：一曰取會江南仕籍，二曰通南北之選，三曰立玫功歷，四曰置貪贓籍，五曰給江南官吏俸，朝廷多采行之。

19夏，四月，丁酉，以和爾果斯爲中書右丞相，降右丞相昂吉爾代爲留守，仍同簽樞密院事。

皇太子謂和爾果斯曰：「阿哈瑪特已死，汝任中書，事有便國利民者，毋憚更張；或有阻撓，吾當力持之。」故是時庶務更新，省部用人，多所推薦。

20戊戌，陳桂龍率其黨來降，詔流桂龍于邊地。

21中書左丞耿仁等言：「諸王宮〔公〕主公〔分〕地所設達嚕噶齊，例不遷調，百姓苦之。依常調，任滿，從本位下選代爲宜。」從之。

22乙巳，以阿哈瑪特家奴呼圖達爾舊作忽都答兒，今改。等久總兵權，命庫端等代之，仍隸大都留守司。

23 弛西山薪炭禁。

24 以阿哈瑪特之子江淮行中書省平章政事呼遜罪重于父，議究勘之。

25 戊申，寧國路太平縣饑，民采竹食爲糧。

26 庚戌，行御史臺言阿爾哈雅占降民爲奴，而以爲征討所得。詔：「降民還之有司，征討所得，籍其數，量賜臣下有功者。」

27 丙辰，敕：「以妻、女、姊妹獻阿哈瑪特得仕者黜之。覈阿哈瑪特占據民田，給還其主；庇富強戶，輸賦其家者，仍輸之官。」

28 定內外官以三年爲考，滿任者還（遷）敘，未滿者不許超遷。

29 五月，己未朔，沙汰省部官阿哈瑪特黨七百十四人，已革者百三十三人，餘五百八十一人，並黜之。

30 初，阿哈瑪特死，帝猶不深知其姦，及詢樞密副使博囉，乃盡得其罪惡，始大怒曰：「王著殺之誠是也。」命發阿哈瑪特冢，剖其棺，戮尸于通玄門外，縱犬啗其肉，百官士庶聚觀稱快，子姪皆伏誅。

籍其家，得櫝藏二人皮，兩耳俱存，問之，其妾云：「每咒詛時，置神坐於上，應驗甚速。」又以帛二副畫甲騎，圍守一屋殿，兵皆張弦挺刃內向，狀涉不軌，畫者爲陳某。又有曹震圭者嘗推算阿哈瑪特所生年月，王臺判者妄引圖讖，皆言涉不軌。事聞，剝四人皮以徇。尋以郝禎、耿仁黨惡尤甚，命剖禎棺，戮其尸，下耿仁於獄，誅之。

初，巴延滅宋還，詔百官郊迎，阿哈瑪特先半舍道謁巴延。巴延解所服玉鉤絛遺之，且曰：「宋寶玉固多，吾實無所取，勿以此爲薄也。」阿哈瑪特謂其輕己，乃誣以平宋時取其玉桃盞，帝命按之，無驗。阿哈瑪特既死，有獻此盞者，帝愕然曰：「幾陷我忠良！」

31 癸未，以甘肅行省左丞敏珠爾卜丹舊作麥朮丁，今改。爲中書右丞，行臺御史中丞張雄飛參知政事。

初，阿哈瑪特欲誣殺秦長卿、劉仲澤、伊瑪都木達舊作亦麻都丁，今改。三人，兵部尚書張雄飛力持不可，阿哈瑪特使人啗之曰：「誠能殺此三人，當處以參政。」雄飛曰：「殺人以求大官，吾不爲也。」阿哈瑪特怒，出爲澧州安撫使，累遷御史中丞，行御史臺事。阿哈瑪特恐其子呼遜爲江淮右丞，不爲所容，改陝西按察使。未行，阿哈瑪特死，召拜參政。呼遜被逮，敕廷臣雜問，呼遜歷指宰執曰：「汝曾受我家錢，何得問我？」雄飛曰：「我曾受否？」曰：「公獨無。」雄飛曰：「如是，則我當問汝矣。」遂伏辜。

32 六月，己丑朔，日有食之。

33 甲午，阿哈瑪特濫設官府二百四所，詔存者三十三，餘皆罷。又，江南宣慰司十五道，內四道已立行中書省，罷之。

34丙申，發射士百人衞丞相，他人不得援例。

35戊戌，以占城既服復叛，發兵討之。初，朝廷遣索多就占城國立省撫治，王子補的負固弗率，凡使臣經其國者皆執之。帝怒，決意進討，發淮、浙、福建、湖廣軍五千、海船百艘、戰船二百五十，命索多將之以行。

36己酉，以阿哈瑪特居第賜和爾果斯。

37帝以所籍入權臣家婦賜後衞親軍指揮伊喇（舊作移剌。）元臣，元臣辭曰：「臣家世清素，不敢自汚。」帝嘉歎不已。元臣，霸州元帥尼爾（舊作揑兒。）之孫也。

38丁巳，征亦奚不薛，盡平其地，立三路達嚕噶齊，留軍鎭守，命塔喇海（舊作薬刺海，今改。）（前文作鐸喇哈。）總之。

續資治通鑑卷第一百八十六

賜進士及第兵部尚書兼都察院右都御史總督湖北湖南等處地方軍務兼理糧餉世襲二等輕車都尉畢沅編集

元紀四 起玄黓敦牂（壬午）七月，盡閼逢涒灘（甲申）十二月，凡二年有奇。

世祖聖德神功文武皇帝

至元十九年（壬午、一二八二）

1 秋，七月，戊午朔，日有食之。

2 立行樞密院於揚州、鄂州。

3 （壬戌），高麗國王請自造船一百五十艘，助征日本。

4 戊辰（庚午），令蒙古軍守江南者更番還家。

5 壬申，立馬湖路總管府。

6 八月，江南水，民飢者衆；眞定以南旱，民多流移；和爾果斯舊作和禮霍孫，今改。請所在官司發廩以賑，從之。

7 申嚴以金飾車馬服御之禁。

8 甲寅，聖誕節，是日，還宮。

9 九月，丁巳朔，賑眞定飢民；其流移江南者，給之糧，使還鄉里。

10 辛酉，俱藍國入貢。海外諸蕃，惟俱藍尤遠，自泉州至其境約十萬里。招討使楊廷璧三往招之，遂遣使貢寶貨及黑猿一。

11 壬戌，敕：「官吏受賄及倉庫官侵盜，臺察官知而不糾者，驗其輕重罪之。中外官吏贓罪，輕者杖決，重者處死。言官緘默，與受贓者一體論罪。」仍詔諭天下。

12 己巳，定雲南賦稅，用金爲則，以貝子折納，每金一錢，直貝子二十索。

13 壬申，敕平灤、高麗、耽羅及揚州、隆興、泉州，其〔共〕造大小船三千艘。

14 亦奚不薛之北蠻峒向世雄兄弟及散毛諸峒叛，命四川行省就遣亦奚不薛軍前往招撫之，使與其主偕往。

15 丁丑，遣使括雲南所產金，以博囉（舊作孛羅。）爲打金洞達嚕噶齊。（舊作達魯花赤。）

16 壬午，詔：「諸路歲貢儒吏各一人。中書省掾史有闕，選樞密院、御史臺、六部令史轉用之；令史則取諸路歲貢之數。」仍詔：「諸路歲貢儒吏，儒必通吏事，吏必知經史者，各道按察使舉廉能者，陞等遷敘。」

17 釐正選法，置黑簿以籍阿哈瑪特（舊作阿合馬。）黨人之名。

18 初，阿哈瑪特用事，併中書左右司爲一，以劉正爲左右司員外郎。及治阿哈瑪特之黨，捕正與參政咱希魯鼎舊作咱喜魯丁，今改。等偕至。帝前問曰：「汝等皆黨於阿哈瑪特，能無罪乎？」正曰：「臣未嘗阿附，惟法是從耳。」會暮，車駕還內，俱械繫於闕東隙地。踰數日，姦黨多伏誅，復械繫正於拱衞司，和爾果斯曰：「上嘗謂劉正衣白衣行炭穴十年，可謂廉潔者。」乃得免歸。

19 冬，十月，辛卯，以平章軍國重事耶律鑄復爲中書左丞相。

20 壬辰，饗於太廟。

21 罷西京宣慰司。

22 丙申，初立詹事院，以鄂勒哲（舊作完澤。）爲右詹事，薩陽（舊作賽陽。）爲左詹事。

23 詔：「由大都至中灤，中灤至瓜州，設南北兩漕運司。」

24 乙巳，罷屯田總管府，以其事隸樞密院，令管軍萬戶兼之。

25 庚戌，詔：「兩廣、福建五品以下官，從行省銓注。」

26 耶律鑄言：「有司官吏以釆室女乘時害民，如令大郡歲取三人，小郡二人，擇其可者，厚賜其父母，否則遣還爲宜。」從之。

27 十一月，丁卯，襲封衍聖公孔洙入覲，以爲國子祭酒兼提舉浙東學校。

孔子後，自宋南渡初，其四十八代孫端友子玠寓衢州。帝既滅宋，疑所立，或言孔氏子孫寓衢者，乃其宗子。洙赴闕，遜於居曲阜者。帝曰：「寧違榮而不違親，眞聖人後也。」遂有是命。就給祿與護持林廟。

28 詔以阿哈瑪特罪惡頒告中外，凡民間利病，即與興除之。

29 壬申，以勢家爲商賈者阻遏官民船，立沿河巡禁軍，犯者沒其家。

30 十二月，壬辰，中書左丞張文謙爲樞密副使。

31 乙未，殺宋丞相信國公文天祥。

先是閩僧言：「土星犯帝座，疑有變。」未幾，中山有狂人，自稱宋主，有兵千人，欲取文丞相。又，京師有中山薛保住上匿名書告變，言某日燒蓑城葦，率兩翼兵爲亂，丞相可無憂者。時盜新殺阿哈瑪特，遂撤蓑城葦，疑丞相者天祥也。乃召天祥入，帝諭之曰：「汝移所以事宋者事我，我當以汝爲相。」天祥曰：「受宋恩爲宰相，安肯事二姓！願賜之一死足矣。」帝猶未忍，麾使退。左右力贊帝從其請，乃詔有司殺于燕京之柴市。俄使止之，至則天祥死矣。

天祥至柴市，觀者萬人，臨刑，殊從容，問市人曰：「孰南面？」或有指之者，即向南再拜而死。年四十七。其衣帶有贊曰：「孔曰成仁，孟曰取義，惟其義盡，所以仁至。讀聖賢書，所作何事！而今而後，庶幾無愧！」死之日，大風揚沙，帝歎曰：「好男子，不爲吾用，殺之誠可惜也！」

天祥妻歐陽氏曰：「我夫不負國，我安能負夫！」遂自剄死。天祥二子俱亡。

廬陵張千載者，天祥友也，天祥貴顯時，屢以官辟，不就。臨安既破，天祥自廣還，過吉州城下，千載來見，曰：「丞相赴北，千載當偕行。」既至燕，寓天祥囚所側近，日以美饌餽，凡三年，始終如一。且潛製一櫝，天祥受刑日，即以藏其首。復訪求歐陽氏骸骨，襲以重囊，與先所函櫝南歸吉州，付其家葬之。適家人亦自惠州奉天祥母曾氏柩同日至，人以爲忠孝所感。【考異】張千載事，見唵囈集。而帝京景物略云：文信公之死，江南十義士舁公藁葬都城小南門外五里道傍。大德二年，繼子陞至都，順城門內見石橋織綾戶婦，公舊婢也，爲陞語劉牢子，乃引到葬處，大小二僧塔，其大塔小石碑刻信公二字，遂以歸葬廬陵。與唵囈集異，豈一事而傳者不同耶，抑千載所藏者爲首，而十義士所葬者爲屍耶？輟耕錄所載與唵囈集同，宜可信也。至元祖歎好男子語，則據趙弼文信公傳書之。

32 中書省言平原郡公趙與芮，瀛國公趙㬎，翰林直學士趙與票，宜並居上都，帝曰：「與芮老矣，當留大都，餘如所言。」繼有詔：「瀛國公給衣糧發遣之，與票勿行。」【考異】庚申遺事云瀛國公初尙公主，元史不載尙主事，今闕之。

與票數進讒言，朝廷立法，多所諮訪。尋轉侍講，疏陳江南科斂急督，宋世丘壟暴露，皆大臣擅易明詔所爲，帝不以爲忤。【考異】閻復撰翰林學士趙公墓志，推原其心，詞旨甚隱，然於年月不甚詳，元史本傳以墓志爲稿本耳。其言江南丘壟事，在遷侍講之後，今從本紀連書之。

33癸卯，御史中丞崔彧言：「臺臣於國家政事得失，生民休戚，百官邪正，雖王公宰相亦宜糾察。近惟御史有言，臣以爲臺官皆當建言，庶於國家有補。至於選用臺察官止由中書，寧無偏黨之弊！今宜令本臺得自選任，用漢人十六員蒙古人十六員相參巡歷爲宜。」既而江淮省臣有上議欲以行臺隸行省者，詔廷臣雜議。兵部尙書董文用曰：「御史臺譬之臥虎，雖未噬人，人猶畏之。今虛名僅存而綱紀不振，更加抑之，則風采苶然，無復可望矣。」從之。

34浚濟州河。

35徵容城處士劉因至都，以博果密(舊作不忽木。)薦其學行也，擢右贊善大夫。尋以繼母老辭歸，俸給一無所受。

36簽樞密院事趙良弼，屢以疾辭，許令居懷孟。良弼別業在溫，故有地三千畝，乃析爲二，六與懷州，四與孟州，皆永隸廟學以贍生徒，自以出身儒素，不忘本也。或問爲治，良弼曰：

「必有忍乃其有濟。人性易發而難制者，惟怒爲甚，必克己然後可以制怒，必順理然後可以忘怒。能忍所難忍，容所難容，事斯濟矣。」

37 太平、宣、徽羣盜起，行管軍萬戶張珪討之，數爲賊所敗。卒有殺民家豕而幷傷其主者，珪曰：「此軍之所以敗也。」斬其卒。悉平諸盜。

至元二十年（癸未、一二八三）

1 春，正月，己未，立鴻吉哩氏（舊作弘吉剌氏。）爲皇后。時帝春秋高，后頗預朝政，相臣常不得見帝，輒因后以奏事。

初，鴻吉哩氏之族，從太祖起兵有功，尋立其女爲后，遂與約曰：「鴻吉哩氏生女，世以爲后，生男，世尙公主。」故元代諸后多其族焉。

2 癸亥，敕藥〔鐸〕喇哈（舊作藥刺海。）領軍征緬國。

3 乙丑，和爾果斯言：「自今應訴事者，必須實書其事，赴省臺陳告。其以匿名書告事，重者處死，輕者流遠方。能發其事者，給犯人妻子，仍以鈔賞之。又，阿特哈瑪專政時，衙門太冗，虛費俸祿，宜依劉秉忠、許衡所定，併省爲便。」皆從之。

4 設務農司。

5 敕預備征日本軍糧，令高麗國備二十萬石，以阿塔哈（舊作阿塔海。）依舊爲征東行省丞相。

丙寅，發五衞軍二萬人征日本。召太常少卿汪忠良擇日出師，忠良曰：「僻陋海隅，何足勞天戈！」不聽。時帝意甚決，朝臣無敢諫者。淮西行省右丞昂吉爾（舊作昂吉兒。）上疏曰：「臣聞兵以氣爲主，而上下同欲者勝。比者連事外夷，三軍屢衄，不可以言氣；海內騷然，一遇調發，上下愁怨，非所謂同欲也。請罷兵息民。」南臺御史大夫姜衞（舊作相威，今改。）亦遣使入奏曰：「倭不奉職貢，可伐而不可怒，可緩而不可急。向者師行期迫，戰船不堅，前車已覆，後當改轍。今爲（爲今）之計，預修戰艦，訓練士卒，耀兵揚武，使彼聞之，深自備禦，遲以歲月，俟其疲怠，出其不意，乘風疾往，一舉而下，萬全之策也。」帝皆不聽。

6丙寅，御史臺言：「燕南、河北、山東，去歲旱災，按察司已嘗閱視，而中書不爲奏免稅糧，民何以堪！」詔有司權停勿徵，仍諭：「自今管民官，凡有災傷，過時不申，及按察司不即行視者，皆罪之。」

7河北流民渡河求食，朝廷遣使者集官屬，絕河止之，按察副使程思廉曰：「民急就食，豈得已哉！天下一家，河北、河南，皆吾民也，亟令縱之！」且曰：「雖得罪，死不恨。」章上，不之罪也。

8刑部尚書崔彧上疏，言時政十八事：「一曰開言路，多選正人，番直上前，以司喉舌。二曰阿哈瑪特擅權，臺臣莫敢糾其非，迨事敗，然後接踵隨聲，徒取譏笑；宜別加選用，其舊人除蒙古人取聖斷外，餘皆當問罪。三曰樞密院定奪軍官，賞罰不當，多聽阿哈瑪特風旨。宜擇有聲望者爲長貳。四曰翰苑亦頌阿哈瑪特功德，宜博訪南北耆儒以重此選。五曰郝禎、耿仁等雖正典刑，若是者尚多，罪同罰異，公論未伸，合次第屏除。六曰貴游子弟用卽顯官，幼不講學，何以從政！得如左丞許衡教國子，則人才輩出矣。七曰今起居注所書，不過奏事檢目而已，宜擇蒙古、漢人分番上直，言動必書。八曰宜定律令爲一代之法。九曰，省冗官，宜參衆議，立定成規。十曰官僚無以養廉，宜有俸者增，無俸者給。十一曰內地百姓流移江南避賦役者已十五萬戶，去家就旅，豈人之情！賦重政繁，驅之至此。宜特降詔旨，招集復業，免其後來五年科役，其餘積欠並蠲，事產卽日給還；民官滿替以戶口增耗爲黜陟，其徙江南不歸，與土著一例當役。十二曰凡丞相安圖（舊作安童。）遷轉良臣，爲阿哈瑪特所擯黜，或居散地，或在遠方，並令拔擢。十三曰簿錄姦黨財物，不可視爲橫得，遂致濫用，宜以之實帑藏，供歲計。十四曰上都非如大都，止備巡幸，不應立留守司，宜易置總管府。十五曰中書省右丞二而左丞缺，宜改所增右丞置諸左。十六曰在外行省不必置丞相、平章，止設左、右丞以下，庶幾內重，不致勢均。彼謂非隆其名不足鎭壓者，姦臣欺罔之論也。十七曰，阿爾哈雅（舊作阿里海牙。）掌兵民之權，子姪姻黨分列權要，官吏出其門者十之七八，其威權不在阿哈瑪特下，宜罷職，理算其黨，雖無所汚染者，亦當遷轉他所，勿使久據湖廣。十八日銓選類奏，賢否各（莫）知，自今三品以上，必引見而後授官。」疏奏，帝即命中書省行其數事，餘命與御史大夫伊實特穆爾（舊作玉昔帖木兒。）議行之。

或又言：「江南盜賊，相挻（挺）而起，凡二百餘所，皆由拘刷水手，興造海船，民不聊生，激而成變。日本之役，宜姑止之。又，江西四省軍需，宜量民力，勿強以土產所無。凡給物價與民者，必以實。召募水手，當從其所欲。俟民氣稍蘇，我力粗備，三二年後，東征未晚也。」帝以爲不切，曰：「爾之所言如射然，挽弓雖可觀，發矢則非是矣。」

或又言：「昨中書奉旨差官度量大都州縣地畝，本以革權勢兼幷之弊，欲其明白，不得不於軍民諸色人戶通行覈實。又因取勘畜牧數目，初意本非擾民，而近者浮言胥動，恐失農時。」又言：「各路每歲選取室女，宜罷。宋文思院小口斛出入官糧，無所容隱，宜頒行。」皆從之。

9丁卯，巴約特舊作伯要帶，今改。等伐船材于烈堝、都山、乾山，凡十四萬二千有奇，起諸軍貼戶年及丁者五千人、民夫三千人運之。

10命右丞棟哩特穆爾（舊作闍里帖木兒。）及萬戶三十五人，蒙古軍習舟師者二千人，特默齊舊作探馬赤，今改。萬人，習水戰者五百人，征日本。

11壬午，改廣東提刑按察司爲海北廣東道，廣西按察司爲廣西海北道，福建按察司爲福建閩海道，䡅昌按察司爲河西隴北道。

12 二月，辛丑，定軍官選法及官吏贓罪法。

13 癸丑，諭中書省：「大事奏聞，小事便宜行之，毋致稽緩。」

14 三月，己未，御史臺言：「平灤造船，五臺山造寺伐木，及南城建新寺，凡役四萬人，請罷之。」詔：「伐木建寺卽罷之，造船一事，其與省臣議。前後衞軍自願征日本者，命選留五衞漢軍千餘，其新附軍令悉行。」

15 乙丑，命烏努呼魯岱（舊作兀奴忽魯帶。）往揚州錄囚，其江北重囚，謫征日本。

16 立雲南按察司，照刷行省文卷。

17 罷淮安等處淘金官，惟計戶取金。

18 丙寅，帝如上都。

19 丁卯，增置蒙古監察御史六員。

20 （癸酉），廣東新會縣林桂方、趙良鈐等聚衆，僞號羅平國，稱延康年號，官軍擒之，伏誅，餘黨悉平。

21 （壬午），罷福建宣慰司，復立行中書省于漳州。

22 夏，四月，庚寅，以侍衞親軍二萬人助征日本。

23 壬辰，阿塔哈求軍官習舟楫者同征日本，命元帥張林、招討張瑄、總管朱清等行，以高麗王就領行省規畫日本事宜。

24 甲午，禁近侍爲人求官，紊亂選法。

25 申嚴酒禁，有私造者，財產、女子沒官，犯人配役。申私鹽之禁，許按察司糾察鹽司。

26 五月，乙未，免五衞軍征日本，發萬人赴上都，縱平灤造船軍歸耕，撥大都見管軍代役。

27 占城行省右丞索多（舊作唆都。），率戰船千艘出廣州，浮海伐占城。占城迎戰，兵號二十萬，索多率敢死士擊之，斬首幷溺死者五萬餘人，又敗之于大浪湖，斬首六萬級，占城降。索多造木爲城，闢田以耕，伐烏里、越里諸小夷，皆下之，積穀十五萬以給軍。

28 六月，戊子，以征日本，民間騷動，盜賊竊發，呼圖特穆爾、（舊作忽都帖木兒。）蒙古岱（舊作忙古帶。）乞益兵禦寇，詔以興國，江州軍付之。

29 初定官吏贓罪法：自五十貫以上，皆決杖，除名不敍，百貫以上者死。崔彧言：「今百官月俸不能副贍養，難責以廉勤之操。宜議增庶官月俸，所增雖賦之于民，官吏不貪，民必受惠。其有以貪抵罪，亦復何辭！」從之。己丑，詔增內外官吏俸。

30 初，思、播以南，施、黔、鼎、澧、辰、沅之界，九谿、十八峒蠻獠，叛服不常，詔四川行省討之。參政奇爾濟蘇、舊作曲里志思，今改。宣慰使李呼哩雅濟舊作李忽蘭吉，今改。等，鑿山開道，分兵並進，諸蠻伏險以拒，然衆寡不敵，多就擒戮，其酋長內附赴闕。辛亥，詔分其地立州縣，聽順元路宣慰司節制。

31 秋，七月，丙辰，諭阿塔哈：「所造征日本船，宜少緩之，所拘商船悉給還。」

32 丙寅，開雲南驛路。

33 丁卯，罷淮南淘金司，以其戶還民籍。

34 八月，癸未，以明爾徹舊作明理察，今改。平章軍國重事，商議公事。

35 立懷來淘金司。

36 丁未，浙西道宣慰使史弼言：「頃以征日本船五百艘科諸民間，民病之。宜取阿巴齊舊作阿八赤，今改。所有船，修理以付阿塔哈，（舊作阿塔海。）庶寬民力，并給鈔於沿海募水手。」從之。

37 濟州新開河成，立都漕運司。

38 九月，戊午，哈喇岱（舊作合剌帶。）等招降象山縣海賊尤宗祖等九千五百九十二人，海道以寧。

39 壬戌，調黎兵同征日本。

40 辛未，以歲登，開諸路酒禁。

41 戊寅，史弼陳弭盜之策，爲首及同謀者死，餘屯田淮上，帝然其言，詔以其事付弼。賊黨耕種內地，其妻孥送京師，以給鷹坊人等。

42 冬，十月，壬辰，帝至自上都。

43 庚子，左丞相耶律鑄，坐不納職印，妄奏東平人聚謀爲逆、間諜幕僚及黨罪囚阿里蘇，（舊作阿里沙。）罷免，仍沒其家貲之半，徙居山後。

44 建寧路管軍總管黃華叛，衆幾十萬，稱祥興五年，犯崇安、浦城等縣，圍建寧府，命征東行省左丞劉國傑以其兵會江淮參政巴延（舊作伯顏。）等討之。國傑攻破赤巖寨，華投火死，餘衆皆潰。福建行省左丞呼喇春（舊作忽剌出。）將兵來會梧桐川，欲搜賊潰去者盡殺之，國傑曰：「首亂者華也，餘皆脅從。招諭不歸，誅之未晚。」未幾，衆果出降。

45 十一月，丁巳，命各省印授時曆。

46 丁丑，禁雲南管課官于常額外多取餘錢。

47 戊寅，禁雲南權勢多取債息，仍禁沒人口爲奴及黥其面者。

48 十二月，辛卯（壬辰），以中書參議溫特赫圖嚕哈（舊作溫迪罕秃魯花，今改。）廉貧，不阿附權勢，賜鈔百錠。

49 丙午，罷雲南造賣金箔規措所；又罷都元帥府及重設官吏。

50 定質子令，凡大官子弟，遣赴京師。

51樞密副使張文謙卒。

文謙爲人，剛明簡重，凡所陳於上前，莫非堯、舜仁義之道，數忤權倖，而是非得喪，一不以經意，家惟藏書數萬卷，尤以引薦人才爲己任。

52是歲，用王積翁議，令阿巴齊等廣開新河以通漕運。然新河候潮以入，船多損壞，民亦苦之。而蒙古岱言海運之舟悉至，於是罷新開河，頗事海運，立萬戶府二，以朱清爲中萬戶、張瑄爲千戶、蒙古岱爲萬戶府達嚕噶齊。未幾，又分新河軍士水手及船，於揚州、平灤兩處運糧，命三省造船二千艘於濟州河運糧，猶未專於海道也。

53有江南人言宋宗室反者，命遣使捕至闕下，東宮宿衞士鄂爾根薩里（舊作阿魯渾薩里，今改。）趨入諫曰：「言者必妄，使不可遣。」帝曰：「卿何以言之？」對曰：「若果反，郡縣何以不知？言者不以郡縣而言之闕庭，必其仇也。且江南初定，民疑未附，一旦以小民浮言輒捕之，恐人人自危，徒中言者之計。」帝悟，立召使者還，俾械繫言者，下郡治之，言者立伏，果以嘗貸錢不從誣之。帝謂鄂爾根薩里曰：「非卿言，幾誤，但恨用卿晚耳。」自是命日侍左右。

54湖南、北盜賊乘舟縱橫劫掠，行省平章哈喇哈斯（舊作合剌哈孫。）患之。右丞圖呼嚕（舊作禿忽魯，今改。）曰：「樹茂鳥集，樹伐則散，戮一人足矣。」盜首喬大使者居九江，郡守曳喇瑪丹（舊作曳剌馬丹。）取賂蔽之，遣使擒以來，獄成，殺而令諸市，羣盜頓息。

55 江淮行省宣使郄顯、李謙，愬平章蒙古岱不法，有詔勿問，仍以顯等付蒙古岱鞫之，繫於獄，必抵以死。江南行臺監察御史申屠致遠，慮囚浙西，知其冤狀，將縱之。蒙古岱脅之以勢，致遠不爲動，親脫顯等械，使從軍自贖。

至元二十一年（甲申、一二八四）

1 春，正月，乙卯，羣臣上尊號曰憲天述道仁文義武大光孝皇帝。時議欲大赦，參知政事張雄飛曰：「古人言，無赦之國，其刑必平。故赦者，不平之政也。聖明在上，豈宜數赦！」帝嘉納之，遂止下輕刑之詔。

2 丁巳，敕：「自今凡奏事者，必先語同列以所奏。既奏，其所奉旨云何，令同列知而後書之簿；不明以告而輒書簿者，杖筆且齊。」舊作必闍赤，今改。

3 己未，罷雲南都元帥府，府所管軍民隸行省。

4 甲子，罷揚州等處理算官，以其事付行省。

5 丁卯，建都王烏蒙及金齒一十二部俱降。

建都先爲緬所制，欲降未能。時諸王桑阿克達爾（舊作相吾答兒。）及行省右丞台布、（舊作太卜。）參知政事伊克德濟（舊作也罕的斤。）分道征緬，於阿昔、阿禾兩江造船二百艘，順流攻之，拔江頭城，令都元帥袁世安戍之。遣使招諭緬王，不應，遂水陸並進，攻建都所都太公城，拔之。至是皆降。

6 庚午，立江淮、荆湖、江西、四川行樞密院，治建康、鄂州、撫州、成都。

7 王積翁久留大都，自詭能宣諭日本。甲戌，遣積翁齎詔奉使，賜錦衣、玉環、鞍轡。帝以日本俗尚佛，命普陀僧如智同往。積翁過溫陵，強取任甲所有四船使行，取道慶元航海，中途鞭任，旋聞任有誶語，乃好語誘以官職。任佯諾，將至日本，醉從者以酒，遂殺積翁，掠其資逃去。

8 丁丑，雲南諸路按察司官陛辭，詔諭之曰：「卿至彼，當宣明朕意，勿求貨財。名成則貨財隨之，徇財則必失其名，而性命亦不可保矣。」

9 二月，辛巳，以福建宣慰使管如德爲泉州行省參知政事，征緬。

10 浚揚州漕河。

11 罷高麗造征日本船。

12 壬辰，邕州、賓州民黄大成等叛，梧州、韶州、衡州民相挺而起，湖南宣慰使薩里曼（舊作撒里蠻。）將兵討之。

13 己亥，放檀州淘金五百人還家。

14 丁未，括江南樂工。

15命阿塔哈發兵萬五千人，船二百艘，助征占城，船不足，命江西省益之。

16戊申，徙江淮行省于杭州，徙浙西宣慰司于平江，省黃州宣慰司入淮西道。

17漳州盜起，命江浙行省調兵進討。

18秦州總管劉發有罪，嘗欲歸黃華，事覺，伏誅。

19遷故宋宋〔宗〕室及其大臣之仕者于內地。

20三月，丁巳，皇子北平王納珠哈（舊作南木合。）至自北邊。王以至元八年建幕庭于和林，北留七年，至是始歸。右丞相安圖繼至。

21丙寅，帝如上都。

22丁卯，太廟正殿成，奉安神主。

23夏，四月，令軍民同築隄堰，以利五衞屯田。

24己亥，涿州巨馬河決，衝突三十餘里。

25壬寅，江淮行省進各翼童男女百人。

26戊申，高麗王王暙及公主以其世子謜來朝。

27呼圖特穆爾征緬之師，爲緬人衝潰，敕發思、播田、楊二家軍二千從征緬。

28雲南行省爲破緬國江頭城，進童男女八十人。

29 五月，癸丑，樞密院言：「索多潰軍，已令李恆收集；江淮、江西兩省潰軍，別遣使招諭，凡至者皆給之糧，舟楫損者修之，以俟阿爾哈雅調用。」從之。

30 戊午，敕中書省：「奏目文册及宣命劄付，並用蒙古書，不許用輝和爾（舊作畏吾兒，今改。）字。」

31 乙丑，蠲江南今年田賦十分之二，其十八年以前逋欠未徵者，盡免之。

32 阿嚕呼努（舊作阿魯忽奴。）言：「曩於江南民戶中撥匠戶三十萬，其無藝業者多，今已選定諸色工匠，餘十九萬九百餘戶，宜縱令爲民。」從之。

33 庚午，荆湖、占城行省以兵進據烏馬境，地近安南，請益兵；命鄂州達嚕噶齊趙翥等奉璽書往諭安南。

34 河間任丘縣民李移住謀叛，事覺，伏誅。

35 括天下私藏天文、圖讖、太乙、雷公式、七曜曆、推背圖、苗太監曆，有私習及收匿者罪之。

36 閏月，丙戌，行御史臺自揚州遷于杭州。

37 丙午，以侍衞親軍萬人修大都城。

38 六月，壬子，遣使分道尋訪測驗晷景、日月交食、曆法。

39增官吏俸,以十分爲率,不及一錠者量增五分。

40甲寅,封皇子托歡(舊作脫歡。)爲鎮南王,駐鄂州。

41庚申,改蒙古都元帥府爲蒙古都萬戶府。

42秋,七月,己卯,詔軍官勿帶相銜。

43戊子,詔鎮南王托歡征占城。

帝怒占城叛服不常,命托歡與左丞李恆往會索多兵進擊之。復以安南通謀占城,令軍行假道於其國,且徵其糧餉以給軍。

44八月,己酉,御史臺言:「無籍之軍願從軍殺掠者,初假之以張渡江兵威,今各持弓矢,剽刦平民,若不分隸各翼,恐生他變。」詔遣之還家。

45辛亥,占城國王遣使奉表,乞回索多軍,願以土產歲修職貢。

46庚午,帝至自上都。

47九月,甲申,京師地震。

48丙申,籍嘉木揚喇勒智(舊作楊璉眞珈。)發宋陵所收金銀寶器修天衣寺,其飲器則賜帝師,蓋西僧欲得帝王髑髏以厭勝致富也。【考異】六陵遺事載諸僧所取鈔十一萬六千二百錠,田二萬三千畝,金寶珠玉稱是,蓋所籍之大概也。至云理宗顱骨爲北兵投湖水中,漁者網之不得,此未知爲飲器而誤傳耳。

49 侍衞士鄂爾根薩里擢朝列大夫、左侍儀奉御，因勸帝治天下必用儒術，宜招致山澤道藝之士以備任使，帝嘉納之，遣使求賢，置集賢館以待之。是月，命鄂爾根薩里領館事，辭曰：「陛下初置集賢以待士，宜擇重望大臣領之以親觀聽。請以司徒薩里曼舊作撒里蠻，今改。領其事。」帝從之，仍以鄂爾根薩里爲集賢館學士兼太史院事。士之應詔者，盡命館穀之，凡飲食、供帳、車服之盛，皆喜過望。其弗稱旨者，亦請加賚而遣之。有官於宣徽者，欲陰敗其事，故盛陳所給廩餼於內前，冀帝見之，帝果過而問焉，對曰：「此一士之日給也。」帝怒曰：「汝欲使朕見而損之乎？十倍此以待天下士，猶恐不至，況欲損之，誰肯至者！」

鄂爾根薩里又言於帝曰：「國學，人材之本，立國子監，置博士弟子員，宜優其廩餼，使學者日盛。」從之。

50 冬，十月，丁未，饗於太廟。

51 丁卯，以招討使張萬爲征緬招討使。

52 戊辰，立常平倉，以五十萬石價鈔給之。

53 十一月，戊子，命北京宣慰司修灤河道。

54 庚子，以范文虎爲中書左丞，商量樞密院事。

55 辛丑，和爾果斯、敏珠爾卜丹、（舊作麥朮丁。）張雄飛、溫特赫（舊作溫迪罕。）並罷，安圖復爲中書右丞相。以前江西榷茶運使盧世榮爲右丞，前御史中丞史樞爲左丞，布魯密實哈雅、舊作（不魯）迷失海牙，今改。薩題勒密實舊作撒的迷失，今改。並參知政事，前戶部尚書拜降參議中書省事。

世榮，大名人，阿哈瑪特專政，世榮以賄進，爲江西榷茶運使，後以罪廢。阿哈瑪特死，朝臣諱言利，無可副上意者。總制院使僧格舊作桑哥，今改。薦世榮有才術，謂能救鈔法，增課額，上可裕國，下不損民，帝召見，奏對稱旨，令與中書廷辨所欲行。和爾果斯等守正不撓，爲強詞所勝，皆罷去，故復起安圖而世榮擢右丞，史樞等皆世榮所薦也。

初，安圖與北平王被哈都（舊作海都。）拘之，十年始得還，有譖其嘗受哈都官爵者，帝怒。斷事官石天麟亦自哈都部中還，奏曰：「哈都實宗親，偶有違言，非仇敵比，安圖不拒絕之，所以釋其疑心，導其臣順也。」帝怒方解。

雄飛剛直廉愼，始終一節，嘗召見便殿，語之曰：「聞卿貧甚，今特賜卿白金二千五百兩，鈔二千五百貫。」既出，又加賜黃金五十兩，雄飛拜受，封識藏于家。及其罷政，阿哈瑪特之黨矯詔追奪之。或有勸雄飛自辨者，雄飛曰：「上以老臣廉，故賜臣。然臣未嘗敢輕用而封識以俟者，正慮今日耳，又可自辨乎！」尋起爲燕南、河北道宣慰使，卒。

安圖之再入相也，力辭不允，往決于祁志誠，志誠曰：「昔與子同列者何人？今同列者何人？」安圖悟，入見，辭曰：「臣昔爲宰相，年尚少，幸不失陛下事者，丞佐皆臣所師友。今事臣者皆進與臣俱，則臣之爲政，能有加于前乎？」帝曰：「誰爲卿言是？」對曰：「祁眞人。」帝歎異者久之。志誠，丘處機之四傳弟子也，居雲州金閣山，道譽甚著。安圖初爲相，常過而問之，志誠告以修身治世之要，故其爲相也，以清靜忠厚爲主。及罷還第，退然若無與於世者，人以爲有得于志誠之言云。

56盧世榮既入中書，卽日奉詔理鈔法之弊，自謂生財有法，用其法當賦倍增而民不擾。詔下會議，人無敢言者，翰林學士董文用謂曰：「此錢取于右丞家耶，將取之于民耶？取于右丞之家，則吾不知；若取于民，則有說矣。牧羊者歲常兩翦其毛，今牧人日翦以獻，主者固悅其得毛之多，然羊無以避寒熱，卽死且盡，毛又可得乎？民財有限，右丞將盡取之，得無有日翦其毛之患乎？」世榮不能對。議者出，皆謝文用曰：「君以一言折聚斂之臣而厚邦本，眞仁人之言哉！」

57至元初，丞相史天澤、學士承旨王鶚等屢請以科舉取士，詔中書議定程式，未及施行。至是和爾果斯與留夢炎等復言天下習儒者少而由刀筆吏得官者多，帝曰：「將若之何？」對曰：「惟貢舉取士爲便。凡蒙古之士及儒吏、陰陽、醫、巫，皆令試舉，則用心爲學矣。」方下中書省議，而和爾果斯罷，事遂寢。

58 十二月，甲辰朔，中書省言：「江南官田，爲權豪、寺觀欺隱者多，宜免其積年收入，限以日期，聽人首實，踰限爲人所告者徵，以其半給告者。」從之。

59 乙巳，御史中丞崔彧，言盧世榮不可爲相，帝大怒，下彧吏，欲致之法，尋罷之。

60 盧世榮欲以均輸法益國賦，慮按察司撓其事，請令與轉運使併爲一職，詔集議。左贊善大夫瓜勒佳之奇（瓜勒佳舊作夾谷，今改。）言：「按察司者，控制諸路，摘發姦伏，責任匪輕。若使理財則事冗，將彌縫自救之不暇，安能繩糾他人哉！併之勿便。」事遂寢。之奇，滕州人也。

61 以丁壯萬人開神山河，立萬戶府以總之。

62 癸亥，盧世榮言：「京師富戶釀酒，價高而味薄，以致課不時輸。宜一切禁罷，官自酤賣，向之歲課，一月可辦。」從之。

63 癸酉，命翰林承旨薩里曼，翰林、集賢大學士許國禎，集諸路醫學教授增修本草。

64 是月，鎭南王托歡軍至安南，殺其守兵，分六道以進。安南興道王以兵拒于萬劫，進擊，敗之。萬戶倪閏戰死于劉邨。

65 安圖言于帝曰：「阿哈瑪特專政十年，親故迎合者，往往驟進據顯位，獨劉宣、張孔孫二人，恬守故常，終始如一。」乃除宣吏部尚書，孔孫禮部侍郎。

66是歲，詔燕南、河北道按察使博果密舊作不忽木，今改。參議中書省事。時盧世榮阿附僭格，言能用己，則國賦可以十倍於舊，帝以問博果密，對曰：「自昔聚斂之臣，如桑弘羊、宇文融之徒，操利術以惑時君，始者莫不謂之忠，及其罪稔惡著，國與民俱困，雖悔何及！臣願陛下無納其說。」帝不聽。博果密遂辭參議不拜。

67湖廣平章政事約蘇穆爾，舊作要束木，今改。貪縱淫虐，誅求無厭。或妄言：「初歸附時，州縣長吏及吏胥富人，比屋斂銀，將輸之官，銀已具而事中止。」約蘇穆爾即下令責民自實，使者旁午，隨地置獄，株連蔓引，備極慘酷，民以拷掠瘐死者載道，所獲不貲，約蘇穆爾盡掩有之。

有使至永州，判官烏克遜澤，舊作烏古孫澤，今改。戒吏美供帳，豐酒食，務順適其意。使者感愧，無所發其毒，因間以利害曉之，一郡由是獲安。盜起寶慶、武岡，皆永旁郡也。行省遣澤討平之，俘獲五百餘人，簡出其詿誤者百有五十人，上書言狀，誅其首惡者三十一人，餘得減死。

續資治通鑑卷第一百八十七

賜進士及第兵部尚書兼都察院右都御史總督湖北湖南等處地方軍務兼理糧餉世襲二等輕車都尉畢沅編集

元紀五　起旃蒙作噩（乙酉）正月，盡柔兆掩茂（丙戌）十二月，凡二年。

世祖聖德神功文武皇帝

至元二十二年（乙酉、一二八五）

1春，正月，戊寅，發五衞軍及新附軍濬蒙村漕渠。

2庚辰，詔毁宋郊天臺。

僧格舊作桑哥，今改。言：「嘉木揚喇勒智舊作楊璉眞伽，今改。云：『會稽有泰寧寺，宋毁之以建寧宗攢宮。【考異】宋以泰寧寺爲寧宗永茂陵，由於吏部楊華之請也。然西僧發陵於前，毁郊天臺於後，自是兩事。周密、宋濂因有此奏，遂云發陵爲乙酉年事，今改正。錢唐有龍華寺，宋毁之以爲南郊。皆勝地也。』宜復爲寺，爲皇上、東宮祈壽。」時寧宗等攢宮已毁，建寺，乃毁郊天臺，亦建寺焉。

3皇太子嘗遣使辟宋工部侍郎倪堅於開元，既至，訪以古今成敗得失，堅對言：「三代得天下以仁，其失也以不仁。漢、唐之亡也以外戚、閹豎，宋之亡也以姦黨、權臣。」太子嘉納之。

4 諭德李謙、瓜勒佳（舊作夾谷。）之奇言於太子曰：「殿下方遵聖訓，參決庶務，如軍民之利病，政令之得失，事關朝廷，責在臺院，非宮臣所宜言；獨有澄源固本，臣等不容緘口者。太子之心，天下之本也，太子心正，則天心有所屬，人心有所繫矣。唐太宗嘗言：『人主一心，攻之者衆，或以勇力，或以辯口，或以諂諛，或以姦詐，或以嗜欲，輻湊攻之，各求自售。人主少懈而受其一，則其害有不可勝言者。』殿下，至尊之儲貳，人求自售者亦不爲少，須常喚醒此心，不使爲物欲所撓，則宗社生靈之福。固本澄原，莫此爲切。」

5 壬午，詔立市舶都轉運司及諸路常平鹽鐵坑冶都轉運司。

6 戊子，庫庫爾端（舊作闊闊你敦，今改。）言：「先遣軍二千屯田芍陂，試土之肥磽，去秋已取米二萬餘石，請增屯田士二千人。」從之。

7 徙江南樂工八百家於京師。

8 西川趙和尙自稱宋福王子廣王以誑民，民有信者；眞定民劉驢兒有三乳，自以爲異，謀不軌；事覺，皆磔裂以徇。

9 辛卯，發諸衞軍六千八百人，給護國寺修造。

10 癸巳，詔括京師荒地，令宿衞士耕種。

11 樞密院言：「舊制四宿衞各選一人，參決樞密院事，請以圖魯卜（舊作脫列伯，今改。）爲簽院。」從之。

12 乙未，盧世榮奏罷江南行御史臺及改諸路按察司爲提刑轉運司，兼理錢穀。未幾，御史臺臣言行臺不可輒罷，且按察司兼轉運，則糾彈之職廢。帝以爲疑，安圖（舊作安童。）曰：「江南盜賊屢起，恃有行臺鎭遏，不可罷。但與行省並治杭州，差覺僻遠，宜徙江州，據三省之間。」從之。

13 以董文用爲江淮行中書省參知政事。時行省長官素貴，多傲，同列莫敢仰視，跪起稟白，如小吏事上官。文用至，則坐堂上，侃侃與論，是非可否，無所遷就，雖數忤之，不顧也。時方建佛塔於宋故宮，有司奉行甚急，天大雨雪，入山伐木，死者數百人；又欲並建大寺。文用謂行省曰：「非時役民，民不堪矣，少徐之，如何？」行省曰：「參政柰何格上命？」文用曰：「今之困民力而失民心者，豈上意耶？」行省意沮，乃稍寬其期。

14 丙申，以阿必齊哈（舊作阿必赤〔失〕合，今改。）爲中書平章政事。

15 命禮部領會同館。

初，外國使至，常令翰林院主之，至是改正。

16 詔禁私酒。

17 壬寅，造大樽於殿。樽以木爲質，銀內而外鏤爲雲龍，高一丈七尺。

18 二月，乙巳，增濟州漕舟三千艘，役夫萬二千人。

初，江淮歲漕米百萬石於京師，海運十萬石，膠萊六十萬石。而濟之所運三十萬石，水淺舟大，恆不能達；更以百石之舟，舟用四人，故夫數增多。

19 塞滹（渾）河隄決，役夫四千人。

20 詔改江淮、江西元帥招討司爲上、中、下三萬戶府。蒙古、漢人新附諸軍相參，作三十七翼，上萬戶七翼，中萬戶八翼，下萬戶二十二翼，翼設達嚕噶齊、（舊作達魯花赤。）萬戶、副萬戶各一人，隸所在行樞密院。

21 以應放還五衛軍穿河西務河。

22 辛亥，廣東宣慰使頁特密實（舊作月的迷失，今改。（校者按：亦作也的迷失。））討潮、惠二州盜郭逢貴等，四十五寨皆平，降民萬餘戶，軍三千六百餘人，請將所獲渠帥入覲，面陳事宜，從之。

23 丙辰，詔罷膠萊所鑿新河，以軍萬人隸江浙行省習水戰，萬人載江淮米泛海，由利津達于京師。

24 壬戌，立規措所。

初，盧世榮言：「天下歲課鈔九十三萬餘錠，以臣經畫之，不取於民，裁抑權勢所侵，可增三百萬錠。事未行而中外已非議，臣請與臺院面議上前行之。」帝曰：「不必如此，卿但言之。」世榮因言：「自王文統後，鈔法虛弊已久，宜括銅鑄錢，并製綾券，與鈔參行。」又奏：「于泉、杭二州立市舶都轉運司，給民錢，令商販諸番，官取其息七，民取其三。禁私販海者，拘其先所蓄寶貨，官賣之；匿者許告，沒其財，以其半給告者。今各路雖設常平倉，名存實廢；宜取權豪所擅鐵冶鑄器鬻之，以其息儲粟平糶，則可均物價而獲厚利。民間酒課太輕，宜官給鈔，行古榷酤法，仍禁民私酤，米一石取鈔十貫，可得二十倍。國家雖設平準，然無曉規運者；宜令各路立平準周急庫，輕其月息以貸貧民。如此，則貸者衆而本且不失。又隨朝官吏增俸，州郡未及；可于各路立市易司，領諸牙儈人，計商人物貨，四十分取一，以十爲率，四給牙儈，六給官吏俸。本朝以兵得天下，不籍糧餽，惟資羊馬；宜於上都、隆興諸路以官錢買幣帛，易羊馬于北方，選蒙古人牧之，歲收其皮毛、筋角、酥酪之用，以十之二與牧者，而馬以備軍興，羊以充賜予。」帝皆善而行之。至是請立規措所，用官吏以善賈爲之。帝曰：「此何職？」世榮曰：「規畫錢穀耳。」從之。

又言：「天下能規運錢穀者，爲阿哈瑪特（舊作阿合馬。）所用，今悉以爲汙濫黜之；臣欲擇而用之，懼有言臣私有罪者。」帝曰：「何必計此！第用其可用者。」於是擢用甚衆。羣小既用事，每借法以逞其欲，州縣鄉村，深山窮谷，各分地方以搜索民財，率衆入人家，笥篋盡發，謂之打勘。歲每一二次打勘，民不聊生。羣凶既飽，世榮輒又設法以取之，時人目爲「鸕鷀句當」，以鸕鷀得魚，旣滿其頷，卽爲人抖取也。

世榮嘗言於帝曰：「臣之行事多爲人所怨，後必有譖臣者，請先言之。」帝曰：「汝言皆是，惟欲人無言者，安有是理！疾足之犬，狐不愛焉，主人豈不愛之！汝之所行，朕自愛也，彼姦僞者則不愛耳。汝之職分既定，其無以一二人從行，亦當謹衞門戶。」遂諭丞相安圖增其從人。其爲帝所倚眷如此。

25 回買江南民土田。

26 戊辰，帝如上都。

27 立眞定、濟南、太原、甘肅、江西、江淮、湖廣等處宣慰司兼都轉運使司，以治課程；仍嚴立條例，禁諸司不得沮撓檢察。乃以宣德王好禮爲浙西宣慰使，帝曰：「宣德人多言其惡。」世榮言：「彼自陳能歲辦鈔七千餘萬鈔〔錠〕，是以用之。」

28 以昂吉爾岱舊作甕吉剌帶，今改。爲中書左丞相。

29 己巳，復立按察司。

30 三月，丙子，遣太史監候張公禮、彭質等往占城測候日晷。

31 癸未，荆湖、占城行省請益兵。時陳日烜所逃天長、長安二處兵力復集，興道王船千餘艘聚萬劫，阮盝在永平，而官兵遠行久戰，縣處其中，索多（舊作唆都。）、蒙古岱（舊作忙兀帶。）之兵又不以時至，故請益兵。帝以水行爲危，令遵陸以往。

32 夏，四月，庚戌，監察御史陳天祥上疏，極論盧世榮姦惡，其略曰：「世榮素無文藝，亦無武功，惟以商販所獲之資，趨附權臣，營求入仕，輿贓輦賄，輸送權門，所獻不充，又别立欠少文劵銀一千錠，由白身擢江西榷茶轉運使；於其任專務貪饕，所犯贓私，動以萬計，已經追納及未納見追者，人所共知。今不悔前非，狂悖愈甚，旣懷無饜之心，廣蓄攘掊之計。而又身當要路，手握重權，雖位在丞相之下，朝省大政，實得專之，是猶以盜蹠而掌阿衡之任。朝廷信其虛誑之說，俾居相位，名爲試驗，實授正權。校其所能，敗闕如此；攷其所行，毫髮無稱。此皆旣往之眞迹，已試之明驗。若謂必須再試，亦止可敍以他官；宰相之權，豈可輕授！夫宰天下譬猶製錦，初欲驗其能否，先當試以布帛，如無能效，所損或輕。今捐相位以驗賢愚，猶捨美錦以較量工拙，脫致隳壞，欲悔何追！國家之與百姓，上下如同一身，民乃國之血氣，國乃民之膚體。血氣充實，則膚體康強，血氣損傷，則膚體羸病，未有耗其血氣，能使膚體豐榮者。是故民富則國富，民貧則國貧，民安則國安，民困則國困，其理然也。夫財者，土地所出，民力所集，天地之間，歲有常數，惟其取之有節，故用之不乏。今世榮欲以一歲之期，將致十年之積，危萬民之命，易一己之榮，廣邀增羨之功，不卹顚連之患，期錙銖之誅取，誘上下以交征，視民如讐，爲國斂怨，肆意誅求，何所不得！然其生財之本，既已不存，斂財之方，復何所賴！將見民間由此凋耗，天下由此空虛。

計其任事以來，百有餘日，今取其所行與所言不相副者，略舉數端：始言能令鈔法如舊，鈔今愈虛；始言能令百物日賤，物今愈貴；始言課增三百萬錠，不取於民而辦，今卻迫脅諸路官司增數包認；凡今所爲，無非敗法擾民者。若不早有更張，須其自敗，正猶蠹雖除去，木病已深，事至於此，救將何及！臣亦知阿附權要，則榮寵可期，違忤重臣，則禍患難測，止以事在國家，關繫不淺，憂深慮切，不得無言。」

御史大夫伊實特穆爾舊作玉昔帖木兒，今改。以其狀聞，帝始大悟，命安圖集諸司官吏、老臣、儒士及知民間事者同世榮聽天祥彈文，仍令世榮、天祥皆赴上都。

33 壬戌，御史中丞阿喇特穆爾舊作阿剌帖木兒，今改。等奏盧世榮所招罪狀，詔：「安圖與諸老臣議，世榮所行，當罷者罷之，當更者更之，其所用人實無罪者，朕自裁決。」

34癸亥，敕以敏珠爾卜丹舊作麥朮丁，今改。所行清潔，與安圖治省事。

35五月，甲戌，以御史中丞郭佑爲中書參知政事。

36戊寅，以遠方曆日取給京師，不以時至，荆湖等處四行省所用者，隆興印之；哈喇章、（舊作合剌章。）河西、四川等處所用者，京兆印之。

37甲申，立汴梁宣慰司，依安西王故事，汴梁以南至江，以親王鎮之。

38丁亥，中書省言六部官甚冗，可以六十八員爲額，餘悉汰去，詔擇其廉潔有幹局者存之。

39庚寅，復徙江南行御史臺于杭州。

40丁酉，徙行樞密院于建康。

41戊戌，鎭南王托歡（舊作脫歡。）兵擊陳日烜，敗走之，遂入其城而還。日烜遣兵來追，索多、李恆戰死。

初，托歡屢移書日烜，欲假道，竟不納，益修兵船爲迎敵計。托歡乘間縛筏爲橋，渡富良江北，與日烜大戰，破之。日烜遁走，不知所之，其弟益稷率其屬來降。然交兵雖敗，而勢益盛，適盛夏霖潦，軍中疾作，死傷者衆，而占城竟不可達，乃謀引兵還。交趾兵追襲之，李恆殿，中毒矢，一卒負恆而趨，至思明州卒。索多軍與托歡相去二百餘里，托歡軍還，索多猶未之知，亟趨其營，交人邀於乾滿江，索多力戰而死，後謚襄愍。恆謚武愍。【考異】經世大典云：四月，交兵大起，其興道王攻萬戶劉世英於阿魯堡，忠誠王攻千戶馬榮於江口，皆殺退。既而水陸來攻大營城，圍數匝，雖多死，增兵益衆，官軍朝暮接戰，困乏，器械皆盡，遂棄其京城，渡江屯駐。尋班師。至如月江，日烜遣其懷文侯來追，殺之。至册江，伏發，官軍蹋斷浮橋，多溺死。按是役實以敗歸，元史李恆、索多傳不詳其事，而於安南傳載之。然安南傳亦不詳月日，蓋事在四月，奏聞在五月耳，今仍從本紀書之。

42 六月，庚戌，命女直碩達勒達舊作水達達，今改。造船二百艘，及造征日本迎風船。

43 丙辰，遣瑪蘇呼阿里舊作馬速忽阿里，今改。齎鈔千錠，往馬巴國（舊作馬八兒國。）求奇寶。

44 左丞呂師夔，乞假省母江州，帝許之。因諭安圖曰：「此事汝蒙古人不知，朕左右復無漢人，可否皆自朕決，恐謬誤。汝當盡心善治百姓，無使重困致亂，以爲朕羞。」安圖言：「前召徐世隆爲集賢殿學士未赴。世隆明習前代典故，善決疑獄，雖老尙可用。」遣使召之，以老疾辭，附奏便宜九事；復遣使徵李昶，亦以老疾辭；詔並賜以田。

45 秋，七月，壬申，造溫石浴室及更衣殿。

46 甲戌，敕祕書監修地理志。

47 甲申，改奇爾濟蘇（舊作闊里吉思。）等所平大小十谿、峒悉爲府、州、縣。

48 修汴梁城。

49丁亥，廣東宣慰使頁特密實入覲，以所降渠帥郭廷貴等至京師，言山寨降者百五十餘所，帝問：「戰而後降耶，招之卽降耶？」頁特密實對曰：「其首拒敵者，臣已磔之矣；是皆招降者也。」因言：「達珠舊作塔朮〔出〕，今改。兵後未嘗撫治其民，州縣復無至者，故盜賊各據土地，互相攻殺，人民漸耗，今宜擇良吏往治。」從之。

50庚寅，樞密院言：「鎭南王所統征交趾兵，久戰力疲，請發蒙古軍千人，漢軍新附軍四千人，選良將將之，取鎭南王節制，以征交趾。」帝從之。復以蒙古岱舊作唐〔忙〕兀帶，今改。爲荆湖行省左丞。蒙古岱請放征交趾軍還家休息，詔從鎭南王處之。

51乙未，雲南行省言：「今年未暇征緬，請收穫秋禾，先伐羅北甸等部。」從之。

52八月，丙辰，帝至自上都。

53己未，詔復立泉府司，以達實曼舊作答失蠻，今改。領之。

初，和爾果斯舊作和禮霍孫，今改。以泉府司商販者，所至官給飯食，遣兵防衞，民實厭苦不便，奏罷之。至是達實曼復奏立之。

54九月，戊戌〔辰〕，罷禁海商。

55初，民間酒聽自造米一石，官取鈔一貫。盧世榮以官鈔五萬錠〔錠〕立榷酤法，米一石取鈔十貫，增舊十倍。至是罷之，聽民自造，增課鈔一貫爲五貫。

56乙亥，中書省以江北諸城課程錢糧，聽杭、鄂二行省節制，道途迂遠，請改隸中書，從之。

57敕：「自今貢物，惟地所產，非所產者毋輒上，聽民自實。兩淮荒地，免稅三年。」

58丙子，眞臘、占城貢樂工十人及藥材、鰐魚皮諸物。

59宗王阿濟蘇（舊作阿只吉，今改。）失律，詔巴延（舊作伯顏。）代總其軍。先是邊兵嘗乏食，巴延令軍中采蔑怯葉兒及蓿蔱之根貯之，人四斛，草料稱是，盛冬雨雪，人馬賴以不飢。又令軍士有捕塔喇布歡（舊作塔剌不歡。）之獸而食者，積其皮至萬，人莫知其意，既而遣使輦至京師，帝笑曰：「巴延以邊地寒，軍士無衣，欲易吾繒帛耳。」遂賜以衣。

60冬，十月，癸丑，立征東行省，以阿塔哈（舊作阿塔海，今改。）爲左丞相，劉國傑、陳巖並左丞，洪俊奇右丞，率諸軍征日本。

61吏部尚書劉宣上言曰：「近議復置征東行省，再興日本之師，此役不息，安危繫焉。索多建伐占城，哈雅（舊作海牙。）言平交趾，三數年間，湖廣、江西供給船隻、軍須、糧運，官民大擾，廣東羣盜並起，軍兵遠涉江海瘴毒之地，死傷過半，連兵未解。且交趾與我接壤，蕞爾小邦，遣親王提兵深入，未見報功，索多爲賊所殺，自遺羞辱。況日本海洋萬里，疆土闊遠，非二國可比。今次出師，動衆履險，縱不遇風，可到彼岸，倭國地廣，徒衆猥多，彼軍四集，我師無援，萬一不利，欲發救兵，其能飛渡耶！隋伐高麗，三次大舉，數見敗北，喪師百萬。唐太宗以英武自負，親征高麗，雖取數城，徒增追悔。且高麗平壤諸城，皆居陸地，去中原不遠，以二國之衆加之，尚不能克，況日本僻在海隅，與中國相懸萬里哉！」帝嘉納其言。

62丙辰，以參議特穆爾（舊作帖木兒。）爲參知政事，位郭佑上，且命之曰：「自今之事，皆責於汝。」

63丁卯，敕樞密院計膠、萊諸處漕船，江南、高嚴〔麗〕諸處所造海船，括傭江、淮民船，備征日本。仍敕習汎海者募水工至千人者爲千戶，百人爲百戶。

64郭佑言：「自平江南，十年之間，凡錢糧事，八經理算，今塔奇呼、（舊作塔即古，今改。）阿薩爾（舊作阿散，今改。）等又復鉤攷，宜即罷去。」帝嘉納之。

65十一月，戊寅，遣使告高麗發兵萬人，船六百五十艘，助征日本，仍令於近地多造船。

66己丑，御史臺言：「昔宋以無室家壯士爲鹽軍，數凡五千，令〔今〕存者一千一百二十二人，性習凶暴，民患苦之，宜給以行糧，使屯田自贍。」詔議行之。

67癸巳，敕：「漕江、淮米百萬石，汎海貯于高麗之合浦，仍令東京及高麗各貯米十萬石，備征日本，期諸軍于明年三月以次而發，會於合浦。」

68乙未，以托魯歡（舊作兔魯歡。）爲參知政事。

69盧世榮伏誅，封其肉以食鷹獺。世榮初以言利進，皇太子意深非之，曰：「財非天降，安能歲取盈乎！」僧格素主世榮者，聞太子嘗有是言，卒不能救。先是世榮薦王惲爲左司郎中，屢趣之，不赴。或問其故，惲曰：「力小任大，剝衆利己，未聞能全者。遠之尚恐見浼，況可近乎！」至是人服其識。

70盧世榮既誅，帝謂博果密舊作不忽木，今改。曰：「朕殊愧卿。」卽擢吏部尚書。時方籍沒阿哈瑪特舊作阿哈（合）馬，今改。家，其奴張撒禮爾（舊作散札兒。）等罪當死，謬言阿哈瑪特家資隱寄者多，如盡得之，可資國用，遂句攷捕繫，連及無辜，京師騷動。帝頗疑之，命丞相安圖集六部長貳官詢問其事，博果密曰：「是奴爲阿哈瑪特心腹爪牙，死有餘罪。爲此言者，蓋欲苟延歲月，儌幸不死耳，豈可復受其誑，嫁禍善良耶！急誅此徒，則怨謗自息。」安圖以其言入奏，帝悟，命博果密鞫之，具得其實，撒禮爾等伏誅，其捕繫者盡釋之。

71丙申，赦囚徒，黥其面，及招宋時販私鹽軍習海道者爲水工，以征日本。

72時思、播以南，施、黔、鼎、澧、辰、沅之界，蠻獠叛服不常，往往劫掠邊民，乃詔四川行省討之。參政奇爾濟蘇、左丞汪惟正一軍出黔中，簽省巴圖舊作巴八，今改。一軍出思、播，都元帥托察一軍出澧州南道，宣慰使李呼哩雅濟（舊作李忽蘭吉。）一軍自夔門會合。是月，諸將鑿山開道，綿亙千里。諸蠻設伏險隘，木弩、竹矢，伺間竊發，亡命迎敵者，皆盡殺之，遣諭其酋長，於是率衆來降，獨散毛峒譚順走避巖谷，力屈始降。

73 張立道籍兩江儂士貴、岑從毅、李維屏所部戶二十五萬有奇，以其籍歸有司；遷臨安、廣西道軍民宣撫使，復創廟學於建水路，書清白之訓於公廨，以警貪墨。

74 十二月，丁未，皇太子珍戩舊作眞金，今改。薨。

太子初從姚樞、竇默學，仁孝恭儉，尤優禮大臣，一時在師友之列者，非朝廷名德，則布衣節行之士。

在中書日久，明於聽斷，聞四方科徵、輓漕、造作、和市，有係民之休戚者，多奏罷之。江西行省以歲課羨鈔四十七萬貫來獻，太子怒曰：「朝廷但令汝等安百姓，百姓安，錢糧何患不足！百姓不安，錢糧雖多，能自奉乎！」盡卻之。

嘗服綾袷，爲瀋所漬，命侍臣重加染治；侍臣請更製之，太子曰：「吾欲織百端，非難也，顧是物未敝，豈宜棄之！」東宮香殿成，工請鑿石爲池，如曲水流觴故事，太子曰：「古有肉林、酒池，爾亦欲吾效之耶？」每與諸王近臣習射之暇，輒講論經典，片言之間，苟有允愜，未嘗不爲之灑然改容。

中庶子巴拜舊作伯必，今改。以其子阿巴齊舊作阿八赤，今改。入見，諭之以「毋讀蒙古書，須習漢人文字。」行臺治書侍御史王惲進承華事略二十篇，太子覽之，至漢成帝不絕馳道，唐肅宗改服絳紗爲朱明服，心甚喜，曰：「使我行之，亦當如是。」又至邢峙止齊太子食邪蒿，顧侍臣曰：「一菜之名，遽能邪人耶？」詹事張九思曰：「正臣防微，理固當然。」太子善其說，令諸子傳觀其書。

時帝春秋高，行臺御史上書請內禪，太子聞之懼。臺臣祕其章不發，而阿哈瑪特之黨塔奇呼、阿薩爾請收百司吏案，鉤考天下錢穀，欲因以發其事，乃悉拘封御史臺吏案。都事尙文拘留祕章不與，達濟呼聞於帝，命宗正錫徹罕（舊作薛徹干。）取其事。文曰：「事急矣！」即白御史大夫曰：「是欲上危太子，下陷大臣，流毒天下之民，其謀至姦也。且塔奇呼乃阿哈瑪特餘黨，贓罪狼籍，宜先發以奪其謀。」大夫遂與丞相入言狀，帝震怒曰：「汝等無罪耶？」丞相進曰：「臣等無所逃罪，但此輩名載刑書，而爲此舉，動搖人心，宜選重臣爲之長，庶靖紛擾。」帝怒稍解，可其奏。太子益憂懼不自安，以是致疾薨，年四十三。

75 朝議以太子薨，欲罷詹事院，院丞張九思抗言曰：「皇孫，宗社人心所屬，詹事所以輔成道德者也，柰何罷之！」衆以爲允。

76 以哈喇哈斯（舊作合剌合孫。）爲大宗正。

哈喇哈斯由掌宿衞拜是職，用法平允。時相欲以江南獄隸宗正，哈喇哈斯曰：「江南新附，教令未孚，且相去數千里，欲遙制其刑獄，得無冤乎！」事遂止。

77是歲，前中書左丞相耶律鑄卒，後贈太師，謚文忠。

至元二十三年（丙戌、一二八六）

1春，正月，戊辰朔，以皇太子故，罷朝賀。

2禁齎金銀銅錢越海互市。

3甲戌，帝以日本孤遠，重困民力，遂罷征日本，召阿巴齊赴闕，仍散所僱民船。

4以江南廢寺田土爲人占據者，悉付總統嘉木揚喇勒智修寺，自是僧徒益橫。

5己卯，江淮行省右丞呂文煥告老，許之，任其子爲宣慰使。

6癸未，從僧格請，命嘉木揚喇勒智遣宋宗戚謝儀孫、全允堅、趙沂、趙太一入質。

7甲申，呼都嚕（舊作忽都魯。）言：「所部屯田新軍二百人，鑿河渠于亦集乃之地，役久功大，請以旁近民、西僧餘戶助其力。」從之。亦集乃，卽漢張掖之居延縣也。

8丁亥，禁陰陽僞書、顯明曆。

9辛卯，命阿爾哈雅（舊作阿里海牙。）議征安南事宜。

10丁酉，設諸路推官以審刑獄，上路二員，中路一員。

11二月，己亥，敕中外：「凡漢民持鐵尺、手撾及杖之藏刃者，悉輸于官。」

12甲辰，以阿爾哈雅仍安南行中書省左丞相，鄂囉齊舊作奧魯赤，今改。平章政事、都元帥，烏訥爾、舊作烏馬爾〔兒〕，今改。伊克穆蘇、舊作亦里迷失，今改。阿爾〔舊作阿里。〕昝順、樊楫並參知政事。遣使諭皇子額森特穆爾，舊作也先鐵木兒，今改。調合〔哈〕喇章軍付阿爾哈雅，從征交趾。

13乙巳，罷山北、遼東道、開元等路宣慰司，立東京等處行中書省，以諸王所部雜居其間，宣慰司望輕故也。

14復立大司農司，專掌農桑。

15丁未，用御史臺言，立按察司巡行郡縣法，除使二員留司，副使以下，每歲二月分蒞按治，十月還司。

16丁巳，命湖廣行省造征交趾海船三百，期以八月會欽、廉。

17戊午，命荆湖、占城行省將江浙、湖廣、江西三行省兵六萬人伐交趾。

18翰林、集賢學士程文海見帝，首陳興建國學，請遣使江南搜訪遺逸，御史臺、按察司並宜參用南北之人，帝嘉納之。

19封陳益稷爲安南國王，陳秀瑗〔峻〕爲輔義公，命阿爾哈雅以兵納之。

20罷鬻江南學田。

時江浙行省理算錢穀甚急，鬻所在學田，輸其直於官。利用監臣徹爾舊作徹里，今改。〔一〕

作車里。）使江南，見之，謂曰：「學有田，以供祭祀，育賢才，安可奪耶！」遂奏罷之。

21 甲子，復以平原郡公趙與芮江南田隸東宮。

22 立甘州行中書省。

23 丙寅，以編地理書，召曲阜教授陳儼、京兆蕭𣂏、蜀人虞應龍；惟應龍赴京師。

24 三月，己巳，詔程文海仍集賢直學士，拜侍御史、行御史臺事，往江南博采知名之士。

初，帝欲以文海爲中丞，臺臣言文海南人，不可用，且年少，帝大怒曰：「汝未用南人，何以知南人不可用？自今省、部、臺、院，必參用南人。」遂拜文海是職，奉詔求賢于江南。詔令舊用蒙古字，及是特命以漢字書之。帝素聞趙孟適、葉李名，密諭文海，必致此二人。文海復薦趙孟頫、余恁、萬一鶚、張伯淳、胡夢魁、曾晞顏、孔洙、曾沖子、淩時中、包鑄等二十餘人。

帝坐披香殿，召見葉李，勞問：「卿遠來良苦？」且曰：「卿嚮時訟賈似道書，朕嘗識之。」更詢以治道安出，李歷陳古帝王得失成敗之由，帝首肯，賜坐，錫宴，命五日一入議事。時各道儒司悉以曠官罷，李因奏曰：「臣欽覩先帝詔書，當創業時，軍務繁夥，尚招致士類。今陛下混一區宇，偃武修文，可不作養人材以弘治道！各道儒學提調學官，課諸生講明治道，而上其成材者於大學，以備錄用。凡儒戶徭役，請一切蠲免。」帝可其奏。

孟頫，宋太祖子秦王德芳之後也，才氣英邁，神采煥發，初入見，帝顧之喜，使坐葉李上。或言孟頫宋宗室子，不宜使近左右，帝不聽。

25 宋故江西招諭使、知信州謝枋得，遁居閩中，程文海之薦士也，初以枋得爲首。枋得方居母喪，遺書文海曰：「大元制世，民物一新，宋室孤臣，只欠一死。枋得所以不死者，以九十三歲之母在堂耳。今先妣考終正寢，枋得自今無意人間事矣！親喪在淺土，貧不能禮葬，苫塊餘息，心死形存。小兒傳到郡縣公文，乃知執事薦士凡三十，賤姓名亦玷其中，將降旨督郡縣以禮聘召。執事爲君謀亦忠矣，豈知枋得有母之喪，衰絰之服，不可入公門乎？稽之古禮，子有父母之喪，君命三年不過其門，所以教天下之孝也。解官持服，在大元制典尤嚴。自伊尹、傅說之後，三千年間，山林匹夫，辭烟霞而依日月者亦多矣，未聞有冒哀匿服而應幣聘者。傳曰：『求忠臣必於孝子之門。』爲人臣不盡孝于家而能盡忠于國者，未之有也；爲人君不教人以孝而能得人之忠者，亦未之有也。枋得親喪未克葬，持服未三年，若違禮背法，從郡縣之令，順執事之意，其爲不孝莫大焉。傳曰：『君子成人之美，不成人之惡。』執事能亮吾之心，使幸而免不孝之名，是成我者之恩與生我者等也。」遂堅不赴詔。

26 甲戌，雄、霸二州及保定諸縣水泛濫，冒官民田，發軍民築河隄禦之。

27 乙亥，以敏珠爾卜丹仍中書右丞，與郭佑並領錢穀。

28丙子，帝如上都。

29夏，四月，庚子，以江南諸路財賦並隸中書省。

30雲南省平章納蘇喇鼎(舊作納速剌丁。)上便宜數事：一曰弛道路之禁，通民來往；二曰禁負販之徒，毋令從征；三曰罷丹當站賦民金爲飲食之費；四曰聽民伐木貿易；五曰戒使臣勿擾民居，立急遞鋪以省驛騎；詔議行之。

31甲辰，徙杭州行御史臺于建康，以山南、淮東、淮西三道按察司隸內臺，增置行臺色目御史員數。

32庚戌，制謚法。

33己未，遣約蘇穆爾舊作要束木，今改。(一作岳東木。)鉤考荊湖行省錢穀。中書擬約蘇穆爾平章政事，托克托呼舊作脫脫忽，今改。參知政事，帝曰：「約蘇穆爾小人，事朕方五年，授一理算官足矣。托克托呼，人奴之奴，令史、宣使才也。讀卿等所進擬，令人恥之。」

34以漢民就食江南者多，又從官南方者，秩滿多不還，遣使盡徙北還。仍設托克托禾孫(舊作脫脫禾孫。)於黃河、江、淮諸津渡，凡漢民非齎公文適南者止之，爲商者聽。

35五月，約蘇穆爾奏荊湖行省阿爾哈雅贓罪，請玫核，阿爾哈雅乃入朝，言「約蘇穆爾在鄂，豈無贓賄之迹！臣亦請鉤考之。」遂遣參知政事托魯罕、(舊作禿魯歡。)樞密院判李道、治書侍御史陳天祥偕行。天祥既至鄂州，即劾約蘇穆爾貪暴不法諸事。時僧格與約穆蘇爾連姻，相與爲奸，摘天祥疏中語，誣以不道，遣使究問，欲殺之；行臺御史申屠致遠累章辨其無罪，僧格氣沮。天祥繫獄幾四百日，遇赦，始得釋。阿爾哈雅加湖廣行省左丞相，尋卒，謚武定。

36 朝廷將用兵海東，徵斂益急，有司大爲奸利。江淮參知政事董文用請入奏事，大略言疲國家可寶之民力，取僻陋無用之小邦，列其條目甚悉。

37 六月，辛丑，中書省言：「前阿爾哈雅與約蘇穆爾互請鉤考，今雖已死，而專之是非，宜令暴白。」帝曰：「此事自約蘇穆爾所發，當依其言究行之。」遂籍阿爾哈雅家貲，歸之京師。

38 乙巳，詔以大司農司所定農桑輯要書頒諸路。

39 戊申，括諸路馬，凡色目人有馬者三取其二，漢民悉入官，敢匿與互市者罪之。

40 丁巳，以錫棟罕（舊作薛闍干。）爲中書省平章政事。

41 辛酉，封楊邦憲妻田氏爲永安郡夫人，領播州安撫司事。

42 是月，湖南宣慰司上言：「連歲征日本及用兵占城，百姓罷于轉輸，賦役煩重，士卒觸瘴癘，多死傷者。羣生愁歎，四民廢業，貧者棄子以偷生，富者鬻產而應役，倒懸之苦，日甚一日。今復有事交趾，動百萬之衆，虛千金之費，非所以䘏士民也。且舉動之間，利害非一。兼交趾已嘗納表稱藩，若從其請，以甦民力，計之上也。無已，則宜寬百姓之賦，積糧餉，繕甲兵，俟來歲天時稍利，然後大舉，亦未爲晚。」

湖廣行省臣戳格(舊作線哥。)是其議，遣使入奏，且言：「本省鎭戍凡七十餘所，連歲征戰，士卒精銳者罷于外，所在者皆老弱，每一城邑，多不過二百人，竊恐姦人得以窺伺虛實。往年平章阿爾哈雅出征，輸糧三萬石，民且告病。今復倍其數，官無儲蓄，和糴於民間，百姓將不勝其困。宜如宣慰司所言，緩師南伐。」

先是吏部尙書劉宣亦上言：「安南臣事已久，歲貢未嘗愆期，往者用兵無功，瘡痍未復，今又下令再征，聞者莫不恐懼。且交、廣炎瘴之地，毒氣害人，甚于兵刃。今以七月會諸道兵于靜江，比至安南，病死必衆，緩急遇敵，何以應之！又，交趾無糧，水路難通，不免陸運。兼無車牛馱載，一夫擔米五斗，往還自食外，官得其半，若十萬石用四十萬人，止可供一二月軍糧，搬載船料軍須，通用五六十萬衆。廣西、湖南，調度頻數，民多離散，戶令供役，亦不能辦。況湖(湖)廣密邇谿峒，寇盜常多，萬一姦人伺隙，大兵一出，乘虛生變，雖有留後人馬，疲弱衰老，卒難應變。何不與彼中軍官深知事體者論量萬全方略！不然，將復蹈前轍矣。」

奏入，會湖廣宣慰使章至，帝即日下詔罷征，縱士卒還各營，陳益稷從師還鄂。

43 華州華陰縣大雨，潼谷水湧，平地三丈餘。杭州、平江二路屬縣水壞民田萬七千餘頃。

44 秋，七月，己巳，用中書省臣言，以江南隸官之田多爲強豪所據，立營田總管府，其所據田仍履畝計之。

45 罷遼陽等處行中書省，復北京、咸平等三道宣慰司。

46 庚午，江淮行省蒙古岱言：「今置省杭州，兩淮、江東諸路，財賦軍實皆南輸，又復北上，不便。揚州地控江海，宜置省，宿重兵鎭之，且轉輸無往返之勞。行省徙揚州便。」從之。

47 立淮南洪澤、芍陂兩處屯田，益兵至二萬，歲得米數十萬斛。

48 壬午，左丞相昂吉爾岱、平章政事阿必實克舊作阿必失合，今改。並罷。

總制院使僧格好言利，一日，於帝前論和雇、和買事，帝善其策，遂有大任之意，令具省臣姓名以進。帝曰：「安圖、郭佑、楊居寬等並仍前職，昂吉爾岱等其別議，仍選可代者以聞。」遂罷之。自是廷中有所建置，人才進退，僧格咸與聞焉。

49 癸巳，詔中書省銓定省、院、臺、部官屬，自中書令、左、右丞相而下，各有定員。仍諭安圖曰：「中書省朕當親擇，其餘諸司，並從中書斟酌裁減。」安圖曰：「比聞聖意欲倚近侍爲耳目，如臣所行非法，從其舉奏。今近臣乃伺隙援引非類，曰某居某官，某居某職，以所署奏目付中書施行。銓選之法，自有定制，其尤無事例者，臣嘗廢格不行，慮其黨有短臣者。」帝曰：「卿言良是，後若此者其勿行。」

50八月，辛酉，婺州永康縣民陳選四等謀反，伏誅。

51蘇、湖多雨，傷稼，百姓艱食。浙西按察使雷膺請于朝，發廩米二十萬石賑之。江淮行省以發米太多，議存三之一。膺曰：「布宣皇澤，惠養困窮，行省職爾，豈可效有司出納之吝耶！」行省不能奪。

52九月，乙丑朔，海外諸番，曰馬八兒，曰須門那，曰僧急里，曰南無力，曰馬蘭丹，曰那旺，曰丁呵兒，曰來來，曰急蘭亦鯓，曰蘇木都剌，凡十國，因楊廷璧屢奉詔招之，各遣其子弟上表來覲，仍貢方物。

53壬寅，高麗遣使獻日本俘。

54是月，以工部尚書博果密爲刑部尚書。

時河東按察使阿哈瑪特以貪財諂媚權貴，貸錢於官，約償牛馬，至期，抑取部民所產以輸，事覺，遣使按治，皆不伏。及博果密往，始得其不法百餘事。會大同民飢，博果密以便宜發倉廩賑之。阿哈瑪特所善幸臣奏博果密擅發軍儲，又鍛鍊阿哈瑪特使自誣服，帝曰：「使行，發粟以活吾民，乃其職也，何罪之有！」命移其獄至京師審視，阿哈瑪特竟伏誅。

托克托呼舊作土土哈，今改。求奇徹（舊作欽察。）之爲人奴者增益其軍，而多取編民，中書簽省王遇驗其籍，改正之。托克托呼遂奏遇有不臣語，帝怒，欲斬之，博果密諫曰：「遇始令以奇徹之人奴爲兵，未聞以編民也。萬一他衞皆倣此，戶口耗矣。若誅遇，後人豈肯爲陛下盡職乎！」遇得不死。

55 冬，十月，甲午朔，徙浙西按察使治杭州，罷諸道按察使判官及行臺監察御史。

56 己亥，帝至自上都。

57 壬寅（辛亥），河決開封、祥符、陳留、杞、太康、通許、鄢陵、扶溝、洧川、尉氏、陽武、延津、中牟、原武、睢州十五處，調民夫二十餘萬分築隄防。

58 甲寅，敕招討使張萬等造戰船，將兵六千人以征緬，俾圖門特（舊作禿滿帶。）爲都元帥總之。

59 壬戌，高麗復遣使來獻日本俘。

60 十一月，乙丑，中書省言：「張瑄、朱清海道運糧，以四歲計之，總百一萬石，斗斛耗折，願如數以償，風浪覆舟，請免其徵。」從之。以瑄、清並爲海道運糧萬戶。

61 敕：「禽獸字孕時無畋獵。」

62 （丙子），涿、易二州、良鄉、寶坻縣饑，免今年租，賑糧三月。

63 十二月，丙午，置燕南、河東、山東三道宣慰司。

64 乙卯，以阿爾哈雅所芘逃民無主者千人屯田，遣中書省斷事官圖布（舊作禿不。）申復鈎攻〔攷〕湖廣行省錢穀。

65 大都饑，發官米，減價糶於貧民。

66 戊午，翰林承旨薩里曼（舊作撒里蠻。）言：「國史院纂修太祖累朝實錄，請以輝和爾（舊作畏吾兒。）字繙譯，俟奏讀然後纂定。」從之。

67 諸路分置六道勸農司。

續資治通鑑卷第一百八十八

賜進士及第兵部尚書兼都察院右都御史總督湖北湖南等處地方軍務兼理糧餉世襲二等輕車都尉 畢沅 編集

元紀六 起強圉大淵獻（丁亥）正月，盡著雍困敦（戊子）十二月，凡二年。

世祖聖德神功文武皇帝

至元二十四年（丁亥、一二八七）

1 春，正月，戊辰，浚河西務漕渠。

2 丙戌，以程鵬飛爲中書右丞，阿爾（舊作阿里，今改。）爲中書左丞。丁亥，以布顏里哈雅（舊作不顏里海牙。）參知政事。

3 發新附軍千人，從阿巴齊（舊作阿八赤。）討安南。

4 復改江浙行省爲江淮行省。

5 辛卯，詔發江淮、江西、湖廣三省蒙古、漢券軍七萬人，船五百艘，雲南兵六千人，海外四川〔州〕黎兵萬五千，命海道運糧萬戶張文虎、費拱辰、陶大明運糧十七萬石，分道以進。

置征交趾行省，鄂囉齊舊作奥魯赤，今改。平章政事，烏訥爾、舊作烏馬兒，今改。樊楫(參)知政事，總之，並受鎮南王節制。【考異】經世大典云：二十四年，令烏訥爾、樊參政率兵水陸進征，尋亦罷。所載甚略，今從元史安南傳書之。

6 二月，甲午，畋于近郊。

7 乙未，以敏珠爾卜丹舊作麥朮丁，今改。爲平章政事。

8 甲辰，以范文虎爲中書右丞，商議樞密院事。

9 壬子，中書省言：「自正旦至二月中旬，費鈔五十萬錠。臣等兼總財賦，自今侍臣奏請賜賚，請令臣等預議。」帝曰：「此朕所當慮。」仍諭伊實特穆爾、(舊作玉昔帖木兒。)伊徹察喇舊作月赤徹(察)兒，今改。知之。

10 戊午，以趙與芮子孟桂襲平原郡公。

11 宗王納顏(舊作乃顏。)遣使徵東道兵，諭棟摩特穆爾(舊作闊里鐵木兒。)毋輒發。初，納顏鎮遼東，北京宣慰使伊列薩哈(舊作亦力撒合。)察其有異志，密請備之。帝素然其言，故有是諭。

12 閏月，癸亥，敕：「春秋二仲月上丙日，祀帝堯祠。」

13 西京等處管課官馬合謀，自言歲以西京、平陽、太原課存額外羨錢市馬駝千頭輸官，而實盜官錢市之。按問有迹，伏誅。

14乙丑，復立尚書省，以僧格、（舊作桑哥。）特穆爾（舊作鐵木兒。）並爲平章政事，鄂爾根薩里（舊作阿魯渾薩里。）爲右丞，葉李爲左丞，馬紹參知政事。

是月，帝畋于近郊，召敏珠爾卜丹、特穆爾、楊居厚等，與葉李、程文海、趙孟頫論鈔法，敏珠爾卜丹言：「自制國用使司改尚書省，頗有成效，今仍分兩省爲便。」詔從之。安圖（舊作安童。）諫曰：「臣力不能回天，但乞不用僧格，別選賢者，猶或不至虐民誤國。」不聽。鄂爾根薩里雖與僧格同事，然數切諍之，以廉正自持。葉李固辭左丞之命，言：「臣資格未宜遽至此。」帝曰：「商起伊尹，周起太公，豈循資格耶！尚書係天下輕重，朕以煩卿，卿其勿辭。」賜大小車各一，許乘小車入禁中，仍給扶升殿。

辛未，以復置尚書省詔天下。除行省與中書議行，餘並聽尚書省從便以聞。詔，趙孟頫所草也。帝覽之，喜曰：「得朕心之所欲言者矣。」

15初，太宗設總教國子之官，逮至元初，以許衡爲祭酒，而侍臣子弟就學者纔十餘人。衡既去，教益廢而學舍未建，師生寓居民舍，司業耶律有尚屢以爲言。至是乃立國子監，設監丞、博士、助教，增廣弟子員至百二十人，蒙古、漢人各半，官給紙劄、飲食，遂以有尚爲祭酒。

16 設江南各路儒學提舉司。

時江南諸縣各置教諭二人;又用廷臣請,諸道各置提舉司,設提舉儒學二人,統諸路府州縣學祭祀、錢糧之事。學校已廢而復興,實葉李之言有以導之也。

17 乙酉,鎭南王托歡(舊作脫歡。)徙鎭南京。

18 范文虎改尚書右丞,商議樞密院事。

19 改行中書省爲行尚書省,六部爲尚書六部。

20 以吏部尚書實都(舊作忻都,今改。)爲尚書省參知政事。

21 庚寅,帝如上都。

22 達嚕哈齊、(舊作札魯忽赤。)哈喇哈斯(舊作哈剌哈孫。)等言:「去歲錄囚南京、濟南兩路,應死者已一百九十人。若總校諸路,爲數必多,宜遣人分道行刑。」帝曰:「囚非羣羊,豈可遽殺!卽宜悉配隸淘金。」

23 以禮部主事王約爲監察御史。約疏請建儲及修史,又言前中丞郭佑以奏誅盧世榮爲僧格所嫉,誣以他罪,宜白其冤,不報。

24 三月,甲午,行至元鈔。

僧格以交鈔及中統元寶行之既久，物重鈔輕，建議更造至元鈔行之。自一貫至五十文，凡十有一等，每一貫視中統鈔五貫，子母相權，要在新者無冗，舊者無廢。凡歲賜、周乏、餉軍，皆以中統鈔爲準。詔百官於刑部集議，趙孟頫亦與焉。衆欲計至元鈔二百貫贓滿者死，孟頫曰：「始造鈔時，以銀爲本，虛實相權。今二十餘年間，輕重相去至數十倍，故改中統爲至元，又二十年後，至元鈔必復如中統，使民計鈔抵法，疑於太重。古者以米、絹民生所須，謂之二實；銀、錢與二物相權，謂之二虛；四者爲直，雖升降有時，終不大相遠也。以絹計贓，最爲適中。況鈔乃宋時所創，施於邊郡，金人襲而用之，皆出於不得已，乃欲以此斷人死命，似未可也。」或以孟頫年少，初自南方來，譏國法不便，意頗不平，責之曰：「今朝廷行至元鈔，故犯法者以是計贓論罪。汝以爲非，豈欲沮格至元鈔耶？」孟頫曰：「法者，人命所係，議有重輕，則人不得其死。孟頫奉詔與議，不敢不言。今中統鈔虛，故改至元鈔，謂至元鈔終無虛時，豈有是理！公不揆於理，欲以勢相陵，可乎？」其人有愧色。

25 丙辰，命都水監開汶、泗水以達京師。

26 汴梁河水泛溢，役夫七千修完故隄。

27 夏，四月，宗王納顏反，諸王諾延舊作納牙，今改。等皆應之。帝問侍衞士阿實克布哈舊作阿沙不花，今改。「計將安出？」對曰：「臣愚以爲莫若先安撫諸王，乃行天討，則叛者勢自孤矣。」帝曰：「善！卿試爲朕行之。」阿實克布哈卽北說諸延曰：「大王聞納顏反耶？」曰：「不知也。」曰：「聞大王等皆欲爲納顏外應，今納顏既自歸矣，是獨大王與主上抗。幸主上聖明，亦知非大王意，置之不問，然二三大臣不能無惑。大王何不往見上自陳，爲萬全計！」諸延悅，許之。于是諸王之謀皆解。

阿實克布哈還報，帝乃議親征，命徵兵遼陽，以千戶帥錫保齊之衆從行。阿實克布哈以大同、興和兩郡，當車駕所經有帷臺嶺者，數十里無居民，請詔有司作室嶺中，徙邑民百戶居之，割境內錫保齊舊作昔寶赤，今改。牧地，使耕種以自養，帝從之。阿實克布哈既領錫保齊，帝復欲盡徙興和、桃山數十邨之民，以其地爲錫保齊牧地，阿實克布哈固請存三千戶以給鷹食，帝皆聽納，民德之，飲食必祭。錫保齊，鷹房之執役者也。

28 五月，乙亥，遣額森舊作也先，今改。諭北京等處宣慰司：「凡隸納顏所部者，禁其往來，毋令乘馬、持弓矢。」

29 壬寅，誅御史臺吏王良弼。

僧格嘗奉旨檢覈中書省事，凡校出虧欠鈔四千七百七十錠，昏鈔一千三百四十五錠，平章敏珠爾卜丹卽自伏。參政楊居寬微自辨，以爲實掌銓選，錢穀非所專，僧格令左右拳其面，因問曰：「既典選事，果無黜陟失當者乎！」尋亦引伏。參議伯降（舊作拜降。）以下，凡鉤攷違惰耗失等事，及參議王巨濟嘗言新鈔不便忤旨，各款伏。帝令丞相安圖與僧格共議，且諭：「毋令敏珠爾卜丹等他日得以脅問誣服爲辭，此輩故狡獪人也。」

數日，僧格又奏：「鞫中書參政郭佑，多所逋負，尸位不言，以疾爲託。臣謂『中書之務隳惰如此，汝力不能及，何不告之蒙古大臣？』故毆辱之，今已款服。」帝命窮詰之。

良弼嘗與人言：「尚書鉤校中書不遺餘力，他日我留，得發尚書姦利，其誅籍無難。」僧格聞之，捕良弼，鞫問，款服。謂此曹誹謗，不誅無以懲後，遂誅良弼，籍其家。

又有吳德者，嘗爲江寧縣達嚕噶齊，（舊作達魯花赤。）求仕不遂，私與人非議時政，且言：「尚書今日覈正中書之弊，他日復爲中書所覈，汝獨不死也耶！」或以告僧格，即捕德按問，殺之，沒其妻子入官。

30 用僧格言，置上海、福州兩萬戶府，以維制錫布鼎、（舊作沙不丁。）烏訥爾等海運船。戶、工兩部各增尚書二員。

初立行泉府司，專掌海運，遂罷東平河運糧；尋又於河西務置漕運司，領接運海道糧事。

31 帝自將征納顏，發上都，括江南僧道馬匹。詔范文虎將衞軍五百鎭平樂（灤），以奇徹（舊作欽察。）爲親軍都指揮使，伊蘇岱爾、（舊作也速帶兒。）右衞簽事王通副之。

32 同知留守兼少府監事王思廉，（舊作段貞，今改。）謂留守丹津曰：「藩王反側，地大故也。漢晁錯削地之策，實爲良圖，盍爲上言之。」丹津以聞，帝曰：「汝何能出此言也？」丹津以思廉對，帝嘉之。【考異】王思廉傳連繫於二十三年，今從本紀。

33 壬子，行尚書省平章政事高麗國王王昛請益兵征納顏，以五百人赴之。

34 行尚書省左丞相阿珠舊作阿朮，今改。受命西征，至哈喇霍（舊作哈剌霍。）州，以疾薨。阿珠繼其祖蘇布特、舊作速不台，今改。父烏蘭哈達舊作兀良哈台，今改。爲將帥，沈幾有智略，臨陣勇決，三世皆以功名顯。後追封河南王。【考異】阿珠之歿，後編前後兩見，今定從元史本傳。

35 六月，庚申朔，百官以職守不得從征納顏，獻馬以給衛士。

36 壬戌，帝至薩爾都嚕舊作撒兒都魯，今改。之地，納顏率所部六萬，逼行在而陣，遣左丞李庭等將漢軍，用漢法以戰。既而納顏之黨金嘉努、舊作金家奴，今改。塔布岱舊作塔不歹，今改。擁衆號十萬，進逼乘輿，帝親麾諸軍圍之，納顏堅壁不出。司農卿特爾格舊作鐵哥，今改。曰：「彼衆我寡，當以疑退之。」於是帝張曲蓋，據胡牀坐，特爾格進酒，塔布岱按兵覘之，不敢進。李庭曰：「彼至夜當遁耳。」乃引壯士十餘人，持火礮夜入其陣，礮發，果自潰散。帝問：「何以知之？」庭曰：「其兵雖多而無紀律，見車駕駐此而不戰，必疑有大軍繼之，是以知其將遁。」遂命庭將漢軍，御史大夫伊實特穆爾舊作玉昔帖木兒，今改。將蒙古軍並進，追至實列門林，（舊作失列門林。）擒納顏以獻，遂伏誅。

初，潞州靳德進，精於星曆之學，所言休咎輒應，時用天象以進規諫，多所裨益，累遷祕書監，掌司天事。及是從征納顏，揆度日時，率中機會。諸將欲勦滅其黨，德進獨陳天道好生，請緩師以待其降，帝嘉納之。

37 李庭之討納顏也，將校多用國人或其親暱，立馬相嚮語，輒釋仗不戰，逡巡退卻，帝患之。葉李密啓曰：「兵貴奇不貴衆，臨敵當以計取。彼旣親暱，誰肯盡力！徒費陛下糧餉，四方轉輸甚勞。臣請用漢軍列前步戰，而聯大車斷其後以示死鬭。彼嘗玩我，必不設備；我以大衆蹈之，無不勝矣。」帝用其謀，果奏捷。

自是益奇李，每召見論事。尋詔以爲御史中丞，商議中書省事。李辭曰：「臣本羈旅，蒙眷使備顧問，固當竭盡愚衷。御史臺總察中外機務，臣愚不足當此任；且臣昔罹瘴鄉，素染足疾，比歲尤劇。」帝笑曰：「卿足艱于行，心豈不可行耶？」李固辭，得許，因叩首謝曰：「臣今雖不居是職，然御史臺天子耳目，常行事務，可以呈省。至若監察御史奏疏，西南兩臺咨稟，事關軍國，利及生民，宜令便宜聞奏以廣視聽，不應一一拘律，遂成文具。請詔臺臣言事，各許實封。」又曰：「憲臣以繩愆糾謬爲職，苟不自檢，於擊搏何有！其有貪惏敗度之人，宜付法司增條科罪，以懲欺罔。」帝然之。由是臺臣得實封言事。

38 帝初欲大用趙孟頫，議者難之。是月，授孟頫兵部郎中。

兵部總天下諸驛，時使客飲食之費，幾十倍於前，吏無以供給，強取於民，不勝其擾，遂請于中書，增鈔給之。

至元鈔法滯澀不能行，詔遣尙書劉宣與孟頫馳驛至江南，問行省慢令之罪，左右司官及諸路官得徑笞之。孟頫還，不笞一人，僧格大以爲譴。

時有王虎臣者，言平江路總管趙全不法，卽命虎臣往按之，葉李執奏不宜遣虎臣，帝不聽。孟頫進曰：「趙全故當問，然虎臣前守此郡，多強買人田，縱賓客爲奸利，全數與爭，虎臣怨之，往必將陷全。事縱得實，人亦不能無疑。」帝悟，乃遣他使。

僧格鐘初鳴時，卽坐省中，六曹後至者笞之。孟頫偶後至，斷事官遽引孟頫受笞，孟頫入訴於右丞葉李曰：「古者刑不上大夫，所以養其廉恥，敎之節義。且辱士大夫，是辱朝廷也。」僧格亟慰孟頫使出，自是所笞惟曹吏以下。他日，行東御牆外，道險，孟頫馬跌，墮于河，僧格聞之，言於帝，移築御牆稍西二丈許。

帝聞孟頫素貧，賜鈔五十錠。

39初，納顏將叛，陰遣使結額布罕、舊作也不干，今改。騰勒噶，舊作騰剌哈，今改。奇徹舊作欽察，今改。親軍衞指揮使托克托呼舊作土土哈，今改。執之，盡得其情以聞，詔騰勒噶入朝。將由東道進，托克托呼言於北安王曰：「彼分地在東，脫有不虞，是縱虎入山林也。」乃命從西道。

既而有言額布罕叛者，衆欲先聞於朝，然後發兵，托克托呼曰：「兵貴神速，若彼果叛，我軍出其不意，可即圖之，否則與約而還。」即日起行，疾驅七晝夜，渡圖呼喇河，（舊作秃兀刺河。）戰於托集嶺，（舊作孛怯嶺。）大敗之，額布罕僅以身免。

40 秋，七月，癸巳，納顏餘黨犯咸平，遼東道宣慰使達春（舊作塔出，今改。）從皇子愛額齊（舊作愛牙赤。）合兵出瀋州進討。

初，帝命達春領軍一萬，與愛額齊同力備禦納顏。女眞、水（碩）達勒達（舊作水達達。）官民與納顏連結，達春遂棄妻子，與麾下十二騎直抵建州，距咸平千五百里，與納顏黨達薩巴圖爾（舊作太撒拔都兒。）等合戰，兩中流矢。繼知其黨特爾格、素爾齊（舊作帖哥、抄兒赤。）等欲襲皇子，乃以數十人退，戰千餘人，扈從皇子渡遼水。納顏軍來襲，達春轉鬬而前，射其酋特古岱，（舊作帖古歹。）墮馬死，追兵乃退。遂軍懿州。州老幼千餘人，焚香羅拜道旁，泣曰：「非宣慰公，吾屬無遺種矣。」

達春軍至遼西罷（羆）山北小龍泊，得叛酋史圖淩岱、（舊作史秃林台。）盧全等納款書，期而不至，達春即遣將討擒之，又獲其黨王薩布。（舊作王賽哥。）復與庫錫爾（舊作曲迭兒。）等戰，破之。將士欲俘掠，達春一切禁止，與簽院漢瓜、監司托克托岱（舊作脫脫台。）追納顏餘黨，北至金山，悉平之。

41丁酉，弘州匠官以犬、兔毛製如西錦者以獻，授匠官知弘州。

42戊戌，樞密院奏簽征緬行省事哈薩爾哈雅（舊作合散兒海牙。）言：「比至緬國，諭其王赴闕，彼言鄰番數叛，未易卽行，擬遣使奉表齎土貢入覲。」

43八月，乙丑，帝至自上都。

44以托曼達爾（舊作脫滿答兒。）爲都元帥，將四川兵五千赴緬省，仍令其省駐緬近地，以俟進止。

45己巳，謫從叛諸王，赴江南諸省從軍自效。諭鎭南王托歡，禁戢從征諸王及省官與魯齊（鄂囉齊）等：「毋縱軍士焚掠，毋以交趾小國而易之。」

46九月，庚子，禁市毒藥者。

47丁未，安南國遣使貢方物。

48戊申，咸平、懿州、北京，以納顏叛，民廢耕作，又霜雹爲災，告饑，詔以海運糧五萬石賑之。

49壬子，禁沮撓江南茶課。

50冬，十月，戊午朔，日有食之。

51甲子，僧格言：「中書省舊在大內，前阿哈瑪特移置於此，請仍舊爲宜。」從之。

52丙子，僧格奏參知政事郭佑、楊居寬坐虧負中書錢穀，並棄市，人皆冤之。

當僧格之誣殺佑與居寬也，刑部尚書博果密（舊作不忽木。）爭之不得，僧格深忌之，嘗指博果密謂其妻曰：「他日籍我家者，此人也。」因其退食，責以不坐曹理務，欲加之罪，遂以疾免。帝還自上都，其弟額埒璘班（舊作也里審班。）侍坐輦中，帝曰：「汝兄必以某日來迎。」博果密果以是日至。帝見其癯甚，問其祿幾何，左右對以滿病假者例不給，帝念其貧，命盡給之。

53僧格威熖方熾，參議尚書省事唐仁祖議論不回，屢忤僧格，人皆危之，仁祖自若也。遷工部尚書，僧格以漕務煩劇，特重困之，仁祖處之甚安。尋出使雲中，僧格攻（攷）工部織課稍緩，怒曰：「誤國家歲用。」遣騎追還，命直吏拘往督工，且促其期曰：「違期，必置汝於法。」左右皆為之懼。仁祖退，召諸直長，從容諭之曰：「丞相怒在我，不在爾也。汝等勿懼，宜力加勉。」衆皆感激，晝夜倍其功，期未及而辦，僧格不能加罪。

54乙酉，帝諭翰林諸臣，以丞相領尚書省，漢、唐有此制否，咸對曰：「有之。」翌日，左丞葉李以所對奏聞，且言：「前省官不能行者，平章僧格能之，宜為右丞相。」帝然之。

55丙辰（戊），范文虎言豪、懿、東京等處人心未安，宜立省以撫綏之，詔立遼陽等處行尚書省。

56十一月，壬辰，以僧格為尚書省右丞相兼統制院使，領功德使司事。於是僧格請以平章特穆爾代其位，阿喇根薩里爲平章政事，葉李遷右丞，參政馬紹爲左丞。

紹爲參政時，有信州三務提舉杜璮者，言至元鈔公私未便，僧格怒，欲當以重罪。紹從容言曰：「國家導人使言，可采，用之，不可采，亦不之罪。今重罪之，豈不與詔書違戾乎！」璮得免罪。至是親王戍邊，其士卒有過支廩米者，有司以聞，帝欲究問加罪，紹言：「方邊庭用兵，罪之，懼失將士心。所支踰數者，當後年之數可也。」從之。

57 辛丑，改衛尉院爲太僕寺，仍隸宣徽院。

58 己酉，詔議弭盜。僧格、伊蘇特穆爾言：「江南歸附十年，盜賊迄今未靖，宜立限招捕，而以安集責州縣之吏，其不能者黜之。」葉李言：「臣在漳州十年，詳知其事。大抵軍官嗜利與賊通者，尤難弭息。宜令各處鎮守軍官，例以三年轉徙，庶革斯弊。」帝皆詔行之。

59 江淮行尚書省參知政事高興，討婺州盜柳分司，擒斬之。會丁母憂，詔起復，討處州盜詹老鷂、溫州盜林雄。興潛出青田，擣其巢穴，戰於葉山，擒老鷂及雄等二百餘人，斬於溫州市。又奉省檄平徽州盜汪千十等。

60 廣東盜起，寇肇慶，其魁鄧太獠居前寨，劉太獠居後寨，相依以爲固。湖廣行省左丞劉國傑趣擣後寨，破之，遂拔前寨，擒斬鄧、劉二人。捕民結賊者，皆杖殺之。

61 十二月，丁卯，減揚州省歲額米十五萬石，以鹽引五十萬易糧。免浙西魚課三千錠，聽民自漁。

62 癸酉，諸王錫勒圖（舊作薛徹都。）部雨土七晝夜，沒死羊畜。

63 丁丑，以朱清、張瑄海漕有勞，遙授宣慰使。

64 鎮南王托歡以諸軍征安南，次思明州，留兵二千五百人，命萬戶賀祉統之，以守輜重。程鵬飛、鄂囉、（舊作孛羅。）哈達爾（舊作合答兒。）以漢券兵萬人由西道永平，鄂囉齊以萬人從鎮南王由東道女兒關以進。阿巴齊以萬人爲前鋒，烏訥爾、樊楫以兵由海道經玉山、雙門、安邦口，遇交趾船四百餘艘，擊之，斬四千餘級，生擒百餘人，奪其船百艘，遂趣交趾。程鵬飛、鄂囉、哈達爾經老鼠、陷沙、茨竹三關，凡十七戰，皆捷。是月，鎮南王次茅羅港，交趾興道王遁。攻浮山寨，拔之。又命鵬飛、阿爾以兵二萬人守萬劫，且修普賴山及至靈山木柵，命烏訥爾將水兵，阿巴齊將陸兵，徑趣交趾城。鎮南王以諸軍渡富良江，次城下，敗其守兵。陳日烜與其子棄城走敢喃堡，諸軍攻下之。

至元二十五年（戊子、一二八八）

1 春，正月，陳日烜復走入海，鎮南王以諸軍追之，不及，引兵還交趾城。令烏訥爾將水軍迎張文虎等糧船，又發兵攻其諸寨，破之。

2 己丑，詔江淮省內外並聽蒙古岱（舊作忙兀帶。）節制。

3辛卯，尚書省言：「初以行省制丞相與內省無別，罷之。令〔今〕江淮平章政事蒙古岱所統，地廣事繁，宜依前置丞相。」從之。詔以蒙古岱爲右丞相。

4毀中統鈔板。

5戊戌，大赦，弛遼陽漁獵之禁，惟毋殺孕獸。

6壬寅，賀州賊七百餘人焚掠封州諸郡，循州賊萬餘人掠梅州。

7癸卯，哈都（舊作海都。）犯邊，敕發兵從諸王珠納（舊作朮伯。）北征。

8甲辰，伊蘇布哈（舊作也速不花，今改。）謀叛，逮捕至京師，誅之。

9丙午，畋于近郊。

10己酉，發海運米十萬石，賑遼陽省軍民之飢者。

11癸丑，募民能耕江南曠土及公田者，免其差役三年，其輸租免三分之一。

12江淮行省言：「兩淮土曠民寡，兼幷之家皆不輸稅，又，管內七十餘城，止屯田兩所，宜增置淮東、西兩道勸農營田司，督使耕之。」從之。

13僧格以甘肅行省特穆格（舊作鐵木哥。）無心任事，又不與協力，奏以雅岱（舊作乞牙帶。）代之。未幾，又以江西行省平章呼圖特穆爾（舊作忽都鐵木兒。）不職，奏罷之。兵部尚書呼圖達爾（舊作忽都答兒。）不勤其職，僧格毆罷之而後奏。帝曰：「若此等不罪，汝事何由得行也！

14二月，丁巳，改濟州漕運司爲都漕運司，併領濟之南北漕，京畿都漕運司惟治京畿。

15戊午，以右丞葉李爲平章政事，李固辭，許之；賜以玉帶，視秩一品，又賜平江、嘉興田四頃。【考異】葉李傳云四千畝，今從本紀。

16庚申，司徒薩里曼（舊作撒里蠻。）等進讀祖宗實錄，帝曰：「太宗事則然，睿宗少有可易者，定宗固日不暇給；憲宗汝獨不能憶之耶？猶當詢諸知者。」

17壬戌，敕江淮勿捕天鵝，弛魚濼禁。

18丙寅，改南京路爲汴梁路，北京路爲武平路，西京路爲大同路，東京路爲遼陽路，中興路爲寧夏府路。

19嘉木揚喇勒智（舊作楊璉眞伽。）言以宋宮室爲塔一，爲寺五，已成，詔以水陸地百五十頃養之。

20徵葛洪山隱士劉彥深。

21辛巳，以杭州西湖爲放生池。

22壬午，命皇孫雲南王額森特穆爾舊作也先帖木兒，今改。帥兵鎭大理府等處。

23三月，戊子，帝還宮。

24淞江民曹夢炎願歲以米萬石輸官，乞免他徭，且求官職。僧格以爲請，乃遙授浙東道宣慰副使。

25 庚寅，帝如上都。故事，樞密院官俱從行，歲留一人領院事，漢人不得與。至是以屬判官鄭制宜，制宜遜辭，帝曰：「汝豈漢人比耶！」竟留之。制宜，鼎之子也。

26 江淮行省蒙古岱，言宜除軍官更調法，死事者贈散官，病故者降一等，帝曰：「父兄雖死事，子弟不勝任者，安可用之！苟賢，則病故者亦不可降也。」

27 辛卯，造尙書省。

28 壬寅，禮部言：「會同館，蕃夷使者時至，宜令有司倣古職貢圖及詢其風俗、土產、去國里程，籍而錄之，實一代之盛事。」從之。

29 甲寅，循州賊萬餘人寇漳浦，泉州賊二千人寇長泰、汀、贛，畬賊千餘人寇龍溪，皆討平之。

30 鎭南王托歡復遣兵追陳日烜於海，不知所之。烏訥爾不見張文虎船，復還萬劫。右丞相阿巴齊曰：「賊棄巢穴遠遁，意待吾之斂而乘之。將士皆北人，春夏之交，瘴癘將作，饋餉且盡。今出兵分定其地，招降納附，勿縱士卒侵掠，急捕日烜，此策之善者也。」時日烜復遣使請降以款師，諸將信其說，久之不降，擁衆據海口。阿巴齊率衆攻之，將士多被疫，不能進。諸蠻復叛，所得險隘皆失守，遂謀引還。

日烜復集散兵三十萬守禦東關，遏托歡歸路，諸軍且戰且行，日數十合。賊據險發毒矢，將士裹瘡以戰，樊楫、阿巴齊皆死。前軍錫都爾（舊作昔都兒。）奮勇乘之，交人小卻，托歡由單已縣趣盝州，間道以出，次思明州，命安嚕（舊作愛魯。）引兵還雲南，鄂囉齊以諸軍北還。日烜尋遣使來謝，進金人代己罪。

帝以托歡無功而還，令出鎮揚州，終身不容入覲。

31夏，四月，辛酉，僧格言：「自至元丙子置應昌和糴所，其間必多盜詐，宜加鉤考。扈從之臣，種地極多，宜依軍站例，除四頃之外，驗畝征租。」並從之。

32癸亥，渾河決，發軍築隄捍之。

33癸酉，尚書省言：「近以江淮饑，命行省賑之，吏與富民因緣爲姦，多不及于貧者。今杭、蘇、湖、秀四州復大水，民鬻妻女易食，請輟上供米二十萬石，審其貧者賑之。」帝是其言。

34甲戌，萬安寺成，佛像及牕壁皆金飾之，凡費金五百四十兩有奇，水銀二百四十斤。

35增立直沽海運米倉。

36命征交趾諸軍還家，休息一歲。

37 敕緬中行省:「比到緬中,一稟雲南王節制。」

38 庚辰,安南國王陳日烜遣其中大夫陳克用來貢方物。

39 甲申,詔皇孫特穆爾撫諸軍,討叛王和爾果斯、舊作大〔火〕魯大〔火〕孫,今改。哈坦、(舊作哈丹。)圖嚕罕。(舊作禿魯罕。)

40 廣東民董賢舉,循州民鍾明亮,各擁衆萬餘相繼起,皆稱「大老」,明亮勢尤猖獗,詔遣江浙行省丞相蒙古岱、行樞密使頁特密實(舊作也的迷失。)發四省兵討之。

41 湖南盜詹一仔,誘衡、永、寶慶、武岡人嘯聚四望山,久不能討。行省左丞劉國傑帥師擊破之,斬首盜,餘衆悉降。將校請曰:「此輩久亂,急則降,降而有釁,復反矣,不如盡阬之。」國傑曰:「多殺不可,況殺降也!」乃相要地爲三屯,遷其衆守之,每屯五百人以備賊,且墾廢田榛棘,使賊不得爲巢穴。降者有故田宅,盡還之,無者使雜耕屯中。後皆爲良民。

42 五月,戊子,諸王察克(舊作察合。)子庫庫岱舊作闊闊帶,今改。叛,綽和爾舊作牀兀兒,今改。執之以來。

43 乙未,僧格言:「中統鈔行垂三十年,省官皆不知其數。今已更用至元鈔,宜差官分道置局,鉤攷中統本。」從之。

44 壬寅,鑄渾天儀。

45 乙巳，罷興州采蜜。

46 癸丑，遷四川省治重慶，復遷宣慰司于成都。

47 六月，癸未，處州賊柳世英寇青田、麗水等縣，浙東道宣慰使史耀討平之。

48 秋，七月，丙戌，以南安、瑞、贛三路連歲盜起，民多失業，免逋稅萬二千六百石有奇。

中書右丞相安圖見天下大權盡歸尚書，屢求退，不許。八月，丙辰，詔安圖以本部集賽（舊作怯薛。）蒙古軍三百人北征。

49 癸亥，尚書省成。

50 庚辰，分萬億庫爲寶源、賦源、綺源、廣源，與萬億共爲五庫，從僧格請，營之禁中，以貯幣帛。

51 九月，南臺御史中丞劉宣自殺。

時行省丞相蒙古岱，悍戾縱恣，常慮臺臣糾劾其罪，而尤畏宣，日遣人入建康偵伺臺中違失，臺臣皆憚之，懇求自解。惟宣屹不爲動，蒙古岱益忌之，因羅織宣罪，逮繫其子孫于獄，又令人妄言宣沮壞錢穀。事聞，遂使置獄行省，鞫治之，宣及御史六人俱就逮。既登舟，行省以軍船列兵衞驅迫之，至則分異各處，不使往來，宣不勝憤，遂自剄于舟中。

始，宣將行，以一緘付從子自誠，令勿啓視。宣死，視其書云：「觸怒大臣，誣構成罪，豈能與經斷小人交口辨訟，屈膝爲容於怨家之前！身爲臺臣，義不受辱，當自引決，但不獲以身徇國爲恨耳！」且言別有公文言蒙古岱罪狀，後得其藁，塗注句抹，辭句難辨，前治書侍御史霍肅爲敍次其文，讀者悲憤。

宣既引決，行省白於朝，以爲宣罪重自殺，前後構成其事者，郎中張斯立也。宣忠義節操爲世所重，聞者莫不嗟悼。其後自誠以宣行實上聞，贈御史中丞，謚忠憲。

52 壬辰，帝至自上都。

53 召江淮行省參政董文用爲御史中丞。

文用至，曰：「中丞不當理細務，吾當先舉賢才。」乃舉胡祗遹、王惲、雷膺等十餘人爲按察使，又舉徐炎、魏初爲行臺中丞。當時以爲極選。

54 癸卯，置徵理司，專治合追財穀，以甘肅行省參政圖喇延哈（舊作禿烈羊呵，今改。）簽省吳誠並爲徵理使。自立尙書省，凡倉庫諸司，無不鉤攷。先摘委六部官，至是僧格復以爲不專，請置徵理司，日以理算爲事，毫分縷晰，司錢穀者無不破產，及當更代，人皆棄家避之。

55 庚戌，太醫院新編本草成。

56 冬，十月，庚申，遣使鉤攷諸路錢穀。

僧格言：「湖廣錢穀，已責平章約蘇穆爾（舊作要束木。）自首償矣。他省欺盜者必多，請以省院臺官實都、王巨濟、阿薩爾、（舊作阿散爾。）何榮祖、昭嚕呼齊圖呼魯、（舊作扎魯忽赤禿忽魯。）李佑、吉丁、（舊作吉達。）戎益、崔彧、燕眞、安祐、巴延（舊作伯顏。）等十二人，理算江淮、江西、福建、四川、甘肅、安西六省，每省各二人，特給與印章，給兵以備使令，且以爲衞。」帝皆從之。

僧格嘗奏上都留守司錢穀多失實，召留守喇呼爾、（舊作忽剌忽耳。）賀仁傑廷辯。仁傑曰：「臣漢人，不能禁吏戢姦，致錢穀耗損，臣之罪。」喇呼爾曰：「臣爲長，印在臣手，事未有不關白而能行者，臣之罪。」帝曰：「以爵讓人者有之，未有爭引咎歸己者，其置勿問。」

57 帝追念商挺，問董文用曰：「商孟卿今年幾何？」對曰：「八十。」帝甚惜其老而歎其康強。挺旋卒。後追贈魯國公，謚文定。

58 丙寅，賜瀛國公趙㬎鈔百錠。

59 湖廣省言：「左右江口谿峒蠻獠置四總管府，統州縣峒百六十，而所調官畏憚瘴癘，多不敢赴，請以漢人爲達嚕噶齊。軍官爲民職，雜土人用之。」就擬瓜勒佳素赫（舊作夾谷三合。）等七十四人以聞，從之。

60 大同民李伯祥、蘇永福八人，以謀逆伏誅。

61 庚午，哈都（舊作海都。）犯邊。

62 丙子，始造鐵羅圈甲。

63遣瀛國公趙㬎學佛法於土番。【考異】符臺外集：宋幼主北遷，降封爲瀛國公。一夕，世祖夢金龍舒爪纏龍柱，明日，瀛國公來朝，立所夢柱下。世祖惑其事，謀諸臣下，欲除之。瀛國公大懼，乞從釋，號合尊大師，往西天受佛法，獲免。余應詩云：「有宋第十六飛龍，元朝降封瀛國公，元君詔公尚公主，時蒙賜宴明光宮。酒酣舒指爬金柱，化爲龍爪驚天容。元君含笑語衆臣：『鳳雛寧與凡禽同！』侍臣獻謀將見除，公主夜泣霑酥胸。瀛國公晨馳見帝師，大雄門下參儒宗。幸脫虎口走方外，易名合尊沙漠中。」所言與符臺外集同。然龍爪事涉恍惚，疑係後人傅會，今不取。

64己卯，詔免儒戶雜徭。

65僧格請令集賢院諸司分道鉤考江南郡學田所入羨餘，貯之集賢院，以給多才藝者，從之。

66十一月，壬午，鞏昌路薦饑，免田租之半，仍以鈔三千錠賑其貧者。

67丁亥，以山東按察使何榮祖爲中書省參知政事。

68修國子監以居胄子。

69禁有分地臣私役富室爲柴米戶及賦外雜徭。

70柳州民黃德淸叛，潮州民蔡猛等拒殺官軍，並伏誅。

71己亥，命李思衍爲禮部侍郎，充國信使，以萬努（舊作萬奴。）爲兵部郎中，副之，同使安南，諭陳日烜親身入朝，否則必再加兵。

72時有佞諛者，諷大都民史吉等請爲僧格立石頌德，帝曰：「民欲立則立之。」仍以告僧格，使其喜也。於是翰林製文，題曰「王公輔政之碑。」

僧格恩寵方盛，自近戚、貴人見之，皆屏息遜避，董文用獨不附之。僧格令人諷文用頌己功於帝前，文用不答；僧格又自謂文用曰：「百司皆具食丞相府，獨御史臺未具食耳。」文用亦不答。

73辛丑，馬八兒國遣使來朝。

初，帝遣荆湖、占城行省參知政事伊赫密實（舊作亦黑迷失。）使馬八兒國，取佛鉢舍利。浮海阻風，行一年乃至，得其良醫善藥，遂與其國人來貢方物，又以私錢購紫檀木殿材，並獻之。嘗侍帝於浴室，問：「汝踰海者凡幾？」對曰：「臣四踰海矣。」帝憫其勞，遙授江淮行尚書省左丞、行泉府大卿。

74甲辰，僧格以總制院統西蕃諸司軍民錢穀，事體甚重，宜有以崇之，奏改爲宣政院，秩從一品，用三臺銀印，帝從之。命僧格以本官兼宣政使、領功德司使事。

75十二月，丁巳，哈都兵犯邊，巴圖額森托（舊作拔都也孫脫。）迎擊，死之。

76朔方軍興，糧糗粗備，而誅責愈急，董文用謂僧格曰：「民急矣，外難未解而內戕其根本，丞相宜思之！」又持外郡所上盜賊之目，謂之曰：「百姓豈不欲生養安樂哉？急法苛斂，使至此耳。御史臺所(以)救政事之不及者，丞相當助之，不當抑之也。御史臺不得行，則民無所赴愬而政日亂，將不止臺事不行也。」浸忤僧格意，摭拾臺事百端，文用日與辨論，不爲屈。於是具奏僧格姦狀，帝報之，語祕，人莫聞(聞)。僧格日誣譖文用於帝曰：「在朝惟董文用戇傲不聽令，沮撓尚書省，請痛治其罪。」帝曰：「彼御史職也，何罪！且文用端謹，朕所素知，汝善視之！」旋遷大司農。時欲奪民田爲屯田，文用固執不可，復遷翰林學士承旨。

77 先是安圖將兵臨邊，爲實里吉（舊作昔里吉。）所執，一軍皆沒。至是八鄰來歸，從者凡三百九十人，賜鈔萬二千五百一十三錠。

78 辛未，僧格言：「分地之臣，例以貧乏爲辭，希覬賜與。財非天墜地出，皆取於民，苟不慎其出入，恐國用不足。」帝曰：「自今不當給者汝卽畫之，當給者宜覆奏，朕自處之。」

79 乙亥，湖頭賊張治囝掠泉州，免泉州今歲田租。

80 丙子，伊蘇布哈以實勒們（舊作昔烈門。）叛，甘肅行省官合兵討之，皆自縛請罪。獨實勒們以其屬西走，追獲之，以歸于京師。

81 先是宋供奉汪元量從三宮入燕，授瀛國公書。帝聞其能琴，嘗召入禁中，令鼓琴，稱善。元量乞歸，許之。是冬，元量歸杭州，具言：「謝太后臨歿遺言，欲歸葬紹興。（時理宗陵已發，謝后在北，猶未之知，蓋冀與理宗同窆也。）全太后爲尼。瀛國公學佛，號木波講師。」遺老聞之，有泣下者。【考異】後編繫汪元量事於至元十七年。據王淸惠送行詩序，云水雲留金臺一紀，則斷非十七年矣。以水雲集考之，所述宋末遺事，皆後於十七年。瀛國公以二十五年學佛法，元量有詩紀其事，則元量之歸杭州，當即在此年，淸惠所云一紀者，略言之耳。嚴冬友謂元量事可以不載，余謂元量所述可攻〔攷〕見一代之顚末，不僅爲元量一人也。

82是歲，汴梁路陽武、襄邑、太康、通許、杞、考城、陳留等縣，陳、潁二州，河決凡二十二所，漂蕩麥禾、房舍，委宣慰司督本路差夫修治。

83有小吏誣告漕司劉獻盜倉粟。僧格方事聚斂，衆阿其意，鍛鍊枉服。刑部尙書列斯哩衞（舊作立智理威。）曰：「刑部天下持平，今輦轂之下，漕臣以冤死，何以正四方乎！」即以實聞。以是忤僧格，出爲江東道宣慰使。在官務興學，諸生有俊秀者，拔而用之。爲政嚴明，豪民猾吏縮手不敢犯，然亦無所刑戮而治。

84初，皇孫撫軍於北，詔以托克托呼從，追納顏餘黨于哈喇溫（舊作哈剌溫。）之地，誅叛王烏塔哈，（舊作兀塔海。）盡降其衆。至是諸王額斯爾（舊作也只里。）爲叛王和爾哈斯所攻，遣使告急，復從皇孫移師援之，敗諸呼嚕輝。（舊作兀魯灰。）還至哈喇溫山，夜渡貴烈河，敗叛王哈坦，盡得遼左諸部，置東路萬戶府。帝多其功，以額斯爾女弟妻之。

85先是帝命江西行省蒙古岱召謝枋得，執手相勉勞，枋得曰：「上有堯、舜，下有巢、由。枋得姓名不祥，不敢赴召。」蒙古岱義之，不強也。既而福建行省管如德將旨如江南求人材，尙書留夢炎以枋得薦，枋得遺書夢炎曰：「江南人材，未有如今日之可恥，春秋以下之人物，本不足道，今求一瑕呂飴甥、程嬰、杵臼廝養卒，不可得也。紂之亡也，以八百國之精兵，不敢抗二子之正論，武王、太公凜凜無所容，急以興滅繼絕謝天下，殷之後遂與周並立。使三監、淮夷不叛，武庚必不死，殷命必不黜。夫女眞之待二帝亦慘矣，而我宋今年遣使祈請，明年遣使問安，王倫一市井無賴狎邪小人，謂梓宮可還，太后可歸，終則二事皆符其言。今一王倫且無之，則江南無人材可見也。吾年六十餘矣，所欠一死耳，豈復有他志哉！」終不行。

續資治通鑑卷第一百八十九

賜進士及第兵部尚書兼都察院右都御史總督湖北湖南等處地方軍務兼理糧餉世襲二等輕車都尉畢沅編集

元紀七 起屠維赤奮若（己丑）正月，盡重光單閼（辛卯）三月，凡二年有奇。

世祖聖德神功文武皇帝

至元二十六年（己丑、一二八九）

1 春，正月，丙戌，地震。

2 辛卯，錫布鼎舊作沙不丁，今改。上市舶司歲輸珠四百斤，金三千四百兩，詔貯之以待貧乏者。

3 哈坦舊作合丹，今改。入寇。

4 戊戌，蠲潭、汀二州田租。

5 己亥，開安山渠，引汶水以通運道。先是壽張縣尹韓仲暉，太史院令史邊源，相繼建言，請自東昌路須城縣安山之西南開河置牐，引汶水達舟于御河，以便公私漕販。尙書省遣漕副馬之貞與源等按視地勢，商度工用。于是圖上可開之狀，僧格（舊作桑哥。）以聞，言：「開浚之費，與陸運亦略相當；然渠成乃萬世之利，請以今冬備糧費，來春浚之。」詔出楮幣一百五十萬緡、米四百石、鹽五萬斤，以爲傭直，備器用，徵旁郡丁夫三萬，驛遣斷事官猛蘇爾、（舊作忙速兒，今改。）禮部尙書張孔孫、兵部尙書李處巽等董其役。是日興工，起于須城之安山，止于臨淸之御河，長二百五十餘里，建牐三十有一，度高低，分遠近，以節蓄洩。

6 時繕修尙書省奏役軍士萬人，留守司主之，參議樞密院事吳元珪亟陳其不便，乃止。

7 辛丑，立武衞親軍都指揮使司，以侍衞軍六千、屯田軍三千、江南鎭守軍一千隷焉，以留守段天祐兼都指揮使。凡有興作，必以聞於樞府。

8 壬寅，海船萬戶府言：「山東宣慰使樂實所運江南米，陸負至淮安，易牐者七，然後入海，歲止二十萬石。若由江陰入江至直沽倉，民無陸負之苦，且米石省運估八貫有奇，請罷膠萊海道運糧萬戶府，而以漕事責臣，當歲運三千萬石。」詔許之。

9 癸卯，賊鍾明亮寇贛州，掠寧遠，據秀嶺，詔以江西參政管如德爲左丞，將兵五千往討。

10 畲民丘大老，集衆千人寇長泰縣，福、漳二州兵討平之。

11 二月，辛亥朔，詔集〔籍〕江南戶口，凡北方諸色人寓居者，亦就籍之。

12 濬滄州御河。

13 台州賊楊鎮龍據玉山反，僭稱大興國，僞號安定元年，以其黨厲某爲右丞相，樓蒙才爲左丞相，得良民，刺額爲大興國軍，遂有兵十二萬，以七萬攻東陽、義烏、餘姚、嵊、新昌、天台、永康，浙東大震。宗王昂吉爾岱舊作甕吉〔剌〕帶，今改。時謫婺州，帥師討之。【考異】楊鎮龍反，本紀作三月，今從經〔經〕世大典作二月。

14 癸亥，徙江淮省治杭州，改浙西道宣慰司爲淮東道宣慰司，治揚州。

15 大都路總管府判官蕭儀，嘗爲僧格掾，坐受贓，事覺，帝貸其死，欲徙爲淘金，僧格曰：「儀嘗鉤攷萬億庫，有追錢之能，足贖其死，宜解職杖遣。」帝曲從之。

16 丁卯，帝如上都。僧格言：「去歲陛下幸上都，臣日視內帑諸庫。今歲欲乘小輿以行，人必竊議。」帝曰：「聽人議之，汝乘之可也。」

17 以中書右丞相巴延（舊作伯顏。）知樞密院事，將兵鎮和林。和林統有漠北諸路，置知院自巴延始。

18 以拜特爾舊作答兒伯〔伯答兒〕，今改。爲中書平章政事。

19 三月，庚辰朔，日有食之。

20 僧格言：「近委省臣檢責左右司文簿，凡經監察御史稽照者，遺逸尚多。自今當令御史即省部稽照，書姓名于卷末，苟有遺逸，易於歸罪。仍命侍御史監視，失則連坐。」帝從之，乃笞監察御史四人。是後御史赴省部者，掾史與之抗禮，但令小吏持文簿置案而去，御史徧閱之，而臺綱廢矣。

21 乙未，渾天儀成。

22 夏，四月，戊午，禁江南民挾弓矢，犯者籍爲兵。

23 戊辰，安南國王陳日烜遣使來貢。

24 庚午，沙河決，發兵（民）築隄以障之，

25 癸酉，以高麗國多產銀，遣工即其地，發旁近民治以輸官。

26 甲戌，詔江淮行省參政實都（舊作忻都。）赴闕，以戶部尚書王巨濟專理算江淮錢穀，左丞相蒙古岱（舊作忙兀帶。）總之。巨濟乘勢刻剝，遣使徵徽州民鈔，多輸二千錠，巨濟怒其少，欲更益千錠，總管許楫諂巨濟曰：「公欲百姓死耶，生耶？如欲其死，雖萬錠可徵也。」巨濟怒解，徽州賴以免。

27 置浙東、江東、江西、湖廣、福建木綿提舉司，責民歲輸木綿十萬匹，以都提舉司總之。

28 丁丑，尚書省言：「納顔（舊作乃顔。）已誅，其人戶月給米萬七千餘石，父母妻子俱在北方，恐生他志，請徙置江南，充錫布鼎所請海船水軍。」從之。

29 福建行省參政魏天祐，執宋謝枋得至燕。

初，天祐見時方求才，欲以薦枋得爲功，遣其友趙孟頫誘枋得入城，與之言，坐而不對，且有嫚辭。天祐不能堪，乃曰：「封疆之臣，當死封疆。安仁之敗何不死？」枋得曰：「程嬰、公孫杵臼，二人皆忠于趙，一存孤，一死節，一死于十五年之前，一死于十五年之後。漢亡十四年，龔勝乃餓死。司馬子長云：『死有重于泰山，有輕于鴻毛。』參政豈足知此！」天祐怒，逼之北行。枋得以死自誓，自離嘉興，卽不食，二十餘日不死，乃復食。既渡采石，惟少茹蔬果，積數月，困殆。是月朔日至燕，問太后攢所及瀛國公所在，再拜慟哭。已而疾甚，遷憫忠寺，見壁間曹娥碑，泣曰：「小女子猶爾，吾豈不汝若哉！」留夢炎使醫持藥雜米飲進之，枋得怒，擲之于地，不食五日死。

30 五月，庚辰，濬河西務至通州漕渠。

31 丙申，賊鍾明亮率衆萬八千五百餘人來降。

32 行御史臺復徙于揚州，浙西按察使徙蘇州。

33 以實都爲尚書左丞，何榮祖參知政事，張天祐爲中書參知政事。

34 辛丑，御河溢入安山渠，漂東昌民廬舍。

35 青山苗蠻三十三寨相繼內附。

36 六月，辛亥，安山渠成，凡役工二百五十一萬七百四十有八。河渠官張孔孫等言：「開魏、博之渠，通江、淮之運，古所未有。」詔賜名會通河，置提舉司，職河渠事。【考異】安山渠成，本紀繫於七月，今從河渠志。當是成於六月，而七月乃賜名也。

37 詔以雲南行省地遠，州縣官多闕，六品以下，許本省選辟以聞。

38 丙寅，貢特密實（舊作也的迷失，一作月的迷失。）請以降賊鍾明亮爲循州知州，宋士賢爲梅州判官，丘應祥等十八人爲縣尹、巡尉，帝不許，令明亮、應祥並赴都。

39 甲戌，西南夷中、下爛土等處峒長忽帶等，以峒三百、寨百一十來歸，得戶三千餘。

40 乙亥，立江淮等處財賦總管府，掌所籍宋謝太后資產，隸中宮。

41 濟寧、東平、汴梁、濟南、棣州、順德、平灤、真定霖雨害稼，丁丑，詔免田租十萬五千七百四十九石。

42 秋，七月，戊寅朔，哈都（舊作海都。）兵犯邊，帝親征。

43 辛巳，兩淮屯田雨雹害稼，蠲今年田租。

44 雨壞都城，發兵、民各萬人完之。

45 甲申，四川山齊蠻民四寨內附。

46 丙戌，命百官市馬助邊。

47 敕以圖嚕哈（舊作禿魯花。）及侍衞兵百人爲僧格導從。

48 戊子，太白經天。

49 甲午，御河溢。

50 戊戌，誅信州判〔叛〕賊鮑惠日等三十三人。

51 辛丑，發侍衞親軍萬人赴上都。

52 壬寅，賦百官家製戰袍。

53 癸卯，沙河溢，鐵燈杆隄決。

54 哈都兵至和林，宣慰司奇卜（舊作怯伯，今改。）反，應之，其副劉哈喇巴圖爾（舊作劉合剌八都魯。）乘間脫歸，入見，帝喜曰：「人言汝陷賊，乃能來耶！」命與酒餚。顧謂侍臣曰：「譬諸畜犬，得美食而棄其主，奇卜是也；雖未得食而不忘其主，此人是也。」更其名曰察罕斡托齊。（舊作察罕斡脫赤。）

55 初，托克托呼（舊作土土哈，今改。）從皇孫噶瑪拉（舊作甘麻剌，今改。）征哈都，抵杭愛（舊作杭海，今改。）嶺，賊先據險，諸軍失利，惟托克托呼以其軍直前鏖戰，翼皇孫而出。追騎大至，乃選精銳，設伏以待之，賊不敢逼。至是帝巡幸北邊，召見，慰諭之曰：「昔太祖與其臣同患難者，飲班珠爾河（舊作班朮河，今改。）之水以記功。今日之事，何愧昔人！卿其勉之！」

56 八月，霸州大水，發直沽倉米糶之。

57 辛酉，大都路霖雨害稼，免今年田租。

58 癸酉，以台、婺二州饑，免今歲田租。

59 甲戌，徙浙東道按察司治婺州，河東、山西道按察司治太原，宣慰司治大同。

60 九月，己卯，置高麗國儒學提舉司。

61 丙戌，罷濟州泗、汶漕運使司。

62 丙申，江淮省平章錫布鼎，言提調錢穀，積怨于衆，乞如約蘇穆爾（舊作要束木。）例，發戍兵三百人爲衞，從之。

63 冬，十月，丙辰，禁內外百官受人饋酒食，犯者沒其家貲之半。

64 甲子，饗於太廟。

65 閏月，戊寅，帝至自上都，大宴羣臣，謂托克托呼曰：「朔方人來，聞哈都言，『杭愛之役，使彼邊將皆如托克托呼，吾屬安所置哉！』」論功行賞，帝欲先奇徹（舊作欽察。）之士，托克托呼言：「慶賞之典，蒙古將吏宜先之。」帝曰：「爾毋飾讓，蒙古人誠居汝右，力戰豈在汝右耶！」召諸將頒賞有差。

帝嘗以奇徹人爲民及隸諸王者，皆籍之以隸托克托呼，歲選其材勇以備禁衞。及晉王征哈都，托克托呼最有功，故賞先奇徹之士云。

66尚書省言：「南北鹽均以四百斤爲引，今權豪家多取至七百斤，莫若先貯鹽于席，來則授之爲便。」從之。

67僧格輔政碑成，樹於省前，樓覆其上而丹艧之。

68庚辰，僧格言：「初改至元鈔，欲盡收中統鈔，故令天下鹽課以中統、至元鈔相半輸官，今中統鈔尚未可急斂，宜令賦稅幷輸至元鈔。商販有中統鈔，聽易至元鈔以行，然後中統鈔可盡。」從之。

69頁特密實（舊作月的迷失，今改。）以首賊丘應祥、董賢舉歸于京師。

70僧格言：「國家經費既廣，歲入恆不償所出，以往歲計之，不足者餘百萬錠。臣以爲鹽課每引今直五貫，宜增爲十貫；酒醋稅課，江南宜增額十萬錠；協濟戶十八萬，自入籍至今十三年，止輸半賦，聞其力已完，宜增爲全賦。如此，則國用庶可支，臣等免于罪矣。」帝曰：「如所議行之。」

僧格又以銓調內外官皆由於己，而其宣敕尚由中書，至是以爲言。乙酉，命自今所授宣敕並付尚書省。于是僧格遂以刑爵爲販市，所求無不遂，綱紀大壞，人心駭愕。

71丙戌，西南生番內附。

72 廣東賊鍾明亮復反，以衆萬人寇梅州，江羅等以八千人寇漳州，又韶、雄諸賊二十餘處，皆舉兵應之，聲勢張甚。詔月特密實復與福建、江西省合兵討之，且諭月特密實：「鍾明亮旣降，朕令汝遣之赴闕，而汝玩常不發，至有是變。自今降賊，其卽遣之。」

73 丁亥，安南國王陳日烜遣使來貢。

74 庚寅，江西宣慰使胡頤孫，援錫布鼎例，請至元鈔千鈔〔錠〕爲行泉府司，歲輸珍異物爲息，從之。遂授頤孫行尙書省參政、泉府大卿、行泉府司事。

75 丙申，婺州賊葉萬五以衆萬人寇武義縣，殺千戶一人，江淮省平章布琳吉岱（舊作不鄰吉帶，今改。）將兵討之。

76 遣使鉤攷大同錢穀及區別給糧人戶。

77 庚子，取石泗濱爲磬，以補宮縣之樂。

78 癸卯，浙西宣慰使史弼請討浙東賊，以爲浙東道宣慰使，位哈喇岱（舊作哈剌帶。）上。弼討台州賊，擒斬楊鎭龍及其黨，台州平。

79 甲辰，湖廣省臣言：「近招降贛州賊胡海等，令將其衆屯田自給。今遇耕時，不卹之，恐生變。」命贛州路發米千八百九十石賑之。

80 丙午〔乙巳〕，緬國遣使來貢方物。

81 十一月，丁未，禁江南、北權要之家，毋沮鹽法。

82 壬子，漳州賊陳機察等八千人寇龍巖，執千戶張武義，與楓林賊合，福建行省兵大破之，陳機察、丘大老、張順等以其黨降。行省請斬之以警衆，事下樞密院議，范文虎曰：「賊固當斬，然既降乃殺之，何以示信！宜並遣赴闕。」從之。

83 癸丑，建寧賊黃華弟福，結陸廣、馬勝，復謀亂，事覺，皆論誅。

84 以王惲爲福建閩海道提刑按察使。

惲上言曰：「福建所轄郡縣五十餘，連山距海，實爲邊徼要地。而民情輕詭，自平宋以來，官吏貪殘，故山寇往往嘯聚，愚民因而蟻附，剽掠村落。官兵致討，復蹂踐之，甚非朝廷一視同仁之意也。今雖不能一一擇任守令，而行省官僚，如平章、左丞尙闕，宜特選清望素著，文足以撫綏黎庶，武足以折衝外侮者，使鎭靜之，庶幾治安可期也。」惲黜官吏貪汙者數十人，察繫囚之冤滯者，決而遣之，戒戍兵無得寓民家，別創營屋居之，民得少安。

85 丁巳，改播州爲播南路。

86 十二月，辛巳，詔括天下馬。

哈都犯邊，帝命伊勒嚕（舊作月兒魯。）與李庭議所以爲備，庭請下括馬之令，其品官所乘限數外，悉令入官。凡得馬十一萬匹。

87紹興路總管府判官白絜矩言：「宋趙氏族人散居江南，百姓敬之不衰，久或非便，宜悉徙京師。」擢絜矩爲尙書省舍人，遣詣江南發兼并戶，偕宋宗室至京師。既而江淮行省言：「江南之民，方患增課、料民、括馬之苦，今此舉必致人心搖動，宜且止。」從之。

時僧格專政，法令苛急，天下騷然，南臺侍御史、行御史臺事程文海入朝，上疏曰：「臣聞天子之職，莫大於擇相，宰相之職，莫大于進賢。苟不以進賢爲急而惟以殖貨爲心，非爲上爲德，爲下爲民之意也。昔漢文帝以決獄及錢穀問丞相周勃，勃不能對，陳平進曰：『陛下問決獄，責廷尉，問錢穀，責治粟內史。宰相上理陰陽，下遂萬物之宜，外鎭撫四夷，內親附百姓。』觀其所言，可以知宰相之職矣。今權姦用事，立尙書，鉤校錢穀，以剝割生民爲務，所委任者率皆貪饕邀利之人。江南盜賊竊發，良以此也。臣以爲宜清尙書之政，省行省之權，罷言利之官，行卹民之事，於國爲便。」僧格大怒，欲羈留不遣，復奏請殺之，凡六奏，帝皆不許，仍遣還行臺。

88丁亥，封皇子庫庫春（舊作闊闊出。）爲寧遠王。

89命回回司天臺祭熒惑。

90是歲，詔：「天下梵寺所貯藏經，集僧看誦，仍給所費，俾爲歲例。」

91朝廷以中原民轉徙江南，令有司遣還，蒙古岱（舊作忙兀帶。）言其不可，遂止。

92 湖廣行省左丞劉國傑率兵入肇慶，攻罔太獠于清遠。還，攻蕭太獠于懷集，擒之，復擊走嚴太獠。尋又攻曾太獠于金林，破走之。賊深入保險，國傑鑿山而入，賊衆五千人，掩殺略盡。軍次賀州，士卒冒瘴疫，國傑親撫視之，療以醫藥，多得不死。會國傑亦病，乃移軍道州。廣東盜陳太獠寇道州，國傑討擒之，遂攻拔赤水賊寨。

93 皇孫出鎮懷孟，帝爲選老成練達舊臣護之，乃以屬太子家丞王倚。陛辭，帝目之良久，謂侍臣曰：「倚，修潔人也，左右皇孫，得人矣。」

至元二十七年（庚寅、一二九〇）

1 春，正月，戊申，改大都路總管府爲都總管府。

2 癸丑，敕從臣子弟入國子學。

3 安南國王陳日烜遣使來貢。

4 丁巳，遣使代祀岳瀆、海神、后土。

5 遼陽自納顏之叛，民甚疲敝，戊午，發鈔賑之。

6 哈坦餘寇未平，丙寅，命高麗國發耽羅戍兵千人討之。

7 丁卯，高麗國王王昛言：「臣昔宿衞京師，遭林衍之叛，高麗民居大同者皆籍之，願復付還高麗。」從之。

8 己巳（辛未），無爲路大水，免今年田租。

9 癸酉，立興文署，掌經籍板及江南學田錢穀。

10 哈坦寇遼東海陽。

11 二月，癸未，泉州地震；乙酉（丙戌），又震。時商琥入爲中臺監察御史，上言漢文帝時有此災而無其應，蓋以躬行德化而弭也，因條陳漢文帝時政以進。又言爲政之道在立法、任人二者而已，法不徒立，需人而行，人不濫用，惟賢是擇，因舉天下名士十餘人，帝納其言。

12 己丑，江西羣盜鍾明亮等降，詔徙爲首者至京師，而給其餘黨糧。

13 癸巳，晉陵、無錫二縣霖雨害稼，並免其田租。

14 江西賊華大老、黃大老等掠樂昌諸縣，行樞密院討平之。

15 三月，己未（庚申），立江南營田提舉司，掌僧寺貲產。

16 癸亥，建昌賊丘元等稱「大老」，集衆千餘人掠南豐諸縣，建昌副萬戶擒斬之。

17 甲子，楊鎭龍餘衆剽浙東，總兵官討賊者，多俘掠良民，敕行御史臺分揀之，凡爲民者千六百餘人。

18 庚午，以廣昌縣經鍾明亮之亂，免其田租。

19 辛未，太平縣賊葉大五，集衆百餘寇寧國，擒斬之。
20 夏，四月，癸酉朔，幸上都。
21 丙戌，遣僧濟額森（舊作桑吉剌失。）等詣馬八兒國訪求方技。
22 癸巳，河北十七郡蝗，敕賑之。平山、眞定、棗強三縣旱，靈壽、元氏二縣大雨雹，並免其租。
23 庚子，哈坦復寇海陽。
24 五月，乙巳，哈坦寇開元。
25 初，鍾明亮降，詔縛至闕下，江西行省管如德等留不遣。明亮復叛，率衆寇贛州。戊申，樞密院以如德等違詔縱賊，請詰之，詔可。罷江西行省樞密院。
26 庚戌，陝西南市屯田隕霜殺稼，免其租。
27 戊午，移江西行省于吉州，以便捕盜。
28 尙書省遣人行視雲南銀洞，獲銀四千四十八兩，奏立銀場官。
29 癸亥，徽州績溪賊胡發、饒必成伏誅。
30 丙寅，江西行省言：「吉、贛、湖南、廣東、福建，以禁弓矢，賊益發，請依內郡例，許尉兵持弓矢。」從之。

31 己巳，立雲南行御史臺，起復前漢中道按察使程思廉爲御史中丞。始至，蠻夷酋長來賀，詞若遜而意甚倨。思廉奉宣綏懷之意，且明示禍福，使毋自外，聞者懾服。雲南舊有學校而禮教不興，思廉力振起之，始有從學問禮者。

32 江陰大水，免田租萬七百九十石。

33 庚午，婺州永康、東陽、處州縉雲賊呂重二、楊元六等反，浙東宣慰使史弼擒斬之。

34 泉州、南安賊陳七師反，討平之。

35 六月，壬申朔，河溢太康，免溢沒地租。

36 庚辰，用江淮省平章錫布鼎言，以參政王巨濟鉤攷錢穀有功，賞鈔五百錠。

37 繕寫金字藏經，凡縻金三千二百餘兩。

38 以廣州增城、韶州樂昌遭畬賊之亂，並免其田租。

39 杭州賊唐珍等伏誅。

40 壬辰，泉州大水。

41 丙申，發侍衞兵萬人完都城。

42 丁酉，大司徒薩里曼（舊作撒里蠻。）等進定宗實錄。

43 己亥，棣州厭次、濟陽大風雹害稼，免其租。

44 秋，七月，癸丑，罷緬中行尚書省。

45 江淮省平章錫布鼎以倉庫官盜欺錢糧，請依宋法黥而斷其腕，帝曰：「此回回法也。」不允。

46 戊午，貴州苗蠻三十餘人作亂，入順元城，殺傷官吏，其衆遂盛。湖廣省合兵往討之。

47 建平賊王靜照伏誅。

48 乙丑，蕪湖賊徐汝安、孫惟俊等伏誅。

49 丙寅，雲南闍力白衣甸酋長凡十一甸內附。

50 丁卯，用僧格言，遣慶元路總管毛文豹搜括宋時民間金銀諸物，已而罷之。

51 滄州樂陵旱，免田租三萬餘石。

52 魏縣御河溢害稼，免其租。

53 八月，辛未朔，日有食之。

54 丁亥，以南安、建昌等處嘗罹鍾明亮之亂，悉免其田租。

55 癸巳，地大震，武平尤甚，地陷，黑沙水涌出，壓死按察司官及總管府官王連等，民七千餘人。

56 己亥，帝聞武平地震，慮納顏黨入寇，遣平章政事特穆爾、舊作鐵木兒，今改。樞密院官塔魯呼岱舊作忽帶，今改。引兵五百人往視。

57 九月，癸卯，申嚴漢人田獵之禁。

58 乙巳，禁諸王遣僧建寺擾民。

59 平章政事楝里特穆爾（舊作闍里鐵木兒。）帥師與哈坦戰，大破之。

60 丁未，御河決高唐，沒民田，命有司塞之。

61 武平盜賊乘地震爲剽掠，民愈憂恐。特穆爾以便宜蠲租賦，罷商稅，弛酒禁，斬爲盜者；發鈔八百四十錠，轉海運米萬石以賑之。

62 帝自上都還，駐蹕龍虎臺，遣阿喇根薩里（舊作阿魯渾薩里。）馳還，召集賢、翰林兩院問致災之由。議者畏僧格，但泛引經傳及五行災異之言，以修人事、應天變爲對，莫敢議及時政。先是僧格遣實都、王巨濟等理算天下錢穀，已徵入數百萬，未徵者尚數千萬，害民特甚，民不聊生，自殺者相屬，逃山林者，則發兵捕之。于是集賢直學士趙孟頫爲阿喇根薩里言：「宜請赦天下，盡與蠲除，庶幾天變可弭。」阿喇根薩里素與孟頫善，入奏，具如孟頫言，帝從之。詔草已具，僧格怒，謂必非帝意。孟頫曰：「此錢穀未徵者，其人死亡已盡，何所從取！非及是時除免之，他日言事者，倘以失陷錢穀數千萬歸罪尚書省，豈不爲丞相深累耶？」僧格悟，遂赦天下，民得稍蘇。

63丁卯，命江淮行省鉤攷行教坊司所總南樂工租賦。

64置四巡檢司于宿遷之北，以所罷陸運夫爲兵，護送會通河上供之物，禁發民挽舟。

65僧格貴幸已極，諱言師事丹巴（舊作膽巴，今改。）而背之。丹巴知不見容，力請西歸，尋復召還，謫之潮州。

66冬，十月，壬申，封皇孫噶瑪拉（舊作甘麻剌，今改。）爲梁王，賜金印，出鎮雲南。

67甲戌，立會通、汶、泗河道提舉司。

68丁丑，尚書省言：「江陰、寧國等路大水，民流移者四十餘萬戶。」帝曰：「此亦何待上聞，當速賑之！」

69己丑，新作太廟登歌、宮縣樂。

70以伊〔錫〕寳齊（舊作昔寳赤。）歲取鸕鷀成都擾民，罷之。

71十一月，戊申，江淮行省平章布琳濟岱（舊作不憐吉帶，今改。）言：「福建盜賊已平，惟浙東一道地極邊惡，賊所巢穴。宜以哈喇岱一軍戍沿海明、台，伊拉齊（舊作亦怯烈。）一軍戍溫、處，札呼岱（舊作札忽帶。）一軍戍紹興、婺。其寧國、徽初用土兵，後皆與賊通，宜以高郵、泰兩萬戶漢軍易地而戍。揚州、建康、鎮江三城，跨據大江，人民繁會，宜置七萬戶府；杭州行省諸司府庫所在，置四萬戶府。水戰之法，舊止十所，宜擇瀕海沿江要害二十二所分兵閱習，伺察諸盜。錢塘控扼海口，舊止戰船二十艘，故海賊時出，奪船殺人，宜增置百艘，則盜賊不敢發。」從之。

72 庚戌，罷雲南會川路採碧甸子。

73 壬戌，大司徒薩里曼等進太宗實錄。

74 癸亥，河決祥符義唐灣，太康、通許、陳、潁二州大被其患。

75 甲子，御史臺言：「江南盜起，討賊官利其剽掠，復以生口充贈遺，請給還其家。」帝嘉納之。

76 徙河北、河南道按察司治許州。

77 乙丑，易水溢，雄、霸、任丘、新安田廬漂沒無遺，命有司築隄障之。

78 十二月，辛未，以衞尉院爲太僕寺。【考異】前于二十四年十一月辛丑，已書改衞尉院爲太僕寺，此疑重出。據元史百官志亦無是年改衞尉爲太僕之文。然帝紀並有之，姑仍之。

79 己卯，命樞密院括民間兵器。

80 丙戌，興化路仙游賊朱三十五，集衆寇青山，萬戶李綱討平之。

81 己亥，湖廣省上二年宣課珠九萬五百一十五兩。

82 處州青田賊劉甲乙等，集衆千餘人，寇溫州平陽。

83是歲，江西行省丞相兼知樞密院事蒙古岱，到官四十月卒。蒙古岱先在江、浙，專愎自用，又易置戍兵，平章布琳濟岱言其變更巴延、阿珠（舊作阿朮。）成法。帝每戒飭之。既死，臺臣劾郎中張思立罪狀，而蒙古岱迫死劉宣及其屯田無成事始聞于帝云。

84江西盜起龍泉，湖廣省左丞劉國傑下令往擊之，諸將交諫曰：「此他省盜也。」國傑曰：「縱寇生患，豈可以彼此言耶！」乃選輕兵，棄旗鼓，去纓飾，一日夜趣賊境。賊衆數千逆戰，望見軍容不整，曰：「此鄉丁也。」易之。國傑以數千騎陷陣，衆從之，賊大敗，斬首五百餘級，奪所掠男女，日暮，收兵去。堡中民望見，怪之，莫知其誰。明日又忽至，召堡民，歸其男子，曰：「吾劉二巴圖（舊作劉二拔都。）也。」民皆驚以爲神，因告別盜鍾太獠居南安十八耒。國傑乘霧突入其巢，賊衆驚亂，自相蹂踐。官軍搏之，自旦及午，所擒殺甚衆，還兵桂東。未幾，龍泉盜復寇酃縣，國傑遂還酃。賊退保大井山，乃分軍三道趣之，道險，棄馬而入。時天大雨，賊不爲備，盡掩殺之，還鎮道州。

至元二十八年（辛卯、一二九一）

1春，正月，壬寅，太白、熒惑、鎮星聚于奎。

2帝嘗問趙孟頫以葉李、留夢炎優劣，孟頫對曰：「夢炎，臣之父執，其人厚重，篤于自信，好謀而能斷，有大臣器。葉李所讀之書，臣皆讀之，其所知所能，臣皆知之能之。」帝曰：「汝以夢炎賢于李耶？夢炎在宋爲狀元，位至丞相，當賈似道誤國罔上，夢炎依阿取容。李布衣，乃伏闕上書，是賢于夢炎也。汝以夢炎父友，不敢斥言其非，可賦詩譏之。」孟頫所賦，有「往事已非那可說，且將忠直報皇元」之句，帝歎賞，而孟炎銜之終身。

孟頫退，謂奉御徹爾（舊作徹里，今改。）曰：「上論賈似道誤國，責留夢炎不言。僧格罪甚于似道而我等不言，他日何以辭其責！然我疏遠之臣，言必不聽。侍臣中，讀書知義理，慷慨有大節，又爲上所親信，無踰公者。夫捐一旦之命，爲萬姓除殘賊，仁者之事也，公必勉之！」

會帝畋于桂林，徹爾至帝前，具陳僧格姦貪誤國害民狀，辭語激烈。帝怒，謂其毀詆大臣，命左右批其頰，血湧口鼻，委頓地上。少間，復呼而問之，辨愈力，且曰：「臣與僧格無讐，所以力數其罪而不顧身者，爲國家計耳。苟畏聖怒而不復言，則奸臣何由除，民害何由息！且使陛下有拒諫之名，臣竊懼焉。」頁特巴勒（舊作也里審班。）及額森特穆爾（舊作也先帖木兒。）等亦劾奏僧格專權黷貨。時博果密（舊作不忽木。）出使，三遣人趣召之，至，覲于行殿，帝以問，博果密對曰：「僧格壅蔽聰明，紊亂政事，有言者卽誣以他罪而殺之。今百姓失業，盜賊蠭起，召亂在旦夕，非亟誅之，恐爲陛下憂。」自是言者益衆，帝始決意誅之。

3 甲寅，虎入南城，翰林侍講趙與票，疏言權臣專政之咎，退而家居待罪。

4 辛酉，罷江淮漕運司，併於海船萬戶府，由海道漕運。

5 免江淮貧民至元十二年至二十五年所逋田租二百九十七萬六千餘石，及二十六年未輸田租十三萬石，鈔千一百五十錠，絲五千四百斤，綿一千四百三十斤。

6 罷淘金提舉司。

7 立江東、兩浙都轉運使司。

8 壬戌，尚書省右丞相僧格等罷。

9 二月，辛未，尚書省言：「大同仰食于官者七萬人，歲用米八千〔十〕萬石。遣使覆驗，不當給者萬三千五百人，宜徵還官。」從之。

10 癸酉，以隴西、四川總攝年札克眞珠納斯（舊作輦眞朮納思。）爲諸路釋教都總統。

11 改福建行省爲宣慰司，隸江西行省。

12 詔：「行御史臺勿聽行省節度。」

13 雲南行省言：「敍州烏蒙水路險惡，舟多破溺。宜自葉稍水站出陸，經中慶，又經鹽井上〔土〕老、必撤〔撒〕諸蠻，至敍州慶符，可治爲驛路，凡立五站。」從之。

14 丙子，罷徵理司，從鄂爾根薩里言也。詔下之日，百姓相慶。

15以僧格黨與，罷揚州路達嚕噶齊（舊作達魯花赤。）索羅呼斯。（舊作唆羅兀斯。）

16丁丑，以太子右詹事鄂勒哲（舊作完澤，今改。）爲尚書右丞相，翰林學士承旨博果密平章政事。

帝欲相博果密，謂之曰：「朕過聽僧格，致天下不安，今雖悔之已無及。朕識卿幼時，使從學，正欲備今日之用。」博果密曰：「朝廷勳舊齒爵居臣右者尚多，今不次用臣，無以服衆。」帝曰：「然則孰可？」曰：「太子詹事鄂勒哲可。嚮者籍阿哈瑪特（舊作阿合馬。）家，其賂遺近臣，皆有簿籍，唯無鄂勒哲名；又嘗言僧格爲相，必敗國事，今果如其言；是以知其可也。」

帝以僧格蠹政恐未盡去，召江淮參政燕公楠赴闕。公楠極陳其害，請更張以固國本，帝悅，問孰可以爲首相，對曰：「天下人望所屬，莫若安圖。」（舊作安童。）問其次，曰：「鄂勒哲可。」

先是賀勝父仁傑，留守上都，不肯爲僧格下，僧格欲陰中之，累數十奏，帝皆不聽。僧格敗，帝問勝：「孰可相者？」對曰：「天下公論皆屬鄂勒哲。」

帝命元教宗師張留孫筮之，得同人之豫，留孫進曰：「同人，柔得位而進乎乾，君臣之合也；豫，利建侯，命相之事也；何吉如之！願陛下勿疑。」及拜鄂勒哲，天下果以爲得賢相。

帝命勝參知政事。

17 壬午，帝諭御史大夫伊囉勒（舊作月兒魯，今改。〔校者按：卽玉昔帖木兒。〕）曰：「屢聞僧格沮抑臺綱，杜言者之口，又嘗捶撻御史，其所罪者何罪，當與辨之。」僧格等持御史李渠等已刷文卷至，令侍御史杜思敬等勘驗，辨論往復數四，僧格等辭屈。

明日，帝如上都，駐蹕土口，復召御史臺暨中書、尙書兩省官辨論。尙書省執卷上言：「前浙西按察使勒濟（舊作只必。）因監燒鈔，受贓至千錠，嘗檄臺徵之，二年不報。」思敬曰：「文之次第盡在卷中，令尙書省拆卷持對，其弊可見。」及抱卷至，思敬曰：「用硃印以封紙縫者，防欺弊也。若輩爲宰相，乃拆卷破印與人辨，是敎吏爲奸，當治其罪。」帝是之，責御史臺曰：「僧格爲惡始終四年，其奸贓暴著非一，汝臺臣難云不知；知而不劾，自當何罪？」思敬等對曰：「奪官追俸，惟上所裁。」數日不決，伊囉勒奏臺臣久任者當斥罷，新者存之，帝曰：「然。」

18 癸未，帝如上都。

19 甲申，命江淮行省鉤考錫布鼎所總膽事院江南錢穀。

20 乙酉，立江淮、湖廣、江西、四川行樞密院：江淮治廣德軍，湖廣治岳州，江西治汀州，四川治嘉定。

21 丙戌，詔：「改提刑按察司爲肅政廉訪司，每道仍設官八員，除二使留司以總制一道，餘六人分臨所部。如民事、錢穀、官吏奸弊，一切委之。俟歲終，省、臺遣官攷其功效。」

22 初，何榮祖爲參知政事，僧格急于理算錢穀，人受其害，榮祖數請罷之，帝不從，屢懇請不已，乃稍緩之。而畿內民苦尤甚，榮祖每以爲言，同僚曰：「上既爲免諸路，惟未及京畿，可少止，勿言也。」榮祖執愈堅，至于忤旨不少屈，竟不署其牘。未踰月而害民之弊皆聞，帝乃思榮祖言，召問所宜。榮祖請于歲終立局攷校，人以爲便，立爲常式，詔賜鈔萬一千貫。榮祖條中外百官規程，欲矯時弊，僧格抑不爲通。榮祖既與之異議，乃以病告，特授集賢大學士，至是起爲右丞。

23 詔江淮行省遣蒙古軍五百、漢兵千人從皇子鎮南王鎮揚州。

24 敕河間都轉運使張庸，仍遣官鉤攷其事。

25 丁亥，營建宮城南面周廬，以居宿衞之士。

26 詔逮湖廣省平章約蘇穆爾詣京師，戊子，籍其家貲，金凡四千兩。

約蘇穆爾，僧格之妻黨也，鉤攷日急，恣爲不法，永州判官烏克遜澤舊作烏古孫澤，今改。歎曰：「民不堪命矣！」即自上計行省。約蘇穆爾怒曰：「郡國錢糧，無不增羨，永州何獨不然？此直孫府判倚其才辨慢我，亟拘繫之！」欲置之死，至是始得釋。

27辛卯，封諸王特穆爾布哈（舊作鐵木兒不花。）爲肅遠王。

28壬辰，雨壞太廟第一室，奉遷神主別殿。

29癸巳，命撒爾率衞士三百人籍僧格家，得珍寶如內藏之半。鄂爾根薩里以連坐，亦籍其資，帝問之曰：「僧格爲政如此，何故無一言？」對曰：「臣未嘗不言，顧言不用耳。」

時尙書省臣多以罪罷，帝欲使趙孟頫與聞中書政事，孟頫固辭。帝令出入宮門無禁，每見，必從容語及治道，多所裨益。孟頫自念久在帝側，必爲人所忌，力請補外，出同知濟南路總管府事。

30丁酉，詔加岳瀆四海封號，各遣官致告。

31二〔三〕月，己亥朔，僧格妻弟巴濟扣（舊作八吉由。）爲燕南宣慰使，以受賂積贓伏誅。

32仆僧格輔政碑。

33提點太醫院事許扆，與丞相安圖善，國政多所贊益，僧格忌之，數譖于帝，帝不之信。僧格敗，繫于左掖門，帝命扆往唾其面，辭不可。帝稱其仁厚，賜以白玉帶，且諭之曰：「以汝明潔無瑕，有類此玉，故以賜汝。」扆，集賢大學士國楨子也，賜名和爾果斯。舊作火魯火孫，今改。

34乙卯，納顏所屬伊烏納爾（舊作牙兒。）等同女直兵五百人追殺內附民千餘人，遣塔哈（舊作塔海。）率衆平之。

35辛酉，發侍衞兵，營紫檀殿。

36壬戌，以甘肅行省右丞崔彧爲中書右丞。

37杭州、平章（江）等五路饑，發粟賑之，仍弛湖泊捕魚之禁。溧陽、太平、徽州、廣德、鎮江五路亦饑，賑之如杭州等路。武平路饑，百姓困于盜賊、軍旅，免其去年田租，凡州郡田嘗被災者，悉免其租，不被災者免十之五。

38江淮豪家多行賂權貴，爲府縣卒吏（史），以庇門戶，遇有差賦，惟及貧民，詔江淮行省嚴禁之。

續資治通鑑卷第一百九十

賜進士及第兵部尚書兼都察院右都御史總督湖北湖南等處地方軍務兼理糧餉世襲二等輕車都尉畢沅編集

元紀八 起重光單閼（辛卯）四月，盡玄黓執徐（壬辰）十二月，凡一年有奇。

世祖聖德神功文武皇帝

至元二十八年（辛卯、一二九一）

1 夏，四月，乙未，徙湖廣行樞密院治鄂州。

2 五月，戊戌，逮嘉木揚喇勒智舊作楊璉眞伽，今改。下獄。

初，嘉木揚喇勒智重賂僧格，舊作桑哥，今改。發宋陵墓，戕虐人命，私庇平民不輸賦者二萬三千戶，田土稱是，受美女寶物之獻，藏匿未露者尤多。至是坐侵盜官物，治之，籍其妻孥田畝。【考異】輟耕錄載羅氏唐義士傳云：禍淫不爽，流傳京師，上達四聰，天怒赫赫，飛風雷號令，捽首禍者北焉。首禍，謂嘉木揚喇勒智也。按僧格既敗，始捕其黨下獄，坐侵盜官物，非以發陵故也。

3 徙江淮行省樞密院治建康。

4 甲辰，中書省臣敏珠爾卜丹、舊作麥朮丁，今改。崔彧言：「僧格當國四年，中外諸官，鮮有不以賄而得者，其昆弟、故舊、妻族，皆授要官美地，唯以欺蔽九重、朘削百姓爲事。宜令兩省嚴加考覈，凡入其黨者，汰逐之。其出使之臣及按察司官受賕者，論如律，仍追宣敕，除名爲民。」又言：「僧格所設衙門，其閑冗不急之官，徒費祿食，宜令百司集議汰罷。自今調官宜如舊制，避其籍貫，庶不害公。又，大都高貲戶，多爲僧格等所容庇，凡百徭役，止令貧民當之，今後徭役宜皆均輸，有敢以賄求人容庇者罪之。又，軍站諸戶，每歲官吏非名取索，賦稅倍蓰，民多流移，請非奉旨及省部文字，敢私斂民及役軍匠，論如法。又，呼都呼那顏（舊作忽都忽那顏。）籍戶之後，各投下毋擅招集，太宗既行之。江南民爲籍已定，請依太宗所行爲是。」帝皆從之。

5 約蘇穆爾舊作要束木，今改。在湖廣時，正月朔日，百官會行省，朝服以俟，約蘇穆爾召至其家受賀畢，方詣省（望）闕賀如常儀。又陰召卜者，有不軌言。及是逮至京師，中書列其罪以聞，凡數十事，帝命械至湖廣戮之。

6 辛亥，詔以僧格罪惡，下獄按問。

7 以太原、杭州饑，免今歲田租。

8 劉因既去，復以集賢學士徵，因以疾辭，且上書宰相，乞曲爲保全。帝聞之曰：「古有所謂不召之臣，其斯人之徒與！」遂不强致之。

9 罷江南六提舉司歲輸木綿。

10 鞏昌舊惟總帥府，僧格特升爲宣慰司，以其弟達瑪喇塔斯（舊作答麻剌答思。）爲使，僧格敗，懼誅，自殺。敕復爲總帥府。

11 減中外冗官三十七員。

12 宮城中建蒲萄酒室及女工室。

13 癸丑，罷尚書省，右丞相鄂勒哲（舊作完澤，今改。以下，並改入中書。

14 增置戶部司計，工部司程，秩正七品。

15 乙卯，以政事悉委中書，仍布告中外。

16 丁巳，建白塔二，各高一丈一尺，以居咒師。

17 元初未有法守，百司斷理獄訟，循用金律，頗傷嚴刻。右丞何榮祖世業吏，而榮祖尤所通習，始以公規、治民、禦盜、理財等十事輯爲一書，名曰至元新格，至是奏頒行之。

18 僧格嘗以劉秉忠無子，收其田土。其妻竇氏，言秉忠嘗鞠從子蘭章爲嗣，敕以地百頃還之。

19 己未，以們達瞻（舊作門答占。）復爲御史大夫，行御史臺事。

20 高麗國王王賰，乞以其子謜爲世子。詔立謜爲高麗王世子，授特進、上柱國，賜銀印。

21 六月，丁丑朔，禁蒙古人往回回地爲商賈者。

22 乙酉，益江淮行院兵二萬，擊郴州、桂陽、寶慶、武岡四路盜賊。

23 （丙戌），宣諭江淮民，恃嘉木揚喇勒智力不輸租者，依例徵輸。

24 秋，七月，丙申朔，雲南省參政齊喇舊作怯刺，今改。言：「建都地多產金，可置冶，令旁近民鍊之以輸官。」從之。

25 庚子，徙江西行樞密院治贛州。

26 葉李與僧格同事，莫能有所匡正，僧格敗，事頗連及同列。久之，李獨以疾得請南還。戊申，揚州路（儒）學正李淦上書言：

「葉李本一黥徒，受皇帝簡知，千載一遇，而（纔近天光），即以舉僧格爲第一事。禁近侍言事，以非罪殺參政郭佑、楊居寬，迫御史中丞劉宣自裁，錮治書侍御史陳天祥，罷御史大夫們達瞻，侍御史程文海，杖監察御史，變鈔法，拘學糧，徵軍官俸，減兵士糧，立行司農司、木綿提舉司，增鹽酒醋稅課，官民皆受其禍。尤可痛者，約蘇穆爾禍湖廣，錫布鼎舊作沙不丁，今改。禍江淮，滅貴里禍福建，又大鉤攷錢糧，民怨而盜發，天怒而地震，水災洊至。人皆知僧格用羣小之罪，而不知葉李舉僧格之罪，宜斬李以謝天下。」

書聞，帝矍然曰：「葉李介廉（廉介）剛直，朕所素知，寧有是耶？」有旨，驛召詮詣京師。

27 中書右丞崔彧遷御史中丞，言：「太醫院使劉岳臣，嘗仕宋，練達政事，請以爲翰林學士，俾議朝政。」又言：「行御史臺言，建寧路總管馬謀，因捕盜延及平民，搒掠多至死者；又俘取人財，迫通處女，受民財積百五十錠。獄未具，會赦。馬謀以非罪殺人，不在原例，宜令行臺詰問定罪。」又言：「昔行臺監察御史周祚，劾尚書省官蒙古岱、舊作忙兀台（帶），今改。嘉琿迪、舊作教化的，今改。納蘇喇鼎默埒舊作納速剌丁滅里，今改。姦贓，納蘇喇鼎默埒反誣祚以罪，遣人告僧格，僧格曖昧以聞，流祚于北地，妻子家財並沒入官。祚至和林，遇亂走還京師，僧格又遣詣雲南理算錢穀以贖其罪。今自雲南回，臣與省臣閱其伏詞，爲罪甚微，宜復其妻子。」帝皆從之。

28 敕：「江南重囚，依舊制奏聞處決。」

29 庚戌，湖廣行省平章政事史格卒。

格在湖廣，與約蘇穆爾共事最久。約蘇穆爾恃有奥援，怒詈同列，辨詐鷙刻，勢張甚，以格受帝知，不以言色侵之。格數有匡正，雖不能盡行，然寬免者甚衆。約蘇穆爾敗而格已卒，湖廣人追念之。

30 丁巳，僧格伏誅。

臨刑，吏猶以鄂爾根薩里（舊作阿魯渾薩里。）爲問，僧格曰：「我惟不用其言，故致於敗，彼何與焉！」帝益信其無罪，詔還所籍財產，仍遣張九思賜以金帛，辭不受。

31 初，哈都（舊作海都。）作亂，其民來歸者七十餘萬，散居雲、朔間，僧格議徙之內地就食。尙書左丞馬紹持不可，僧格怒曰：「馬左丞愛惜漢人，欲令餓死此輩耶？」紹徐曰：「南土地燠，北人居之，慮生疾疫。若恐餓死，曷若計口給羊馬之資，俾還本土，則未歸者孰不欣慕！言有異同，丞相何以怒爲！宜取聖裁。」乃如紹言以聞，帝曰：「馬秀才所言是也。」

僧格集諸路總管三十人，導之入見，欲以趣辦財賦之多寡爲殿最，帝曰：「財賦辦集，非民力困竭必不能。然朕之府庫，豈少此哉！」僧格議增鹽課，紹力爭山東課不可增；又議增賦，紹曰：「苟不節浮費，雖重斂數倍，亦不足也。」事遂寢。

都城種苜蓿地分給居民，權勢因取爲己有，以一區授紹，紹獨不取，僧格欲奏請賜紹，紹辭曰：「紹以非才居政府，恆憂不能塞責，詎敢邀非分之福以速罪戾！」

僧格敗，迹其所嘗行賂者，索籍閱之，獨無紹名，帝曰：「馬左丞忠潔可尙，其復舊職。」改中書左丞。

32 募民耕江南曠土，戶不過五頃，官授之券，俾爲永業，三年徵租。

33 遣翰薩（舊作憨散。）總兵討平江南盜賊。

34 己未，罷淘金提舉司。江淮人匠提舉司凡五，以其事並隸有司。

35 雨壞都城，發兵二萬人築之。

36 八月，乙丑朔，平陽地震，壞民廬舍萬餘。

37 己巳，置中書省檢校二員，考覈戶、工部文案疏緩者。

38 乙酉，庥蘇呼阿薩爾（舊作庥速忽阿散爾。）乘傳詣雲南捕黑虎。

39 戊子，以婺州水，免田租。

40 九月，辛丑，命平章政事敏珠爾卜丹商議中書省事，以咱希魯鼎舊作咱喜魯丁，今改。爲平章政事。

41 乙巳，景州、河間等縣霖雨害稼，免田租五萬六千餘石。

42 丙午，立行宣政院，治杭州。

43 辛亥，安南國王陳日烜，遣使上表貢方物，且謝不朝之罪。

44 壬子，遣使詔諭瑠求。

瑠求在閩海之東，地小而險，漢、唐以來不通中國，海船副萬戶楊祥請以兵往伐之。既而閩人吳誌斗，自言熟知海道，先招諭之，不從然後用兵未晚，乃以祥充宣撫使，阮鑑兵部員外郎，誌斗禮部員外郎，往招諭之。明年，祥等不得達而還，誌斗卒於行。初，誌斗嘗斥祥誕妄要功，人疑爲祥所殺，詔福建行省按問，會赦，不竟其事。

45 戊午，徙四川行樞密院治成都。

46 辛酉，免大都今歲田租；保定、河間、平灤三路大水，被災者全免，收成者半之。

47 命尙衣局織無縫衣。

48 冬，十月，己巳，修太廟在眞定傾壞者。

49 壬申，以前緬中行省平章舒蘇德濟舊作雪雪的斤，今改。爲中書平章政事。

50 （癸酉），江淮行省言鹽課不足，由私鬻者多，請付兵五千巡捕，從之。

51 塔喇海、（舊作塔剌海。）張呼遜（舊作張忽辛。）等，並坐理算錢穀受贓論誅。

52 癸未，高麗國饑，給米二十萬斛。

53 罷各處行樞密院事入行省。

行院既置，分兵民爲二，奸人植黨自蔽。湖廣省平章哈喇哈斯（舊作哈剌哈孫。）入覲，極陳其不便，帝爲罷之。因問曰：「風憲之職，人多言其撓吏治，信乎？」對曰：「朝廷設此以糾奸慝，貪吏疾之，妄爲謗耳。」帝然其言。

54 己丑，敕沒入嘉木揚喇勒智、錫布鼎、烏訥爾（舊作烏馬兒。）妻，並遣詣京師。

55 癸巳，以武平路總管張立道爲禮部尙書，使安南。帝怒安南不已，欲再伐之，適陳日烜死，子日燇襲位，博果密（舊作不忽木。）曰：「彼山海小夷，以天威臨之，寧不震懼！獸窮則噬，勢使之然。今若遣使諭之，彼宜無不奉命。」帝從之，以立道嘗使安南有功，復使往，徵其王入朝。

56 免衞輝種仙茅戶徭役。

57 從遼陽行省言，以納顏（舊作乃顏。）、哈坦（舊作哈丹。）相繼叛，給蒙古人內附者及開元、南京、碩達勒達（舊作水達達。）等三萬人牛畜田器。

58 詔嚴益都、般陽、泰安、寧海、東平、濟寧畋獵之禁，犯者沒其家貲之半。

59 十一月，壬寅，詔：「回回以答納珠充獻及求售者還之，留其值以濟貧者。」

60 朱清、張瑄請併四府爲都漕運萬戶府二，詔卽以清、瑄二人掌其事；其屬有千戶、百戶等官，分爲各翼，以督歲運。罷海道運糧鎭撫司。

61 乙卯，監察御史言：「錫布鼎、納蘇喇鼎默埒、烏納爾、王巨濟、嘉木揚喇勒智、錫迪（舊作沙的。）、嘉琿迪，皆僧格黨與，受贓肆虐，使江淮之民愁怨載路，今或繫獄，或釋之，臣下所未能喩。」帝曰：「僧格已誅，納蘇（喇）鼎默埒在獄，唯錫布鼎朕姑釋之耳。」

62 諭中書議增中外官吏俸。

63 十二月，乙丑，復都水監。

時有言灤河自永平挽舟踰山而上可至開平，有言盧溝自麻峪可至尋麻林，朝廷遣河渠司副使郭守敬相視，灤河既不可行，盧溝舟亦不通。守敬因陳水利十有一事：其一，「大都運糧河，不用一畝泉舊源，別引北山白浮泉，水自昌平西折而南，經甕山泊，自西水門入城，環匯於積水潭，復東折而南，出南水門，合入舊運糧河，每十里置一牐，比至通州，凡爲牐七。距牐里許，上重置斗門，互爲提閼，以過舟止水。」帝覽奏喜曰：「當速行之。」於是復置都水監，俾守敬領之，以來春興役。帝命丞相以下皆親備鍤倡工，待守敬指授而後行事。

64 丁卯，以大都饑，下其價，糶米賑之。

65 己巳，宣政院言宋全太后、瀛國公母子已爲僧、尼，有地三百六十頃，乞如例免徵其租，從之。

66 辛未，御史臺言：「鉤攷錢穀，自中統初至今，踰三十年，更阿哈瑪特、（舊作阿合馬。）僧格當國，設法已極，而其餘黨公取賄賂，民不堪命，不如罷之。」詔擬議以聞。

67 壬申，立河南江北行中書（省），治汴梁。

68 中書省言：「江南在宋時，其徭役之名七十有餘，歸附後一切未徵。今諸王歲賜、官吏俸祿多不給，宜令江南依宋時諸名徵賦盡輸之。」何榮祖言宜召各省官任錢穀者詣京師，集議科取之法以聞，從之。

69甲戌，罷鉤攷錢穀。「應昔年逋欠錢穀文卷，聚置一室，非朕命而視之者有罪。」仍布告中外。」

70庚辰，江北州郡割隸河南江北行中書省，改江淮行省爲江浙等處行中書省，治杭州。

71丙戌，八番洞官吳金叔等以所部二百五十寨內附，詣闕貢方物。

72戊子，詔釋天下囚非殺人抵罪者。

73辛卯，濬運糧河，築隄防。

74是歲，宣政院上天下寺宇四萬二千三百一十八區，僧尼二十一萬三千一百四十八人。

75遼陽饑，翰林學士承旨唐仁祖，奉詔偕近侍蘇格、舊作速哥，今改。左丞實都舊作忻都，今改。往賑。實都欲如戶籍口數大小給之，仁祖曰：「不可，昔籍之小口，今已大矣，可均以大口給之。」實都曰：「若要善名而陷我於惡耶？」仁祖笑曰：「吾二人善惡，衆已的知，豈至是而始要名哉！我知爲國卹民而已。」卒以大口給之。

至元二十九年（壬辰、一二九二）

1春，正月，甲午朔，日食。有物漸侵入其中，不能旣，日體如金環然，左右有珥。免朝賀。

2戊戌，以青州饑，就陵州發粟賑之。

3庚子，江西行省左丞高興言：「江西、福建汀、漳諸處，連年盜起，百姓入山以避，今次第就平，宜降旨招諭復業。又，福建鹽課、酒稅、銀、鐵各立提舉司，實爲冗濫，請罷去。」詔皆從之。

4 禁商賈私以金銀航海。

5 甲辰，詔：「江南州縣學田，其歲入聽其自掌，春秋釋奠外，以廩師生及士之無告者。貢士莊田，則令覈數入官。」

6 丙午，河南、福建行省上言，請詔用漢語，詔以蒙古語諭河南，漢語諭福建。

7 癸丑，江西行省巴延、舊作伯顏，今改。阿喇卜丹舊作阿老瓦丁，今改。言：「蒙山課歲銀二萬五千兩，初制，鍊銀一兩免役夫田科五斗，今民力日困，每兩擬免一石。」帝曰：「重困吾民，民何以生！」從之。

8 二月，己巳，申禁鞭背國法，不用徒流黥紋之刑，惟杖臀，自十七分等加至百單七而止。然斬剮之刑，則又往往濫用之，至其酷也，或生剝人皮；又有三段剗殺法，未之除也。

9 庚午，鄂羅斯（舊作斡羅思。）招附桑州生苗、羅甸國古州等峒酋長三十一，所部民十二〔一〕萬九千餘戶，詣闕貢獻。

10 壬申，遣使分行諸路，釋死罪以下輕囚。

11 乙亥，以泉府太卿伊克穆蘇、舊作亦里迷失，今改。鄧州舊軍萬戶史弼、福建行省左丞高興並爲福建行省平章政事，將兵征爪哇，用海船大小五百艘、軍士二萬人。

12 戊寅，詔加高麗王王昛太保，仍錫功臣之號。

13 庚辰，御史大夫伊實特穆爾、（舊作玉昔帖木兒。）中丞崔彧等言：「納蘇喇鼎默埒、實都、王巨濟，黨比僧格，恣爲不法，楮幣、銓選、鹽課、酒稅，無不更張變亂。銜命江南理算者，皆嚴急輸期，民至嫁妻賣女，禍及親鄰。維揚、錢塘，受害最慘，無故而隕生者五百餘人。其初猶疑事出國家，近按問首實，乃知皆僧格及其凶黨之爲，莫不願食其肉。此三人既已伏辜，宜依條論坐以謝天下。」從之。

又言：「河西人錫棟罕，（舊作薛闍干。）領兵爲宣慰，其吏詣廉訪司告其三十六事，檄僉事簿問事，而錫棟罕率軍人禽問者辱之，且奪告者以去。臣議從行臺選御史往按問錫棟罕，仍先奪其職。」又言：「行臺官言，去歲僧格既敗，使臣至自上所者，或不持璽書，口傳聖旨，縱釋有罪，擅籍人家，眞僞莫辨。自今凡使臣必降璽書，省、臺、院、諸司必給印信文書，以杜奸欺。」帝曰：「何人乃敢爾耶？」對曰：「耀勒特圖、（舊作咬剌也努，今改。）巴延徹爾（舊作伯顏察兒，今改。）比嘗傳旨縱罪人。」帝悉可其奏。

又言馮子振、劉道元指陳僧格同列罪惡，詔省臺臣及董文用、留夢炎等議。其一，言：「翰林諸臣撰僧格輔政碑者，廉訪使閻復近已免官，餘請聖裁。」帝曰：「死者勿論，其存者罰不可恕也。」

14戊子，禁杭州放鷹。

15是月，葉李南還，至臨清，帝遣使召之，俾爲平章政事。李上表力辭，未幾卒，而李淦至，詔除淦江陰路教授以旌直言，從中丞崔彧請也。【考異】癸辛雜識云：葉亦愚爲李性學所窘，飲憾而死。本傳不載，今闕之。

李前後被賜之物甚多，而自奉甚儉，嘗戒其子曰：「吾世業儒，甘貧約，惟以忠義結主知，汝曹其淸愼自持，勿增吾過。」指所賜物曰：「此終當還官也。」比卒，悉表送官，一毫不以自私。

16中丞崔彧言：「鄂州一道，舊有按察司，約蘇穆爾惡其害己，令僧格奏罷之。臣觀鄂州等九州隸南京，而行臺移治建康，其淮東廉訪使舊治淮安，今宜移治揚州。」又言：「諸官吏受賕，在朝則詣御史臺首告，在外則詣按察司首告，已有成憲。自僧格持國，受賕者不赴臺憲司而詣諸司首，故爾反覆牽延，事久不竟。臣謂宜如前制，惟於本臺、行臺及諸道廉訪司首告，諸司無得輒受。又，監察御史塔迪實，（舊作塔的失。）言女直人嘉琿迪去歲東征，妄言以米千石餉棟爾特穆爾（舊作闊里鐵木兒。）軍萬人，奏支鈔四百錠，宜令本處廉訪司究問，與行省追償議罪。」皆從之。

已而中書省請以彧爲右丞。帝曰：「崔彧惟可使任言責。」不允。

17 三月，壬寅，御史大夫伊囉勒（舊作月兒魯，卽玉昔帖木兒。）等言：「比監察御史商琥，舉昔任詞垣風憲、時望所屬而在外者，如胡祗遹、姚燧、王惲、雷膺、陳天祥、楊恭懿、高道、程文海、陳儼、趙居信十人，宜召置翰林備顧問。」帝曰：「朕未深知，俟召至以聞。」

18 丁未，誅僧格黨默埒、實都、王巨濟。

初，帝以實都長於理財，欲釋之。博果密力爭，不可，一日中凡七奏，卒并誅之。

19 己酉，中書省右丞何榮祖、平章政事敏珠爾卜丹並罷，以大司農特爾格、（舊作鐵哥，今改。）翰林學士承旨琳沁（舊作剌眞，今改。）並爲平章政事，兼領舊職。

敏珠爾卜丹嘗請復立尚書省，博果密曰：「阿哈瑪特、僧格相繼誤國，身誅家滅，前鑑未遠，柰何又欲效之！」事遂寢。至是榮祖以疾，敏珠爾卜丹以久居其任，令免署，惟食其祿，與議中書省事。

特爾格初爲司農寺達嚕噶齊，（舊作達魯花赤。）從獵巴雅爾（舊作百查兒，今改。）之地，獵者射兔，誤中駱駝，帝怒，命誅之，特爾格曰：「殺人償畜，刑太重。」帝曰：「誤耶？史官必書，亟釋之！」庚人有盜秔，罪應死，特爾格曰：「臣鞫之，其人母病，盜以養母耳，請貸其死。」至是進平章，以病足，聽肩輿上殿。

20 以阿爾（舊作阿里。）爲中書右丞，梁德珪【考異】元史紀、表作「梁溫都爾」，傳作「梁德珪」，蓋二名，今從傳。舊作暗都剌，今改。爲參知政事。

21 庚戌，帝如上都。

22 壬子，敕都水監分視黃河隄堰。罷河渡司。

23 壬戌，給還嘉木揚喇勒智土田、人口之隸僧坊者。時省臺諸臣乞正典刑以謝天下，而帝猶貸之死，給還其所籍。

24 夏，四月，（丙子），弛甘肅、太原酒禁，仍榷其酤。

25 辛卯，設雲南諸路學校，其教官以蜀士充。

26 五月，丁未，中書省臣言：「佞人馮子振，嘗爲詩譽僧格，及僧格敗，即告詞臣撰碑引喻失當，國史編修陳孚發其姦狀，乞免所坐遣還家。」帝曰：「詞臣何罪！使以譽僧格爲罪，則在廷諸臣，誰不譽之！朕亦嘗譽之矣。」

27 詔以郭佑、楊居寬死非其罪，給還其家貲。

28 六月，戊辰，詔聽僧食鹽不輸課。

29 壬申，江西省言：「肇慶、德慶二路，封、連二州，宋時隸廣東；今隸廣西，不便，請復隸廣東。」從之。

30 癸未，以征爪哇，暫禁兩浙、廣東、福建商賈航海者；俟舟師發後從其便。

31 湖州、平江、嘉興、鎭江、揚州、寧國、太平七路大水，丁亥，詔免田租一百二十五萬七千八百餘石。

32 閏月，（壬寅），罷福建歲造象牙（校者按：牙字衍。）齒鞶帶。

33 庚戌，回回人呼布穆斯（舊作忽不木思。）售大珠，帝卻之。

34 知上思州黃勝許，恃其險遠，與交趾爲表裏，聚衆二萬據忠州，辛亥，詔遣湖廣省左丞劉國傑討之。賊衆勁悍，出入巖洞篁竹中如飛鳥，發毒矢，中人無愈者。國傑身率士奮戰，賊不能敵，走象山。山近交趾，皆深林，不可入，乃度其出入，列柵圍之，徐伐山通道，且戰且進。

35 甲寅，右江岑從毅降。從毅老疾，詔以其子斗榮襲佩虎符，爲鎭南路軍民總管。

36 廣東西路安撫副使諤圖鼎（舊作賽甫丁。）等誹謗朝政，錫布鼎復資給之，以風聞三十餘事，妄告省官，帝以有傷政體，捕惡黨下吏如法。

37 是月，詔廉訪司巡行，勸課農桑。

38 禮部尚書張立道使至安南，謂其王陳日燇曰：「昔鎭南王不用嚮道，率衆深入，不戰自潰，天子亦既知之。汝所恃者，山海之險，瘴癘之惡，而雲南、嶺南之人，與汝習俗同而技力等，今發而用之，繼以北方之勁卒，汝能復抗哉？且前年之師，殊非上意，邊將譊汝耳。汝曾不悟，稱兵抗拒，逐我使人，今禍且至矣。」日燇泣謝，出奇寶爲賄，立道卻之。因要其入朝，日燇曰：「貪生畏死，人之常情，誠有詔貸以不死，臣將何辭！」乃先遣其臣阮代之、何維巖隨立道上表謝罪，修歲貢之禮如初，且言所以願朝之意。時有忌立道之功者，言必先朝而後可赦，日燇懼，卒不至。

39 秋，七月，庚申朔，詔以史弼代伊克穆蘇、高興，將萬人征爪哇，仍召三人者至闕。

40 辛酉，河北河南道廉訪司還治汴梁。

41 壬申，建社稷和義門內，壇各方五丈（高五尺），白石爲主，飾以五方色土。壇南植松一株，北墉瘞坎壝垣，悉倣古制，別爲齋廬，門廡三十三楹。

42 戊寅，黎兵百戶鄧志愿謀叛，伏誅。

43 八月，己丑朔，譖圖鼎以罪死，餘黨杖而徒〔徙〕之，仍籍其家。

44 甲辰，帝至自上都。

45 丙午，浚通州至大都漕河。

46 丁未，伊克穆蘇請與高興等同征爪哇，帝曰：「伊克穆蘇惟熟海道，海中事當付之，其兵事則委史弼可也。」乃以弼爲福建行省平章政事，統領出征軍馬。

47 庚戌，高苑人高希允，以非所宜言伏誅。
48 壬子，詔達春、(舊作塔里赤。)程鵬飛討黄勝許，劉國傑駐馬軍戍守。
49 戊午，福建行省參政魏天祐獻計，發民一萬，鑿山鍊銀，歲得萬五千兩。天祐賦民鈔市銀輸官，而私其一百七十錠。臺臣請追其贓而罷鍊銀事，從之。
50 改燕南河北廉訪使還治眞定。
51 詔征八百媳婦國。
52 九月，辛酉，湖南道宣慰副使梁曾授吏部尙書，國史院編修官陳孚授禮部郎中，同使安南，詔諭陳日燇，使親入朝。
53 癸酉，沙、瓜二州民徙甘州，詔於甘肅兩界畫地使耕，無力者則給以牛具、農器。寧夏戸口煩多，而土田半藝紅花，詔盡種穀麥以補民食。
54 鄂爾根薩理乞罷政事，並免太史院使，詔以爲集賢大學士。司天監丞劉某言：「鄂爾根薩理在太史院時，數言國家災祥事，大不敬，請下吏治。」帝大怒，以爲誹謗大臣，當抵罪。鄂爾根薩理頓首謝曰：「臣不佞，賴陛下天地含容之德，雖萬死莫報。然欲致言者罪，臣恐自是無爲陛下言事者。」力爭之，乃得釋，帝曰：「卿眞長者！」時雖罷政，或通夕召入論事，知無不言。

55諸王明理特穆爾(舊作明理鐵木兒。)附哈都以叛，詔巴延討之。巴延兵至阿薩呼圖嶺，(舊作阿撒忽禿嶺。)明理特穆爾已據之，矢下如雨。巴延先登陷陣，諸軍爭奮，大破之。明理特穆爾僅以身免。巴延輕騎追之，軍還，遇伏兵，復擊敗之，斬首二千級，俘其餘衆以歸。

56冬，十月，戊子朔，詔福建廉訪司知事張師道赴闕。師道至，請汰內外官府之冗濫者，詔敏珠爾卜丹、何榮祖、馬紹、燕公楠等與師道同區別之。數月，授師道翰林直學士。

57日本舟至四明，求互市，舟中甲仗皆具，人恐其有異圖。詔立都元帥府，令阿喇岱(舊作哈剌帶。)將之，以防海道。

58詔浚浙西河道，導水入海。

59癸巳，燕公楠言歲終各行省臣赴闕奏事，亦宜令行臺臣赴闕奏一歲舉刺之數，從之。

60十一月，癸未，禁所在私渡，命關津譏察姦宄。

61十二月，庚寅，改封皇孫梁王噶瑪拉(舊作甘麻剌。)爲晉王，鎮北邊。至元初，王已嘗出鎮北邊，尋復封梁王，移鎮雲南，至是又改封晉王，鎮漠北，統領四大鄂爾多(舊作斡耳朵，今改。)之地。鄂爾多，猶言宮室也。王天性仁厚，御下以恩，民賴以安。

62癸巳，中書省言：「寧國路民六百戶，鑿山冶銀，歲額二千四百兩，皆市銀以輸官，未嘗采之山，請罷之。」從之。

63己酉，樞密院言：「六衞内領漢軍萬戶，見存者六千戶，撥分爲三，力足以備車馬者二千五戶，每甲令備馬十五匹，牛車二兩。其三千戶惟習戰鬭，不他役之，六千戶外則供他役，庶能各勤乃事而兵亦精銳。」詔施行之。

64癸丑，右丞相鄂勒哲等言：「一歲天下所入，凡二百九十七萬八千三百五錠，其中有未至京師而在道者，有就給軍旅及織造物料、館傳俸祿者，自春及冬，凡出三百六十三萬八千五百四十三錠，數已踰之。今後賜諸近侍，亦宜有節。」帝嘉納之。（校者按：此條應移60前。）

65以張珪爲江淮行樞密副使。珪時爲管軍萬戶，入朝，帝欲用爲樞密。知樞密院事伊實特穆爾曰：「珪尙少，果欲大用，可俟他日。」帝曰：「不然，其家爲國滅金、滅宋，盡死力者三世矣，而可吝此乎？」遂有是命。先是言者謂天下事定，行樞密院可罷，江浙行省參知政事張瑄領海道，亦以爲言。比珪入對，帝語及之，珪曰：「縱使行院可罷，亦非瑄所宜言。」遂得不罷。珪，弘範子也。

66召行臺侍御史程文海及胡祗遹等十人赴闕，賜對。以文海爲江南湖北道廉訪使，興學明教，吏民畏愛之。

67汀、漳劇盜毆狗，久不平，福建行省平章徹爾（舊作徹里。）引兵征之。號令嚴肅，所過秋毫無犯，有降者，則勞以酒食而慰遣之，曰：「吾意汝豈反者耶！良由官吏汚暴所致。今旣來歸，即爲平民，吾安忍罪汝！其返汝耕桑，安汝田里，毋恐。」他栅聞之，悉款附。未幾，歐狗爲其黨縛致，梟首以徇，脅從者不戮一人。汀、漳悉平。

68 湖廣辰州蠻叛，行院副使劉國傑、簽書院事索諾木達覽（舊作唆木蘭。）往討之，不利。移文索辰、澧、沅民間弩士三千，行省平章哈喇哈斯以民弗習戰，強之徒傷吾民，勿許。右丞圖呼魯（舊作禿忽魯。）曰：「兵貴訓練，乃可用也。漢軍不習弩，因蠻攻蠻，古人所利。」遂與之。果以此獲勝。

69 湖廣平章政事庫爾濟斯，舊作闊思（里）吉思，今改。薦前永州判官烏克遜澤（舊作烏古孫澤。）才堪將帥，以行省員外郎從征海南黎，黎人平，軍還，上功，授廣西兩江道宣慰司副使、僉都元帥府事。

兩江荒遠瘴癘，與百夷接，不知禮法，澤作司規三十有二章，以漸爲教，其民遵守之。又省廐置二十二所以紓民力。歲饑，上言蠲其田租，發象州、賀州官粟三千五百石以賑饑者，既發，乃上其事。時行省平章哈喇哈斯察其心誠愛民，不以專擅罪之。

邕管徼外蠻數爲寇，澤循行並徼，得阨塞處，布畫遠邇，募民伉健者四千六百餘戶，置雷留、那扶十屯，列營堡以守之，陂水墾田，築八堨以節瀦洩，得稻田若干頃，歲收穀爲軍儲，邊民賴之。

70 劉國傑拔象山寨，黃勝許挺身走交趾，擒其妻子，殺之。國傑三以書責交趾，竟匿不與。師還，盡取賊巢地爲屯田，募度運諸種人耕之，以爲兩江蔽障。後蠻人謂屯爲省地，莫敢犯者，詔遣使卽軍中以玉帶賜之。國傑入朝，帝謂朝臣曰：「湖廣重地，惟劉二巴圖（舊作劉二拔都。）足以鎮此，他人不能也。」命無遷他官。

71 西僧請以金銀幣帛祠其神，帝難之。平章政事博果密曰：「彼佛以去貪爲寶，柰何爲此！」遂弗與。

或言京師蒙古人宜與漢人間處以制不虞，博果密曰：「新民乍遷，猶未寧居，若復紛更，必致失業。此蓋姦人欲擅貨易之利，交給近幸，借爲納忠之說耳！」乃圖寫國中貴人第宅及民居犬牙相制之狀上之而止。

有譖鄂勒哲徇私者，帝以問博果密，對曰：「鄂勒哲與臣俱待罪中書，豈得專行！且備位宰輔，人或發其陰私，宜使面質，明示責降。若內懷猜疑，非人主至公之道也。」言者果屈。帝怒，命左右批其頰而出之，是日，苦寒，解所御黑貂裘以賜。

帝每顧侍臣稱塞咥旃之能，博果密從容問其故，帝曰：「彼事憲宗，嘗陰資朕財用。」博果密曰：「是所謂爲人臣懷二心者。今有以內府財物私結親王，陛下以爲若何？」帝急揮以手曰：「卿止，朕失言。」

72 海北元帥錫齊罕（舊作薛赤干。）贓利事覺，行省檄烏克遜澤驗治。澤馳至雷州，盡發其奸贓，縱所掠男女四百餘口。御史臺言：「烏克遜澤，奉使知大體如汲長孺，爲將計萬全如趙充國，可屬大任。」詔擢爲海北、海南廉訪使。

故例，圭田至秋乃入租，後遂計月受之。澤視事三月，民輸租計米五百石，澤曰：「夫子有言：事君者先其事，後其食，吾涖政日淺而受祿四倍，非情所安。」量食而入，餘悉委學官，給諸生以勸業。常曰：「士非儉無以養廉，非廉無以養德。」身一布袍數年，妻子樸素無華，人皆言之，澤不以爲意也。

雷州地近海，潮汐齧其東南，陂塘鹻，農病之，而西北廣衍平衍，宜爲陂塘。澤行視城陰曰：「三溪使走海而不能灌溉，此史起所以薄西門豹也。」乃教民浚故湖，築大隄，堨三溪瀦之，爲斗門者七，隄堨六，以制其嬴耗，釃爲渠二十有四，以達其轉輸。渠皆支別爲牐，設守視者，時其啓閉，得良田數千頃。瀕海廣瀉，並爲膏土。

續資治通鑑卷第一百九十一

賜進士及第兵部尚書兼都察院右都御史總督湖北湖南等處地方軍務兼理糧餉世襲二等輕車都尉畢沅編集

元紀九 起昭陽大荒落（癸巳）正月，盡閼逢敦牂（甲午）十二月，凡二年。

世祖聖德神功文武皇帝

至元三十年（癸巳、一二九三）

1春，正月，乙丑，敕福建毋進鶻。

2丙寅，汰冗員。凡省內外官府二百五十五所，總六百六十九員。

3戊辰，詔：「邊境無事，令本軍屯耕以食。」

4甲戌，河南河（江）北行省平章巴延（舊作伯顏。）言：「揚州蒙古岱（舊作忙兀帶。）所立屯田，爲田四萬餘頃，官種外宜聽民耕墾。揚州鹽轉運一司，設三重官府；宜削去鹽司，止留管勾。襄陽舊食京兆鹽，以水陸難易計之，莫若改食揚州。蔡州去汴梁地遠，宜陞散府，以潁、息、信陽、光州隸之。」詔皆從其議。

5 罷尼雅斯拉鼎默埒(舊作納速拉丁滅里。)所立魚鹽局。

6 乙亥，諡皇太子曰明孝。

7 淮西道宣慰使昂吉爾(舊作昂吉兒。)斂軍鈔六百錠，銀四百五十兩，馬二匹，壬午，敕省臺及達嚕噶齊(舊作札魯忽赤。)鞫問。

8 是月，前中書右丞相安圖(舊作安童。)薨，年四十九。雨木冰三日。帝震悼，曰：「人言丞相病，朕固弗信，果喪予良弼！」詔大臣監護喪事。

安圖爲相，以宗社奠安爲己任，以民物阜豐爲己責，一政失平，一物失所，慘然不樂，改而後已。公退，府南開一閤，進賢士大夫講論古今治道，而請謁絕跡。天下倚爲重臣，而阨於阿哈瑪特、(舊作阿合馬。)僧格，(舊作桑哥。)前後不竟其用。子烏古達，(舊作兀都帶。)器度弘達，襲長宿衞，父沒，凡賵賻之物，一無所受，以素車樸馬歸葬其先塋。

9 帝思革僧格之弊，求直士用之，召董士選論議政事，旋以中書左丞往鎮浙西，聽辟舉僚屬。士選至部，察病民事，悉以帝意除之。僧格之黨以聚斂恣爲奸利，事發，得罪且死，詐言所遺舶商海外未至，請留以待之，士選曰：「海商至則捕錄之，不至則無如何，不繫此人之存亡也。苟此人幸存，則無以謝天下。」遂竟其罪。

10 二月，己丑，從阿喇卜丹、(舊作阿老瓦丁。)燕公楠之請，以嘉木揚喇勒智(舊作楊璉眞伽。)子宣政院使溫普舊作暗普，今改。爲江浙行省左丞。尋以南人深怨其父，詔罷之。

11 高麗國王王晊請改名昛，從之。

12 減河南、江浙海運米四十萬石。

13 中書省添設檢校二員。

14 免大都今歲公賦。

15 丙申，卻江淮行樞密院官布琳吉岱（舊作不憐吉帶。）進鸞（鷹）。仍敕：「自今禁戢軍官，無從禽擾民，違者論罪。」

16 丁酉，回回獻大珠，邀價鈔數萬錠，帝曰：「珠何爲！當留是錢以賙貧者。」

17 丁未，帝如上都。

18 辛亥，復立雲南行御史臺。

19 詔沿海置水驛。自躭羅至鴨淥江口，凡十一所，令簽書樞密院事洪君祥董之。君祥，俊奇弟也。

20 癸丑，江西行院頁特密實（舊作也的迷失。）言江南豪右多庇匿盜賊，宜誅爲首者，餘徙內縣，從之。申嚴江南兵器之禁。

21 是月，王惲召至上都，入見，慰諭良久。

憚退，上書陳時政，略曰：「臣聞自古創業垂統之君，必定制畫法，傳之子孫，俾遵而守之，以爲長世不拔之本。臣請以立法定制爲論治之始。

一曰議憲章以一政體。今國家有天下六十餘年，內而憲臺天子之執法，外而廉司、州郡之法吏，徒具司理之官而無所守之法，是有醫而無藥也。至平刑議斷，未免有酌量準擬之差，彼此輕重之異。宜將已定律令，頒爲新法，與百姓更始。

二曰定制度以抑奢僭。古者衣服、飲食、輿馬、屋廬，皆有恆制。今臣民衣服，踰於公侯，婦女衣著，等於貴戚，以致聘財過於卿相，男女不能婚姻，正以用之無制，僭越暴殄，有不能供億者。故物價不得不踴而貴，錢幣不得不虛而輕，上下困弊，日甚一日。宜一切定奪，大行禁止。

三曰節浮費以豐財用。每歲經費患不阜贍者，過有所費也。當量入爲出，以過有舉作爲戒。如冗兵、妄求、浮食、冗費及不在常例者，一切省減。且財非天來，皆自民出，竭澤焚林，其孰禦之！力屈財殫，非所以養民而強國也。

四曰重名爵以攬威權。古人稱官爵，謂之天秩，不輕以付人。今四海一家，權宜假借之舉，冂漸希闊，正國家收攬威權之時。如近年委任稍重者，罔攷平素，即授崇品；激之建功立事，固是駕馭英雄，苟非其人，不無叨竊不安之懼。今中外無事，朝廷宜重而惜之。

五曰議廉司以勵庶官。比者廉司之設，初氣甚張，中外之官，悚然有改過自新之念，大姦巨猾，畏懾而不自安。行無幾何，法禁稍寬，使監視者勁挺之氣，不息而自歛，姦弊之萌，潛滋而復栟，風俗澆薄，苟免無恥。宜人法並任，精擇官僚，優加吏祿，憲綱既行〔振〕，公道大行，官有作新之氣，吏無餬口之虞。我之氣既伸，彼安得不振；我之政既肅，彼安得或私！將見風采百倍，有澄清之望矣。

六曰講保舉以覈名實。方今親民與參佐官，莫縣令、經歷爲重。若行品官保舉法，庶得其人，南選尤宜施用此法。何則？江南平定，秋毫無犯，可謂仁義之師。只以前省調官，賄而海〔後〕放，行省注擬，尤爲濫雜，侵漁掊克，慘於兵凶，至盜賊竊發，指此爲名。仰賴天恩，幸其無事。今宜委官分揀，其停革人員不至罷黜者，降之邊遠，邊遠見職有聲迹者，使之內遷，亦激勸一法。

七曰設科舉以收人材。進士選，歷代號取士正科，理有不可廢者。若限以歲月而攷試之，將見士爭力學，人材輩出，可計日而俟也。

八曰試吏員以清政務。前代取吏之法，條目甚嚴。今府州司縣應用一切胥吏，多自帖書中來，官無取材，欲望明刑政，識大體，難矣。莫若合〔令〕歲貢吏人，以吏員法試之，中選者仍許上貢補充，隨朝身役，外州府郡見役者，從廉司以校法試驗，庶幾激之，積漸肯學。

其月請俸給，亦合定奪，能使得餬其口，然後可責以廉。

九曰卹軍民以固邦本。國家自攻圍襄陽以來，簽取軍役，凡四舉矣。物力等戶盡充軍站，中間抛下，上戶其能有幾！軍興百色所須，皆仰供辦，急徵暴斂，侵漁無法。臣以時屬方殷，其代輸差稅，宜令蠲免。

十曰復常平以廣蓄積。常平倉設自至元八年，隨路收貯，斛粟約八十餘萬。今倉廩具存，起運久空，甚非卹民本意。若復實常平，實爲古今良法。

十一曰廣屯田以息遠餉。近歲山後流移戶多，將見抛地土時，暫借令營屯，及檢括冒占，仍招募願屯者聽。已置營屯去處，亦宜差強果爲國、盡心有爲能臣，重與檢勘，其間一切可行未舉、已行不盡者，極人爲而盡地力。仍將迤南一切置屯見閉戶數，併徙邊防以救一時，此急於治外之意也。

十二曰息遠略以撫已有。陛下臨御三十餘年，紹丕天之功，三五已來，未有若斯之盛者。願息遠略，撫已有，此四海臣民之願也。

十三曰感和氣以消水旱。比年以來，水旱無時，霜災屢作，山崩地震，變出非常，姦臣柄用，盜賊竊發，百姓嗸嗸，日趨於困。臣嘗讀中元已來國書詔條，未嘗不以生靈爲念，棄捐細故，講信修睦，以用兵爲重。此堯、舜好生之德，禹、湯克寬不自滿假之仁也。願陛下爲民祈天請命，使黎庶知其無好兵之心，天地鬼神諒其不得已之意，庶幾天迴哀眷，易乖戾而爲和平，變荒歉而爲豐稔，天下幸甚！

十四日崇教化以厚風俗。國家以四教爲本，曰仁以養之，義以取之，禮以安之，信以行之。而前（執）政者謂僧格也。曾不務此，專以威虐肆心，督責爲令，取辦一時，流毒四海。不知陵遲偏陂，有不可救藥，至今爲厲者，何以責民心之近厚，風俗之淳粹哉！惟四者本立，而天下悚然有忠厚廉恥之心，所謂父子有親，君臣有義，不曰風恬俗美，將安歸乎！」

書奏，帝嘉納，授翰林學士。【考異】秋澗集附王文定神道碑，上萬言書，爲目十六。其十五曰減行院以一調遣，其十六曰絕交貢以示曠度。今從中州文表，略存其條陳者十四事。又神道碑云：二十八年，朝廷以耆宿來徵。明年二月，謁見世祖皇帝於柳林行宮。元史本傳遂作二十九年入見。按疏內有三十年語，且三十年世祖如上都，則上書當在三十年也，今訂正。

22 三月，庚申，以同知樞密院事札薩克舊作札散，今改。知樞密院事。

23 以平章政事范文虎董疏漕河之役。

24 雨壞都城，詔發侍衞軍三萬人完之，仍命給其傭値。

25 甲子，括天下馬十萬匹。

26 初，托克托呼（舊作土土哈。）略地金山，獲哈都（舊作海都。）之戶三千餘。還至和林，有詔進取奇里濟蘇。（舊作奇里吉思。）是春，師次欠河，冰行數日，始至其境，盡收其五部之衆，屯兵守之。哈都聞取奇里濟蘇，引兵至欠河；復敗之，擒其將博囉察。（舊作孛羅察。）

27夏，四月，己亥，行大司農燕公楠、翰林學士承旨留夢炎言：「杭州、上海、澉浦、溫州、慶元、廣東、泉州，置市舶司凡七所。唯泉州貨物三十取一，餘皆十五抽一，請以泉州爲定制。」從之。仍併溫州舶司入慶元，杭州舶司入稅務。

28壬寅，樞密院言：「去年征爪哇軍二萬，各給鈔二錠，其後祇以五千人往，宜征元給鈔三萬錠入官。」帝曰：「非其人不行，乃朕中止之耳，令勿征。」

29癸丑，廣東廉訪司復治廣州。

30擢同知桂陽路總管府事臧夢解爲廣西廉訪副使。故事，烟瘴之地，行部者多不躬至，夢解獨徧歷焉。遂按問賓州、藤州兩路達嚕噶齊（舊作達魯花赤。）及姦墨官吏，置於法者無慮八十餘人，又平反兩冤獄，民德之。

31（甲寅），敕江南毀諸道觀聖祖天尊祠。

32是月，前右贊善大夫劉因卒。後贈翰林學士，謚文靖。

33史弼等之征爪哇也，以上年十二月合諸軍發泉州，風急濤湧，舟掀簸，士卒皆數日不能食。過七洲洋、萬里石塘，歷交趾、占城界，正月至東董、西董山、牛崎嶼，入混沌大洋、橄欖、假里馬答、勾闌等山，駐兵伐木，造小舟以入。弼與伊克密實、（舊作亦黑迷失。）高興分軍，水陸並進。伊克密實將水軍，興將步軍，會於八節澗。

時爪哇與鄰國葛郎構怨，爪哇主哈只葛達那加已爲葛郎所殺，其壻土罕必闍耶攻葛郎不勝，聞弼等至，遣使以其國山川、戶口及葛郎國地圖迎降求救。弼與諸將進擊，伊克密實邀賊於西南路，不遇；興擊其東南路，殺數百人，餘衆奔山谷。東南路賊復至，興又敗之，葛郎主遁歸其國。興言：「爪哇雖降，倘中變，與葛郎合，則孤軍懸絕，事不可測。」弼遂分兵三道，與興及伊克密實各將一道攻葛郎。至答哈城，葛郎兵十餘萬迎敵，自旦至午，葛郎兵敗，入城自守，葛郎主出降，并取其妻子官屬以歸。

土罕必闍耶乞歸易降表及所藏珍寶入朝，弼與伊克密實許之，興力言其失計，弗聽，遣萬戶二人以兵護送。土罕必闍耶果於道殺二人以叛，乘軍還，夾路攘奪。興力戰以出，弼自斷後，且戰且行，行三百里，得登舟。行六十八日夜，達泉州，士卒死者三千人，以所得金字表及金銀犀象等進。【考異】元史史弼傳於弼征爪哇，正月以後不繫月日，後編遂載於正月。據經世大典，弼等以正月至拘攔山，二月水陸並進，三月一日會軍八節澗，十五日伐葛郎，十九日葛郎降，四月二日遣土罕必闍耶還，十九日土罕必闍耶叛，二十四日軍還。元史爪哇傳略本於經世大典。是弼等還軍之期，確在四月也，今參酌書之。

84 五月，癸亥，詔以浙西大水冒田爲災，令富家募佃人疏決水道。

35 辛未，敕僧寺之邸店，商賈舍止，其貨物依例收稅。

36 六月，乙巳，命皇孫特穆爾（舊作鐵木兒，（一作鐵穆爾。）今改。）撫軍北邊，伊實特穆爾（舊作玉昔帖木兒。）加錄軍國重事、知樞密院事輔行，宗王、帥臣咸稟命焉，特賜步輦入內。伊實特穆爾請授皇孫以儲闈舊璽，從之。

37 己酉，詔濬太湖。

38 秋，七月，己未，詔皇曾孫松山出鎮雲南，以皇孫梁王印賜之。

39 詔免福建歲輸皮貨及泉州織作紵絲。

40 己巳，命劉國傑從諸王伊濟勒（舊作亦吉里。）督諸軍征交趾。湖廣行省平章哈喇哈斯（舊作哈剌哈孫。）戒將吏無擾民，會有奪民魚菜者，杖其千戶，軍中肅然。

俄有旨，發湖、湘富民萬家，屯田廣西以圖交趾，哈喇哈斯遣使奏曰：「往年遠征無功，瘡痍未復，今又徙民瘴鄉，必將怨叛。」吏初不知其奏，抱卷請署，弗答，吏再請，則曰：「姑緩之。」未幾，使還，報罷，民皆感悅。及廣西元帥府請募南丹五千戶屯田，事上行省。哈喇哈斯曰：「此土著之民，誠爲便之，內足以實空地，外足以制交趾之寇，可不煩士卒而饋餉有餘。」即命度地立爲五屯，統以屯長，給牛種、農具。

湖南宣慰使張國紀，建言欲按唐、宋末征民間夏稅，哈喇哈斯曰：「亡國弊政，失寬大之意，聖朝其可行耶！」奏止其議。

41 壬申，以伊實徹爾（舊作月赤察兒。）知樞密院事。伊實徹爾，博爾呼（舊作博爾忽。）之孫也。僧格之敗，伊實徹爾潛奏劾之，至是乃有是拜。

42 丁丑，賜新開漕河名曰通惠，凡役工二百八十五萬，用楮幣百五十二萬錠，糧三萬八千七百石，木石等物稱是。置牐之處，往往於地中得舊時磚木，人以此服郭守敬之精識。船既通行，公私兩便。先是通州至大都五十里，陸輓官糧，歲若干萬，民不勝其悴，至是皆得免。帝自上都還，過積水潭，見舳艫蔽水，大悅。

43 巴延既降明理特穆爾（舊作明理鐵木兒。）因留拒哈都。廷臣有譖巴延與哈都通好，因仍保守，無尺寸之功者，詔以御史大夫伊實特穆爾代之，居巴延於大同，以俟後命。伊實特穆爾未至三駟，會哈都兵復至，巴延遣人語伊實特穆爾曰：「公姑止，待我翦此寇而來，未晚也。」巴延與哈都兵交，且戰且卻，凡七日，諸將以爲怯，憤曰：「果懼戰，何不授軍於大夫！」巴延曰：「哈都懸軍涉吾地，邀之則遁，誘其深入，一戰可擒也。諸君必欲速戰，若失哈都，誰任其咎？」諸將曰：「請任之。」卽還軍擊敗之，哈都果脫去。乃召伊實特穆爾至軍，授以印而行。

皇孫舉酒以餞曰：「公去，將何以教我？」巴延舉所酌酒曰：「可慎者，惟此與女色耳。」

軍中固當嚴紀律，而恩德不可偏廢。冬夏營駐，循舊爲便。」皇孫悉從之。

44 八月，庚寅，奉使安南國梁曾、陳孚以安南使臣偕來。

初，曾等至安南，其國有三門，陳日燇欲迎詔自旁門入，曾大怒曰：「奉詔不由中門，是辱君命也！」貽書責之，往復者三，卒從中行。且諷之入朝，日燇不從，遣其臣陶子奇、梁文藻偕曾等來貢。

曾進所與日燇辨論書，帝大悅，解衣賜之，令坐地上。右丞阿爾（舊作阿里。）意不然，帝怒曰：「梁曾兩使外國，以口舌息干戈，爾何敢爾！」時有親王至自和林，帝命酌酒先賜曾，謂親王曰：「汝所辦者汝事，梁曾所辦者吾與汝之事，汝勿以爲後也。」或譖曾受安南賂遺，帝以問曾，曾曰：「安南以黃金器幣奇物遺臣，臣不受，以屬陶子奇。」帝曰：「受之亦何不可！」

廷臣以日燇終不入朝，遂拘留子奇於江陵，命劉國傑與諸王伊勒吉岱（舊作亦里吉䚟，今改。）等整兵聚糧，復議伐之。

45 九月，癸丑朔，帝至自上都。

46 冬，十月，戊子，詔修汴隄。

47 庚寅，彗星入紫徵〔微〕垣，抵斗魁，光芒尺許。帝夜召博果密（舊作不忽木。）入禁中，問所以銷天變之道，博果密曰：「風雨自天而至，人則棟宇以待之；江河爲地之限，人則舟楫以通之；天地有所不能者，人則爲之，此人所以與天地參也。且父母怒，人子不敢疾怨，起敬起孝，故易曰：『君子以恐懼修省。』詩曰：『敬天之怒。』三代聖王，克謹天戒，鮮不有終。漢文之世，同日山崩者二十有九，日食、地震，頻歲有之。善用此道，天亦悔禍，海內乂安，此前代之龜鑑也。願陛下法之。」因誦文帝日食求言詔，帝悚然曰：「此言深合朕意。可復誦之。」遂詳論款陳，至四鼓乃罷。

48 甲辰，赦天下。

49 戊申，僧官總統以下有妻者罷之。

50 庚戌，造象蹄掌甲。

51 辛亥，禁江南州郡以乞養良家子轉相販鬻及強將平民略賣者。時北人酷愛江南技藝之人，呼曰巧兒，其價甚貴。至於婦人，貴重尤甚，每一人易銀二三百兩。尤愛童男、童女，處處有人市，價分數等，皆南士女也。父母貪利，貨於販夫，輾轉貿易，至有易數十主者。北人得之，慮其遁逃，或以藥啞其口，以火烙其足，驅役若禽獸然，故特禁之。

52 孫民獻嘗附僧格，助約蘇穆爾（舊作要束木。）爲惡；及同知上都留守司事，又受贓，減諸從臣糧。（十一月）丁巳，詔籍其家貲、妻孥。後因潭州呂澤訴其刻虐，械送民獻至湖廣，如澤所訴窮治之。

53立海北海南道廉訪司，治雷州。

54己卯，召河南江北行省平章巴延爲中書省平章政事，位特爾格琳沁、(舊作帖哥剌眞。)博果密上。

55十二月，壬辰，中書左丞馬紹以疾罷，以詹事丞張九思爲左丞。

56庚子，史弼、伊克密實、高興至自征交趾(爪哇)，獻其所俘獲，又以沒理國所上金字表及金銀犀象等物進。朝廷以其亡失多，且縱土罕必闍耶，弼與伊克密實各杖十七，沒家貲三之一。興獨以諫縱土罕，且功多，賜金五十兩。

57初，樞密院判官鄭制宜遷湖廣行省參政，陛辭，帝曰：「汝父死王事，賞未汝及。近者約蘇穆爾伏誅，已籍沒其財產、人畜，汝擇其佳者取之。」制宜對曰：「彼以贓敗，臣復取之，寧無汚乎！」帝賢其所守，賜白金五千兩。未幾，徵拜內臺侍御史。安西舊有牧地，圉人恃勢，冒奪民田十萬餘頃，訟於有司，積年不能理。制宜奉詔往，按圖籍以正之，訟由是息。

是歲，除湖廣行樞密副使。湖南地闊遠，羣寇依險出沒，昭、賀二州及廬陵境民常被害。制宜帥偏師徇二州，道經廬陵、永新，獲首賊及其黨，皆殺之。茶鄉譚計龍者，聚惡少年，匿兵器爲姦，既捕獲，其家納賂以緩獄事，制宜悉以勞軍，斬計龍於市。自是湖以南無復盜賊。

58御史中丞崔彧言：「大都民食，惟仰客糴，頃緣官括商船載遞諸物，致販糶者少，米價翔踴，請勿令有司括船爲便。」從之。

寶泉提舉張簡及子柰曼岱，（舊作乃蠻帶。）告彧嘗受鄭道源、許宗師銀萬五千兩，又其子知微訟彧不法十餘事，有旨就辯中書。彧已書簡等所告與己宜對者爲牘，袖之，視而後對。簡父子所告皆無驗，並繫獄，簡瘐死，仍籍其家。柰曼岱、知微，皆坐杖罪除名。

59平江路總管府治中王都中，福建行省參政積翁之子也。積翁遇害於海，帝念其功不置，特授都中是職。時年甫十七，僚吏頗易視之，都中遇事剖析，動中肯綮，皆愕然不敢欺。學舍久壞不治，而郡守缺，都中曰：「聖人之道，人所共由，何獨守得爲乎！」乃首募大家合錢，新其禮殿。

至元三十一年（甲午、一二九四）

1春，正月，壬子朔，帝不豫，免朝賀。

2癸亥，知樞密院事巴延至自軍中。

3庚午，帝大漸；癸酉，崩於紫檀殿。在位三十五年，壽八十。

故事，上有疾，非國人勳舊不得入臥內。博果密以謹厚，日視醫藥，未嘗去左右；徹爾（舊作徹里。）亦自湖廣行省馳還京師視醫藥。及帝崩，博果密與御史大夫伊嚕納顏、（舊作月兒魯那顏，即玉昔帖木兒。）知樞密院事巴延受遺詔，留禁中。丞相鄂勒哲（舊作完澤。）至，不得入，伺伊嚕納顏、巴延出，問曰：「我年位俱在博果密上，國有大議而不與，何耶？」巴延歎息曰：「使丞相有博果密識慮，何至使吾屬如是之勞哉！」鄂勒哲不能對，入言於太妃鴻吉哩氏。（舊作弘吉剌氏。）太妃召三人問之，伊嚕納顏曰：「臣受顧命，太妃但觀臣等爲之，臣若誤國，即甘伏誅。宗社大事，非宮中所當預知也。」遂定大策，與親王、諸大臣發使告哀於皇太孫，巴延總百官以聽。

兵馬司請日出鳴晨鐘，日入鳴昏鐘，以防變故，巴延呵之曰：「汝將爲賊耶！其一如平日。」適有盜內府銀者，宰執以其幸赦而盜，欲誅之，巴延曰：「何時無盜！今以誰命而誅之？」人皆服其有識。

4 乙亥，葬帝於起輦谷。

帝度量恢廓，知人善任使，故能混一區宇，擴前古所未有。惟以亟於財用，中間爲阿哈瑪特、盧世榮、僧格所蔽，卒能知其罪而正之。立綱陳紀，殷然欲被以文德，規模亦已弘遠矣。

5 御史中丞崔彧得傳國璽，獻之。

時穆呼哩（舊作木華黎。）曾孫索多，舊作碩德，今改。已死而貧，其妻出玉璽一鬻之，或以告彧。

召御史楊桓辨其文，曰：「『受命於天，既壽永昌』，此歷代傳國璽也。」太妃出以徧示羣臣，丞相以下次第上壽，慶曰：「神寶之出，實當宮車晏駕之後，此乃天意屬於皇太孫也。」乃遣右丞張九思齎授之。

6夏，四月，皇太孫自北邊南還，執政皆迎於上都之北。皇太孫至上都，宗室諸王畢會。定策之際，伊實特穆爾謂晉王噶瑪拉（舊作甘麻剌。）曰：「宮車晏駕，已踰三月，神器不可久虛，宗祧不可乏主，儲闈符璽久有所歸，王爲宗盟之長，奚俟而不言？」噶瑪拉遽曰：「皇帝踐阼，當北面事之。」於是宗親合辭勸進。伊實特穆爾曰：「大事已定，吾死且無憾。」甲午，皇太孫即位於大安閣。諸王有違言，巴延握劍立殿陛，陳祖宗寶訓，宣揚顧命，述所以立皇太孫之意，辭色俱厲，諸王股栗，趨殿下拜。

乃下詔曰：「朕惟太祖聖武皇帝，受天明命，肇造區夏，聖聖相承，光熙前緒。迨我先皇帝，體元居正，然後典章文物，粲然大備。臨御三十五年，薄海內外，罔不臣屬，弘規遠略，厚澤深仁，有以衍皇元萬世無疆之祚。我昭考早正儲位，德盛功隆，天不假年，四海觖望。顧惟眇質，仰荷先皇帝殊眷，往歲之夏，親授皇太子寶，付以撫軍之任。今春宮車遠馭，奄棄臣民，乃有宗藩昆弟之賢，戚畹宮僚之舊，謂祖訓不可以違，神器不可以曠，體承先皇帝夙昔託付之意，合辭推戴，誠切意堅。朕勉徇所請，於四月十四日即皇帝位。可大赦天下。

倘念先朝庶政，悉有成規，惟慎奉行，罔敢失墜。更賴宗親、勳戚，左右忠良，各盡乃誠，以輔台德。布告遠邇，咸使聞知。」（詔）：「除大都、上都兩路差稅一年，其餘減丁地稅糧十分之三，繫官逋欠，一切蠲免。民戶逃亡者，差稅皆除之。」

7 追尊皇考曰文惠明孝皇帝，廟號裕宗，祔於太廟；尊太母元妃鴻吉哩氏曰皇太后。改所居舊太子府爲隆福宮。

8 丙午，中書右司員外郎王約，上疏言二十二事，曰實京師，放差稅，開獵禁，蠲逋負，賑窮獨，停冗役，禁鷹房，振風憲，除宿蠹，慰遠方，卻貢獻，詢利病，利農民，勵學校，立義倉，覈稅戶，重名爵，明賞罰，擇守令，汰官屬，定律令，革兩司；又請中書去煩文，一取信於行省，一責成於六部；帝嘉納之，調兵部郎中。

9 五月，壬子，始開醮祠於壽寧宮，祭太陽、太歲、火、土等星於司天臺。

10 戊午，上聖德神功文武皇帝尊謚，廟號世祖，國語尊稱曰色辰舊作薛禪，今改。皇帝。是日，並上先皇后鴻吉哩氏尊謚曰昭睿順聖皇后。

11 庚申，祭紫微星於雲仙臺。

12 伊實特穆爾進秩太師，賜以上方玉帶、寶服，還鎮北邊。（校者按：此與 18「以伊囉勒爲太師」重複，因伊實特穆爾卽伊囉勒也。）

13 己巳，詔各處轉運司官，欺隱姦詐爲人所訟者，聽廉訪司即時追問，其案牘仍舊例於歲終檢之。

14 壬申，御史臺言內外官府增置愈多，在京食祿者萬人，在外尤衆，理宜減併，命與中書議之。

15 詔議增官吏祿。

16 乙亥，以札薩克知樞密院事。

17 戊寅，封皇姑高麗王王昛妃爲安平公主。

18 以伊囉勒爲太師，（校者按：伊囉勒舊作月兒魯，卽玉昔帖木兒，改譯作伊實特穆爾。前於12條上已云「伊實特穆爾進秩太師」，此又云「以伊囉勒爲太師」，殊屬重複，且必有一誤。）巴延爲太傅，伊徹察喇（舊作月赤察兒。）爲太保。

19 禁諸司豪奪鹽船遞運官物，僧道、權勢之家私匿鹽販。

20 六月，庚辰朔，日有食之。

21 辛巳，御史臺言：「名分之重，無踰宰相，惟事業顯著者可以當之，不可輕授。廉訪司官，歲以五月分按所屬，次年正月還司。職官犯贓，敕授者聽總司議宜授者上聞，其本司聲跡不佳者代之，受賂者，依舊例比諸人加重。」帝曰：「其與中書同議。」

22壬辰，以特穆爾復爲平章政事。

23諸王阿濟奇（舊作阿只吉。）部王〔玉〕速福屢叛，伏誅。

24乙未，以世祖、皇后、裕宗謚號播告天下，免所在本年包銀俸鈔及內郡地稅，江、淮以南夏稅之半。

25己亥，以乳保勞，封完顏巴延（舊作完顏伯顏。）爲翼〔冀〕國公，妻何氏爲冀國夫人。

26初，宋端明殿學士、簽書樞密院事家鉉翁來使，世祖欲官之，不受，遂安置河間，以春秋教授弟子，數爲諸生談及宋興亡之故，輒流涕太息。至是年踰八十，辛丑，詔賜號處士，放還鄉里。錫予金幣，皆不受。尋卒。

27甲辰，詔翰林國史院修世祖實錄。以鄂勒哲（舊作完澤。）監修國史。

28初，世祖不豫，命翰林學士承旨董文用以其諸子入見，文用辭曰：「臣蒙國厚恩，死無以報，臣之子何能爲！」命至再三，終不以見，及崩，太后命文用從帝於上都。既即位，巡狩薩布喇（舊作三不剌。）之地，文用曰：「先帝新棄天下，陛下巡狩不以時還，無以慰安元元，宜趣還京師。且臣聞人君猶北辰然，居其所而衆星拱之，不在勤遠略也。」帝可其奏。帝每召文用入帳中，問先朝故事，文用亦盛言先帝虛心納賢、開國經世之務，談說或至夜半。至是修先帝實錄，詔除文用知制誥、監修國史。文用於祖宗世繫、功德、近戚、將相家世、勳績，皆記憶貫穿，史館有所攷究、質問，文用應之無遺失焉。

29 戊申，詔：「宗藩內外官吏人等，咸聽丞相鄂勒哲約束。」時巴延以太傅錄軍國重事，依前知樞密院事，鄂勒哲忌之。巴延語鄂勒哲曰：「幸送我兩罌美酒，與諸王飲於宮前，餘非所知也。」

30 秋，七月，壬戌，詔中外崇奉孔子。

31 癸亥，行樞密院頁特密實、程鵬飛各加平章政事。中書省言樞密之臣不宜重與相銜，帝命以軍職尊崇者授之。

32 辛未，中書省言：「向御史臺劾右丞阿爾嘗與阿哈瑪特同惡，論罪抵死，幸得原免，不當任以執政。臣謂阿爾得罪之後，能自警省，乞令執政如故。」從之。

33 癸酉，詔新除御史〔陝西〕行省平章博果密仍爲中書平章政事。

初，世祖崩時，博果密以中書平章得預顧命；丞相鄂勒哲以其年位在下，深忌之，帝知其故，慰勞之曰：「卿先朝腹心，惟朝夕啓沃，匡朕不逮，庶無負先皇帝付託之重。」廷議大事，多采其言。太后亦以博果密先朝舊臣，禮貌甚至。

河南〔東〕守臣獻嘉禾，博果密語之曰：「汝部內所產盡然耶？惟此數莖耶？」曰：「惟此數莖爾。」博果密曰：「若如此，既無益於民，又何足爲瑞！」遂罷遣之。

西僧爲佛事，請釋罪人祈福，謂之「禿魯麻」，豪民犯法者，皆賄賂之以求免。有殺主、殺夫者，西僧請被以帝后御服，乘黃犢出宮門釋之，云可得福。博果密曰：「人倫者，王政之本，風化之基，豈可容其亂法如是！」帝責丞相曰：「朕戒汝毋使博果密知，今聞其言，朕甚愧之。」使人謂博果密曰：「卿且休矣，朕今從卿言。」然自是以爲故事。

有奴告主者，主被誅，詔卽以其所居官與之。博果密言：「若此，必大壞天下之風俗，使人情愈薄，無復上下之分矣。」帝悟，爲追廢前命。

丞相以下多不合，奏以爲陝西行省平章政事，太后聞之，使謂帝曰：「博果密朝廷正人，先皇帝所付託，豈可出之於外耶！」帝復留之。竟以同列多異議，稱疾不出。

34 甲戌，扎嚕噶齊（舊作札魯忽赤。）言諸王之下，有罪者不聞於朝，輒自決遣，詔禁治之。

35 八月，戊子，初祀社稷，用堂上樂，歲以爲常。

36 己丑，濬通惠河。

37 撥軍士屯守澱山湖。

太湖爲浙西巨浸，上受杭、湖諸山之水瀦蓄之，分匯爲澱山湖，東流於海。世祖末年，江浙行省參政梁溫都爾（舊作梁暗都剌。）言：「此湖在宋時，委官差軍守之，湖旁餘地，不許侵占，常疏其壅塞，以洩水勢。今既無人管領，遂爲勢豪絕水築隄，繞湖爲田，湖狹不足瀦蓄，每遇霖潦，泛溢爲害。昨本省官蒙古岱等興言疏治，因受曹總管金而止。張參議、潘應武等相繼建言，臣等議此事可行無疑。」世祖曰：「利益美事，舉行已晚，其行之。」既而平章特爾格（舊作鐵哥。）言：「委官相視，計用夫十二萬，百日可畢。昨奏軍民共役，今民丁數多，不須調軍。」世祖曰：「有損有益，咸令均齊，毋自疑惑，其均科之。」至是特爾格言：「太湖、澱山湖，昨嘗奏過先帝，差倩民夫二十萬，疏決已畢。今諸港日受兩潮，漸致沙漲，若不依宋舊例令軍屯守，必致坐隳成功。臣等議澱山湖圍田，賦糧二萬石，就以募民夫四千，調軍士四千，與同屯守。立都水防田使司，職掌收捕海賊，修治河渠圍田。」詔巴延徹爾（舊作伯顏察兒，今改。）暨樞密院議奏。於是樞密院言：「今與殿帥范文虎及朱清、張瑄輩及省官集議，清、瑄俱云：『宋時屯守河道，用手號軍，大處千人，小處不下三四百，隸巡檢司管領。』文虎謂『差夫四千，非動搖四十萬戶不可。若令五千軍屯守，就委萬戶一員提調，事屬可行。』請立都水巡防萬戶職名，俾隸行院。」從之。

38 九月，壬子，聖誕節，帝駐蹕三部落，受諸王、百官賀。

39 丁巳，太白經天。

40 冬，十月，戊寅，帝至自上都。

41 辛巳，江浙行省言：「陛下即位之初，詔蠲今歲田租十分之三。然江南與江北異，貧者佃富人之田，歲輸其租，今所蠲特及田主，其佃民輸租如故，則是恩及富室而不被於貧民也。宜令佃民當輸田主者，亦如所蠲之數。」從之。

42遼陽行省所屬九處大水，民飢，或起爲盜賊，命賑卹之。

43江西行省言銀場歲辦萬一千兩而未嘗及數，民不能堪，詔自今從實辦之，不爲額。

44朱清、張瑄從海道歲運糧百萬石，乙未，以京畿所儲充足，詔止運三十萬石。

45辛丑，帝諭右丞阿爾、參知政事梁德珪曰：「中書職務，卿等皆懷怠心。朕在上都，令還實迪穆蘇(舊作也的迷沙。)已沒財產，任莽賚布哈，(舊作明里不花，今改。)皆至今未行，又不約束吏曹，使選人留滯。僧格雖姦邪，然僚屬憚其威，政事無不立決。卿等其束吏曹，有不事事者笞之，仍以朕意諭右丞相鄂勒哲。」

46時議裁久任官，樞密院奏洪君祥在樞密十六年爲最久，帝曰：「君祥始終一心，可勿遷也。」

47壬寅，緬國遣使貢馴象十。

48初，黔中諸蠻酋既內附，復叛。又，巴洞何世雄犯澧州，泊崖洞田萬頃、楠木洞孟再師犯辰州，朝廷嘗討降之，升泊崖爲施溶州，以萬頃知州事，已而復叛，攻之不能下。帝卽位，大赦，并赦萬頃等，亦不降。乃命湖廣行樞密副使劉國傑率兵討之。國傑馳至辰州，進攻明溪，賊魯萬丑擁衆自上流而下，千戶崔忠、百戶馬孫兒戰死。是月，進兵桑木溪，萬丑復以千人拒戰，擊卻之。明日，萬丑倍衆來攻，國傑鼓之，百戶李旺率死士陷陣，衆軍齊奮，賊敗，遂破其巢，焚之。進攻施溶，部將田榮祖請曰：「施溶，萬頃之腹心。石農次〔坎〕、三羊峰，其左右臂也。宜先斷其臂，而後腹心乃可攻。」國傑曰：「甚善！」麾諸軍攻石農次〔坎〕，賊不能支，棄寨遁，遂拔施溶，禽萬頃，斬之。復窮捕其黨，攀崖緣木而進，凡千餘里。

49 十一月，丁未朔，帝朝皇太后於隆福宮，上玉册玉寶。

50 京師犯贓罪者三百人。庚戌〔戊辰〕，命事無疑者，準世祖所定十三等例決之。（校者按：此條應移56前。）

51 辛亥，中書省言：「國賦歲有常數。先帝嘗曰：『凡賜與，雖有朕命，中書其斟酌之。』由是歲務節約，常有盈餘。今諸王、藩戚，費耗繁重，存鈔止一百十六萬二千餘錠，而來會諸王尚多，恐無以給。宜俟其還部，臣等斟酌定擬以聞。」從之。

52 湖廣、江西及江淮行省，以軍民不相統一，屢請罷行樞密院，帝以問巴延，時已屬疾，張目對曰：「內而省院各置爲宜，外而軍民分隸不便。」壬子，詔罷三處行樞密院，以其事歸行省。

53 丁巳，以巴延徹爾參議中書省事。其兄巴延言曰：「臣叨平章政事，兄弟宜相避嫌。」帝曰：「兄平章於上，弟參議於下，何所嫌也！」

54 甲子，以湖南道宣慰使何瑋爲中書參知政事。時省臣凡十一人。瑋言於帝曰：「古者一相，專任賢也。今宰執員冗，政出多門，轉相猜忌，請損之。」不從。

55 罷海北海南市船提舉司。

56 癸酉，詔改明年爲元貞元年。

57 十二月，太傅、知樞密院事巴延薨。巴延深沈有謀略，善斷，將二十萬衆伐宋，如將一人，諸將仰之若神明。事畢還朝，歸裝惟衣被而已，未嘗言功。及歿，贈太師，追封淮安王，謚忠武。

58 戊戌，禁侵擾農桑者。

59 庚子，用帝師奏，釋京師大辟三十人，杖以下百人。

續資治通鑑卷第一百九十二

賜進士及第兵部尙書兼都察院右都御史總督湖北湖南等處地方軍務兼理糧餉世襲二等輕車都尉畢沅編集

元紀十

起旃蒙協洽（乙未）正月，盡彊圉作噩（丁酉）六月，凡二年有奇。

成宗欽明廣孝皇帝諱特穆爾，（舊作鐵穆耳，一作鐵木兒。）世祖之孫，裕宗戩珍（舊作眞金。）第三子也，母曰徽仁裕聖皇后鴻吉哩氏，至元二年九月庚子生。二十四年，諸王納顏（舊作乃顏。）反，世宗（祖）自將討平之。其後哈坦（舊作合丹。）復叛，命帝往征之，哈坦敗亡。三十年六月乙巳，受皇太子寶，撫軍北邊。

元貞元年（乙未、一二九五）

1 春，正月，癸丑，以太僕卿濟爾哈朗（舊作只兒合朗。）爲御史大夫。

2 壬戌，以國忌，卽大聖壽萬安寺飯僧七萬。

3 癸亥，詔道家復行金籙科範。

4 以隕霜殺禾，賑安西王山後民米。

5 雲南行省左丞楊炎龍，召爲中書左丞。

6以罷行樞密院，賜行中（書）省長官虎符，領其軍。

7庚午，以江浙行省平章阿喇卜丹舊作阿老瓦丁，今改。爲參知政事。

8壬申，立北庭都元帥府。

9罷爪〔瓜〕、汝〔沙〕等州屯田。

10甲戌，有飛書妄言朱淸、張瑄有異圖，詔慰勉之。

11丞相鄂勒哲舊作完澤，今改。等言：「往年先帝嘗命開眞定治河，已發丁夫人役，值先帝升遐，以聚衆罷之。今宜遵舊制，俾卒其役。」從之。

12召大司農丞姚燧爲翰林學士，修世祖實錄。初置檢閱官，究覈故事，燧與侍讀高道凝總裁之。

13禮部郎中王約，請行贈謚之典以旌忠勳，付時政記於史館以備纂錄，立供需府以專供億，從之，授翰林直學士、同修國史。

14帝之卽位也，翰林學士王惲獻守成事鑑，列敬天、法祖、愛民、卹兵等事爲目，凡十五篇，所論悉本經旨。至是命同修國史、纂修實錄，惲集世祖聖訓六卷上之。

15二月，丁丑，翰林學士承旨留夢炎告老，帝以其在先朝言無所隱，厚賜遣之。

16壬午，罷江南茶稅，以其數添入江西榷茶都轉運使歲額。

17丁亥，江〔雲〕南行省平章額森布哈舊作也先不花，今改。言：「敢麻魯有兩夷未附，金齒亦叛服不常，請調兵六千，鎮撫金齒，置驛入緬。」從之。

18庚子，緬國來貢。

19丁酉，帝如上都。

20癸卯，以呂天麟爲參知政事。

21立雲州銀場都提舉司。

22中書省言：「近者阿哈瑪特、（舊作阿合馬。）僧格，（舊作桑哥。）怙勢賣官，不別能否，只憑解由，選法由是大壞。宜令廉訪司體覆以聞，省臺覈實，定其殿最，以明黜陟。其廉訪司官，亦令省臺同選爲宜。」從之。

23河東山西廉訪使程思廉言：「太原歲飼諸王駝馬一萬四千餘匹，請止飼千匹。平陽諸郡歲輸租稅於北方，民甚苦之，請改輸河東近倉。」從之。思廉剛正疾惡，言事剴切，喜薦達人物。或譏其好名，思廉曰：「若避好名之譏，人不敢復爲善矣。」

24三月，乙巳朔，安南世子陳日燇遣使上表慰國哀，又上書謝寬貰恩，并獻方物。

25壬子，禁來朝官斂所屬俸。

26 戊午，罷福建銀場提舉司。

27 中書言：「省臣、樞密院、御史臺例應奏擧官屬，其餘諸司不宜奏請，今皆請之，非便。」詔：「自今已後，專令中書擬奏。」

28 以東作方殷，罷諸不急營造，惟帝師塔及張法師宮不罷。

29 壬戌，地震。監察御史滕安上上疏曰：「君失其道，責見於天，其咎在內庭竊干外政，小人顯廁君子，名實混淆，刑賞僭差，陽爲陰乘，致靜者動。宜兢兢祗畏，側身修行，反昔所爲，以盡弭之之道。」執政不以聞，安上遂歸。

30 夏，四月，辛巳，妖人蒙蟲僭擬，及其黨十三人皆伏誅。

31 庚寅，封乳母楊氏爲趙國安翼夫人。以後列朝封乳母，遂沿爲故事。

32 庚子，立掌謁司，掌皇太后寶，以宦者爲之。

33 癸卯，設各路陰陽教授，仍禁陰陽人不得遊於諸王、駙馬之門。

34 閏月，丙午，爲皇太后建佛寺於五臺山，以前工部尚書尼濟（舊作涅只。）爲匠作院使，董其役。

35 己未，罷打捕鷹房總管府及司籍、周用、薄斂等庫、徽州路銀場，各處鹽場，仍免大都今歲田租。

36庚申，河南行省虧兩淮鹽鈔（五）千錠，遣官往鞫，命隨其罪之輕重治之。陝西行省、山東都轉運司並有增羨鹽鈔，各賜衣以旌其能。

37南人洪邵學上封事，妄言五運，笞而遣之。南人又有陳利便請搜括田賦者，執政欲從之，參議中書省事王構與平章何榮祖共言其不可，辨之甚力，得不行。

38壬戌，塔奇呼、（舊作塔卽古。）阿薩爾（舊作阿散。）以不法伏誅。

39詔禁抽分市舶貨而匿其精細者。

40是月，蘭州上下三百餘里河清三日。

41帝以京師米貴，益廣世祖之制，設三十肆，發米七萬餘石糶之。其後每年增糶，多至四十萬石，行之旣久，多爲豪強巧取。乃令有司籍貧民戶數，驗口給之，減賑糶之直三分之一，每歲亦不下二十餘萬石。

42五月，庚辰，詔：「各省止存儒學提學司一，餘悉罷之。」

43陞江南諸縣爲州，以戶爲差，戶四萬、五萬者爲下州，五萬至十萬爲中州，下州官五員，中州六員。凡爲中州二十八，下州十五。又以連州（路）戶不及額，降路爲州。

44辛巳，罷行大司農司。

45甲申，詔：「自元貞元年五月以前逋欠錢糧者，皆罷徵。」

46丙申，以邁迪舊作邁的，今改。爲簽書樞密院事。邁迪，太傅巴延舊作伯顏，今改。子也。皇太后言巴延盡心王室，欲令代其父知樞密院，帝以其年尚少，故有是命。

47六月，戊申，歷城縣大清河水溢，壞民居。

48壬子，詔遼陽省進海東淸（青）鶻，二十四顆，每顆給牛六頭，使者食米五石，鷹食羊五口。又狗遞十二顆，每戶給鈔十錠。

49甲寅，翰林學士承旨董文用等進世祖實錄。

50乙卯，敕：「凡上封事者，中書省發緘視之，然後以聞。」

51癸亥，立蒙古軍都元帥府於西川，徑隸樞密院。

52庚午，立西域親軍都指揮使。

53是月，陝西旱、饑，行省右丞許扆議發廩賑之，同列以未經奏請，不可，扆曰：「民爲邦本，今飢餒若此，必俟命下，無及矣。擅發之罪，吾當任之。」遂發粟賑貸。

54辰、澧地接谿峒，宋嘗選民立屯，免其繇役，使禦之，在澧者曰隘丁，在辰者曰寨兵，宋亡，皆廢。湖廣行省平章劉國傑，既平田萬頃，乃悉復其制，又經畫茶陵、衡、郴、道、桂陽，凡廣東、江西盜所出入之地，南北三千里，置戍三十有八，分屯將士以守之。由是東盡交、廣，西亙黔中，地周湖廣，四境皆有屯戍，制度周密，諸蠻不能復寇，盜賊遂息。是月入朝，賜玉帶、錦衣、弓矢。臺臣言國傑在軍中，每以家貲賞將士，帝命倍償之，部曲有功者各遷官。

55 秋，七月，乙亥，詔江南地稅輸鈔。

56 丁丑，御史臺言：「內地盜賊竊發者衆，皆由國家赦宥所致。請命中書立爲條格，督責所屬，期至盡滅。」從之。

57 工部言：「通惠河創造牐壩，所費不貲，全藉主守之人上下修治，請設提領三員，專一巡護。」從之。

58 乙卯，詔申飭中外：「有儒吏兼通者，各路舉之。廉訪司每道歲貢二人，臺省委官立法攷試，所貢不公，罪其舉者。」

59 命：「職官坐贓論斷，再犯者加二等；倉庫官吏盜所守錢糧，一貫以下笞，至十貫杖之，二十貫加一等，一百二十貫徒一年，每三十貫加半年，二百四十貫徒三年，滿三百貫者死。計贓以至元鈔爲則。」

60 戊戌，朱永福、邊珍裕，以妖言伏誅。

61 壬寅，詔易江南諸路天慶觀爲玄妙觀，毀所奉宋太祖神主。

62 八月，辛酉，緬國進馴象三。

63癸亥，以遼陽水，賑之。

64己巳，以駙馬納懷（舊作那懷。）知樞密院事。

65九月，甲戌，帝至自上都。

66以托克托舊作脫脫，今改。爲上都留守。曾孫，薩曼舊作撒蠻，今改。之子也，幼失怙，其母篤意教之。稍長，直宿衞，世祖復親誨導，尤以嗜酒爲戒。既冠，喜從儒者遊，聞善輒服膺。從世祖征納顏，（舊作乃顏。）擐甲率家奴數十人疾馳擊之，敵衆披靡，世祖望見之，大加嗟賞，謂近臣曰：「薩曼不幸早死，托克托幼，朕撫而教之，常恐其不立。今能如此，薩曼可謂有子矣！」親解佩刀及所乘馬賜之，由是深加器重，得預聞機密之事。

帝卽位以來，寵顧尤篤，常侍禁闈，出入唯謹，退，語家人曰：「我昔親承先帝訓飭，令毋嗜飮，今未能絕也。豈有爲人知過而不能改者乎！自今以往，家人有以酒至吾前者，必痛懲之。」帝聞之，喜曰：「集賽（舊作怯薛。）中如托克托者無幾，今能剛制於酒，眞可大用矣！」遂有是命。托克托至上都，政令嚴肅，克修其職。

67乙亥，用帝師奏，釋大辟三人，杖以下四十九人。

68己卯，罷四川淘金戶四千，還其原籍；罪初獻言者。

69 丁亥，爪哇遣使獻方物。

70 史弼既以罪廢，至是起同知樞密院事。伊爾嚕（舊作月兒魯，即玉昔帖木兒。）言弼等以五千人渡海二十五萬里，入近代未嘗至之國，俘其王及諭降旁近小國，宜加矜憐，遂詔還其所籍家貲，拜江西行中書省右丞。

71 壬辰，湖南司獄郭玘，訴浙西廉訪司僉事張孝思多取廩餼，孝思繫玘於獄。行臺令監察御史楊仁往鞫，而行省平章特穆爾（舊作鐵木兒。）逮孝思至省訊問，又令其屬官與仁同鞫玘事，仁不從。行臺以聞，詔省臺遣官鞫。既引服，皆杖之。

72 冬，十月，癸卯，有事於太廟。中書省言去歲世祖皇帝、裕宗祔廟，以綾代玉册，今玉册玉寶成，請納諸各室，帝曰：「親饗之禮，祖宗未嘗行之，其奉册以來，朕躬祀之。」命獻官迎導入廟。

先是監察御史楊桓，疏陳時務，請親饗太廟，復四時之祭。又請正禮儀以肅宮庭，定官制以省冗員，禁父子骨肉奴婢相告訐者，罷行用官錢營什一之利。帝稱善，然一時不能行也。

73 甲寅，中書省、御史臺言：「江浙平章莽賚布哈（舊作明里不花。）陳臺憲非便事，請自今監察御史、廉訪司有所按覈，州縣官與本路同鞫，路官與宣慰司同鞫，宣慰司官與行省同鞫。」

許之。

74 十一月，甲戌，太白經天。

75 戊戌，詔江浙行省括隱漏官田及檢覈富強被役之戶。

76 太師伊實特穆爾，（舊作玉昔帖木兒。）因議邊事入朝，兩宮賜宴，如家人禮，賜其妻圖（校者按：下缺二字，舊作禿忽魯。）宴服及他珍寶。是月，以疾卒，後追封廣平王，謚貞憲。

77 十二月，丙辰，荆南僧普招寺〔昭等〕僞撰佛書，有不道語，伏誅。

78 伊蘇岱爾（舊作也達帶兒。）之軍，因李氈〔璮〕亂去山東，其元駐之地爲人所墾，歲久成業，爭訟不已。甲子，命別以境內荒田給之，正軍五頃，餘丁二頃，已滿數者不給。

79 減海運腳價鈔一貫，計每石六貫五百文。著爲令。

80 丁卯，禁諸王輒召有司官吏。時諸王錫錫舊作小薛，今改。等部曲，率恣横擾民，駙馬曼濟台舊作蠻子台，今改。私殺有罪，有司官吏輒被號召。至是詔：「非奉旨毋輒加罪。」

81 是歲，立巴約特舊作伯岳吾，今改。氏爲皇后，駙馬托里斯（舊作脫里思。）之女也。

82 集賢學士閻復，上疏言京師宜首建宣聖廟、學，定用釋奠雅樂，從之。又言曲阜守冢戶，昨有司併入民籍，宜復之。其後詔賜孔林灑掃二十八戶，祀田五千畝，皆復之請也。

83行臺御史及浙西憲司劾江浙行省平章不法者十七事，詔遣侍御史尙文往詰之，左驗明著，猶力爭不服，文以上聞。平章乃言御史違制取會防鎭軍數，帝命省臺大臣集議，咸曰：「平章勳臣之後，所犯者輕事，宜宥；御史取會軍數當死。」文抗言：「平章罪狀明白，不受薄責，無人臣禮，其罪非輕；御史糾事之官，因兵卒爭愬，責其帥如舊均役，情無害法，卽有罪亦輕。」廷辨數四，帝意始悟，平章、御史各杖遣之。

元貞二年（丙申、一二九六）

1春，正月，丙子，蠲兩都站戶和雇、和市。

2己卯，詔江南毋捕天鵝。

3上思州叛賊黃勝許攻剽水口、思光寨，湖廣行省調兵擊之，獲其黨黃法安等，賊遁入上牙六羅。

4丙戌，安西王傅特齊托特穆爾（舊作鐵赤脫鐵木兒。）等復請立王相府，帝曰：「去歲阿南達（舊作阿難答。）已嘗面陳，朕以世祖定制諭之。今復奏請，豈欲以四川、京兆悉爲彼有也！賦稅、軍站皆朝廷所司，今姑從汝請，置王相府，惟行王傅事。」

5己丑，以御史中丞圖齊（舊作禿赤。）爲御史大夫。

6御史臺言：「漢人爲同寮者，嘗爲姦人捃摭其罪，由是不敢盡言，請於近侍中擇人用之。」帝曰：「安用此曹！其選漢人識達事體者爲之。」

7乙未，詔：「諸王、駙馬，非奉旨毋罪官吏。」

8二月，己亥朔，中書省言：「陛下自御極以來，所賜諸王、公主、駙馬、勳臣，爲數不輕，向之所儲，散之殆盡。今繼請者尚多，請甄別貧匱及赴邊者賜之，其餘宜悉止。」從之。

9詔：「奉使及軍官歿而子弟未襲職者，其所佩金銀符歸於官，違者罪之。」

10丙午，禁軍將擅易侍衞軍、蒙古軍，以家奴代役者罪之，仍令其奴別入兵籍，以其主資產之半畀之。軍將敢有縱之者，罷其職。

11庚戌，詔：「軍卒擅更代及逃歸者死。」

12丙辰，詔：「江南道士貿易田者，輸田商稅。」

13庚申，自六盤山至黃河，立屯田，置軍萬人。

14丙寅，以大都留守司達嚕噶齊丹津舊作段貞，今改。爲中書平章政事。時博果密（舊作不忽木。）稱疾不出，帝召至便殿，謂曰：「朕知卿疾之故，以卿不能從人，人亦不能從卿也。欲以丹津代卿，如何？」博果密曰：「丹津實勝臣。」乃拜博果密平章軍國重事，辭曰：「是職也，國朝惟史天澤嘗爲之，臣不敢當。」詔去「重」字，而以丹津代爲平章政事。

15 三月，壬申，罷太原、平陽路釀進葡萄酒，其葡萄園，民恃爲業者，皆還之。

16 癸酉，實都（舊作忻都。）言晉王噶瑪拉，舊作甘麻剌，今改。多爾岱舊作朵兒帶，今改。言伊囉勒，舊作月兒魯，今改。（卽玉昔帖木兒。）皆有異圖，詔樞密院鞫之，無驗。帝命言晉王者死，言伊囉勒者謫從軍自效。

17 丙子，帝如上都。

18 丁丑，以完顏邦義、尼雅斯拉鼎、（舊作納速剌丁。）劉季安妄言朝政，杖之，徒二年，籍其家財之半。

19 夏，四月，絳州、黃巖饑，杭州火，並賑之。

20 五月，戊辰朔，免兩都徭役。

21 辛未，安西王遣使來告貧乏，帝語之曰：「世祖以分賚之難，嘗有聖訓，阿南達舊作阿南答，今改。亦知之矣。若言貧乏，豈獨汝耶！去歲賜鈔二十萬錠，又給以糧。今與，則諸王以爲不均；不與，則汝言人多飢死。其給糧萬石，擇貧者賑之。」

22 甲戌，詔：「民間馬牛羊，百取其一，羊不滿百者亦取之，惟色目人及數乃取。」

23 庚辰，土番叛，殺掠階州軍民，遣托克托會諸王特穆爾不花舊作帖木兒不花，今改。等合兵討之。

24 甲申，禁諸王、駙馬招戶。

25 庚寅，罷四川馬湖進獨本葱。

26 丁酉，詔：「諸行省非奉旨毋擅調軍。」

27 是月，（太原平晉、獻州交河、）莫州、醴陵皆水，（莫亭、任丘、湖南）濟州螟。

28 六月，己亥，御史臺言：「官吏受賂，初既辭伏，繼以審覈，而有司徇情，致令異辭者，宜加等論罪。」從之。

29 詔：「晉王所部衣糧，糧以歲給，衣則三年賜之。」

30 丙午，安南遣人招誘叛賊黃勝許，勝許遁入其國。

31 甲寅，降官吏受贓條格，凡十有三等。南臺御史大夫阿喇卜丹舊作阿瓦老丁，今改。言：「立法貴輕重得宜，使民不至易犯。今所降條格，除枉法外，其不枉法者，自二十兩以下，罪與受一分者同科，似輕重少偏。」不聽。

32 丙寅，詔行省、行臺：「凡朱清、張瑄有所陳列，毋輒止之。」

33 是月，大都、眞定等路蝗，海南民飢，發粟賑之。

34 秋，七月，癸酉，詔：「雲南、福建官吏滿任者，給驛以歸。」

35 壬午，巴延、阿珠、（舊作阿朮。）阿爾哈雅（舊作阿里海牙。）等所據江南田及權豪匿隱者，令輸租。

36 增江西、湖南省參政一員，以朱清、張瑄爲之。

37 以虎賁三百人戍應昌。

38 廣西賊陳飛等寇昭、梧、藤、容等州，湖廣左丞巴特瑪琳沁舊作八都馬辛，今改。擊平之。

39 是月，賑平陽等路饑。

40 八月，丁酉朔，禁舶商毋以金銀過海，諸使海外國者不得爲商。

41 壬寅，命江浙行省以船五十艘、水工千三百人沿海巡禁私鹽。

42 乙巳，立捕盜賞格。諸人能告捕者，強盜一名賞鈔五十貫，竊盜半之，應捕者又半之。皆徵諸犯人；無可徵者，官給之。

山東西道廉訪使陳天祥上疏曰：「盜賊之起，各有所因，除歲凶誘之天時，宜且勿論。他如軍旅不息，工役洊興，厚斂煩刑，皆足致盜。中間保護滋長之者，赦令是也。赦者，小人之幸，君子之不幸。彼強梁之徒，執兵殺人，有司盡力以擒之，朝廷加恩以釋之，旦脫縲累，暮卽行劫，旣不感恩，又不畏法。夫凶殘悖逆，性已預定，誠非善化所能移，惟嚴刑以制之可也。」天祥旣上疏，乃嚴督有司追捕，自其所部，南至漢江二千餘里，多就擒者。

43 九月，辛未，聖誕節，帝駐蹕安同泊，受諸王、百官賀。

44 甲戌，徵浙東、福建、湖廣夏稅，罷民間鹽、鐵爐竈及淮西諸巡禁打捕人員。

45 戊寅，元江賊搶賫掠邊境，梁王命集賽坦（舊作怯薛丹。）討平之。

46 甲申，雲南省臣額森布哈征奇藍，（舊作乞藍。）拔瓦農、開陽兩寨，其黨達喇（舊作答剌。）率諸蠻來降，奇藍悉平，以其地爲雲遠路軍民總管府。

47 辛卯，諸王楚布（舊作出伯。）言汪總帥等部衆貧乏，帝以其久戍，命留五千駐冬，餘悉遣還，至明年四月赴軍。

48 李呼喇齊舊作忽蘭吉，今改。入覲，授陝西行中書省右丞、議本省公事。尋卒，後謚襄敏。

49 冬，十月，丁酉，有事於太廟。

50 壬子，帝至自上都。

51 詔：「職官坐贓論斷，再犯者加本罪三等。」

52 贛州民劉六十，聚衆至萬餘，建立名號，朝廷遣將討之，觀望退縮，守令又因以擾良民，盜勢益盛。江南行省左丞董士選請自往，卽日就道，不求益兵，但率掾吏李霆鎭、元明善二人持文書以去，衆莫測其所爲。至贛境，捕官吏害民者治之，民相告語曰：「不知有官法如此！」進至興國，距賊營不百里，命擇將校，分兵守地待命。察知激亂之人，悉置於法，復誅奸民之爲囊橐者。於是民爭出自效，不數日，六十就擒，餘衆悉散。軍中獲賊所爲文書，具有旁近郡縣富人姓名，霆鎮、明善請焚之，民心益安。

遣使以事平報於朝。博果密召其使謂之曰：「董公上功簿耶？」使者曰：「某且行，左丞授之言曰：『朝廷若以軍功爲問，但言鎭撫無狀，得免罪幸甚，何功之可言！』」因出其書，但請黜贓吏數人而已，不言破賊事，時稱其不伐。

53 十一月，己巳，烏圖達（舊作兀都帶。）等進所譯太宗、憲宗、世祖實錄。

54 辛未，以洪澤、芍陂屯田軍萬人修大都城。

55 遣樞密院官整飭江南諸鎭戍，凡將校勤怠者，列實以聞。

56 增海運明年糧爲六十萬石。

57 乙酉，樞密院言：「江南近邊州縣，宜擇險要之地合羣成爲一屯，卒有警急，易於征發。」詔行省圖地形、覈軍實以聞。

58 增大都巡防漢軍。

59 十二月，戊戌，立徹里（一作車里。）軍民總管府。

雲南行省臣言：「大徹里地與八百媳婦犬牙相錯，今大徹里胡念已降，小徹里復占陀地利，多相殺掠。胡念遣其弟胡倫乞別置一司，擇通習蠻夷情狀者爲之帥，招其來附，以爲進取之地。」從之。

60 癸卯，定諸王朝會賜與之數有差。

61 丁未，詔行省徵補逃亡軍。

62 癸亥，釋在京囚百人。

63 增置侍御史二員。

64 是歲，大都、保定、汴梁、江陵、沔陽、淮安水，金、復州風損禾，太原、開元、河南、芍陂旱，蠲其田租。

65 初，裕宗即世，世祖欲定皇太子，未知所立，以問鄂爾根薩理，（舊作阿魯渾薩里。）卽以帝爲對，且言帝仁孝恭儉宜立，於是大計乃決。帝與太后皆莫之知也，數召鄂爾根薩理，不往。帝撫軍北邊，世祖遣鄂爾根薩理奉皇太子寶於帝，乃一至其邸。及卽位，謂鄂爾根薩理曰：「朕在潛邸，誰爲不願事朕者！惟卿雖召不至，今乃知卿眞得大臣體。」遂加守司徒、集賢院使、領太史院事。自是召對不名，賜坐，視諸侯王等。嘗語左右曰：「若全平章者，眞全材也，於今殆無其比。」鄂爾根薩理父別名萬全，故以全爲氏云。

大德元年（丁酉、一二九七）

1 春，正月，丙戌，錫寶齊（舊作昔寶赤。）等爲叛寇所掠，仰食於官，賜以農具牛種，俾耕種自給。

2 辛卯，以張斯立爲中書參知政事。

3 給晉王所部屯田農器。

4 建五福太乙神壇畤。

5 二月，丙申，蒙陽甸部長納款，來獻方物，且請歲貢銀千兩及置驛傳，詔卽其地立通西軍民府。

6 甲辰，詔：「諸軍民相訟者，軍民官同聽之。」

7 丁未，省打捕鷹房府入東京路。

8 己未，改福建省爲福建、平海等處行中書省，徙治泉州。平章高興言泉州與琉球（一作瑠求。）相近，或招或取，易得其情，故徙之。

9 封緬酋爲國王，仍戒飭雲南等處邊將，毋擅興兵甲。

10 庚申，詔改元，赦天下，免上都、大都、隆興差稅三年。【考異】癸辛雜識云：二月，傳有星光芒曳尾。及三月，詔書到杭，改元大德，有云：「星芒示變，天象儆余。」是因慧（彗）見而改元也。然元史紀志俱不載，今闕之。

11 召耶律有尙爲國子祭酒，以其前在國學能振儒風也。尋除集賢學士，兼其職。

12 以行徽政院副使王慶端爲中書右丞。

13 奇徹舊作欽察，今改。親軍都指揮使托克托呼舊作土土哈，今改。自北邊入朝，拜同知樞密院事，命還北邊。行至宣府卒，贈司空，諡武毅。

14 三月，庚午，以陝西行省平章額森特穆爾（舊作也先帖木兒，今改。）爲中書平章政事，中書左丞梁得珪爲中書右丞。【考異】宰相表作四月。今從本紀。

15 以徹爾（舊作徹里。）爲江南諸道行臺御史大夫。

徹里〔爾〕之官，謂都事賈鈞曰：「國家置御史臺，所以肅清庶官，美風俗，舉教化也。乃者御史不存大體，按巡以苛爲明，徵贓以多爲功，至有迫子證父、弟證兄、奴訐主者，傷風敗教，莫茲爲甚！爲我語諸御史，毋效尤爲也。」帝聞而善之。

16 丙子，帝如上都。命典瑞少監焦養直進講資治通鑑，養直因陳規諫之言，帝厚賜之。

17 丁丑，以江西行省左丞巴特瑪琳沁爲中書左丞。

18 庚辰，達嚕噶齊（舊作札魯忽赤。）托爾蘇（舊作托而速。）受賂，爲其奴所告，毒殺其奴，坐棄市。

19 丁亥，禁正月至七月捕獵，大都八百里內亦如之。

20 庚寅，立江淮等處財賦總管府及提舉司。

21 以梁曾爲杭州路總管。

曾善撫字，戶口復者五萬餘。上言請禁暮夜鞫囚，游市酷刑，詔著爲令。

22 先是五臺山佛寺成，皇太后親往祈祝。監察御史眞定李元禮上書於太后曰：「古人有言：『生民之利害，社稷之大計，惟所見聞而不繫職司者，獨宰相得行之，諫官得言之。』今朝廷不設諫官，御史職當言路，卽諫官也，烏可坐視得失，而無一言以裨益聖治萬分之一哉！

伏見五臺山創建寺宇，土木旣興，工匠夫役，不下數萬。附近數路州縣，供億煩重，男女廢耕織，百物踊貴，民不聊生。今聞太后親臨五臺，布施金幣，臣謂其不可行者有五：時當盛夏，禾稼方茂，百姓歲計，全仰秋成，扈從經過，不無蹂躪，一也。太后春秋已高，親勞聖體，往復暑途數千里，不避風日，萬一調養失宜，悔將何及！二也。至尊舉動，必書簡册以貽萬世，書而不法，將焉用之！三也。財不天降，皆出於民；今日支持調度，百倍曩時，而又勞民傷財以奉土木，四也。佛以慈悲方便爲教，雖窮珍玩供養不爲喜，雖無一物爲獻亦不怒。今太后爲蒼生祈福，而先勞聖體，使天子曠定省之禮，五也。伏願中路回轅，端居深宮，儉以養德，靜以頤神，上以循先皇后之懿範，次以盡聖天子之孝心，下以慰元元之望，如此，則不祈福而福自至矣。」

臺臣不敢以聞。至是侍御史萬僧與御史中丞崔彧不合，詣架閣庫取前章，封之入奏曰：「崔中丞私黨漢人，李御史爲大言謗佛，謂不宜建寺。」帝大怒，遣近臣齎其章，敕鄂勒哲、博果密鞫問。博果密以國語譯而讀之，鄂勒哲曰：「其意與吾正同。往吾嘗以此諫，太后曰：

『吾非喜建此寺，蓋先嘗許爲之，非汝所知也。』」博果密曰：「他御史懼不敢言，惟一御史敢言，誠可賞也！」鄂勒哲等以其章上聞，帝沈思良久曰：「御史之言是也。」乃罷萬僧，復元禮職。

23 歸德、徐、邳、汴梁水，免其田租。道州旱，遼陽饑，並賑之。

24 夏，四月，癸巳朔，日有食之。

25 丙申，中書省、御史臺言：「阿喇卜丹及崔彧條陳臺憲諸事，請依舊例，御史臺不立選，其用人則於常調官選之，惟監察御史、首領官，令御史臺自選。各道廉訪司，必擇蒙古人爲使，或缺則以色目世臣子孫爲之，其次參以色目、漢人。又，哈喇齊、（舊作合刺赤。）阿蘇（舊作阿速）各舉監察御史非便，亦宜止於常選擇人，各省文案，行臺差人檢覈。宿衞近侍，奉特旨令臺憲擢用者，必須明奏，然後任之。行臺御史秩滿而有效績者，或遷內臺，或呈中書省，遷調廉訪司亦如之，其不稱職，省臺擇人代之。未歷有司者，授以牧民之職，經省臺同選者，聽御史臺自調。中書省或用臺察之人，亦宜與御史臺同議，各官府憲司官，毋得輒入體察。今擬除轉運鹽司使外，其餘官府，悉依舊例。」從之。

26 董文用請致仕。

文用自世祖時，每侍宴，與蒙古大臣同列。裕宗嘗就榻上賜酒，使毋下拜跪飲。帝在東官，正旦受賀，於衆中見文用，召使前，曰：「吾向見至尊，甚稱汝賢。」輒親取酒賜之，眷賚益厚。至是許其歸，官一子鄉郡侍養。

27五月，丙寅，河決汴梁，發民三萬人塞之。

28戊辰，追收諸位下爲商者制書驛券。

29建臨洮佛寺。

30詔：「強盜姦傷事主者，首從悉誅。不傷事主，止誅爲首；從者刺配，再犯亦誅。」

31丁丑，禁民間捕鬻鷹鶻。

32各路平準行用庫，舊制選部民富有力者爲副，庚寅，命自今以常調官爲之，隸行省者從行省署用。

33上思州叛賊黃勝許，遣其子志寶來降。

34漳水溢，損民禾稼。

35六月，甲午，諸王額爾罕（舊作也里干。）遣使乘馹祀五岳、四瀆，命追其馹劵，仍切責之。

36以湖廣行省參政崔良知廉貧，賜鹽課鈔十錠。

37臧夢解遷江西廉訪副使。臨江路總管李倜，素狡獪，而又附大臣勢以控持省憲，夢解按其贓罪，吏治以澄。

38中丞崔彧，居御史臺久，又守正不阿，以故人多疾之。丙辰，監察御史鄂囉賓喇，(舊作斡羅失剌。)劾奏彧兄在先朝嘗有罪，還其所籍家產非宜；又買僧寺水磑違制。帝怒其妄言，笞而遣之。

39詔：「僧道犯奸盜重罪者，聽有司鞫問。」

40戊寅，前翰林學士承旨董文用卒。文用以忠言正論爲己任，平居聞朝政有一未善，輒終夜不寐，倚壁歎𢡖不置曰：「祖宗艱難成立之天下，豈可使賊臣壞之！」故每與朝議，卽奮言不顧危禍。阿哈瑪特、盧世榮、僧格之黨，百計欲殺之，不以爲意，曰：「人臣在位，豈愛身苟容，而上負國家，下負生民乎！」好賢樂善出天性，待下士必盡禮，至老不倦。仕宦五十年，卒之日，唯祭器、書册而已。贈少保、壽國公，謚忠穆。

41是月，和州歷陽縣江溢，漂沒廬舍萬(八千五百)餘家。

續資治通鑑卷第一百九十三

賜進士及第兵部尚書兼都察院右都御史總督湖北湖南等處地方軍務兼理糧餉世襲二等輕車都尉畢沅編集

元紀十一 起強圉作噩(丁酉)七月，盡上章困敦(庚子)十二月，凡三年有奇。

成宗欽明廣孝皇帝

大德元年(丁酉、一二九七)

1 秋，七月，丁亥，河決杞縣蒲口，命廉訪司僉文相度形勢，爲久利之策。文還，言：「河自陳留抵睢，東西百有餘里，南岸高于水六七尺或四五尺，北岸故隄，其水視田高三四尺或高下不等。大較南高於北約八九尺，隄安得不壞，水安得不北也！蒲口今決千有餘步，東走舊瀆，行二百里，至歸德橫隄之下，復合正流。或強遏之，上決下潰，功不可成。揆今之計，河北郡縣，宜順水性，築長隄以禦泛溢。歸德、徐、邳之民，任擇所便，避其衝突。被害民戶，量給河南退灘地以爲業，異時決他所亦如之，亦一時救患之良策也。蒲口不塞便。」帝從之。會河朔郡縣及山東憲部，爭言不塞則河北桑田盡化魚鼈之區，塞之便，帝復從之。

明年，蒲口復決，障塞之役，無歲無之。是後水北入，復河故道，竟如文言。

2是月，衡州之酃縣大水、山崩，溺死三百餘人。

3八月，丁未，命諸王阿濟吉，（舊作阿只吉。）自今出獵，悉自供具，毋傷民力。

4丁巳，妖星出奎。九月，辛酉朔，妖星復犯奎。集賢學士閻復，上疏言定律令，頒封贈，增俸給，通調內外官，且曰：「古者刑不上大夫，今郡守以徵租受杖，非所以厲廉隅。江南田公祖（租）重，宜減以貸貧民。」後多采用。

5甲子，八百媳婦叛，寇徹爾，（舊作徹里，一作車里。）遣額森布哈（舊作也先不花。）將兵討之。

6丙寅，詔卹諸郡水旱疾疫之家。

7罷括兩淮民田。

8壬午，帝至自上都。

9己丑，增海漕爲六十五萬石。

10以徹爾（舊作徹里。）爲浙江行省平章政事。

江浙稅糧甲天下，平江、嘉興、湖州三郡，當江、浙十六七，而其地極下，水鍾爲震澤。震澤由吳淞江入海，歲久，江淤塞，豪民利之，封土爲田，水無所泄，由是浸淫泛溢，敗諸郡禾稼。朝廷命行省疏導之，發卒數萬人，徹爾董其役，凡四閱月畢工。【考異】元史董士選傳並載浙四關復湖泊事，今從徹爾傳。

11冬，十月，辛丑，溫州陳空崖等，以妖言伏誅。

12乙卯，爪哇遣使奉表來降。

13戊午，增吏部尚書一員，以吳元珪爲之。時選曹銓注，多有私其鄉人者，元珪曰：「此風不可長，蜀黨、朔黨之興，宋之所由衰也。」自視事後，請謁悉皆謝絕。

14是月，奇徹（舊作欽察。）都指揮使綽和爾舊作牀兀兒，今改。攻破巴林舊作八鄰，今改。之地，還擊哈都（舊作海都。）軍，敗走之。巴林之地，時爲（哈）都軍所據，綽和爾帥師踰金山，進攻之。其將達蘭台，舊作帖良臺，今改。阻達魯噶河舊作答魯忽河，今改。而軍，伐木柵岸以自庇，士皆下馬跪坐，持弓矢以待。綽和爾奮師馳擊，大破之，盡得人馬廬帳。還，次阿嚕河，舊作阿雷河，今改。與哈都援將巴拜舊作孛伯，今改。遇，綽和爾麾軍渡河蹙之，巴拜敗走，僅以身免。

15十一月，壬戌，禁權豪、僧道及各位下擅據鑛炭山場。

16戊辰，增太廟牲，用馬。

17丁丑，封高麗國王王昛爲逸壽王，以其世子謜爲高麗國王，從所請也。

18御史臺言：「大都路總管赫迪，（舊作沙的。）盜支官錢及受贓，計五千三百緡，準律當杖百七不敍，以故臣予從輕論。」而帝欲止權停其職，中丞崔彧與大夫濟爾哈朗（舊作只兒合朗。）執不可。帝曰：「卿等與中書省臣戒之，若後復然，則置死地矣。」已而御史奏彧任中丞且十年，非所宜，彧遂以病辭，帝諭之曰：「卿辭退誠是，然勉爲朕少留之。」

19 戊子，太白經天。

20 十二月，戊戌，中書省言：「世祖撫定江南，沿江上下置戍兵三十一翼，今無一二，懼有不虞。」帝曰：「與樞密議之。」

21 禁諸王、駙馬並權豪毋奪民田，其獻田者有刑。

22 復立芍陂、洪澤屯田。

23 閏月，壬戌，詔：「軍戶賣田者，由所隸官給文券。」

24 甲子，福建平章高興，言漳州漳浦縣大梁山產水晶，請割民百戶采之，帝曰：「不勞民則可，勞民勿取。」

25 奇爾濟蘇，（舊作闊里吉思。）汪古部人愛布哈（舊作愛不花。）之子也，性勇毅，習武事，尤篤於儒術，築萬卷堂，日與諸儒討論經、史、性理、陰陽、術數，靡不該貫。尚公主，從世祖討叛王額爾罕（舊作也里干。）有功，帝即位，封高唐王。西北不安，請於帝，願往平之；再三請，帝乃許。及行，且誓曰：「若不平西北，吾馬首不南！」是歲，遇敵於巴牙斯（舊作伯牙斯。）之地，衆謂當俟大軍畢至，與戰未晚，奇爾濟蘇曰：「大丈夫報國而待人耶！」即整衆鼓譟以進，大敗之，擒其將卒百數以獻。詔賜世祖所服貂裘、寶鞍及繒錦、介冑、弓矢。

26 時初建南郊，翰林國史院檢閱官袁桷進十議。曰：天無二日。天既不得有二，五帝不得謂之天，作昊天五帝議。祭天歲或爲九，或爲二，作祭天名數議。圜丘不見於五經，郊不見於周官，作圜丘非郊議。后土，社也，作后土卽社議。三歲一郊，非古也，作祭天無間歲議。燔柴見於古經，周官以禋祀爲天，其義各有旨，作燔柴泰壇議。祭天之牛角繭栗，用牲于郊，牛二，合配而言之，增羣祀而合祠，非周公之制矣，作郊不當立從祀議。郊質而尊之義也，明堂文而親之義也，作郊明堂禮儀異制議。郊用辛，魯禮也，卜不得常爲辛，作郊非辛日議。北郊不見於三禮，尊地而遵北郊，鄭玄之說也，作北郊議。禮官推其博，多采用之。桷，慶元人也。

27 雲南民歲輸金銀，近中慶城邑戶口，則詭稱逃亡。甸寨遠者，季秋例遣官領兵往徵，人馬芻糧，往返之費，歲以萬計。所差官必重賂省臣乃得遣，徵收金銀之數必十加二，而折閱之數又如之，其送迎、饋贐，亦如納官之數，所遣者又以銅雜銀中納官。雲南行省左丞劉正，首疏其弊，給官稱，俾土官身詣官輸納，其弊始革。

時有獻西域稱法者，左司都事張思明斥其惑衆，不用。

大德二年（戊戌、一二九八）

1春，正月，壬辰，詔以水旱減郡縣田租十分之三，傷甚者盡免之，老病單弱者，差稅並免三年。

2禁諸王、公主、駙馬受人呈獻公私田地及擅招戶者。

3辛丑，御史臺言：「諸轉運司案牘，例以歲終檢覈。金穀事繁，稽照難盡，其未終者，宜聽憲司於明年檢覈。」從之。

4己酉，遣所俘瑠求人歸，諭其國使之效順。

5以翰林王惲、閻復、王構、趙與票、王之綱、楊文郁、王德淵，集賢王容、宋渤、盧摯、耶律有尙、李泰、郝采、楊麟，皆耆德舊臣，淸貧守職，特賜鈔二千餘錠。

6二月，乙丑，立浙西都水營田司，專主水利。

7以中書右丞張九思爲平章政事，與中書省事。

8丁卯，改泉州爲泉寧府。

9丙子，帝諭中書省臣曰：「每歲天下金銀鈔幣，所入幾何？諸王、駙馬賜與及一切營建，所出幾何？其會計以聞。」鄂勒哲（舊作完澤。）言：「歲入之數，金一萬九千兩，銀六萬兩，鈔三百六十萬錠，然猶不足於用，又於至元鈔本中借二十萬錠。自今敢以節用爲請。」帝嘉納焉，罷中外土木之役。

10 癸未，詔：「諸王、駙馬毋擅祀岳、鎭、海、瀆。」

11 乙酉，帝如上都。

12 罷建康金銀銅冶轉運司；還淘金戶於元籍，歲辦金專責有司。

13 詔廉訪司作成人材以備選舉。

中書平章政事崔彧與御史大夫圖齊（舊作禿赤。）言：「世祖聖訓，凡在籍儒人，皆復其家。今歲月滋久，老者已矣，少者不學。宜遵先制，俾廉訪司常加勉勵。」帝深然之，命彧與博果密、（舊作不忽木。）鄂爾根薩理（舊作阿魯渾薩里。）同翰林、集賢議降條例，故有是詔。

14 減行省平章爲二員。

15 丙子（戌），以梁德珪爲中書平章政事，楊炎龍爲中書右丞。

16 三月，戊子，詔：「僧人犯奸盜、詐僞，聽有司專決，輕者與僧官約斷，約不至者罪之。」

17 庚寅，命：「各萬戶出征者，其印命副貳掌之，不得付其子弟，違法行事。」

18 壬子（辰），御史臺言：「道州路達嚕噶齊（舊作答魯花赤。）阿林布哈、（舊作阿林不花。）總管周克敬，虛申麥熟，不賑飢民，雖經赦宥，宜降職一等。」從之。

19 壬子，詔：「加封東鎭沂山爲元德東安王，南鎭會稽山爲昭德順應王，西鎭吳山爲成德永靖王，北鎭醫巫閭山爲貞德廣寧王，歲時與岳瀆同祀，著爲令。」

20夏，四月，江南、山東、浙江、兩淮、燕南屬縣多蝗。

21帝欲開鐵幡竿渠，召知太史院事郭守敬議之，守敬奏山水頻年暴下，非大爲渠堰，廣五七十步不可，時議不盡以爲然。

守敬嘗起水渾蓮、渾天漏，大小機輪凡二十有五，皆以刻木爲衝牙，轉爲撥擊，上爲渾象，點畫周天星度，日月二環，斜絡其上，象則隨天左旋，日月二環各依行度，退而右轉。見者服其精。

22五月，壬辰，以中書右丞何榮祖爲平章政事，與中書省事，湖廣左丞巴圖瑪遜（舊作八都馬辛。）爲中書右丞。

23己酉，撫州崇仁縣星隕爲石。

24六月，庚申，御史臺言：「江南宋時行兩稅法，自阿爾哈雅（舊作阿里海牙。）改爲門攤，增課錢至五萬錠。今宣慰張國紀請復科夏稅，與門攤並徵，以圖陞進，湖、湘重罹其害。」帝命中書趣罷之。

25南臺侍御史托歡，（舊作脫歡。）以受賂不法罷。

26禁諸王擅行令旨，其越禮開讀者，併所遣使拘執以聞。

27秋，七月，癸巳，汴梁等處大雨，河決，壞隄防，漂沒歸德數縣禾稼廬舍，免其田租一年。

遣尙書那懷、(一作納壞。)御史劉賡等塞之,自蒲口首事,凡築九十六所。
28 壬寅,詔:「諸王、駙馬及諸近侍,自今奏事不經中書,輒傳旨付外者,罪之。」
29 詔遣中書右丞楊炎龍、簽樞密院事洪君祥召高麗國王王謜入侍。時有言謜僭設司空、司徒等官,而又擅殺其臣金呂者,故召謜入侍,因留不遣,復以其父逸壽王昛爲高麗國王。
30 九月,己丑,交趾、爪哇、金齒國各貢方物。
31 丙申,帝至自上都。
32 癸卯,樞密副使塔喇呼岱(舊作塔剌忽帶。)犯贓罪,命御史臺鞫之。
33 庚戌,減中外宂員。
34 是月,平章政事崔彧卒,贈太傅,謚忠肅。
35 冬,十月,甲寅朔,增海漕米爲七十萬石。
36 十一月,丙申,罷雲南行御史臺,置廉訪司。
37 壬寅,以中書右丞王慶端爲平章政事。
38 十二月,戊午,太白經天。
39 乙丑,括諸路馬,除牝孕攜駒者,齒三歲以上並拘之。
40 辛未,增置各路推官,專掌刑獄,上路二員,下路一員。

41江浙行省平章政事達喇罕（舊作答剌罕。）陞左丞相。

42甲戌，彗出子孫星下。

43辛巳，命廉訪司歲舉所部廉幹者各二人。

44詔：「和市價值隨給其主，違者罪之。」

45定諸稅錢三十取一，歲額之上勿增。

46是歲，北邊諸王都哇、（一作篤哇。）徹徹圖（舊作徹徹秃。）等潛師襲和爾哈圖（舊作火兒哈秃。）之地。其地亦有山甚高，敵兵據之，綽和爾選勇而善步者持挺刃四面上，奮擊，盡覆其軍。

47西北諸王將帥共議防邊，咸曰：「敵往歲不冬出，即可休兵於境。」奇爾濟蘇曰：「不然。今秋候騎來者甚少，所謂鷙鳥將擊，必匿其形，備不可緩也。」衆不以爲然，奇爾濟蘇獨嚴兵以待之，是冬，敵兵果大至，三戰三克。奇爾濟蘇乘勝逐北，深入險地，後兵不繼，馬躓，遂爲所執。敵誘使降，正言不屈；又欲以女妻之，奇爾濟蘇毅然曰：「我帝壻也，非帝后面命而再娶，可乎？」敵不敢逼。帝嘗遣其家臣阿錫斯（舊作阿昔思。）特使敵境，見於人衆中，奇爾濟蘇一見，輒問兩宮安否，次問嗣子何如，言未畢，左右卽引去。明日，遣使者還，不復再見，竟不屈，死焉。追封趙王，謚忠憲。

48皇曾孫梁王松山，出鎮雲南，廷議求舊臣可爲輔行者，遂以陝西行臺侍御史張立道爲雲南行省參政，視事期月，卒於官。立道凡二使安南，官雲南最久，頗得土人之心，爲立廟於鄯善城西。

49 簽淮西、江北道廉訪司事申屠致遠行部至和州，得疾卒。致遠清修苦節，恥事權貴，聚書萬卷，名曰墨莊。既歿，家無餘產。

大德三年（己亥、一二九九）

1 春，正月，己丑，中書省臣言天變屢見，大臣宜依故事引咎避位，帝曰：「此漢人曲說耳，豈可一一聽從耶！卿但擇可者任之。」

2 庚寅，詔遣使問民疾苦，除本年內郡包銀俸鈔，免江南夏稅十分之三，增給小吏俸米。

置各路惠民局，擇良醫主之。

3 時遣張珪巡行川、陝，珪卹孤貧，罷冗員，黜貪吏，以稱職聞，還，擢江南行臺侍御史。

4 命中書省：「自今后、妃、諸王所需，非奉旨弗給；各位擅置官府，紊亂選法者，戒飭之。」

5 辛卯，浙西廉訪使王遇犯贓罪，託權幸規免，命御史臺鞫治之。

6 壬辰，中書省言：「比年公帑所費，動輒鉅萬，歲入之數，不支半歲，自餘皆借及別支，臣恐理財失宜，鈔法亦壞。」帝嘉納之，仍令諭伊齊徹爾（舊作月赤察兒。）等：「自今一切賜與皆勿奏。」

7 癸巳，以江浙行省左丞相哈喇哈斯（舊作哈剌哈孫。）爲中書左丞相。帝問闊復曰：「中書左相難其人，卿試舉所知，誰可任者？」復以哈喇哈斯對。時視政江浙纔七日，遂被徵。哈喇哈斯既拜命，斥言利之徒，一以節用愛民爲務，有大政事，必引儒臣雜議。京師久闕孔子廟，而國學寓他署，乃奏建廟學，選名儒爲學官，采近臣子弟入學。又集羣議建南郊，爲一代定制。

8 乙巳，太白經天。

9 二月，癸丑朔，帝如柳林。

10 丁巳，鄂勒哲等請銓定省部官，以次引見，帝允之。仍諭六部官曰：「汝等事多稽誤，朕昔未知其人爲誰。今既閱視，且知姓名，其洗心滌慮，各欽乃職；復蹈前失，罪不汝貸。」

11 罷四川、福建等處行中書省，陝西行御史臺，江東、荆南、淮西三道宣慰司。置四川、福建宣慰司、都元帥府及陝西、漢中道肅政廉訪司。

12 廣和林、甘州城。

13 詔：「縉山縣民戶爲勢家所蔽者，悉還縣定籍。」

14 壬申，金齒國來貢方物。

15 庚辰，帝如上都。

16 三月，癸巳，命江浙釋教總統補陀僧一山齋詔使日本。詔曰：「向者世祖皇帝嘗遣補陀禪僧如智及王積翁等兩奉璽書，通好日本，咸以中途有阻而還。自朕臨御以來，綏懷諸國，薄海內外，靡有遐遣〔遺〕，日本之好，宜復通問。今如智已老，補陀僧一山，道行素高，可令往諭，附商船以行，庶可必達，蓋欲成先帝遺意。至於惇好息民之事，王其審圖之。」

先是浙江平章伊蘇特爾（舊作也速答兒。）勸帝用兵日本，帝曰：「今非其時。」因其俗奉佛，遂遣一山齋詔往使，而日本竟不至。

17 甲午，命何榮祖等更定律令。帝諭榮祖曰：「律令，良法也，宜早定之。」既而書成上之，且言：「臣所釋者三百八十條，一條有該三四事者。」帝以古今異宜，不必相沿，詔元老大臣聚聽之。未及頒行而榮祖卒，追封趙國公，謚文憲。

18 詔：「軍官受贓，罪重者罷職，輕者降其散官或決罰就職，停俸期年，許令自效。」

19 乙巳，行御史臺劾平章嘉琿（舊作教化的。）受財三萬餘錠，嘉琿復言平章迪里布哈（舊作的里不花。）領財賦時盜鈔三十萬錠，及行臺中丞張閭受李元善鈔百錠，敕俱勿問。

20 自崔彧卒後，帝命昭文館大學士、平章軍國事博果密行御史中丞事。有因父官受賄賂，御史必欲歸罪其父，博果密曰：「風俗之司，以宣政化、勵風俗爲先。若使子證父，何以興孝！」樞密臣受人玉帶，徵贓不敍，御史言法太輕，博果密曰：「禮，大臣貪墨，惟曰簠簋不飭。若加笞辱，非刑不上大夫之意也。」

21 戊申，減江南諸道行臺御史大夫一員。

22 召楊桓爲國子司業，未赴，卒。

23 夏，四月，辛未，禁和林戍軍竄名他籍。

24 通州至兩淮漕河，置巡防捕盜司凡十九所。

25 己卯，以禮部尙書伊嚕布哈（舊作月魯不花。）爲中書左丞。

26 五月，壬午，罷江南諸路釋教總統所。

27 庚子，復立征東行中書省。高麗國王王昛既復位，而使臣自其國還者，言昛不能服其衆，乃復立征東行省，以福建都元帥奇爾濟蘇爲平章政事，共理之。

28 是月，以鄂、岳諸州旱，免其酒課、夏稅，江陵路旱、蝗，弛其湖泊之禁，並以糧賑之。

29 六月，癸丑，罷大名路所獻黃河故道田輸租。

30 戊午，申禁海商以人馬兵杖往諸蕃貿易者。

31 鐵幡竿渠之開也，執政吝於工費，以郭守敬所言爲過，縮其廣三之一，是夏大雨，山水注下，渠不能容，漂沒人畜廬帳，幾犯行殿。帝謂宰臣曰：「郭太史，神人也，惜其言不用耳！」

32秋，七月，庚辰，中書省言江南諸寺佃戶五十餘萬，本皆編民，自嘉木揚喇勒智（舊作楊璉眞伽。）冒入寺籍，宜加釐正，從之。

33八月，己酉朔，太史言是日巳時當日食二分有奇，至期不食，衆懼。保章正齊履謙曰：「當食不食，自古有之。矧巳時近午，陽盛陰微，故當食不食。」遂考唐開元以來當食不食者凡十事以聞。

34吳元珪遷工部尙書。時河朔連年水旱，五穀不登，元珪言：「春秋之義，以養民爲本，凡用民力者必書。蓋民力息則生養遂，生養遂則敎化行而風俗美。」宰相嘉其言，土木之工稍爲之息。

35九月，庚寅，置河東鐵冶提舉司。

36壬辰，流星色赤，尾長丈餘，其光燭地，起自河鼓，沒於牽牛之西，有聲如雷。張珪上疏，極言天人之際，災異之故，其目有修德行，廣言路，進君子，退小人；信賞、必罰，減冗官，節浮費，以法祖宗成憲，累數百言，劾大臣之不法者，倂及近侍之熒惑者，不報。珪遂謝病歸。

37癸巳，罷括宋手號軍。

38己亥，帝至自上都。

39揚州、淮安旱，免其田租。
40冬，十月，戊申朔，有事於太廟。
41壬子，册皇后巴約特氏。（舊作伯岳吾氏。）
42甲寅，復立海北海南肅政廉訪司。
43山東轉運使阿爾津（舊作阿里沙。）等增課鈔四萬餘錠，各賜錦衣。
44十一月，庚辰，置浙西平江河渠牐堰凡七十八所。
45丁酉，浚太湖及澱山湖。
46十二月，丙寅，詔：「各省戍軍輪次放還，二年供役。」
47癸酉，詔中書省：「貨財出納，自今無劵記者勿與。」
48以集賢院使、領太史院事鄂爾根薩理爲中書平章政事。
49是歲，命兄子哈尙舊作海山，今改。鎭漠北。哈尙，帝兄達爾瑪巴拉舊作答剌麻八剌，今改。之長子，帝以寧遠王庫庫楚舊作闊闊出，今改。總兵北邊，怠於備禦，命哈尙卽軍中代之。
50省民出公田租。
時公田爲民害，而荆湖尤甚；部內實無田，隨民所輸租取之，戶無大小，皆出公田租，雖水旱不免。荆湖宣慰使列智理威（舊作立智理威。）上民所不便十餘事於朝，而言公田尤切，廷議遣使理之。會有詔，凡官無公田者，始給以俸，民力少蘇焉。

51 浙江鹽官州海塘崩，都省遣禮部郎中游中順洎本省官相視，因虛沙復漲，難於施力而止。

52 朝議以江浙行省地大人衆，非世臣有重望者，不足以鎮之，帝乃以虎賁衞親軍都指揮使托克托（舊作脫脫。）爲江浙行省平章政事。始至，嚴飭左右毋預公家事，且戒其掾屬曰：「僕從有私屬者，愼勿聽。若軍民諸事有關於利害者則言之。當言而不言，爾之責也，言而不聽，我之咎也。」有豪民白晝殺人者，托克托立命有司按法誅之。自是豪猾屏息，民賴以安。

大德四年（庚子、一三〇〇）

1 春，正月，丙申，申嚴京師惡少不法之禁，犯者黥刺，杖七十，拘役。

2 癸卯，復淮東漕渠。

3 二月，丁未朔，日有食之。

4 丙辰，皇太后鴻吉哩氏（舊作弘吉剌氏。）崩。

后性孝謹，侍昭睿順聖皇后，不離左右，至溷廁所用紙，亦以面擦令柔輭以進，世祖每稱之爲賢德媳婦。一日，裕宗有病，世祖往視，見牀上設織金臥褥，慍而語之曰：「我嘗以汝爲賢，何乃至此！」后對曰：「常時不敢用，今爲太子病，恐有濕氣，故用之。」卽時撤去。

及尊爲太后，置徽政院，掌其財賦。院官有受獻浙西田七百頃者，籍爲院田，后曰：「我寡居婦人，衣食自有餘，況江南率土皆爲國家有，曷敢私之！」卽命還之，而黜院官之受獻者。后之弟欲因后求官，后拒之曰：「勿以累我也！」其後弟果被黜，人皆服其先見。

后崩之明日，祔葬諸陵，諡徽仁裕聖皇后。

5 甲戌，賑湖北饑民，仍弛山澤之禁。

6 乙亥，帝如上都。

7 置西京太和嶺屯田。

8 立烏撒、烏蒙等郡縣。

9 丙子，命李庭訓練各衞軍士。

10 三月，乙未，寧國、太平旱，賑之。

11 夏，四月，戊午，參政張頤孫及其弟圭等伏誅於隆興寺。

頤孫初爲新淦富人胡制機養子，後制機自生子而死，頤孫利其貲，與圭謀殺之，賂郡縣吏獲免。其僕胡忠訴主之冤於官，乃誅之，其貲悉還胡氏。

12 以中書省斷事官布埒齊（舊作不蘭奚，今改。）爲平章政事。

13 五月，癸未，左丞相達喇罕遣使來言，橫費不節，府庫漸虛，詔：「自今諸位下事關錢穀者，毋輒以聞。」

14 帝諭集賢大學士鄂爾根薩理曰：「集賢、翰林，乃養老之地，自今諸老滿秩者陞之，勿令輒去，或有去者，罪將及汝。其諭中書知之。」

15 六月，丙辰，以太傅伊徹察喇舊作月赤察兒，今改。爲太師，鄂勒哲爲太傅，皆賜之印。

16 丁巳，昭文館大學士、平章軍國事、行御史中丞事博果密卒。初，病作，帝遣醫治之，不效，卒年四十六。帝聞之驚悼，士大夫皆哭失聲。

博果密素貧窮，自爨汲，妻織紝以養母。後因使還而母已卒，號痛嘔血幾不起。平居服儒素，不尚華飾，祿賜有餘，即散施親舊。明於知人，多所薦拔。丞相哈喇哈斯、達喇罕，亦其所薦也。其學先躬行而後文藝，居則簡默，及帝前論事，吐辭弘暢，以天下之重自任，知無不言。世祖嘗語之曰：「太祖有言，人主理天下，如右手持物，必資左手承之，然後能固。卿實朕之左手也。」每侍燕間，必陳設〔說〕古今治安，世祖每拊髀歎曰：「憾卿生晚，不得早聞此言，然亦吾子孫之福。」臨崩，以白璧遺之曰：「他日持此以見朕也。」

博果密既卒，貧無以葬，帝賜鈔五百錠賻之。後贈太傅，追封魯國公，諡文貞。

17 甲子，詔：「各省自今非奉命毋擅役軍。」

18 緬人贍〔僧〕哥倫作亂，緬王之弟阿散哥也乃率其黨囚王於豕牢，因弒之。王次子奔愬京師，詔遣色辰額埒舊作薛超兀兒，今改。等率行省兵二千討之。

19 秋，七月，杭州路貧民乏食，以糧萬石減其直糶之。

20 八月，癸卯朔，更定廕敍格：正一品子爲正五，從五品子爲從九，中間正從以是爲差；蒙古、色目人特優一級。

21 置廣東鹽課提舉司。

22 庚申，緬國阿散吉牙等昆弟赴闕，自言殺主之罪，罷征緬兵。

23 閏月，庚子，帝至自上都。以中書右丞賀仁傑爲平章政事。

24 賜晉王所部糧七萬石。

25 九月，壬戌，廣東英德州達魯噶齊托驢徹爾（舊作脫歡察而。）招降羣盜，陞英德州爲路，立三縣，以托驢徹爾兼萬戶以賑〔鎮〕之。

26 甲子，建康、常州、江陵饑，賑之。

27 冬，十月，癸酉，有事於太廟。

28 十一月，壬寅朔，詔頒寬令。

29 十二月，雲南行省左丞劉深倡議，言：「世祖以神武一海內，功蓋萬世。今上嗣大歷服，未有武功以彰休烈，西南夷有八百媳婦國未奉正朔，請往征之。」鄂勒哲勸帝用其言，哈喇哈斯曰：「山嶠小夷，遼絕萬里，可諭之使來，不足以煩中國。」不聽。癸巳，發兵二萬，命劉深及哈喇岱（舊作合剌帶。）將之，征八百媳婦。帝用兵意甚堅，在廷無敢諫者，御史中丞董士選率同列言之，奏事殿中畢，同列皆起，士選乃獨言：「劉深出師，以有用之民而取無用之地，就令當取，亦必遣使諭之，諭之不從，然後聚糧選兵，視時而動，豈得信一人妄言而置百萬生靈於死地！」帝色變，士選猶辯不止，侍從皆爲之戰慄。帝曰：「事已成，卿勿復言。」士選曰：「以言受罪，臣之所當。他日以不言罪臣，臣死何益！」帝麾之出。【考異】八百媳婦之役，由於劉深之貪功起釁。經世大典云：大德元年，八百媳婦國與胡弄攻胡倫，又侵緬國，車里告急，命雲南省以二千或三千人往救。二年，八百媳婦國爲小車里胡弄所誘，以兵五萬與夢胡龍甸土官及大車里胡念之子漢綱爭地相殺，又令其部由混干以十萬人侵蒙樣等，雲南省乞以二萬人征之。四年，梁王上言請自討賊，朝議調湖廣、江西、河南、陝西、浙江五省軍二萬人，命前荆湖、占城行省左丞劉深率以征。是八百媳婦先有騷動，而請討之者梁王也，與元史異。據元史董士選諸傳，俱以劉深爲創謀。蓋深既迎合上意以妄冀邀功，遂擧邊界細故爲兵端，而慫恿梁王使上言，其謀仍出於深耳。今從元史。

30御史臺奏樞密院經歷察罕簽湖南憲司事，中書省又奏爲武昌路治中，丞相哈喇哈斯曰：「察罕廉潔，固宜居風憲。然武昌大郡，非斯人不可治。」竟除武昌。

廣西妖賊高仙道，以左道惑衆，平民詿誤者以數千計，既敗，湖廣行省命察罕與憲司雜治之，鞫得其情，議誅首惡數人，餘悉縱遣，且焚其籍。衆難之，察罕曰：「吾獨當其責，諸君無累也。」以治最聞，擢河南省郎中。察罕，西域人也。

31 帝嘗弗豫，召同知宣徽院使圖沁布哈（舊作秃堅不花。）入侍疾，一食一飲，必嘗乃進。帝體既安，賜錢，不受，解衣賜之。嘗從巡幸，禁中衞士感奮，有所欲言，帝命進而問之，皆曰：「臣等宿衞有年矣，日膳充給、歲賜以時者，誠荷陛下厚恩，亦由宣徽有能官；圖沁布哈其人也。」帝悅，賜珠袍，超拜宣徽使，辭曰：「先臣服勤於茲三世矣，位不過僉佐，臣何敢有加於先臣乎！」帝嘉其退讓，乃允其請。

32 河南行省右丞馬紹卒。

33 杭州路總管梁曹丁內艱。先是丁憂之制未行，曹上言請如禮，從之。

34 時江淮屯戍軍二十餘萬，親王分鎮揚州，皆以兩淮民稅給之，不足則漕於湖廣、江西。是歲，會計兩淮，僅少三十萬石。河南左右司郎中潁昌謝讓，請以淮鹽三十萬引鬻之，收其價鈔，以給軍食，不勞遠運，公私便之。

35 賑建康、浙東、平江饑。

續資治通鑑卷第一百九十四

賜進士及第兵部尚書兼都察院右都御史總督湖北湖南等處地方軍務兼理糧餉世襲二等輕車都尉　畢沅　編集

元紀十二

起重光赤奮若(辛丑)正月，盡昭陽單閼(癸卯)十二月，凡三年。

成宗欽明廣孝皇帝

大德五年(辛丑、一三〇一)

1 春，正月，庚戌，給征八百媳婦軍鈔總計九萬二千餘錠。

2 壬子，奉安昭睿順聖皇后御容于護國仁王寺。

3 御史臺言：「官吏犯贓及盜官錢，事覺避罪逃匿者，宜候(同)獄成，雖經原免，亦加降黜，庶姦僞可革。」從之。

4 先是，征東行省奇爾濟蘇，舊作闊里吉思，今改。言高麗王擅署官府及借用天子禮儀、器物，況官冗民稀，刑罰不一，若止依本俗從事，實難撫治，帝遣刑部尚書王泰亨等往釐正之。既而高麗王昛言設行省監制其國不便，帝亦以奇爾濟蘇不能和輯高麗，遂罷征東行省，徵奇爾濟蘇還。

5 二月，己卯，以劉深、哈喇岱（舊作合剌帶。）並爲中書右丞，鄭佑爲參知政事，皆佩虎符。

6 罷福建織繡提舉司。

7 丁亥，立征八百媳婦萬戶府二，設萬戶四員，發四川、雲南囚徒從軍。

8 乙未，詔廉訪司：「官非親喪、遷葬及以病給告者，不得離職；或以地遠職卑受任不赴者，臺憲勿復用。」

9 丁酉，帝如上都。

10 減內外諸司官千五百十四員。

11 己亥，令：「凡軍士殺人姦盜者，令軍民官同鞫。」

12 三月，丁卯，熒惑犯填星；己巳，熒惑、填星相合；戒飭中外官吏。

13 夏，四月，壬午，以晉王所部貧乏，賜以鈔。

14 調雲南軍征八百媳婦。

15 湖北廉訪司僉事郭貫言：「今四省軍馬以數萬計，征八百媳婦國，深入烟瘴萬里不毛之地，無益於國。」不聽。

16 癸未，禁和林釀酒。

17五月，商州隕霜殺麥。

18壬戌，雲南土官宋隆濟叛。

時劉深將兵由順元入雲南，雲南右丞伊嚕納舊作目〔月〕忽難，今改。調民供饋。隆濟因紿其衆曰：「官軍征發汝等，將盡翦髮、黥面爲兵，身死行陣，妻子爲俘。」衆惑其言，遂叛。

19丙寅，詔雲南行省：「自願征八百媳婦者二千人，人給貝子六十索。」

20六月，丙戌，宋隆濟率猫狫、紫江諸蠻四千人攻楊黃寨，殺掠甚衆。壬辰，攻貴州，知州張懷德戰死，遂圍劉深於窮谷中，梁王遣雲南行省平章綽和爾、舊作幢兀兒，今改。參政布埒齊舊作不蘭奚，今改。將兵救之，殺賊酋撤〔撒〕月，斬首五百級，深始得出。

21秋，七月，戊戌朔，晝晦，暴風起東北，雨雹兼發，江湖泛溢；東起通、泰、崇明，西盡眞州，民被災死者不可勝計。浙西廉訪司僉事趙弘偉，以潤、常民乏食，將發廩以賑，有司以未得報爲辭，弘偉曰：「民旦暮且死，擅發有罪，我先坐。」遂發廩。既而詔以米八萬七千餘石賑之。

22乙巳，大興〔寧〕路水，賑以糧。

23丁未，詔：「軍官受贓與民官同例，量罪大小殿黜。」

24癸丑，浙西積雨泛溢，大傷民田。詔役民夫二千人疏導水路。

25 命雲南省分蒙古射士征八百媳婦。

26 癸亥，哈坦（舊作合丹。）之孫托歡（舊作脫歡。）自北境來歸，其父母妻子皆遭殺掠，賜鈔一千四百錠。

27 八月，己巳，平灤路霖雨，灤、漆、淝、汝河溢，民死者衆，免其今年田租，仍賑粟三萬石。

28 上都久雨，夜，聞城西北有聲如戰鼓，拱衞直都指揮使王伯勝率衞卒出視之，乃大水暴至。伯勝立具畚鍤，集土石氈罽以塞，分決濠隍以殺其勢，至旦始定，而民弗知。丞相鄂勒哲（舊作完澤。）以聞，帝嘉之。伯勝，文安人也。

29 甲戌，遣色辰額埒（舊作薛超兀兒。）等將兵征金齒諸國。時征緬師還，爲金齒所遮，士多戰死。金齒地連八百媳婦，諸蠻相效，不輸稅賦，賊殺官吏，故皆征之。

30 庚辰，詔遣官分道賑卹。凡獄囚禁繫累年疑不能決者，令廉訪司具其疑狀，申呈省臺詳讞，仍爲定例。各路被災重者，免其差稅一年，貧乏之家，計口賑卹，尤甚者優給之。小吏犯贓者，並罷不敍。

31 皇子哈尙舊作海山，今改。之撫軍北鄙也，宿衞哈喇托克托舊作康里脫脫，今改。從，至是朝議，北師少怠，紀律不嚴，命太師、樞密宣徽使伊徹察喇舊作月赤察兒，今改。副哈尙以督之。未幾，哈都（舊作海都。）及都爾斡舊作篤娃，今改。（前作都哇。）入寇，大軍分爲五隊，伊徹察喇將其一。鋒既交，頗不利，伊徹察喇怒，被甲持矛，身先陷陣，一軍隨之。哈尙銳欲出戰，哈喇托克托執轡力諫，哈尙怒，揮鞭抶其手，不退，乃止。已而進擊，托克托（舊作脫脫。）手斬一士之首，連背髀〔胛〕以獻，哈尙壯之。

哈都兵越金山而南，止於鐵堅古山，因高以自保，奇徹（舊作欽察。）親軍都指揮使綽和爾舊作怵〔牀〕兀兒，今改。急引兵敗之，復與都爾斡相持於和勒圖（舊作兀兒禿。）之地。綽和爾以精銳馳其陣，伊徹察喇攻敵之背，五軍合擊，所殺不可勝計。哈都旋死，都爾斡之兵幾盡。哈尙親覩其戰，乃歎曰：「綽和爾何其壯耶！力戰未有如此者。」論功，以綽和爾爲第一，帝出御衣，遣使臨賜之。

32 自是月庚辰，彗出井，歷紫微垣及天市垣，至九月癸丑乃滅，凡四十六日。

33 色辰額埒等攻阿薩爾。（舊作阿散也乃。）布哈（舊作不花。）引還，言賊降在旦夕，高慶受其賂，首倡爲還計，是以無功。詔遣官鞫之，得色辰額埒以下將校受賂狀，詔誅慶及察罕布哈、色辰額埒等。遇赦，奪官爵爲庶人。（校者按：據元史成宗紀僅薛超兀兒未死，高慶及察罕不花皆誅。）

34 冬，十月，丙寅朔，以畿內歲饑，增明年海運糧爲百二十萬石。

35 壬午，帝至自上都。

36 丙戌，以歲饑，禁釀酒，弛山澤之禁，聽民捕獵。

37丁亥，遣使就調雲南、四川、福建、廣東、廣西官。

38諭百司：「凡事關中書省者，毋得輒奏。權豪勢要之家，佃戶借糧者，聽於來歲秋收還之。」

39十一月，己亥，詔：「近因禁酒，聞年老需酒之人有預市而儲之者，其無釀具者勿問。」

40羅鬼女子蛇節反，烏撤〔撒〕、烏蒙、東川、芒部諸蠻從之皆叛，陷貴州，丁未，命湖廣行省平章劉國傑率師討之。時劉深兵敗，帝始悔不用哈喇哈斯（舊作哈剌哈孫。）及董士選之言，乃遣國傑及楊賽音布哈（舊作楊賽因不花，今改。）等率雲南、四川、湖廣各省兵分道進討諸蠻，梁王提兵應之，軍中機務一聽國傑處分。賊兵勁銳，且多健馬，官軍戰失利。國傑令人持一盾，布釘其上，俟陣合，即棄盾僞遁，賊果逐之，馬奮不能止，遇盾皆倒，國傑鼓之，大敗。既而復合衆請戰，國傑弗應。數日，度其氣衰，一鼓破走之，追戰數十里。

41減直糶米賑京師貧民，設肆三十六所，其老幼單弱不能自存者，廩給五月。

42選六御漢軍習武事，仍禁萬戶以下毋令私代，犯者斷罪有差。

43戊申，徭人藍賴率丹陽三十六峒來降，授賴等官。

44十二月，甲戌，給安西王所部軍士食，令各運其家，候春調遣。

45是歲，曲阜修文宣王廟成，衍聖公孔治遣子思誠入謝。敕中書賜田五千畝，供祭祀，復戶二十人，供灑掃之役。【考異】元史本紀不載今年修廟，今據大德五年重修至聖文宣王廟碑增載。錢辛楣云：元史載至元四年敕修曲阜宣聖廟，而于是年修廟事則遺之。考至元丁卯所修，僅奎文閣、杏壇、齋、廳、學舍，而禮殿未及焉，至是前殿、後寢規制始備，且有賜祭田、復灑掃戶之敕，視丁卯之役，大小攸殊矣。

大德六年（壬寅、一三〇二）

1春，正月，乙巳，中書省言：「廣東宣慰副使托歡徹爾（舊作脫歡察而。）收捕盜賊，屢有勞績，近廉訪使劾其私置兵仗、擅殺土寇等事，遣官鞫問，實無私罪，宜加獎諭。」命賜衣二襲。

2晉王噶瑪喇舊作甘麻剌，今改。薨。

王爲世祖嫡長孫，讓位於帝，退居藩邸，以仁慈見稱。屬官有年老請以子代者，內史爲之言，王曰：「惟天子所命。」其自守如此。帝聞其薨，命收王印及內史印，既而命其長子伊蘇特穆爾舊作也孫帖木兒，今改。嗣封晉王。【考異】晉王嗣封，成宗紀闕載，泰定紀亦不詳其月。諸王表作大德六年，今連書之。又顯宗傳以伊蘇特穆爾爲長子，而世系表作顯宗子，長梁王松山，次泰定帝，前後互異，今從傳。

3朱清、張瑄，父子致位顯要，宗戚皆累大官，田園館舍徧天下，巨艘大舶交諸番中，車馬塡塞門巷，僕從佩金虎符爲千戶、萬戶者數十人。江南僧石祖進，摭其不法十事上聞。時中書省亦言朱清、張瑄屢致人言，宜罷其職，徙其子孫官江南者于京，帝從之，仍詔御史臺詰問。二人竟伏誅。

4丁未（庚戌），帝語臺臣曰：「朕聞江南富戶侵占民田，以致貧者流離轉徙，卿等嘗聞之否？」臺臣言曰：「富民多乞護持璽書，依倚以欺貧民，官府不能詰治，宜卽追收爲便。」命卽行之，毋越三日。

5詔：「自今僧官、僧人犯罪，御史臺與內外宣政院同鞫。宣政院官徇情不公者，聽御史臺治之。」

6乙卯，築渾河隄，長八十里。仍禁豪家毋侵舊河，令屯田軍及民耕種。

7增劉國傑等軍，仍令屯戍險要，俟秋進師。

8命薩圖爾岱（舊作札忽兒帶。）阿爾（舊作阿里。）等整治江南影占稅民田土者。

9中書省言：「御史臺、廉訪司，體察、體覆，前後不同。初立臺時，止從體察；後立按察司，事無大小，一皆體覆；由是憲司之事，積不能行。請自今，除水旱災傷體覆，餘依舊例體察爲宜。」從之。

10詔：「軍官除邊遠出征，其餘遇祖父母、父母喪，依民官例立限奔赴。」

11禁畜養鷹、犬、馬、駝等人擾民。

12己未，以諸王珍圖（舊作眞童。）誣告濟南王，謫置劉國傑軍中自效。

13宋隆濟累攻圍貴州，不解，劉深等糧盡，道梗不通，遂引兵還，隆濟復率衆遮之，委棄輜重，士卒殺傷殆盡。

南臺御史中丞陳天祥上書諫曰：「八百媳婦乃荒裔小夷，取之不足以爲利，不取不足以爲害。而劉深欺上罔下，率兵伐之，經過八番，縱横自恣，中途變生，所在皆叛。既不能制亂，反爲亂衆所制，食盡計窮，倉皇退走，喪師十八九，棄地千餘里。朝廷再發四省之兵，使劉二巴圖（舊作劉二拔都。）總管以圖收復，湖南、湖北大發運糧丁夫，衆至二十餘萬。正當農時，驅此愁苦之人，往回數千里中，何事不有！比聞從征敗卒言，西南諸夷皆重山複嶺，陡澗深林，其窄隘處僅容一人一騎，上如登高，下如入井，賊若乘險邀擊，我軍雖衆，亦難施爲。或諸蠻遠遁，阻隘以老我師，進不得前，旁無所掠，將不戰自困矣。且自征伐倭國、占城、交、緬諸夷以來，近三十年，未嘗有尺土一民之益，計其所費，可勝言哉！去歲西征，及今此舉，何以異之！請早正深罪，仍下明詔招諭，彼必自相歸順，不須遠勞王師，與小醜爭一旦之勝負也。爲今之計，宜駐兵近境，多市軍糧，內安外固，漸次服之，此王者之師，萬全之利也。苟謂業已如此，欲罷不能，亦當詳審成敗，算定而行。彼諸蠻皆烏合之衆，必無久能同心捍我之理。但急之則相救，緩之則相疑，以計使之互相讐怨，待彼有可乘之隙，我有可動之時，徐命諸軍數道俱進，服從者懷之以仁，抗敵者威之以武，恩威兼濟，功乃易成。若復舍恩任威，深蹈覆轍，恐他日之患，有甚於今日者也。」不報，遂謝病去。

14 二月，丙申〔戌〕，遣陝西省平章伊蘇岱爾、舊作也速帶而，（前作也速帶兒。）今改。參政汪惟勤將川陝軍，湖廣平章劉國傑將湖廣軍，征八番、順元諸蠻，一切軍務，並聽伊蘇岱爾、劉國傑節制。

15 罷征八百媳婦右丞劉深等官，收其符印。

16 癸巳，帝有疾，釋京師重囚三十八人，命侍御史王壽奉香江南，徧祀岳鎮海瀆，密察去歲風水爲災，百姓艱食，凡所經過，采聽入對。使還，具奏：「民之利害，繫于官吏善惡。宜選公廉材幹、存心愛物者專撫字，剛方正大、深識治體者居風憲。天災代有，賑濟以時，無勞聖慮。惟是蒙古〔豪右〕之家，仍據權要，當罷其職，處之京師以保全之，此長久之道也。」

初，壽與臺臣奏：「宰相內統百官，外均四海，位尊任重，不可輕假非人。三代以降，國之興衰，民之休戚，未有不由相臣之賢否也。世祖初置中書省，以呼圖布哈、（舊作忽都不花。）塔齊爾、（舊作塔察兒。）安圖、（舊作安童。）巴顏〔延〕（舊作伯顏。）等爲丞相，史天澤、劉秉忠、廉希憲、許衡、姚樞等實左右之，當時稱治，比唐貞觀之盛。迨至阿哈瑪特、（舊作阿合馬。）郝禎、耿仁、盧世榮、僧格、（舊作桑哥。）實都（舊作忻都。）等，壞法黷貨，流毒億兆。近者阿固台、（舊作阿忽台。）巴顏、巴特瑪琳沁、舊作八都馬辛，今改。阿爾等專政，煽惑中禁，幾搖神器。君子小人已試之驗，較然如此。臣願推愛君思治之心，邪正互陳，成敗對舉，庶幾上悟天衷，懲其既往，知所進退，天下之事可從而理也。」

17 三月，丁酉，以旱溢爲災，詔赦天下。平灤被災尤甚，免其差稅三年。其餘災傷之地，已經賑卹者免一年。今年內郡包銀俸鈔，江淮以南夏稅，諸路鄉邨人戶散辦門攤課程，並蠲免之。

18 甲寅，合祭昊天上帝、皇地祇于南郊。遣中書左丞相達喇罕、（舊作答剌罕。）哈喇哈斯攝事。

19 烏撒、烏蒙、東川、芒部及武定、威遠、普安諸蠻因蛇節之亂，皆以供輸煩勞爲辭，乘釁起兵，攻掠州縣，焚燒堡砦，遣伊蘇岱爾等將兵會劉國傑討之。時國傑方討順元蠻，不及來會。伊蘇岱爾等率師分道並進，次第平之。

20 夏，四月，乙亥，濬永清縣南河。

21 庚辰，上都大水，賑其飢民。

22 戊子，帝如上都。

23 修盧溝上流石徑山河隄。

24 釋重囚。

25 五月，戊申，太廟寢殿災。

26 癸丑，謫和林潰軍征雲南。

27 丁巳，賑福州路饑。

28 六月，癸亥朔，日有食之。是日，時加戌，依曆法，日食五十七抄〔秒〕。太史院官以涉交既淺，且復近濁，欲匿不報，保章正齊履謙曰：「吾所掌者，常數也，其食與否，則係于天。」獨以狀聞。及其時，果食。太史院以失于推策，詔中書議罪。衆嘗爭沒日不能決，履謙曰：「氣本十五日，而間有十六日者，餘分之積也。故曆法以所積之日命爲沒日，不出本氣者爲是。」衆服其議。

29 甲子，建文宣王廟于京師。

30 辛未，饗于太廟。

31 乙亥，安南國貢馴象。

32 賑湖州等路饑。

33 秋，七月，辛酉，以浙江行省參知政事呼圖布鼎舊作忽都不丁，今改。爲中書右丞。

34 賑建康饑。

35 八月，甲子，詔御史臺：「凡有婚姻、土田文案，遇赦依例檢覆。」

36 九月，己酉，龍興民訛言括童男女，至有殺其子者，命捕爲首者三人誅之，始息。

37 冬，十月，甲子，改浙東宣慰使爲宣慰司都元帥府，徙治慶元，鎮遏水道。

38初，浙西廉訪使張珪，劾罷長吏以下三十餘人，府史、胥徒數百，徵贓巨萬計。珪得監司奸利事，將發之，事干行省。有內不自安者，至是賂南人林都鄰告珪收藏禁書及推算帝五行，江浙運使哈喇齊（舊作合剌赤，一作合只。）言珪阻撓鹽法。命省、臺官雜治之，得行省大小吏及鹽官欺罔狀，皆伏罪。召珪，拜簽樞密院事，賜濟遜（舊作只孫。）冠服侍宴；又命買宅以賜，辭不受。

39丙子，帝至自上都。

40平章政事加大司徒張九思薨。

41十一月，甲午，劉國傑裨將宋元（光）率兵大敗蛇節，賜衣二襲，仍授以金符。

42辛亥，以同知樞密院哈達（舊作合答。）知樞密院事。

43詔：「江南寺觀，凡續置民田及民以施入爲名者，幷輸租充役。」

44己未，詔：「諸驛使輒枉道者，罪之。」

45十二月，辛酉，御史臺言：「自大德元年以來，數有星變及風水之災，民間乏食。陛下敬天愛民之心，無所不盡，理宜轉災爲福。而今春霜殺麥，秋雨傷稼，五月太廟災，尤古今重事。得非荷陛下重任者，不能奉行聖意，以致如此？若不更新，後難爲力。請令中書省與老臣識達治體者共圖之。」復請禁諸路釀酒，減免差稅，賑濟饑民，帝皆嘉納，命卽議行之。

46雲南地震。

47甲子，衡州袁舜一等誘集二千餘人，侵掠郴州，湖南宣慰司發兵討之，獲舜一及其黨。命誅首謀者三人，餘配洪澤、芍陂屯田，其脅從者招諭復業。

48戊辰，雲南地復震。

49丙子，劉國傑、伊蘇呼圖魯（舊作也先忽都魯。）來獻蛇節、羅鬼等捷。

50庚辰，賑保定等路饑。

51命中書省更定略賣良人罪例。

52大都路總管兼大興府尹姚天福卒。天福爲京尹三年，畿甸大治。後之尹京者，以天福稱首。

53布埒達實哩（舊作必蘭納識理。）者，北庭人也，幼熟輝和爾（舊作畏吾兒。）及西天書，長能貫通三藏暨諸國語，至是奉旨從帝師受戒于廣寒殿，代帝出家。

54是歲，斷大辟三人。

大德七年（癸卯、一三〇三）

1春，正月，己酉，以歲不登，禁河北、甘肅、陝西等郡釀酒。益都諸處牧馬之地，爲民所墾者，畝輸租一斗太重，減爲四升。弛饑荒所在山澤、河泊之禁一年。

[2]壬子，罷歸德府括田。

[3]乙卯，詔：「凡匿名書辭語重者誅之，輕者流配，首告人賞鈔有差，皆籍沒其妻子充賞。」

[4]命御史臺、宗正府委官遣發朱清、張瑄妻子來京師，仍封籍家貲，拘收其軍器、海舶等物。

[5]丁巳，令樞密院選軍士習農業者十人，教軍前屯田。

[6]二月，壬辰（戌），詔中書省汰冗員。中書省自左、右丞相而下，平章政事二員，左、右丞各一員，參知政事二員，定爲八府。仍諭樞密院，除出征將帥外，掌署院事者定其員數以聞。

[7]辛未，以平章政事、上都留守茂巴爾斯（舊作木八喇沙，今改。）陝西行省平章阿喇卜丹（舊作阿老瓦丁。）並爲中書平章政事，江南行臺御史中丞尙文爲中書左丞，江浙行省參知政事董士珍爲中書參知政事；召陳天祥爲集賢大學士，商議中書省事。

[8]壬申，詔：「樞密院、宗正府等，自今每事與中書共議，然後奏聞。諸司不得擅奏遷調。官員雖經特用而于例未允者，亦聽覆奏。」

[9]甲戌，減杭州稅課提舉司冗員。

[10]己卯，以侍御史都多達（舊作朵台。）爲中書省參知政事。

11 御史臺言江浙行省平章阿爾、左丞高翥、安祐、簽省張祐等，詭名買鹽萬五千引，增價轉市於人，請遣省、臺官按問，從之。

12 命盡除內郡饑荒所在差稅，仍令河南省撫䘏流民，賑太原、大同、平灤路饑。

13 庚辰，監察御史杜肯構等言右丞相鄂勒哲受朱清、張瑄賄賂事，不報。

14 壬午，帝語中書省臣曰：「凡有以歲課增羨希求爵賞者，此非掊克于民，何從而出！自今除元額外，勿以增羨作正數。」

15 罷江南財賦總管司及提舉司。

16 禁諸人非奉旨毋得以寶貨進獻。

17 賑眞定及保定路饑。

18 三月，庚寅，詔遣奉使宣撫循行諸道，以郝天挺、遠春（舊作塔出。）往江南、江北，石珪往燕南、山東，耶律希逸、劉賡往河東、陝西，特爾托里歡、（舊作鐵里脫歡。）戎益往兩浙、江東，趙仁榮、丘（岳）叔謨往河南、湖廣，茂巴爾斯、陳英往江西、福建，達實哈雅、（舊作塔赤海牙。）劉敏中往山北、遼東，並給三（二）品銀印，仍降詔戒飭之。

19 江浙行省平章托克托發遣朱清、張瑄家屬，其家以金珠重賂之，托克托以聞，帝諭之曰：「朕以江南任卿，卿果能爾，眞男子事也！其益恪勤乃事。」賜以黃金五十兩。

20 都城火。

21 詔以甘肅行省供軍錢糧多弊，徙廉訪司於甘州。

22 壬辰，以河間禾稼不登，罷修僧寺工役。

23 乙未，中書平章巴延、粱德珪、丹津、舊作段眞，今改。阿爾振薩徹爾、（舊作阿魯渾撒里。）右丞巴特瑪琳沁、左丞伊圖布哈、（舊作月魯不花。）參政密勒和卓、（舊作迷兒火者。）張斯立等受朱清、張瑄賄賂，治罪有差，籍其家。

24 以洪君祥爲中書右丞。【考異】元史宰相表，洪雙叔爲右丞在四月，雙叔，卽君祥之小字也。今從本紀。監察御史言其曩居宥密，以貪賄罷黜，宜別選賢能代之，不報。

25 甲辰，詔定贓罪爲十二章。京朝官月俸外，增給祿米；外任官無公田者，亦量給之。

26 乙巳，以征八百媳婦喪師，誅劉深，笞哈喇岱、鄭祐，罷雲南征緬分省。時有司以遇赦，議釋劉深罪，哈喇哈斯曰：「徼名召釁，喪師辱國，非常罪比，不誅之無以謝天下。」遂誅之。

【考異】劉深之誅，元史哈喇哈斯傳連繫於七年以前，今從本紀。

27 戊申，岳鉉等進大元大一統志，賜賚有差。

28 癸丑，樞密院及監察御史，言中丞董士選貸朱清、張瑄鈔非義，帝曰：「臺臣稱貸，不必問也。若言者不已，便當杖之。」

29 甲寅，帝如上都。

30 賑遼陽等路饑。

31 京畿漕運司言：「歲漕米百萬，全藉船壩夫力。今歲水漲，衝決壩隄六十餘處，雖已修畢，恐霖雨衝圮，走泄運水，河隄淺澀低薄去處，請加修理。」從之。至夏末始畢工，用役萬二百餘人。

32 夏，四月，庚午，以中書文移太繁，其二品諸司當呈省者，命止關六部。

33 中書左丞達喇罕言：「僧人修佛事畢，必釋重囚，有殺人及妻妾殺夫者，皆指名釋之。生者苟免，死者負冤，於福何有！」帝嘉納之。

34 辛未，流朱清、張瑄子孫於遠方，仍給行資。

35 庚辰，蛇節降，宋隆濟遁去。丁亥，誅蛇節。【考異】經世大典云：正月二十六日，劉平章追及蛇節，二月一日出降。二月三日領軍回程，奉旨斬蛇節。所載月日與元史本紀異。

36 濟南路隕霜殺麥。

37 五月，己丑朔，開大都、上都酒禁。

38 丁未，和綽（綽和）爾入朝，帝諭之曰：「卿鎮北邊，累建大功，雖以黃金周飾卿身，猶不足以盡朕意。」賜以衣冠、金珠等甚厚，拜樞密院副使，仍給其所隸諸軍鈔。

39 辛亥，奉使宣撫耶律希逸、劉賡言：「平陽僧徹哩威，（舊作察力威。）犯法非一，有司憚其豪強，不敢詰問；聞臣等至，潛逃京師。」中書省言：「宜捕送其所，令省、臺、宣政院遣官雜治。」從之。

40 甲寅，濬上都灤河。

41 乙卯，詔：「中外官吏無職田者，驗俸給米有差，其上都、甘肅、和林非產米地給其價。」

42 禁諸王、駙馬毋輒杖州縣官吏，違者罪王府官。

43 般陽路隕霜。

44 閏月，戊午朔，日有食之。

45 壬戌，詔禁犯曲阜林廟者。

46 己巳，中書右丞相、加太保（傅）、錄軍國重事鄂勒哲薨，謚忠獻。元貞以來，朝廷恪守成憲，詔書屢下，散財發粟，不惜巨萬以頒賜百姓，皆鄂勒哲贊襄之功。帝倚任甚重，而能處之以安靜，不急于功利，人益稱其賢。

47 復以特穆格（舊作鐵哥。）爲中書平章政事。初，特穆格乞解機務，詔仍以平章議中書省事。時諸王朝見，未有知典故者，帝曰：「惟特穆爾（格）諳之。」凡賜予諸王禮節，悉命掌行。至是遂復以前官授之。

48庚辰，雲南行省平章伊蘇岱爾入朝，以所獲軍中金五百爲獻，帝曰：「是金卿效死所獲者。」賜鈔千錠。

49辛巳，詔僧人與民均當差役。

50癸未，各道奉使宣撫，言去歲被災人戶未經賑濟者，宜免其差役，從之。

51命江浙行省右丞董士選發所籍朱清、張瑄貨財至京師，其海外未還商船，至則依例籍沒。

52甘肅行省平章哈薩（舊作合散。）等侵盜官錢、鹽引，命省臺官徵之。

53丙戌，罷營田提舉司。

54以奈曼岱舊作乃蠻台，今改。爲鎭北行省右丞。舊制，募民中糧以餉邊。是歲，中者三十萬石，用事者挾私爲市，殺其數爲十萬，民進退失措。奈曼岱請于朝，凡所輸者悉受之，以爲下年之數。民感其德。奈曼岱，穆呼哩（舊作木華黎。）五世孫也。

55六月，己丑，御史臺言：「瓜、沙二州，自昔爲邊鎭重地，今大軍屯駐甘州，使官民反居邊外非宜。請以蒙古軍萬人分鎭險隘，立屯田以供軍實。」從之。

56庚子，西京道宣慰使帕哈哩鼎，舊作法忽魯丁，今改。以瑟瑟二千五百餘斤鬻于官，爲鈔一萬一千九百餘錠。有旨，除御榻所用外，餘未用者悉還之。

57 癸卯，詔：「凡官軍子弟年及二十者，與民官子孫同儤直一年，方許襲職，萬戶于樞密院，千戶於行省，百戶於本萬戶。」

58 乙巳，罷行省簽省。

59 命甘肅行省修阿合潭、曲尤濠以通漕運。

60 甕山看牐提領言自閏五月末晝夜雨不止，六月初旬夜半，山水暴漲，漫流隄上，衝決水口，遂命都水監修白浮、甕山河隄。白浮、甕山，即通惠河上源之所出也。

61 台州風水大作，寧海二縣死者五百五十人。

62 秋，七月，（壬戌），御史臺言：「前河間路達嚕噶齊（舊作達魯花赤。）呼賽音，（舊作忽賽音。）轉運使木（朮）甲德壽，皆坐贓罷。今呼賽音以獻鷹犬，復除大寧路達嚕噶齊，朮甲德壽以廸里密實（舊作迭里迷失。）妄奏其被誣，復除福寧知州，並宜改正不敍以戢奸貪。」從之。

63 禁僧人以修建寺宇爲名，賫諸王令旨，乘傳擾民。

64 丙寅，以哈喇哈斯爲中書右丞相、知樞密院事。

65 丁丑，中書省言：「大同稅課，比奉旨賜乳母楊氏。其家掊斂過數，擾民尤甚。」敕賜鈔五百錠，其稅課依例輸官。

66 都爾斡既敗，聚其屬議曰：「昔我太祖，艱難以成帝業，奄有天下，我子孫乃弗克靖共以安享其成，連年搆兵以相殘殺，是自隳祖宗之業也。今撫軍鎭邊者，皆世祖之嫡孫也，吾與誰爭哉！且前與托克托(呼)舊作土土哈，今改。戰，既弗能勝，今與其子綽和爾戰又無功，惟天惟祖宗意亦可見。不若遣使請命罷兵，通一家之好，使吾士民老者得以養，少者得以長，傷殘疲億者得以休息，則亦無負太祖之所望於我子孫者矣。」使至，伊徹察喇會諸王將帥議曰：「都爾斡乞降，爲我大利，固當待命於上。然往返再閱月，必失事機，爲國大患，無有已時。都爾斡之妻，我弟瑪古哈喇(舊作馬兀合剌。)之妹也，宜遣報使，許其臣附。」衆以爲然，乃遣使以聞。帝嘉之，詔飭軍士安置驛傳以俟。自是諸王叛者相繼來降。【考異】都爾斡等請兵〔和〕，元史綽和爾傳作九年，本紀作七年七月，今從本紀。

67 八月，(己丑)，罷護國仁王寺原設江南營田提舉司。

68 辛卯夜，地震，平陽、太原尤甚，村堡移徙，地裂成渠，人民壓死不可勝計。遣使分道賑濟，爲鈔九萬六千五百餘錠；仍免太原、平陽今年差稅，山場、河泊聽民采捕。詔問致災之由，保章正齊履謙言：「地爲陰而主靜，妻道也，臣道也，子道也。三者失其道，則地爲之不寧。弭之之道，大臣當反躬責己，去專制之威以答天變，不可徒爲祈禳也。」時帝寢疾，宰臣及中宮專政，故履謙言及之。

集賢大學士陳天祥，亦上書極陳陰陽不和、天地不位爲時政之弊，言尤切直，執政者惡之，抑不以聞。

初，晉寧郇保山移，所過居民廬舍，皆摧壓傾圮。將近李忠家，忽分而復合，忠家獨完。忠幼孤，事母至孝，人以爲孝感所致云。

69 江南行臺中丞張珪上疏，極言天人之際，災異之故，其目有修德行，廣言路，進君子，退小人，信賞必罰，減冗官，節浮費，以法祖宗成憲，累數百言。劾大官之不法者，併及近侍之熒惑者。不報，珪謝病歸。

70 庚子，中書省言：「帕哈哩鼎輸運和林軍糧，其負欠計二十五萬餘石，近監察御史亦言其侵匿官錢十三萬餘錠，請遣官徵之，不足則籍沒其財產。」從之。

71 九月，戊午，帝至自上都。

72 丙寅，以太原、平陽地震，禁諸王所部擾民，仍減太原歲飼馬之半。

73 遣刑部尚書塔齊爾、翰林直學士王約使高麗。

時高麗國王王昛既復位，又罷征東行省監制，昛乃復厚斂淫刑，國人羣訴於朝，因得其相國吳祈專權離間王父子狀。詔遣約諭之曰：「天地間至親者父子，至重者君臣；彼小人知有利，寧肯爲汝家國地耶？」昛泣謝罪，且請子謜還國，奸人黨與悉從約治。遂徵祈赴闕，鞫之，流安西。

74 丙子，罷僧官有妻者。

75 壬午，復以茂巴爾斯爲平章政事。

76 以國子司業暢師文爲陝西行省理問官。先是師文簽山南道廉訪司事，松滋、枝江有水患，歲發民防水，往返數百里，苦於供給，師文以江水安流，悉罷其役。駙馬家人怙勢不法，師文治其甚惡，流之。至陝西，決滯獄，不少阿徇。頃之，以疾去官。

77 冬，十月，丁亥，太白經天。

78 御史臺劾浙江行省平章阿爾不法，帝曰：「阿爾，朕所信任。臺臣屢以爲言，非所以勸大臣也。後有言者，朕當不恕。」

79 戊子，以浙江年穀不登，減海運糧四十萬石。

80 辛卯，復立陝西行御史臺。

81 癸巳，御史臺臣及諸道奉使，言行省官久任，與所隸編氓聯姻害政，詔互遷之。

82 商議中書事張孔孫，言曲阜孔廟宜給灑掃戶，詔給大都文宣王廟灑掃戶五。

83 己未，發雲南叛蠻餘黨未革心者來京師，留蛇節養子阿鬬于本境以撫其民。

84 庚子，改普定府爲路，隸曲靖宣慰司，以故知府容苴之妻爲總管，佩虎符。
85 庚戌，翰林國史院進太祖、太宗、定宗、睿宗、憲宗五朝實錄。
86 辛亥，詔：「軍戶貧乏者，存卹六年。」
87 增蒙古國子生百員。
88 中書省言於帝曰：「翰林學士趙與票，事世祖皇帝，迄今凡三十年，敦確淸謹，卒於七月，家貧，無以歸葬。」帝命有司賻鈔五十貫，給舟車還葬。
89 十一月，甲寅朔，命鷹師圍獵毋得擾民。
90 以順元隸湖廣省。幷海道運糧萬戶爲海道都轉運萬戶。
91 丁巳，詔大同等路運糧五萬石入和林。
92 己未，太白經天。
93 甲子，命依十二章斷僧官罪。
94 十二月，甲申朔，詔：「內郡比歲不登，其民已免差者，倂蠲其田租。」
95 乙酉，弛京師酒課。
96 丙戌，太白經天。
97 戊子，以平宋隆濟功，增諸將秩，賜銀鈔等物有差；其軍士各賜鈔十錠放歸，存卹一年。

98 辛丑，詔：「招撫順元諸司，免其民間逋稅。」

99 丁未，以轉輸軍餉勞，免思、播二州及衡、永等路稅糧有差。

100 七道奉使宣撫所罷贓汙官吏凡一萬八千四百七十三人，贓四萬五千八百六十五錠，審冤獄五千一百七十六事。

101 元貞初，圖呼魯(舊作禿忽魯。)遷江浙右丞，適歲旱，方至而雨，民心大悅。未幾，平章博果密(舊作不忽木。)卒，帝思之，問近侍曰：「羣臣孰有似博果密者？」對曰：「圖呼魯其人也，且先帝所知。」遂驛召還，賜雕鞍、弓矢。俄遷樞密副使。是歲卒，謚文肅。

102 大都路總管兼大興府尹齊諾，(舊作千奴，今改。)馭吏治民有方，以暇日正街衢，表里巷，國學興工，尤盡其力。俄進同簽樞密院事，上疏言：「蒙古軍在山東、河南者，往戍甘肅，動涉萬里，裝槖、鞍馬之資，皆其自辦，每行必鬻田產，甚則賣妻子。戍者未歸，代者當發，前後相仍，困苦日甚。今邊陲無事而虛殫兵力，誠爲非計。請以近甘肅之兵戍之，而山東、河東前戍者，官爲出錢贖其田產妻子。」從之。未幾，遷參議中書省事，贊決機務，精練明敏，凡干祿之人由他途進者，一切不用，時論翕然稱焉。

103 何瑋爲御史中丞，陳當世要務十條，帝嘉納之。

京師孔子廟成，璋言唐、虞、三代，國都閭巷莫不有學，今孔廟既成，宜建國學於其側，從之。

賽音諤德齊、（舊作賽典赤。）巴都高等還自貶所，復相位，璋言姦黨不可復用，宜選正人以居廟堂，帝深然之。監察御史郭章劾郎中哈喇哈斯受贓，具伏，而哈喇哈斯密結權要，以枉問誣章，璋率臺臣入奏，辨論剴切，章遂得釋。

104詔內外官七十者並聽致仕，獨郭守敬以先朝舊德，朝政多諮之，累請謝事，不許。自是凡翰林、太史官不許致仕，著爲令。

105商議中書省事張孔孫累疏言：「凡七十致仕者，宜加一官。丁憂服闋者，宜特起復。宿衞冒濫者，必當革。州郡之職，必當遴選。久任達嚕噶齊，宜量加遷轉。又宜增給官吏俸祿。相位宜參用儒臣，不可專任文吏。」孔孫所言，多切時弊，顧一時不盡施行。

續資治通鑑卷第一百九十五

賜進士及第兵部尚書兼都察院右都御史總督湖北湖南等處地方軍務兼理糧餉世襲二等輕車都尉畢沅編集

元紀十三

起閼逢執徐(甲辰)正月，盡强圉協洽(丁未)十二月，凡四年。

成宗欽明廣孝皇帝

大德八年(甲辰、一三〇四)

1春，正月，己未，以災異故，詔天下恤民隱，省刑罰。平陽、太原免差稅三年。江南佃戶租太重，以十分爲率減二分，永爲定例。仍弛山場、河泊之禁，聽民采捕。

2庚申，以雲南順元同知宣撫事宋阿重生獲其叔隆濟來獻，陞其官，賜衣一襲。

3癸亥，禁錮朱清、張瑄族屬。

4丙寅，以御史大夫(中丞)、太僕卿塔斯布哈(舊作塔思不花。)爲中書右丞，江南行臺中丞趙仁榮爲中書參知政事。

5陳天祥自被召還京，至是且一歲，未嘗得見帝，輸忠無地，常鬱鬱不自釋，遂移疾謝去。

至通州，中書遣使追留，不還。帝聞之，賜鈔給傳，天祥辭所賜鈔而行。

6 陞教坊司三品。

7 辛巳，詔諸王、駙馬往遼東捕海東鶻者，毋給驛。

8 自滎澤至睢州，築河防十有八所，給其夫鈔人十貫。

9 是月，平陽地震不止，已修民屋復壞。皇后召平章政事阿錫葉舊作愛薛，今改。問曰：「災異如此，殆下民所致耶？」阿錫葉曰：「天地示警，民何與焉！」

10 御史中丞何瑋疏言地震咎在大臣，於是右丞洪君祥等俱罷。【考異】何瑋疏論地震，元史本紀及何瑋傳俱不載，惟何瑋神道碑載之，錢辛楣以爲當在大德八年。考洪君祥傳，三年奉使江浙，使還，退居昌平之皇華山，絕口不論時事者五年。大德九年爲大司農。傳于君祥歷官，言之不詳，本紀亦多脫落。以宰相表證之，錢說是也，今從之。

11 命大都留守鄭制宜赴平陽存卹。制宜懼緩不及事，晝夜兼行，至則親入里巷，撫循瘡痍，給粟帛，存者賴之。

12 二月，丙戌，增置國子生二百員，遴宿衛大臣子孫充之。

13 甲午，詔父子兄弟有才者，許並居風憲。

14 徙江東建康道廉訪司治于寧國，其建康路簿書，命監察御史鉤考。

15甲辰，翰林學士承旨薩里曼（舊作撒里蠻。）進金書世祖實錄節文、漢字實錄。

16減宿衞繁冗者。

17丙午，帝如上都。

18敕：「軍人姦盜詐僞，悉歸有司。」

19平章政事、商議樞密院事李庭薨，追封益國公，謚武毅。

20湖廣行省平章政事劉國傑久行邊，患瘴，自入覲還鎭，疾篤。僚屬問之，國傑曰：「交賊不臣，若病幸小愈，得滅此賊，死無憾矣。」問以家事，不言。卒年七十二。國傑善推誠，得士心，故所至立功。性雄猛，視死如歸，嘗語人曰：「吾爲國宣力，雖身棄草野不恨，何必馬革裹屍還葬哉！」訃聞，贈齊國公，謚武宣。

21三月，丁巳，詔：「軍民官已除，以地遠官卑不赴者，奪其官不敍。軍官擅離所部者，悉遣還翼，違者論如律。軍人不告（所）部私歸者，杖而還之。」

22乙丑，彗星滅。自去歲十二月（庚戌）始見，約盈尺，在室十一度，入紫微垣，至是滅，凡七十四日。

23戊辰，中書左丞尙文以疾辭，不允。

24詔：「諸王、駙馬所分郡邑，達嚕噶齊（舊作達魯花赤。）惟用蒙古人，三年依例遷代；其漢人、女直、契丹名爲蒙古者，皆罷之。」

25 敕：「軍民逃奴，有獲者卽付其主；主在他所者，赴所在官司給之，仍追逃奴鈔充獲者賞。逃及誘匿者，論罪有差。」

26 詔：「諸路牧羊及百，至三十者官取其一，不及數者勿取。」

27 中書省言：「自內降旨除官者，果爲近侍宿衞，踐履年深，依已除敍；嘗宿衞未官者，視散官敍。始歷一考，準爲初階。無資濫進，降官二級。官高者，量降各位下。再任者，從所隸用；三任之上，聽入常調。蒙古人不在此限。」從之。

28 庚辰，（命凡爲衞兵者，皆半隸屯田。仍）諭（各衞屯官及）屯田（者）以勤惰爲賞罰。

29 灤城、濟陽等縣隕霜殺桑。

30 夏，四月，丙戌，置千戶所戍定海，以防歲至倭船。

31 命僧、道爲商者輸稅。

32 甲午，詔：「諸王、駙馬進捕鷹鶻，皆有定戶，自今非鷹師而乘傳冒進者，罪之。」

33 丁未，以國子生分教於上都。

34 集賢學士兼國子祭酒耶律有尙，以葬父還鄉，已而朝廷思用老儒，以安車召之。累辭，不允，復起爲昭文館大學士兼國子祭酒。有尙前後五居國學，其敎法一遵許衡之舊，而勤謹有加。諸生知趨正學，尊經術，尙躬行；宗仰有尙，猶舊時之宗仰許衡也。

35 五月，己未〔壬子〕（校者按：元史本紀及天文志皆誤作五月癸未朔，今從陳垣二十史朔閏表作壬子。）朔，日有食之。

36 壬申，中書省言：「吳江、松江，實海口故道，潮水久淤，凡湮塞良田百有餘里，況海運亦由是而出，宜于租戶役萬五千人濬治，歲免租人十五石，仍設行都水司〔監〕以董其程。」從之。

37 罷福建都轉運鹽使司，以其歲課幷隸宣慰司。

38 庚辰，以去歲平陽、太原地震，宮觀摧圮者千四百餘區，道士死傷者千餘人，命賑卹之。

39 是月，（蔚州之靈仙，太原之陽曲，隆興之天城、懷安，大同之白登）大風，雨雹；開封之祥符、太康、陽武，衞輝之獲嘉，河溢。

40 涇水暴漲，毀堰塞渠，陝西行省命屯田府總管瓜勒佳巴延特穆爾（舊作夾谷伯顏帖木兒。）及涇陽尹王琚疏導之。

41 六月，丁酉，汝寧妖人李曹驢等妄言（得）天書惑衆，事覺，伏誅。

42 是月，翰林學士致仕王惲卒。

惲有材幹，操履端方，好學，善屬文，居官數進讜言。贈翰林學士承旨，追封太原郡公，諡文定。

43秋，七月，辛酉，罷江淮等處財賦總管府。

44癸酉，以順德、恩州去歲霖雨，免其民租。

45八月，太原之交城、陽曲、管州、嵐州、大同之懷仁雨雹，隕霜殺禾。杭州火，發粟賑之。以大名、高唐去歲霖雨，免其田稅。

46九月，癸丑，帝至自上都。

47庚申，巴延、（舊作伯顏。）梁德珪並復爲中書平章政事。巴特瑪琳沁（舊作八都馬辛。）復爲中書右丞，密勒和卓（舊作迷而火者。）復爲中書參知政事。以江浙行省平章阿爾（舊作阿里。）爲中書平章政事。庚午，御史杜肯構等言：「巴延等樹黨受賕，謫戍遠方，道路相慶。方經數月，遽聞召復相位，又與原鞫之人列坐朝堂。天下之人，目巴延、梁德珪、巴特瑪琳沁爲三凶，三凶不誅，無以謝天下。又況密勒和卓、阿爾等，與之同惡相濟，濁亂朝綱，是以比年災異屢見。雖朝廷存卹之詔屢頒，而禍亂之源未塞，上失其政，民受其殃。請將羣凶或斥或誅，明正其罪。」御史中丞何瑋亦以爲言。前後章數十上，皆不報。

48梁德珪自湖廣復入見，帝問：「卿安在？」德珪涕泣，不能語。賜酒饌，使往拜其母。因以氣疾乞骸骨，旋卒。【考異】梁德珪屢致人言，散見於紀、傳。而元史本傳云：大德中，成宗即位，一遵祖武，廟堂以安靜爲治，求進者不得逞其志，朋聚興怨，挾事中傷德珪。會帝有疾，言者氣盛致詰，德珪以位居執政，不受凌轢，慷慨引咎。是以言者爲非，德珪爲賢矣。元史不成于一手，故前後多矛盾，今略之。

49癸酉，潮州颶風起，海溢，漂民廬舍，溺死者衆，給被災戶糧兩月。

50冬，十月，辛卯，有事於太廟。

51辛巳，以宣徽使、大都護長壽爲中書右丞，陝西行省右丞托歡（舊作脫歡。）爲中書參知政事。

52丁亥，安南遣使入貢。

53詔諸王、駙馬毋乘驛以獵。

54庚寅，封皇姪哈尙（舊作海山。）爲懷寧王，賜金印，仍割瑞州戶六萬五千隸之。

55十一月，壬子，詔：「內郡、江南人凡爲盜黥三次者，謫戍遼陽。諸色人及高麗二次，免黥，謫戍湖廣。盜禁籞馬者，初犯謫戍，再犯者死。」

56詔問弭災之道。商議中書省事張孔孫條對八事，其略曰：「蠻夷諸國，不可窮兵遠討；濫官放譴，不可復加任用；賞善罰惡，不可數賜赦宥；獻鬻寶貨，不可不爲禁絕；供佛無益，不可虛費財用；上下豪侈，不可不從儉約；官冗吏繁，不可不爲裁減；太廟神主，不可不備祭饗。」帝嘉納之，賜以鈔。

57丁卯，復免僧人租。

58壬申，詔：「凡僧姦盜殺人者，聽有司專決。」

59十二月，庚子，復立益都淘金總管府。

60始定國子生，蒙古、色目、漢人三歲各貢一人。

61召程文海爲翰林學士、商議中書省事。

62雲南行省平章政事伊蘇岱爾（舊作也速荅（帶）兒，今改。）上言：「所領雲南，地居徼外，歷世所不能臣。世祖皇帝天戈一麾，無思不服，今其民衣被皇庥，同于方夏。點蒼山舊嘗駐蹕，請紀聖功，刻石其上，使臣民瞻仰。」帝命程文海撰文，勒碑雲南。【考異】元史程鉅夫傳作十年事，今從元文類所載碑文作八年。

63中書右司郎中伊赫特雅爾鼎（舊作奕赫抵雅爾丁。）嘗與同列共議獄，有異其說者，伊赫特雅爾鼎曰：「公等讀律，茍不變通以適事宜，譬之醫者，雖熟於方論，而不能切脈用藥，於疾痛奚益哉！」是歲肆赦，廷議，官吏因事受賕者不預。伊赫特雅爾鼎曰：「不可。恩如雨露，萬物均被，贓吏固可疾，比之盜賊則有間矣。宥盜而不宥吏，何耶？」刑部嘗有獄事上讞，既論決，已而丞相知其失，以譴右司主者。伊赫特雅爾鼎初未嘗署其案，因取成案閱之，竊署其名於下。或謂之曰：「茲獄之失，公實不與，丞相方譴怒，而公反追署其案，何也？」伊赫特雅爾鼎曰：「吾偶不署此案耳，豈有與諸君同事而獨幸免哉！」丞相聞而賢之，同列因以獲免。伊赫特雅爾鼎，回回人也。

大德九年（乙巳、一三〇五）

1春，正月，戊午，以帝師（輦眞監藏）卒，賜金銀幣帛，仍建塔寺。

2以暢師文爲陝西漢中道廉訪副使，仍以疾不赴。

3二月，癸未，中書省言：「近侍自內傳旨，凡除授賞罰，皆無文記，懼有差違，請自今傳旨者悉以文記付中書。」從之。

4甲午，免天下道士賦稅。

5乙未，建大天壽萬寧寺。中塑祕密佛像，其形醜怪，皇后幸寺見之，惡焉，以帕障其面而過，尋敕毀之。

6庚子，命中書議行郊祀禮。

7辛丑，赦天下，令御史臺、翰林、集賢院、六部於五品以上各舉廉能識治體者三人，行省、行臺、宣慰司、廉訪司各舉五人。

8三月，丁未朔，帝如上都。

9先是省、院、臺臣請上尊號，帝不允。及帝在上都，皇后自請之，帝曰：「我病日久，國家大事，多廢不舉，寧尙理此等事耶！」事遂寢。

10 戊午，以樞密副使高興爲平章政事，仍樞密副使。

11 上都留守賀仁傑請老。仁傑居官五十餘年，爲留守者居半，車駕春秋行幸，出入供億，未嘗致上怒。其妻劉歿，世祖欲爲娶貴族，固辭；乃娶民間女，已而喪明，夫妻相敬有加。帝雅重之，晉平章政事，商議陝西行省事，賜金幣歸第。以其子勝代爲上都留守。

12 夏，四月，乙酉，大同路地震，有聲如雷，壞官民廬舍五千餘間，壓死二千餘人。懷仁縣地裂二所，湧水盡黑，漂出松柏朽木。遣使以鈔四千錠、米二萬五千餘石賑之，是年租賦、稅課、徭役，一切除免。

13 先是中書省臣言：「前代郊祀，皆以祖宗配饗。今始行郊禮，請專祀天地爲宜。」從之。壬辰，始定郊祀禮。

元初，用國俗，拜天於日月山。郊祀之事，自平宋後猶未舉行。至是哈喇哈斯（舊作哈剌哈孫。）等言：「祈天保民之事，有天子親祀者三：曰天，曰祖宗，曰社稷；而祭天尤國之大事也。陛下雖未及親祀，宜如宗廟、社稷，歲時遣官攝行之。」制下翰林、集賢、太常及中書議之。以爲：「周禮冬至圜丘禮天，夏至方澤禮地。西漢元始間，始合祭天地。歷東漢至宋，千有餘年，分祭合祭，訖無定議。然時既不同，禮樂亦異，王莽之制，何可法也！今當循三代之典，祀天南郊，而方澤之禮，續議以聞。又按周作壇壝三成，近代壇四成，以廣天文從祀之位。今宜去其一成，以合陽奇之數；每成高八尺一寸，以合數之九九；壇設丙巳之地，以就陽位。又，古者器用陶匏，席用藁秸，以祀天，漢唐而後，禮樂玉帛，日益繁縟，宋、金多循唐禮，今宜取唐制損益而行之。」既而太常復議尊祖配天之儀，省臣曰：「自古漢人有天下，率尊祖以配天。宗廟已有時饗，郊止祭天爲宜。」中丞何瑋曰：「嚴父配天，不易之制也。」不從。

14 五月，戊申，詔求山林間有德行文學識治道者。徵原任陝西儒學提舉蕭𣂏赴闕，且曰：「或不樂於仕，可試一來與朕語，當卽遣歸。」令有司給以安車。

𣂏初爲府史，與上官語不合，卽引退，讀書南山者三十年。於是博極羣書，及門受業者甚衆。鄉人有暮行遇盜者，詭曰：「我蕭先生也。」盜驚愕，釋去。世祖時，辟爲陝西儒學提舉，不赴。後累授集賢直學士、國子司業，改集賢侍讀學士，皆不赴。省憲大臣卽其家具宴爲賀，使一從史先詣𣂏舍。𣂏方汲水灌園，從史至，不知其爲𣂏也，使飲其馬，卽應之不拒。及冠帶迎賓，從史見之有懼色，𣂏殊不爲意。

15 戊午，改各道肅政廉訪司爲詳刑觀察使，聽省、臺辟人用之。

16 癸亥，以地震，改平陽爲晉寧，太原爲冀寧。

17 復立洪澤、芍陂屯田，令河南行省平章阿薩爾（舊作阿散。）領其事。
18 召陳天祥爲中書右丞，議樞密院事，提調諸衞屯田，以年老固辭。
19 六月，庚子，立子德壽爲皇太子，詔告天下。賜高年帛。流竄遠方之人，量移內地。
20 甲午，潼川霖雨，江溢，漂沒居民，溺死者衆。敕有司給糧一月，免其田租。
21 秋，七月，辛亥，築郊壇于麗正、文明門之南丙位；設郊祀署，令、丞各一員，太祝三員，奉禮郎二員，協律郎一員，法物庫官二員。
22 甲寅，太白經天。
23 壬戌，以金銀鈔厚賜興聖太后及宿衞臣，出居懷州，復置懷寧王府官。
24 八月，丁丑，復給曲阜林廟灑掃戶，以尙珍署田五十頃供歲祀。
25 丙戌，海商以珍寶來獻，議以鈔六萬錠酬其直。或謂左丞尙文曰：「此所謂雅庫特（舊作押忽大，今改。）珠也，六十萬酬之不爲過。」文問：「何所用之？」答曰：「含之可不渴，熨面可使目有光。」文曰：「一人含之，千人不渴，則誠寶也。若一珠止濟一人，則用已微矣。吾之所謂寶者，米粟是也，一日不食則飢，三日則疾，七日則死，有則百姓安，無則天下亂，以功用較之，豈不愈于珠哉！」
26 癸巳，復立制用院。

27是月，歸德、陳州河溢。

28九月，庚申，帝至自上都。

29冬，十月，丙戌，太白經天。

30乙未，帝諭中書省、樞密院、御史臺臣曰：「省中政事，聽右丞相哈喇哈斯總裁，自今用人，非與議者悉罷之。」

31戊戌，詔：「芍陂、洪澤等屯田爲豪右占據者，悉令輸租。」

32辛丑，復以詳刑觀察司爲肅政廉訪司。

33括兩淮地爲豪民所占者輸租賦。

34北方奇嚕倫部（舊作乞祿倫部。）大雪。同知宣徽院事圖沁布哈（舊作禿堅不花。）請買駝馬，補其死缺。出衣幣於內府，身往給之，全活數萬人。其還也，帝賜以七寶笠。

35是月，帝不豫，皇后巴約特氏（舊作伯岳吾氏，一作伯要眞氏。）秉政。詔遣阿裕爾巴里巴特喇（舊作愛育黎拔力八達，今改。）就其母鴻吉里氏（舊作弘吉剌氏。）居懷州。阿裕爾巴里巴特喇，懷寧王哈尚之母弟也。

36江浙行省平章徹爾（舊作徹里。）召入爲中書平章政事，是月薨。家貧不滿二百緡，人服其廉。追封徐國公，謚忠肅。

37十一月，丁未，黃勝許遣其屬來獻方物，請復其子官。帝不允〔允〕，曰：「勝許反側不足信，如其悔罪自至，則官可得。」命賜衣服遣之。

38舊制，凡遇饗祀，司天雖掌時刻，無鐘鼓更漏，往往至旦始行事。至是將郊祀，齊履謙攝司天臺官，言於宰執，請用鐘鼓更漏，俾早晏有節，從之。

庚午，祀昊天上帝于南郊，牲用馬一，蒼犢一，羊、豕、鹿各九。其文舞曰崇德之舞，武舞曰定功之舞。以攝太尉、右丞相哈喇哈斯、左丞相阿固岱、（舊作阿忽台。）御史大夫特們德爾（舊作鐵木迭兒。）爲三獻官。

39壬申，太白經天。

40拱衞直都指揮使王伯勝，自帝有疾，晨夕入侍；安西王忌之，出爲大寧路總管。

41十二月，丙子，地震。

42庚寅，皇太子德壽薨。皇后遣人問西僧丹巴（舊作擔巴。）曰：「我夫婦崇信佛法，以師事汝，止有一子，寧不能延其壽也？」對曰：「佛法如燈籠，風雨至則可蔽，若燭盡，則無如之何也。」一時稱其敏給。【考異】輟耕錄載丹巴之對。徐氏後編載于大德六年晉王薨之下，蓋誤以晉王爲成宗之子也。山居新語亦載此事，明云德壽太子病瘵而薨。今據以改正。

大德十年（丙午、一三〇六）

1春，正月，甲辰，詔詢訪莊聖皇后、昭睿順聖皇后、徽仁裕聖皇后儀範中外之政，以備紀錄。

2丙午，濬吳松江等處漕河。

3庚戌，濬眞、揚等州漕河；令鹽商每引輸鈔二貫，以爲傭工之費。

4戊午，罷江南白雲宗都僧錄司，汰其民歸州縣，僧歸名（各）寺，田悉令輸租。

初，南臺御史言：「江南寺觀田畝，歷年詔免租賦，上虧公額，下侵民利。其所隸民戶，或罹飢窘，爲其徒者，坐視不卹。請於秋成之時，驗其頃畝，減半徵之，以備凶歲推賑其民，庶幾利害稍均。」從之。

5壬戌，發河南民十萬築河防。

6丁卯，命近侍無輒驛召外郡官。

7營國子學于文宣（王）廟西。

8中書左丞尙文，以老疾告歸；復召爲中書右丞，商議中書省事，不起。

9閏月，晉寧、冀寧地震不止。

10二月，辛亥，中書省言：「近侍傳旨以文記至省者，凡一百五十餘人，令臣擢用，其中犯法妄進者實多，宜加遴選。」許之。

11 己未，江西、福建奉使宣撫塔布岱（舊作塔不帶。）坐贓，遇赦，釋其罪，終身不敍。

12 戊辰，帝如上都。

13 是月，大同路暴風，大雪，壞民廬舍。雨沙陰霾，馬牛多斃，人亦有死者。

14 三月，乙未，道州營道等處暴雨，江溢，山裂，漂蕩民廬，溺死者衆，復其田租。

15 夏，四月，庚子朔，詔：「凡匿鷹犬者，沒家資之半，笞三十；來獻者給之以賞。」

16 壬戌，雲南羅（羅）雄州、普定路諸蠻爲寇。右丞汪惟能進討，賊退據越州，諭之不服，遣平章伊蘇岱爾率兵萬人往捕之。兵至曲靖，與惟能合兵壓賊境，獲其渠，斬之，餘衆皆潰。命伊蘇岱爾留軍二千戍之。

17 癸亥，置崑山、嘉定等處水軍上萬戶府。

18 甲子，倭商有慶等抵慶元貿易，以金鎧甲爲獻。命浙江行省平章阿喇卜丹（舊作阿老瓦丁。）等備之。

19 是月，鄭州暴風雨，雹大若雞卵，積厚五寸，麥及桑棗皆損，蠲今年田租。

20 五月，癸未，詔：「西番僧往還者，不許馳驛，給以舟車。」

21 禁御史臺、宣慰司、廉訪司官毋買鹽引。

22 乙酉，遣高麗國王王昛還國，仍置征東行省鎭撫之。

23 丁亥，詔右丞相哈喇哈斯、達喇罕（舊作答剌罕。）左丞相阿固台等整飭庶務，凡銓選錢穀等事，一聽中書裁決，百司勤怠者，悉以名聞。

24 六月，癸卯，御史臺言：「江南行臺監察御史嘉琿，（舊作教化，今改。）劾江浙行省宣使李元不法。行省亦遣人摭拾嘉琿不令檢覈案牘。」中書省復言嘉琿等不循法度，擅遣軍士守衞其門，搒掠其〔李〕元，誣指行省等官不法事，詔省、臺及額爾克達嚕噶齊（舊作也可札魯忽赤。）同訊之。

25 壬戌，來安府〔路〕總管岑雄叛，湖廣行省遣宣慰副使呼圖魯特穆爾（舊作忽都魯鐵木而。）招諭之。雄令其子世堅來降，賜衣物遣之。

26 秋，七月，辛巳，宣德等處雨雹害稼。大同之渾源隕霜殺禾。平江大風海溢，漂民廬舍。

27 八月，壬寅，開成路地震，王宮及官民廬舍皆壞，壓死故秦王妃等五千餘人，以鈔萬三千六百餘錠、糧四萬四千餘石賑之。

28 先是命江浙行省製造宣聖廟樂器，以宋舊樂工施德仲審較應律，運至京師。丁巳，京師文宣〔王〕廟成，行釋奠禮，牲用太牢，樂用登歌，製法服三襲，召〔命〕翰林院定樂名、樂章。

29 是秋，遼陽行省右丞洪萬罷，以其叔君祥代之。君祥請于朝，宜新省治，增巡兵，置儒學提舉官，都鎮撫等員，以興文教，修武備。既而事不果行。

30 陝西饑，省、臺議請賑於朝，安西路總管趙世延曰：「救荒如救火，願先發廩以賑。朝廷若不允，世延當傾財若身以償。」省、臺從之，所活者衆。世延嫻習官政，其始除總管也，前政壅滯者三千牘，世延既至，不三月，剖決殆盡。

31 冬，十月，丁未，有事於太廟。

32 丁卯，安南遣使貢方物。

33 青山叛蠻來附。

34 吳江州大水，民乏食，發米萬石賑之。

35 十一月，己巳，帝至自上都。

36 十二月，乙卯，帝寢疾，禁天下屠宰四十二日。

內侍李邦寧，錢塘人，宋故小黃門也，宋亡，從瀛國公入見，世祖命給侍內庭。警敏稱上意，令學國書及諸番語，即通解，遂見親任。帝即位，進太醫院使。自帝初得疾至此，不離左右者十餘月。

37 癸亥，瓊州臨高縣那篷洞主王文何等作亂，伏誅。

38 阿裕爾巴里巴特喇至懷州，所過郡縣供帳華侈，悉令撤去，嚴飭扈從毋擾民，民皆感悅。

39 是歲，大都留守鄭制宜卒。帝遇制宜特厚，每侍宴，輒不敢飲，終日無隋〔惰〕容。帝察其忠勤，屢賜內醞，輒持以奉母。帝聞之，特封其母蘇氏爲潞國夫人。及制宜歿，追封澤國公，謚忠宣。

大德十一年（丁未、一三〇七）

1春，正月，丙辰朔，帝大漸，免朝賀；癸酉，崩於玉德殿，國語稱鄂勒哲圖（舊作完澤篤，今改。）皇帝。

帝承世祖混一之後，善於守成；惟末年連歲寢疾，凡國家政事，內則決於宮壼，外則委於宰臣，幸去世祖未遠，守其成憲，不至廢墜。

2乙亥，靈駕發引，葬起輦谷，從諸帝陵。

3皇后巴約特氏以己嘗謀出阿裕爾巴里巴特喇及其母居懷州，至是恐其兄懷寧王哈尙立，必報前怨，乃命召安西王阿南達（舊作阿難答。）入京師，欲立之。左丞相阿固岱、平章賽音諤德齊、（舊作賽典赤。）巴特瑪琳沁、巴延及諸王莽賴特穆爾（舊作明里帖木兒。）陰左右之，謀斷哈尙歸路，奉皇后垂簾聽政，立安西王輔之。於是阿固岱以祔廟及攝位事集廷臣議之，太常卿田忠良、御史中丞何瑋皆執不可，阿固岱變色曰：「制自天降耶？公等不畏死，敢沮大事！」瑋曰：「死畏不義爾；苟死於義，何畏！」議遂寢。

4右丞相哈喇哈斯收百司符印，封府庫，稱疾，守宿掖門，內旨日數至，皆不聽。衆欲害之，未敢發。懷寧王適遣哈喇托克托（舊作康里脫脫。）計事京師，哈喇哈斯令急還報，復遣使南迎阿裕爾巴里巴特喇於懷州。

使至懷州，阿裕爾巴里巴特喇疑未行，其傅李孟曰：「支子不嗣，世祖之典訓也。今宮車晏駕，大太子遠在萬里，宗廟社稷危疑之秋，殿下當奉大母急還宮庭，以折奸謀，安人心；不然，國家安危，未可保也。」阿裕爾巴里巴特喇猶豫未決，孟復進曰：「邪謀得成，以一紙書召還，則殿下母子且不自保，豈暇論宗族乎！」阿裕爾巴里巴特喇大悟，乃奉其母行。

先遣孟趨哈喇哈斯所覘之。適皇后使問疾哈喇哈斯所，孟入，長揖，引其手診之，衆謂孟醫也，不疑之。既而知安西王卽位有日，還告曰：「事急矣，先發者制人，後發者制于人，不可不早圖之。」左右之人皆不能決，或曰：「皇后深居九重，八璽在手，四衞之士，一呼而應者累萬。安西王府中，從者如林，殿下侍御（衞）單寡，不過數十人，兵仗不備，奮赤手而往，事未必濟。不如靜守，以待大太子之至，然後圖之，未晚也。」孟曰：「羣邪違棄祖訓，黨附中宮，欲立庶子，天命人心，必皆弗與。殿下入造內廷，以大義責之，則凡知君臣之義者，無不捨彼爲殿下用，何求而弗獲！克淸宮禁，以迎大兄之至，不亦可乎！且安西旣正位號，縱大太子至，彼安肯兩手進璽，退就藩國，必將鬬於國中，生民塗炭，宗社危矣。且危身以及其親，非孝也；遺禍艱（難）于大兄，非弟也；得時弗爲，非智也；臨機不斷，非勇也；仗義而動，事必萬全。」阿裕爾巴里巴特喇曰：「當以卜決之。」命召卜人。有儒服持囊遊于市者，召之至，孟出迎，語之曰：「大事待汝而決，但言其吉。」乃入筮，遇乾之睽，立而獻卦曰：「卦大吉。乾，剛也；睽，外也；以剛處外，乃定內也。君子乾乾，行事也。飛龍在天，上治也。輿曳牛，掣其人，祇且劓，內兌廢也。厥宗噬膚，往必濟也。大君外至，明相麗也。乾而不乾，事乃睽也。剛運善斷，无惑疑也。」孟曰：「筮不違人，是謂大同，時不可以失。」阿裕爾巴里巴特喇喜，振袖而起。衆翼之登騎，諸臣皆步從。

至衛輝，經比干墓，顧左右曰：「紂內荒於色，毒痡四海，比干諫，紂刳其心，遂失天下。」命祀比干墓，爲後世勸。至漳水，值大風雪，田叟有以盂粥進者，近侍卻不受，阿裕爾巴里巴特喇曰：「漢光武嘗爲寇兵所迫，食豆粥。大丈夫不備嘗艱阻，往往不知稼穡（艱難），以致驕惰。」命取食之。賜叟綾一匹，慰遣之。

二月，辛亥，阿裕爾巴里巴特喇至大都，與母鴻吉哩氏入內，哭盡哀，復出居舊邸。安西之黨見阿裕爾巴里巴特喇既至，遂謀以三月三日僞賀其生辰，因以舉事。阿實克布哈（舊作阿沙不花。）知之，言於哈喇哈斯，且曰：「先人者勝，後人者敗。后一垂簾聽政，我等皆受制于人矣，不若先事而起。」哈喇哈斯曰：「善！」夜，遣人啓阿裕爾巴里巴特喇曰：「懷寧王遠，不能速至，恐變生不測，當先事而發。」

阿裕爾巴里巴特喇復遣都萬戶囊嘉特舊作襲嘉歹，今改。詣諸王圖喇舊作禿剌，今改。定計，囊嘉特力贊之，乃先二日，以三月丙寅率衞士入內，稱懷寧王遣使召安西王計事。至卽幷諸王莽賚特穆爾執之，鞫問，辭服，械送上都，收阿固岱、巴特瑪琳沁、賽音諤德齊、巴延等，誅之。

諸王庫庫楚、舊作闊闊出，今改。伊克圖舊作牙忽都，今改。進曰：「今罪人斯得，太子實世祖之孫，宜早正大位。」阿裕爾巴里巴特喇曰：「王何爲出此言也！彼惡人潛結宮壼，亂我家法，故誅之，豈欲作威福以覬望神器耶！懷寧王，吾兄也，宜正大位，已遣使奉璽北迎之矣。」遂自稱監國，與哈喇哈斯日夜居禁中以備變。

監國命李孟參知政事。孟損益庶務，裁抑僥倖，羣小皆不樂。既而曰：「執政大臣，當自天子親用，今鑾輿在道，孟未見顏色，誠不敢冒大任。」固辭，弗許，遂逃去，不知所之。

監國命楊多爾濟舊作朵兒只，今改。譏察禁衞。多爾濟，寧夏人，早侍藩邸，見倚重。李孟之使京師也，多爾濟從行，至是密致警備，監國賴焉。

5 是月，道州營道縣暴雨，山裂一百三十餘處。

6 夏，五月，乙丑，懷寧王哈尙至上都。

初，哈尙聞帝崩，自阿勒台山舊作按台山，今改。至和林，諸王勳戚合辭勸進，王曰：「吾母及弟在大都，俟宗親畢會議之。」

時內難既平，鴻吉哩妃以兩子星命，令陰陽家推算所宜立者，曰：「重光大荒落有災，旃蒙作噩長久。」重光爲哈尙年幹，旃蒙爲阿裕爾巴里巴特喇年幹也。妃惑其言，遣近臣告哈尙曰：「汝兄弟二人，皆我所生，豈有親疏！陰陽家所言，運祚修短，不容不思。」哈尙語托克托（舊作脫脫。）曰：「我捍邊陲十年，又嗣次居長，星命之言，茫昧難信。設我卽位後，所行上合天心，下副民望，則雖一日之短，亦足垂名萬年，何可以陰陽家言而乖祖宗之託哉！此殆用事之臣擅權專殺，恐他日或治其罪，故爲是奸謀耳。汝爲我往察事機，疾歸報我。」乃親率大軍由西道，諸王昂輝舊作按灰，今改。由中道，綽和爾（舊作牀兀兒。）由東道，各以勁卒一萬，而遲迴不進。

托克托馳至大都，具道哈尙言，妃愕然曰：「修短之說，雖出術家，爲太子周思遠慮，乃出我深愛。今大憝已除，諸王大臣議已定，太子不速來何爲！汝所致言，殆有纔（讒）間。汝歸，爲我彌縫之而趣其來。」先是妃以懷寧王不至，復遣阿實克布哈迎之，備道安西謀變始末及太弟監國與諸王羣臣推戴之意。至是托克托繼往，行至中道，懷寧王與中望見之，趣使同載。托克托備述妃言，懷寧王大感悟。及是至上都，以阿實克布哈爲平章政事，遣還報兩宮。阿裕爾巴里巴特喇卽侍其母來會於上都，廢皇后巴約特氏，（出）居東安（州），殺之。誅西安〔安西〕王阿南達及諸王莽賚特穆爾。

7甲申，懷寧王卽皇帝位，詔曰：「昔我太祖皇帝以武功定天下，世祖皇帝以文德洽海內，列聖相承，丕衍無疆之祚。朕自先朝，肅將天威，攝〔撫〕軍朔方，殆將十年；親御甲胄，力戰卻敵者屢矣。方諸藩內附，邊事以寧，遽聞宮車晏駕。乃有宗室、諸王、貴戚、元勳，相與定策于和林，咸以朕爲世祖曾孫之嫡，裕宗正派之傳，（以功以賢），宜膺大寶。朕謙讓未遑，至于再三。還至上都，宗親、大臣復請于朕。間者奸臣乘隙，謀爲不軌，賴祖宗之靈，母弟阿裕爾巴里巴特喇稟命太后，恭行天罰。內難既平，神器不可久虛，宗祧不可乏祀，合詞勸進，朕勉徇輿情，於五月二十一日卽皇帝位。其與民更始，可大赦天下。」

是日，追尊考曰順宗皇帝，母元妃鴻吉哩氏曰皇太后。

8壬辰，加知樞密院事托多爾海舊作朶兒朶海，今改。太傅，中書右丞相哈喇哈斯答〔達〕喇罕、太保，並錄軍國重事。知樞密（院）事塔喇海（舊作塔刺海。）爲中書左丞相，預樞密院、宣徽院事。同知徽政院事綽和爾、額爾克達嚕噶齊（舊作也可札魯忽赤）阿實克布哈、江浙行省平章政事莽賚布哈、（舊作明里不花。）並爲中書平章政事，江浙行省左丞劉正爲中書左丞，中書右丞行御史中丞塔斯布哈爲御史大夫。

9是月，建州大雨雹。

10六月，癸巳朔，詔立母弟阿裕爾巴里巴特喇爲皇太子，受金寶。

11甲午，建中都，立宮闕。

12遣使四方旁求經籍，識以玉刻印章，命近侍掌之。有進大學衍義者，命王約等節而譯之。皇太子曰：「治天下，此一書足矣。」因命與圖像孝經、列女傳並刊行賜臣下。

13翰林學士閻復陳三事，曰惜名器，明賞罰，擇人材，言皆剴切。未幾，遂授平章政事。復力辭，不許；上疏乞骸骨，詔從其請。【考異】元史閻復傳：十一年春，武宗踐阼，復首陳三事。按武宗即位在五月，非春也，今以事連繫之。

14丁酉，中書右丞相哈喇哈斯、左丞相塔喇海言：「臣等與翰林、集賢、太常老臣集議，皇帝嗣登寶位，詔追尊皇考爲皇帝。皇考，大行皇帝同母兄也；大行皇帝祔廟之禮尚未舉行，二帝神主，依兄弟次第祔廟爲宜。今據〔擬〕請謚皇考昭聖衍孝皇帝，廟號順宗；大行皇帝曰欽明廣孝皇帝，廟號成宗。太祖之室居中，睿宗西第一室，世祖西第二室，裕宗西第三室；順宗東第一室，成宗東第二室。先元妃鴻吉哩氏宜謚曰貞慈靜懿皇后，祔成宗廟堂〔室〕。」制可之。

初，累朝皇后既崩者，猶以名稱，未有謚號。禮部主事曹元用言：「后爲天下母，豈可直稱其名！宜加徽號，以彰懿德。」至是皇后上謚，用元用之言也。

15 壬寅，塔喇海加太保、錄軍國重事、太子太師。

16 癸卯，置詹事院。

17 乙巳，中書省言：「中書宰臣十四員，御史大夫四員，前制所無。」詔與翰林、集賢諸老臣議擬以聞。

18 壬子，封皇妹爲魯國大長公主，駙馬瑚阿布喇（舊作瑚阿不刺。）爲魯王。

19 甲寅，敕內郡、江南、高麗、四川、雲南諸寺僧誦藏經，爲三宮祈福。

20 （丙辰），御史大夫塔斯布哈（舊作塔思不花，今改。）言：「舊制，內外風憲官有所彈劾，諸人勿預。而近有受贓爲監察御史所劾者，獄具，夤緣奏請，託言事入覲以避其罪。臣等以爲今後有罪者，勿聽至京，待其對辨事竟，果有所言，方許奏陳。」從之。

21 戊午，進封高麗國王王昛爲瀋陽王，加太子太傅。

22 秋，七月，癸亥朔，封諸王圖喇爲越王。

初，皇太子入定內難，阿固岱有勇力，人莫能近，諸王圖喇實手縛之，故有是命。哈喇哈斯力爭，以爲：「舊制，非親王不得加一字之封。圖喇疏屬，豈可以一日之功，廢萬世之制！」帝不聽。圖喇因譖于帝曰：「安西謀干大統時，丞相亦嘗署其牘。」未幾，罷爲和林左丞相。哈喇哈斯至鎮，爲斬（斬爲）盜者一人，分遣使者賑貸降民，奏出鈔帛，易牛羊以給之；

近水者教取魚鼈爲食。（會大雪），命諸部置傳車，相去各三百里，凡十傳轉米數萬石，以餉饑民。又度地置倉廩，積粟以待來者。求古渠浚之，漑田數千頃。治稱海屯田，令部民雜耕其間，歲得米二十餘萬，北邊大治。

23甲子，以中書參知政事趙仁榮爲太子詹事。

24以阿保功，授莽賚（舊作明里。）大司徒，封其妻爲順國夫人。

25己巳，置宮師府，設太子太師、少師、太傅（傳）、少傅（傳）、太保、少保、賓客、左·右諭德、贊善、庶子、洗馬、率更令·丞、司經令·丞、中允、文學、通事舍人、校書、正字等官。

26召張養浩爲司經。養浩，濟南人，先爲堂邑縣尹，毁淫祠三十餘所，罷舊盜之朔望參者，曰：「彼皆良民，饑寒所迫，不得已而爲盜耳。既加之以刑，猶以盜目之，是絕其自新之路也。」衆盜感泣，相戒曰：「毋負張公！」有李虎者，嘗殺人，其黨暴戾爲害，民不堪命，舊尹莫敢詰。養浩至，盡寘諸法，民快之。去官十年，猶爲立碑頌德。至是召用，未至，改文學，旋拜監察御史。

27丁丑，以中書左丞相塔喇海爲中書右丞相，監修國史，御史大夫塔斯布哈爲中書左丞相。

28辛巳，加封至聖文宣王爲大成至聖文宣王。遣使闕里，祀以太牢。

29 塔喇海、塔斯布哈言：「中書庶務，同僚往往有不俟公議，卽以上聞。今後事無大小，請共議而後奏。」帝曰：「卿等言是，自今庶務非公議者勿奏。」

30 以江浙行省左丞郝天挺爲中書右丞。天挺英爽剛直，有志略，受業于元好問。以勳臣子，世祖召見，嘉其容止，令備宿衞東宫。裕宗遇之甚厚，累官陝西行御史臺中丞。至是遷江浙行省左丞，不赴，拜中書右丞。與宰相論事，有不合輒面斥之。一日，以奏事敷陳明允，特賜黃金百兩，不受。帝曰：「非利汝也，第旌汝肯言耳。」

31 丙戌，御史大夫伊囉勒（舊作月兒魯。）言：「舊制，中書省、樞密院、御史臺、宣政院許得自選其人，他司悉從中書銓擇，近臣不得輒奏，如此則紀綱不紊。」帝嘉納之。

32 辛卯，發卒二千人爲晉王伊蘇特穆爾（舊作也孫鐵木兒。）築邸舍。

33 是月，江浙、湖廣、江西、河南、兩淮屬郡饑，于鹽、茶課鈔內折粟，遣官賑之。詔富家能以私粟賑貸者，量授以官。

34 禮部尙書吳鼎，奉命賑山東諸郡饑，朝議發粟四萬石，鈔折米一萬石。鼎謂同使者曰：「民得鈔何從易米？」同使者曰：「朝議已定，恐不可復得。」鼎曰：「人命豈不重於米耶！」言于朝，卒從其請。

35 都指揮使茂穆蘇舊作馬謀沙，今改。以角觝屢勝，遙授中書平章政事。伶官實迪舊作沙的，今改。等授平章，仍領玉宸樂院使。未幾，樂工有犯法者，刑部逮之。實迪以玉宸與刑部秩皆三品，官皆榮祿大夫，留不遣，中書以聞。帝曰：「凡諸司視其資級，授之散官，不可超越。其間冗職名品高者，宜遵舊制降之。」

36 八月，甲午，中書省言：「內降旨與官者八百八十餘人，已除三百，未除者猶五百餘。請自今，越奏者勿與。又外任官多帶相銜，非制。」御史臺亦言：「御史、廉訪使官，宜從本臺公選，不當從諸臣所請，降內旨用之。」帝曰：「（凡）若此者，卿等皆當執勿與。」未幾，省臣復言：「比有應入常調者，貪緣躐選，或未入仕及已嘗廢黜，亦復請自內降。計奉詔禁革之後，所降內旨，復有百餘。中書政務，他人輒得干請，責以整飭，其效實難。自今銓選、錢穀之事，請如前制，不由中書議者，不得奏聞。」從之。

37 辛亥，中書左（右）丞博囉特穆爾（舊作孛羅鐵木兒。）以國字譯孝經進，詔曰：「此乃孔子之微言，自王公達於庶民，皆當由是而行。其命中書省刻板模印，諸王而下皆賜之。」

38 戊午，冀寧路地震。

39 九月，甲子，帝至自上都。

40 壬申，上皇考及大行皇帝尊謚、廟號；又上先元妃鴻吉哩氏尊謚，祔于成宗廟室。

41丙子，塔喇海言：「比蒙聖恩，賜臣江南田百頃。今諸王、公主、駙馬賜田還官，臣等請還所賜。」從之，仍諭諸人賜田悉令還官。

42丁丑，中書省言：「比議省臣員數，奉旨，依舊制定為十二員。右丞相塔喇海、左丞相塔斯布哈、平章綽和爾、奇塔特布濟克舊作乞台普濟，今改。如故，（餘令臣等議）。請以阿實克布哈、塔斯哈雅（舊作塔失海牙。）為平章政事，博囉達實、（舊作孛羅答失。）劉正為右丞，郝天挺、額森特穆爾（舊作也先鐵木兒。）為左丞，于璋（舊作兀伯都剌。）為參知政事。其諸司冗員，並宜揀退〔汰〕。」從之。

43甲申，詔立尚書省，分理財用，命塔喇海、塔斯布哈仍領中書，以托克托、舊作脫虎脫，今改。嘉琿、帕哈哩鼎舊作教化、法魯忽丁，今改。任尚書省，仍（俾）自舉官屬。命鑄尚書省印。

44丙戌，皇太子建佛寺，請買民地益之，給鈔萬七百錠有奇。

45辛卯，御史臺言：「至元中，阿哈瑪特（舊作阿合馬。）綜理財用，立尚書省，三載併入中書。其後僧格（舊作桑哥。）用事，復立尚書省，事敗又併入中書。粵自大德五年以來，四方地震、水災，歲仍不登，百姓重困。頃又聞為綜理財用立尚書省，如是則必增置所司，濫設官吏，殆非益民之事也。且綜理財用，在人為之，若止命中書整飭，未見不可。」帝曰：「卿言良是。但此三臣願任其事，姑聽其行。」

46冬，十月，庚子，中書省言：「前置中書省時，裕宗爲中書令，嘗至省署敕。其後僧格遷立尚書省，不四載而罷。今復還中書於舊省，請徙中書令位，仍請皇太子一至中書。」從之。

47乙巳，敕方士、日者勿遊諸王、駙馬之門。

48丙辰，中書省言：「常歲，海漕糧百四十五萬石；今江浙歲儉，不能如數。請仍舊例，湖廣、江西各輸五十萬石，並由海道達京師。」從之。

49先是都水監言：「巡視白浮、甕山河隄，崩三十餘里，宜編荊笆爲水口，以泄水勢。」夏初興役，至是月工竣。

50十一月，丙寅，帝朝隆福宮，上皇太后玉册、玉寶。

太后性聰慧，教宮中侍女皆執治女功。然不自檢飭，自正位東朝，淫恣日甚，內則赫噜譟、伊勒色巴（舊作黑驢母、亦烈失八。）用事，外則幸臣實勒們、（舊作失烈門。）耨埒（舊作紐璘。）及宣徽使特們德爾（舊作鐵木迭兒，今改。）相率爲奸，以至濁亂朝政焉。

51辛未，以塔喇海領中政院事。

52乙亥，中書省言：「大都路供億浩繁，概于屬郡取之。其軍站、鷹坊、控鶴等戶，恃其雜徭無與，冒占編氓。請降璽書，依祖宗舊制，悉令均當，或輒奏請者，亦宜禁止。」制可。

53皇太子言：「近蒙恩以安西、吉州、平江爲分地，租稅悉以賜臣。臣恐宗親昆弟援例，自五戶絲外，餘請輸之內帑。其陝西運司歲辦鹽十萬引，向給西安〔安西〕王，以此錢斟酌與臣，惟陛下裁之。」帝曰：「太子所思甚善，歲以十萬錠給之，不足則再賜。」

54己卯，以皇太子受册禮成，帝御大明殿，受諸王百官朝賀。

55杭州、平江等處大饑，丁亥，發粟賑之。

56庚寅，賜太師伊徹察喇（舊作月赤察兒。）江南田四十頃。時賜田悉奪還官，中書省以爲言。詔：「伊徹察爾〔喇〕自世祖時積有勳勞，非餘人比，宜以前後所賜合百頃與之。」

57十二月，壬辰朔，中書省言：「舊制，金虎符及金銀符，典瑞院掌之，給則由中書，事已則復歸典瑞院。今出入多不由中書，下至商人，結託近侍奏請，察〔以〕致泛溢，出而無歸。自後除官及奉使應給者，非由中書省勿給。」從之。

58乙未，齊塔察爾（舊作赤塔兒。）等擾擅〔檀〕州民，強取米粟六百餘石，詔官訊之。

59癸卯，命留守司以來歲正月十五日起燈山于大明殿後延春閣前。

60丁巳，以中書省言，國用浩穰，民貧歲歉，詔宣政院併省佛事。

61中書省言：「刑法者，譬之權衡，不可偏重。世祖已有定制，自元貞以來，以作法〔佛〕事之故，放釋有罪，失于太寬，有司無所遵守。今請凡內外犯法之人，悉歸有司依法裁決。又，各處民饑，除行宮外，工役請悉罷停。」從之。

62庚申，詔改大德十二年爲至大元年。

63敕內廷作佛事毋釋重囚，以輕囚釋之。

64是歲，徵蕭㪺爲太子右諭德，扶病至京師，入覲東宮，書酒誥爲獻，以朝廷時尙酒故也。尋以病請解職，或問之，則曰：「禮，東宮東面，師傅西面，此禮今可行乎？」俄擢集賢學士、國子祭酒，依前右諭德。疾作，固辭而歸，卒，謚貞敏。

㪺致（制）行甚高，踐履篤實，關輔之士，翕然宗之。

65起王利用爲太子賓客。疏言時政，曰寡欲養身，酒宜節飲，財宜節用，杜絕纔（讒）言，求納直諫，官司量材而授，工役相時而動。帝及太子嘉納。皇后聞之，命錄副本以進。【考異】王利用言時政，元史本傳作成宗時事。今覈其前後，乃武宗即位後事也，其贈謚則在仁宗之時耳。

利用尋以老疾不能朝，帝遣醫診視之。利用語其弟曰：「吾受國厚恩，愧不能報，死生有命，藥不能爲也。」遂卒。後贈平章政事，謚文貞。

66中書平章政事鄂爾根薩理（舊作阿魯渾薩理。）卒，後贈太師，追封趙國公，謚文定。

67江浙行省平章政事托克托（舊作脫脫。）卒。帝以托克托善爲治，吏民安之，久不及召還。至是卒，年才四十四。

續資治通鑑卷第一百九十六

賜進士及第兵部尚書兼都察院右都御史總督湖北湖南等處地方軍務兼理糧餉世襲二等輕車都尉畢沅編集

元紀十四 起著雍涒灘（戊申）正月，盡屠維作噩（己酉）十二月，凡二年。

武宗仁惠宣孝皇帝 諱哈尙，（舊作海山。）順宗達爾瑪巴拉（舊作答剌麻八剌。）之長子，母曰興聖皇太后鴻吉哩氏。（舊作弘吉剌氏。）至元十八年七月十九日生。成宗大德三年，總兵北邊。八年，封懷寧王，賜金印。十一年春，成宗崩，帝自阿勒台山（舊作按台山。）至于和林，諸王勳戚皆勸進。五月，遂卽位于上都。

至大元年（戊申、一三〇八）

1春，正月，辛酉朔，曲赦御史臺見繫犯贓官吏，罪止徵贓罷職。

2帝之在潛邸也，知樞密院濟爾哈圖（舊作只兒哈忽。）有不遜語，至是將置之法。托克托（舊作脫脫，乃康里脫脫。）諫曰：「陛下新正位，大信未立而輒行誅戮，知者以爲彼自有罪，不知者以爲報仇，恐人人自危。況濟爾呼（哈）圖習於先朝典故，今固不可少也。」乃宥之。

3甲子，以阿實克布哈舊作阿沙不花，今改。爲右丞相，行御史大夫。

初，阿實克布哈見帝容色日瘁，乘間進曰：「陛下八珍之味不知御，萬金之身不知愛，而惟麴蘖是耽，嬪妃是好，是猶兩斧伐孤樹，未有不顛仆者。陛下縱不自愛，獨不思祖宗付托之重、天下仰望之切乎？」帝大悅，曰：「非卿，孰爲朕言！」因命進酒。阿實克布哈頓首謝曰：「臣方欲陛下節飲，而反勸之，是臣之言不信於陛下也，臣不敢奉詔。」左右皆賀帝得直臣，遂有是命。

帝嘗覩近臣蹴踘，命出鈔十五貫賜之。阿實克布哈頓首言曰：「以蹴踘而受上賞，則奇伎淫巧之人日進而賢者日退矣，將如國家何！臣死不敢奉詔。」乃止。

4 己巳，紹興、台州、慶元、廣德、建康、鎮江六路饑，死者甚衆，飢戶四十六萬有奇。詔戶月給米六斗，以沒入朱清、張瑄財產賑之。時浙東宣慰同知托歡徹爾舊作脫歡察（兒），今改。議行勸貸之令，斂富民錢一百五十餘萬，以二十五萬屬寧海縣主薄胡長孺藏之。長孺察其有乾沒意，悉散于民。既而果索其錢，長孺抱成案進曰：「錢在是。」托歡徹爾雖怒，不敢問也。長孺，婺州人，其在寧海，發姦摘伏，明斷若神。

5 特授乳母夫壽國公楊燕嘉努（舊作楊燕家奴。）開府儀同三司。自是因乳母推恩及其夫，沿爲故事，名器益濫矣。

6 甲午〔戊〕，中書省言：「進海東青鶻者，常乘驛馬五百不敷，應重括民間車馬。兵部請以各驛馬陸續而進，勿括爲便。」從之。

7 戊子，皇太子請以阿實克布哈復入中書，托克托舊作脫脫，今改。復入御史臺。

8 己丑，中書省言：「阿實特穆爾舊作阿失鐵木兒，今改。請詔河西地采玉，役人千餘，需馬四十餘匹。以不急之務勞民，宜罷之。」又言：「近百姓艱食，盜賊充斥，苟不嚴治，將至滋蔓。宜遣使巡行，遇有罪囚，即行決遣。與隨處官吏共議弭盜方略，明立賞罰。或匿盜不聞，或期會不至，及踰期不獲者，官吏連坐。江浙行省海賊出沒，殺虜軍民，其已獲者，例合結案待報，會官審錄無冤，棄之于市，自首者原罪給粟，能擒其黨者加賞。」帝曰：「弭盜安民，專爲至重，宜即議行之。」

9 西番僧在上都者，強市民薪，民訴于留守李璧。璧方詢其由，僧率其黨持白梃突入公府，隔案引璧髮，捽諸地，箠扑交下，拽歸，閉諸空室，久乃得脫，奔訴於朝；僧竟遇赦免。未幾，其徒龔柯等與諸王妃爭道，拉妃墮車，毆之，語侵上；事聞，亦釋不問。時宣政院方奉詔言毆西僧者斷其手，詈者截其舌。皇太子亟上言：「此法昔所未有。」乃寢其令。

10 二月，癸巳，立鷹坊爲仁虞院，秩正一品。以右丞相托克托、（舊作脫虎脫。）遙授左丞相圖喇特穆爾、（舊作禿剌鐵木兒。）額克達嚕噶齊（舊作也可札魯忽赤。）伊勒齊（舊作月里赤。）並爲仁虞院使。

11 乙未，中書省言：「陛下登極以來，賜賞諸王，卹軍力，賑百姓及殊恩泛賜，帑藏空竭。

請權支鈔本以周急用，不急之費姑緩之。」帝曰：「卿等言是。泛賜者，不問何人，毋得蒙蔽奏請。」

12 壬寅，從皇太子請，改詹事院使爲詹事，副詹事爲少詹事，院判爲丞。

13 太子近侍有以俳優進者，典收大監王結言：「昔唐莊宗好此，卒致禍敗。殿下方育德春宮，視聽宜謹。」太子優納之。

14 中書省言：「陝西開成路前者地震，民力重困，已免賦二年，請再免今年。」從之。

15 甲辰，發軍士千五百人修五臺山佛寺。

16 命有司市邸舍一區，賜丞相特因特穆爾。（舊作赤因鐵木兒。）

17 己未，以皇太子建佛寺，立營繕署。

18 三月，庚申朔，中書省言：「郇王徹圖南（舊作拙忽難。）人戶散失，詔有司括索。昔阿濟奇（舊作阿只吉。）括索所失人戶，成宗慮其爲例，不許。今若括索，未免擾民，且諸王多必援例。請寢其事。」從之。

時莊聖皇后及諸王呼托克托（舊作忽禿禿。）人戶散入他郡，哈都齊托歡（舊作阿都赤脫歡。）輒降璽書括索。陝西行省及眞定等路省臣復言：「百姓均在國家版籍，今所遣使，輒奪軍、驛、編民等戶，非宜。」帝曰：「彼奏誤也，卿等速追以還。」

19 丁卯，建興聖宮。
20 遣使祀五岳、四瀆、名山、大川。
21 戊寅，帝如上都。
22 建佛寺于大都城南。
23 己卯，命翰林國史院纂修順宗實錄。
24 是春，紹興、慶元、台州大疫，死者二萬六千餘人。
25 夏，四月，戊戌，中書省言：「請依元降詔赦，勿超越授官，泛濫賜賚。」帝曰：「朕累有旨止之，又復蒙蔽以請。自今縱有旨，卿等其覆奏，罪之。」
26 辛亥，樞密院言：「諸王各用其印符乘驛，使臣旁午，驛戶困乏。宜準舊制，量其馬數，降以璽書。」奏可。
27 丙辰，高麗國王王昛言：「陛下令臣還國，復設官行征東行省事。高麗歲數不登，百姓乏食；又數百人仰食其土，民不勝其困，且非世祖舊制。」帝曰：「先請立者以卿言，今請罷亦以卿言。其準世祖舊制，速遣使往罷之。」
28 五月，丁卯，御史臺言：「成宗朝建國子監學，迄今未成，皇太子請畢其功。」制可。
29 召吳澄爲國子監丞。

國學自許衡後，漸失其舊法，澄至，旦然燭堂上，諸生以次受業。日昃，退燕居之室，執經問難者接踵而至。澄各因其材質，反覆訓誘之，每至夜分，雖寒暑不易。

30 己巳，管城縣大雨雹，深一尺，無麥禾。

31 丙子，以諸王及西番僧從駕上都，途中擾民，禁之。

32 禁白蓮社，毀其祠宇，以其人還隸民籍。

33 御史臺言：「比奉旨罷不急之役，今復爲各官營私宅。請俟行宮及大都、五臺寺畢工，然後從事爲宜。」詔除佤頭、三寶努（舊作三寶奴。）所居，餘悉罷之。

34 辛巳，中書省言：「舊制，樞密院、御史臺、宣政院得自選官，諸官府必中書省奏聞遷調，宜申嚴告諭。」從之。

35 六月，丁酉，隴西寧遠縣地震。雲南烏撒、烏蒙三日之中地大震者六。

36 帝欲以宦者李邦寧爲江浙平章，邦寧辭曰：「臣以閹腐餘命，前朝赦而用之，使承乏中官，榮寵過甚。今陛下復欲置臣宰輔，臣聞宰相者，佐天子治天下者也，柰何辱以寺人？陛下縱不臣惜，如天下後世何！臣不敢奉詔。」帝大悅。戊戌，加邦寧大司徒，遙授左丞相，仍領太醫院事。

37 辛丑，以沒入朱清、張瑄田產隸中宮，立江浙財賦總管府提舉司。

38是月，以江淮大饑，免今年常賦及夏稅。益都水，民飢，采草根樹皮以食，有父食其子者。詔免今歲差徭，仍發粟賑之。

39秋，七月，庚申，流星起自句陳，南行，圓若車輪，微有鋭，經貫索滅。

40敕以金銀歲入數少，自今勿問何人，以金銀爲請奏及托之奏者，皆抵罪。又，各處宣慰使等官，多以結托來京師，今後非奉朝命毋赴闕。

41皇太子諭詹事庫春舊作曲出，今改。曰：「汝舊事吾，其與同僚協議，務遵法度，凡世祖所未嘗行及典故所無者，愼毋行。」

42壬戌，皇子和實拉舊作和世㻋，今改。請立總管府，括河南歸德、汝寧瀕河荒地，約六萬餘頃，歲收其租。中書省言：「瀕河之地，出沒無常，近有伊瑪罕（舊作亦馬罕。）者，妄稱省委，括地蠶食其民，以有主之田指爲荒地，所至騷動。被害之民六百餘人，相率來訴，方議其罪，遇赦獲免，今乃妄以其地獻于皇子。且河南連歲凶荒，人方缺食，若從所請，爲害非細。」帝曰：「安用多言，其止勿行！」

43築呼鷹臺于漷州澤中，發軍千五百人助其役。

44中都行宮成，立留守司兼開寧路都總管府。

45己巳，眞定水溢，賑之。

46 癸酉，詔諭安南國。

47 癸未，樞密院言：「世祖時樞密臣六員，成宗時增至十三員。今署事者三十二員，宜汰之。」敕罷塔斯岱(舊作塔思帶。)等十一人。

48 甲申，太師淇陽王伊徹察喇(舊作月赤察兒。)請置王傅；中書省謂異姓王無置傅例，不許。

49 乙酉，以豢虎人徹爾集斯(舊作徹兒怯思。)爲監察御史。

50 是月，以左丞相塔斯布哈(舊作塔思不花。)爲中書右丞相，太保奇塔特布濟克(舊作乞台普濟。)爲中書左丞相。內外大小事務，並聽中書省區處，諸王、公主、駙馬、勢要人等，毋得攙攙沮壞。近侍臣員及內外諸衙門，毋得隔越聞奏。各處行省、宣慰司及在外諸衙門官，非奉旨及中書省明文，毋得擅自乘驛赴京，營幹私事。

51 八月，丙申，御史臺言：「奉敕逮監察御史薩都鼎(舊作撒都丁。)赴上都。按世祖、成宗迄于陛下，累有明旨，監察御史乃朝廷耳目，中外臣僚作姦犯科，有不職者，聽其糾劾，治事之際，諸人勿得與焉。邇者鞫問刑部尚書烏喇實(舊作烏剌沙。)贓罪，蒙詔獎諭，諸御史皆被賜賚，臺綱益振。今薩都鼎被逮，同列皆懼，所係非小，宜寢其命，申明憲臺之制，諸人勿得與聞。」制可。

52 九月，丙辰，以內郡歲不登，諸部人馬之入都城者，減十之五。

53 中書省言：「夏秋之間，鞏昌地震，歸德暴風雨，濟寧、泰安、眞定大水，民居蕩析。江浙饑荒之餘，疫癘大作，死者相枕藉。父鬻其子，夫離其妻，哭聲震野，所不忍聞。是皆臣等不才，猥當大任，以致政事乖違，陰陽失序，害及百姓，願退位以避賢路。」帝曰：「災害事有由來，非爾等所致也，但當愼所行耳。」

54 高麗國王王昛卒。

55 召山東宣慰司劉敏中爲翰林學士承旨。時災異薦臻，帝召公卿集議弭災之道。敏中疏列七事，帝嘉納之。未幾，以疾還鄉里。敏中義不苟進，進必有所匡救，每以時事爲憂，或鬱而勿申，則慼形於色。嘗與同儕各言志，曰：「自幼至老，相見而無愧色，是吾志也。」

56 壬戌，太尉托克托奏：「泉州大商進異木沈檀可構宮室者。」敕江浙行省驛致之。未幾，泉州商復進珍異及寶帶、西域馬。

57 丙寅，蒲縣地震。

58 乙亥，帝至自上都。

59 帝嘗奉皇太后燕大安閣，閣中有故篋，指以問內侍李邦寧，對曰：「此世祖貯裘帶者。

臣聞聖訓曰：『藏此以遺子孫，使見吾樸儉，可爲華侈之戒。』」帝命發篋視之，歎曰：「非卿言，朕安知之！」時有宗王在側，遽曰：「世祖雖神聖，然嗇於財。」邦寧曰：「不然。世祖一言無不爲後世法，一予奪無不當功罪。且天下所入雖富，苟用不節，必致匱乏。自先朝以來，歲賦已不足用，又數會宗親，賚費無算，旦暮不及〔給〕，必將横歛掊怨，豈美事耶？」太后及帝深然其言。

60庚辰，以高麗國王王璋嗣高麗王。

61冬，十月，癸巳，蒲縣、陵縣地震。

62甲午，以阿實克布哈知樞密院事。

63癸卯〔甲辰〕，以西蕃僧嘉勒斡巴勒舊作教瓦班，今改。爲翰林學士承旨。

64中書省請以湖廣米十萬石貯於揚州，分江西、江浙海漕五萬石貯朱汪、利津二倉，以濟山東飢民，從之。

65敕：「凡持內降文記買河間鹽及以諸王、駙馬之言至運司者，一切禁之。持內降文記不由中書者，聽運司以聞。」

66十一月，己未，中書省言：「世祖時，自中書以下諸司，官有定員。邇者諸司遞陞一級，一司多至二、三十員，事不改舊而官日增。請如大德十年員數，冗濫者悉汰之。又，今中都築城，大都建寺，及爲諸貴近營造私第，軍民困敝，倉廩空虛，而用度日廣，每賜一人，動至巨萬，恐將不繼，宜暫節縮。」又言：「百司之事，每與中書有干預者，請申禁之。」帝曰：「嘗令諸人勿干中書之政，他日或有乘朕忽忘，持內降文記至中書者，其執之以來，朕加之罪。」

67 己巳，以奇塔特布濟克舊作乞台普濟，今改。爲右丞相，托克托爲左丞相。既又從托克托言，以塔斯布哈與奇塔特布濟克俱爲右丞相。

68 中書省言：「國用不給，請沙汰宣徽、大府、利用等院籍，定應給人數。其在上都、行省者，委官裁省。又，行泉院專以守寶貨爲任，宜禁私獻寶貨者。又，天下屯田所，由所用者多非其人，以致廢弛，除四川、甘州、應昌府、雲南爲地絕遠，餘當選習農務者往，與行省宣慰司親至其地，可興者興，可廢者廢，各具籍以聞。」並從之。

69 癸未，皇太后造寺五臺山，摘軍六千五百人供其役。時太后欲幸五臺，言者請開保定五迴嶺以取捷徑，遣使偕總管吳鼎視地形，計工費。鼎言：「荒山陡入，人迹久絕，非乘輿所宜往。」還報，太后爲寢其役。

70 宣徽使特們特〔德〕爾，舊作鐵木迭兒，今改。出爲江西平章政事，旋拜雲南行省左丞相。時特們德爾猶未用事也。

71 閏月，乙丑，以大都米貴，發廩，減其價以糶賑貧民。民有鬻子者，命有司贖之。

72 乙未，厚䘏故丞相鄂勒哲（舊作完澤。）之家。

73 丙申，罷江南進沙糖；止富民輸粟賑飢補官。

74 丁酉，禁江西、湖廣、汴梁私捕鴽鵝。

75 乙巳，中書言：「回回商人，持璽書，佩虎符，乘驛馬，各求珍異，既而以一豹上獻，復邀回賜，似此甚衆。虎符，國之信器，驛馬，使臣所需，今以畀諸商人，誠非所宜，請一概追之。」制可。

76 罷順德、廣平鐵冶提舉司，聽民自便，有司稅之如舊。

77 甲寅，太傅哈喇哈斯（舊作哈剌哈孫。）薨。哈喇哈斯之在和林也，帝賜以大帳，如諸王、諸藩禮。及寢疾，語其屬曰：「吾不復能佐理國事矣。行省之務，汝曹勉之，毋貽朝廷憂！」帝聞其歿，驚悼曰：「喪我賢相！」詔歸葬昌平，贈太師，追封順德王，謚忠獻。

78 是歲，太師伊徹察喇言：「察巴爾（舊作察八兒。）諸王之在邊境者，素無悛心，倘諸部合謀，必爲國患。請撫安都爾斡（舊作篤哇。）之子庫春舊作款徹，今改。及處諸部來歸者于金山之陽，遣軍屯田山北，脫彼有謀，吾已擣其腹心矣。」帝稱善，趣進軍攻之。察巴爾等果欲奔庫春，庫春不納，遂相率來降，漠北悉平。

至大二年（己酉、一三〇九）

1春，正月，乙丑，從皇太子請，罷宮師府，設賓客、諭德、贊善如故。太子知禮部尚書王約之賢，乞以自輔，帝以約爲詹事府丞。

2庚寅，越王圖喇（舊作禿剌。）有罪賜死。圖喇居常怏怏，有怨望意。去年秋，帝幸涼亭，將御舟，圖喇前止之，言涉不遜，帝由是銜之。及御萬歲山，圖喇醉，起，解腰帶擲地，瞋目謂帝曰：「爾與我者止此耳！」帝疑其有異志，命省臣鞫之，辭服，遂伏其辜。

3禁日者、方士出入諸王、公主、近侍及諸官之門。

4辛卯，皇太子、諸王、百官上尊號曰統天繼聖欽文英武大章孝皇帝。乙未，恭謝太廟。太廟舊嘗遣官行事，至是復欲如之，李邦寧諫曰：「先朝非不欲親致饗祀，但以疾廢禮耳。陛下繼承〔成〕之初，正宜開彰孝道以率先天下，躬祀太室以成一代之典。循習故弊，非臣所知也。」帝稱善，即日備法駕，宿齋宮，且命邦寧爲大禮使。親饗太廟自此始。

5丙申，詔天下弛山澤之禁，卹流移，毋令見戶包納差稅。

6己亥，封知樞密院容國公綽和爾（舊作怵〔脒〕兀兒，今改。）爲句容郡王。

初，帝在海上，綽和爾請急歸定大業，帝納其言。及卽位，封爲公。至是入朝，晉封王。帝曰：「世祖征大理時所御武帳及所服珠衣，今以賜卿，其勿辭。」翌日，又以世祖所御安輿賜之，且曰：「以卿有足疾，故賜此。」綽和爾叩頭涕泣固辭曰：「世祖所御，非臣所敢當也。」帝顧左右曰：「他人不知辭此。」命有司別置馬轎賜之，俾乘至殿門下。

7 乙巳，塔思布哈、奇塔特布濟克言：「諸人恃恩徑奏，璽書不由中書，直下翰林院給與者，今覈其數，自大德六年至至大元年所出，凡六千三百餘道，皆干田土、戶口、金銀鐵冶、增餘課程、進貢奇貨、錢穀、選法、詞訟、造作等事，害及於民，請盡追奪之。今後有不由中書者，切〔乞〕勿與。」制可。

8 丙午，定制大成至聖文宣王春秋二丁釋奠用太牢。

9 二月，戊午，賑眞定路饑。

10 癸亥，皇太子如五臺佛寺，以王約從。既至，約諫不可久留，太子然之，卽還上京。

11 罷行泉府院，以市舶歸之行省。

12 乙丑，以和林屯田有收，給賞官吏軍士有差。

13 壬申，令各衞董屯田官三年一易。

14 甲戌，弛中都酒禁。

15三月，己丑，遼陽行省右丞洪萬訴高麗國王王璋不奉國法、恣暴等事。中書省請令洪萬與璋辯對。敕中書毋令辯對，令璋從太后之五臺山。

16以梁王在雲南有風疾，命諸王婁都爾（舊作老的。）代鎭雲南。

17庚寅，帝如上都。御史臺言：「京師工役繁興，加之歲旱民飢，狂愚易惑，今乘輿行幸，請命丞相一人留守京師，著爲令。」從之。

18甲辰，中書省言：「國家歲賦有常，頃以歲儉，所入曾不及半，而去歲所支，鈔至千萬錠，糧三百萬石。陛下嘗命汰其求芻粟者，而宣徽院勃克遜（舊作孛可孫。）竟不能行，視去歲反多三十萬石，請用知錢穀者二三員于宣徽院佐理之。又，中書省斷事官，大德十年四十三員，今皇太子位增二員，諸王庫庫楚（舊作闊闊出。）等亦各增一員，非舊制。臣等以爲皇太子位所增宜存，諸王者宜罷。」並從之。

19乙巳，中書省言：「中書爲百司之首，宜先汰冗員。」帝曰：「百司所汰，卿等宜定議；省臣去留，朕自籌之。」

20夏，四月，甲寅，中書省言：「江浙杭州驛，半歲之間，使人過者千二百餘，有桑烏保赫鼎（舊作桑合〔兀〕寶合丁，今改。）等進獅、豹、鴉、鶻，留二十有七日，人畜食肉千三百餘觔。請自今遠方以奇獸異寶來者，依驛遞；其商人因有所獻者，令自備資力。」從之。

21 辛酉，立興聖宮江淮財賦總管府。

22 癸亥，摘漢軍五千，給田十萬頃，於直沽沿海口屯糧。

23 壬午，詔中都創皇城角樓。中書省言：「農事正殷，蝗蝝徧野，百姓艱食，請依前旨罷其役。」帝曰：「皇城若無角樓，何以壯觀！先畢其功，餘者緩之。」

24 以建新寺，鑄提調、監造三品銀印。

25 益都諸路蝗。

26 五月，丁酉，以陰陽家言，自今至聖誕節不宜興土，權停新寺工役。

27 六月，癸亥，選官督捕蝗。

28 從皇太子言，禁諸賜田者馳驛徵租擾民。

29 庚午，中書省言：「奉旨卽停新寺工役，其亭苑鷹坊諸役，請幷罷。又，太醫院遣使取藥材於陝西、四川、雲南，費公帑，勞驛傳。臣等議，事干錢糧，隔越中書徑行，宜禁止。」並從之。

30 以大都隸儒籍者四十戶充文廟樂工。

31 從皇太子請，改典樂司提點、大使等官爲卿、少卿、丞。

32 甲戌，以宿衞之士比多冗雜，遵舊制，存蒙古、色目之有閥閱者，餘皆革去。

33皇太子言：「宣政院文案不檢覈，於憲章有礙，遵舊制爲宜。」從之。

34安西王阿南達（舊作阿難答。）既以謀逆誅，國除，其秦中版賦入詹事院。至是大臣請封其子復國，太子以問王約，約曰：「安西以何罪誅？今復之，何以懲後！」議遂寢。

35乙亥，中書省言：「宣政院奏免僧道田租；臣等議，田有租，商有稅，乃祖宗成法，不當免。」詔依舊制徵之。

36秋，七月，癸未，河決歸德府境。

37己亥，河決汴梁之封丘。

38四川肅政廉訪使趙世延修都江堰，民便之。蒙古軍士科差繁重，而軍士就戍往來者多害人，軍官或抑良爲奴。世延悉正其罪，除其弊。

39八月，癸酉，復置尙書省。

初，帝從托克托、嘉璸、（舊作敎化。）帕合哩鼎（舊作法魯忽丁。）言，欲復置尙書省，分理財用。至是約蘇（舊作樂實，今改。）言鈔法大壞，請更之，令工役畫新鈔式以進，又與保巴（舊作保八，今改。）議立尙書省，帝命與塔斯布哈集議。保巴言：「政事得失，皆前日中書省臣所爲。今欲舉正，彼懼有累，孰願行者！臣請舊事從中書，新政從尙書。」其尙書省官，請以奇塔特布濟克、托克托爲丞相，三寶努、約蘇爲平章，保巴爲右丞，王羆參知政事。以畫新鈔式者爲印鈔庫大使。」並從之。塔斯布哈言：「此大事，遽爾更張，乞與老臣更議之。」帝不從。三寶努言：「尚書省既立，更新庶政，變易鈔法，用官六十四員，其中宿衛之士有之，品秩未至者有之，未歷仕者有之。此皆素習於事，既已任之，宜勿拘例，授以宣敕。」制可，仍改各行中書省爲行尚書省，條畫頒示天下，敢有阻撓者罪之。

40己未，置太子右衛率府，命左丞相托克托、御史大夫布琳尼敦（舊作不里牙敦，今改。）領府事，取河南蒙古軍萬餘人隸之。

王約曰：「左衛率府，舊制有之，今置右府何爲？諸公深思之，不可以累儲宮也。」太子又命取安西軍器給宿衛士。約謂詹事鄂勒哲曰：「詹事移文千里取兵器，人必驚疑。主上聞之奈何？」鄂勒哲愧謝曰：「實慮不及此。」又命福建取繡工童男女六人，約言曰：「福建去京師六七千里，使人父子相離，有司承風動擾，豈美事耶？」太子卽命止之，稱善再三。家令薛居言陝西分地五事，命往理之，約不爲署行，語之曰：「太子，潛龍也，當勿用之時，爲飛龍之事，可乎？」遂止。太子喜，諭羣下曰：「事未經王彥博議者，勿啓。」一日約方啓事，一宦官侍側，太子問曰：「自古宦官壞人家國，有諸？」對曰：「宦官善惡皆有之，但恐處置失宜耳。」太子深然其言。彥博，約字也。

41是月，司徒、加平章政事石天麟薨。

天麟在世祖時，以忠直見稱。江南道觀偶藏宋主遺像，有僧素與交惡，發其事，將置之極刑。世祖以問天麟，對曰：「遼國主、后銅像在西京者，今尚有之，未聞有禁令也。」事遂寢。世祖嘗以所御金龍頭杖賜之，曰：「卿年老，出入宮掖，杖此可也。」歿年九十二。追封冀國公，謚忠宣。

42 九月，庚辰朔，詔：「朝廷得失，軍民利害，有上言者，皆得實封以聞，在外者赴所屬轉達。各處人民，饑荒轉徙復業者，逋欠並行蠲免，仍除差稅三年。田野死亡，遺骸暴露，官爲收拾。」

43 頒行至大銀鈔，詔曰：「昔我世祖皇帝，始造中統交鈔以便民用，歲久法隳，亦既更（張），印造至元寶鈔。逮今又二十三年，物重鈔輕，不能無弊，乃循舊典，改造至大銀鈔，頒行天下。至大銀鈔一兩，準至元鈔五貫，白銀一兩，赤金一錢。隨路立平準行用庫，買賣金銀，倒換昏鈔。或民間絲綿布帛，赴庫回易，依驗時估給價。隨處路府州縣，設立常平倉以權物價，豐年收糴菽麥米穀，青黃不接之時，比附時估，減價出糶，以遏沸湧。金銀私相買賣及海船興販金、銀、銅錢、絲綿、布帛下海者，並禁之。中統交鈔，詔書到日，限一百日盡數赴庫倒換。諸色課程，如收至大銀鈔，以一當五頒行。至大銀鈔二兩至一釐，定爲一十三等，以便民用。」元之鈔法，至是凡三變云。

44監察御史張養浩言立尚書省不便；旣立，又言變法亂政，將禍天下；臺臣抑而不聞。養浩曰：「昔僧格舊作桑哥，今改。用事，臺臣不言，後幾不免。今御史旣言，又不以聞，臺將安用！」

45江南治書侍御史敬儼，以議立尚書省不便忤宰臣意，適兩淮鹽法久壞，乃左遷儼爲左〔轉〕運使，欲陷之。儼至，黜貪蠹弊，課役增羨至二十五萬引。河南省臣來會鹽莢〔筴〕，欲以所增羨爲歲入常額。儼以民罷已甚，以羨爲額，是病民以爲己也，不可。乃止。

46癸未，尚書省言：「古者設官分職，各有攸司。方今地大民衆，事益繁冗。若使省臣總挈綱領，庶官各盡厥職，其事豈有不治！頃歲省務壅塞，朝夕惟署押文案，事皆廢弛。天災民困，職此之由。請自今省部一切皆令從宜處置，大事或須上請，得旨卽行，用成至治。上順天道，下安民心。」又言：「國家地廣民衆，古所未有。累朝格例，前後不一，執法之吏，輕重任意，請自太祖以來所行政令九十〔千〕餘條，刪除煩冗，使歸於一，編爲定制。」並從之。

47以大都城南建佛寺，立行工部，領行工部事三人，行工部尚書二人，仍令尚書左丞相托克托兼領之。

48丙戌，帝至自上都。

49詔訪求先朝舊臣，特除耶律希亮翰林學士承旨。希亮，鑄之子也，先事世祖爲符寶郎，累遷吏部尚書，屢進讜言，爲世祖所嘉納，以足疾謝事，家居二十餘年，至是復召用。尋命知制誥兼修國史。希亮以職在史官，乃類次世祖嘉言善行以進。

50 癸巳，以薪價貴，禁權豪畜鷹犬之家不得占據山場，聽民樵采。

51 丙申，御史臺言：「頃年歲凶民疫，陛下哀矜賑之，獲濟者衆。今山東大饑，流民轉徙，請以本臺沒入贓鈔萬錠賑救之。」制可。又言：「比者近侍爲人奏請，賜江南田一千二百三十頃，爲租五十萬石，請拘還官。」從之。

52 己亥，始制錢。

先是行鈔法，雖皆以錢爲文，而廢錢弗鑄。至是始於大都立資國院，山東、河東、遼陽、江淮、湖廣、四川立泉貨監六，產銅之地立提舉司十九，鑄錢。曰至大通寶者，每一文準銀鈔一釐，曰大元通寶者，準至大錢十文，與歷代錢通用。其當五、當三、折二，並以舊數用之。既而御史臺言：「至大銀鈔始行，品目繁多，民猶未悟，而又兼行銅錢，慮有相妨。今民間拘收銅器甚急，民殊不便，請與省臣調議。」不報。

53 尚書省言：「三宮內降之旨，曩中書奏請勿行，臣等謂宜仍舊行之。倘於大事有害，則復奏請。中書之務，請以盡歸臣等。至元二十四年，凡宣敕亦以尚書省掌之，今臣等議，宜從尚書省任人，而以宣敕散官委之中書。」從之。

54詹事院啓太子，金州獻瑟瑟洞，請遣使采之。太子曰：「所寶維賢，瑟瑟何用焉！若是者，後勿復聞〔聞〕。」先是近侍言賈人有獻美珠者，太子曰：「吾服御雅不喜飾以珠璣，生民膏血，不可輕耗。汝等當廣進賢才，以恭儉愛人相規，不可導以奢靡蠹財也。」

55丁未，三寶努言養豹者害民爲甚，詔禁之，有復犯者，雖貴幸亦加罪。

56冬，十月，庚戌朔，以皇太子爲尙書令。

初，帝從塔特布濟等言，凡中書宣敕，皆以尙書掌之。至是太子言：「舊制，百官宣敕皆歸中書，以臣爲中書令故也。自今敕牒宜令尙書省給降，宣命仍委中書。」從之。

57以郝彬爲參知政事。彬見尙書省諸同列生事要功，殺無罪之人，務積誠意相開引，或從或違，橫不可制。旋命兼大司徒，不拜。彬見皇太子，懇辭至力，因稱疾篤，遂得歸。

58丙辰，約蘇言：「江南平垂四十年，其民止輸地稅、商稅，餘皆無與。其富室有蔽占王民，奴使之者，動輒百千家，有多至萬家者。請自今有歲收糧五萬石以上者，令石輸二升于官，仍質一子爲軍。所輸之糧，半入京師以養衞士，半留於彼以備凶年。富國安民，無善於此。」詔如其言行之。

59辛酉，弛酒禁，立酒課提舉司。

60尙書省以錢穀繁劇，增戶部侍郎、員外郎各二員；又增禮部侍郎、郎中各一員，凡言時政者屬之。

61 立太廟廩犧署，設令、丞各一員。

62 乙丑，以皇太后有疾，詔釋天下大辟百人。

63 癸酉，尚書省言：「比年揀汰冗官之故，百官俸至今未給，請如大德十年所設員數給之，餘弗給。」從之。

64 加知樞密院事圖呼魯（舊作秃忽魯。）左丞相。

65 戊寅，御史臺言：「常平倉本以益民，然歲不登，遽立之必反害民，罷之便。」又言：「歲凶乏食，不宜遽弛酒禁。」詔與省臣議。

66 是月，右丞相阿實克布哈薨。

阿實克布哈，忠直廉介，嘗命出太府金分賜諸王、貴戚及近侍。方出朝，見一人倉皇若有所懼狀，曰：「此必盜金者。」召詰之，果得黃金五十兩，白金百兩，以聞；就以金賜之，命誅盜者，辭曰：「盜誅固當，金非臣所宜得，願還金以贖盜死。」帝悅而從之。有以左道惑衆者，大室多信之，捕置於法。後追封順寧王，謚忠烈。

67 十一月，庚辰朔，以徐、邳連年大水，悉免今歲差稅。又以東平、濟寧薦饑，免差稅之半，下戶悉免之。

68增吏部郎中、員外郎、主事各一員,令考功以行黜陟。

69八百媳婦及大小徹里諸蠻作亂,詔遣雲南右丞索勒濟爾威舊作算只兒威,今改。往招諭之。比至,爲賊所賂,復肆攻掠,遂以敗還,命嚴鞫之。

70乙酉,尚書省及太常禮儀院言:「郊祀者,國之大典。今南郊之禮已行而未備,北郊之禮尚未舉行。今年冬至祀天南郊,請以太祖配;明年夏至祀地北郊,請以世祖配。」制可。

71辛丑,尚書省言:「國之糧儲,歲費浸廣,而所入不足。今歲江南頗熟,欲遣和糴,恐米價倍增,請以至大鈔二千錠分之江浙、河南、江西、湖廣四省,於來歲諸色應支糧者,視時直予以鈔,可得百萬;不給則足以各省錢。」從之。

72丁未,擇衞士子弟充國子學生。

73十二月,乙卯,帝親饗太廟,上太祖聖武皇帝謚、廟號及光獻皇后謚,又上睿宗景襄皇帝謚、廟號及莊聖皇后謚。

74武昌婦人劉氏,詣御史臺訴三寶努奪其所進亡宋玉璽一,金椅一,夜明珠二。詔尚書省臣及御史中丞雜問。乃三寶努謫武昌時與劉往來,及三寶努貴,劉託以追逃婢來京師。至三寶努家,見逃婢所竊物,以問,三寶努不答,劉忿,訴於臺。獄成,以劉氏爲妄,杖之歸籍。時三寶努已晉太保,而素行不孚於衆如此。元史三公表以三寶努拜太保在至大三年。錢辛楣據徽州路儒旨揮載至大二年十二月十九日太保三寶努丞相奏，則二年之冬已爲太保矣，今從之。

75 丙辰，併中書省左右司。

76 遣使往諸路分揀逋負，合徵者徵之，合免者免之。

77 辛酉，申禁漢人執弓矢、兵仗。

78 壬戌，陽曲縣地震，有聲如雷。

79 丁丑，詔：「封贈內外百官，三品以上者許請謚。凡請謚者，許其家具本官平日勳勞、政績、德業、藝能，經由所在官司保勘，與本家所供相同，轉申吏部考覆呈都省，都省準擬，令太常禮儀院驗事蹟定謚。若勳戚大臣奉旨賜謚者，不在此例。」

80 商議遼陽行中書省事洪君祥卒。君祥自少受知世祖，許爲遠大之器。從南伐，戰功較多，及退居，則絕口不言時事。

81 浦江鄭文嗣家，十世同居，凡二百四十餘年，一錢尺帛，無敢私者。文嗣卒，從弟大和繼主家事，益嚴而有恩，家庭中凜如官府，子弟稍有過，頒白者猶鞭之。每遇歲時，大和坐堂上，羣從子姪皆盛衣冠雁行立左序下，以次進拜跪，奉觴上壽畢，皆肅容拱手，自右趨出，足武相銜，無敢參差者。見者嗟慕，謂有三代遺風。有司以狀聞，詔表其門，復其役。大和方正，不奉浮屠、老子教，冠婚喪葬，必稽朱熹家禮而行，執親喪，三年不御酒肉。

子孫從化，皆孝謹，雖嘗仕宦，不敢一毫有違家法。諸婦惟事女工，不使預家政。宗族、閭里，皆懷之以恩。家蓄兩馬，一出則一爲之不食，人以爲孝義所感。

82 初，李孟既逃去，有譖于帝者曰：「內難初定時，孟嘗勸皇太子自取。」帝弗之信。一日，太子侍夜宴，飲半，忽戚然改容，帝曰：「吾弟何不樂？」太子從容起謝曰：「賴天地、祖宗神靈，神器有歸。然成今日母子、兄弟之歡者，李道復之功爲多。適有所思，不自知其變于色耳。」道復，孟之字也。帝感其言，即命訪孟，得之許昌陘山，遣使召之。

續資治通鑑卷第一百九十七

賜進士及第兵部尚書兼都察院右都御史總督湖北湖南等處地方軍務兼理糧餉世襲二等輕車都尉畢沅編集

元紀十五 起上章掩茂(庚戌)正月，盡重光大淵獻(辛亥)十二月，凡二年。

武宗仁惠宣孝皇帝

至大三年(庚戌、一三一〇)

1 春，正月，癸未，省中書官吏，自咨省使而下一百八十一員。

2 李孟入見于玉德殿，帝指孟謂宰執大臣曰：「此皇祖妣命爲朕賓師者，宜速任之。」乙酉，特授孟榮祿大夫、平章政事、集賢大學士、同知徽政院事。

3 戊子，禁近侍諸人外增課額及進他物有妨經制。

4 丁亥，白虹貫日。

5 營五臺寺，役工匠千四百人，軍三千五百人。

6 辛卯，立皇后鴻吉哩氏。(舊作弘吉剌氏。)

7乙未，定稅課法。諸色課程，並繫大德十一年考校，定舊額、元增總爲正額，折至元鈔作數。自至大三年爲始，餘止以十分爲率，增及三分以上爲下酬，五分以上爲中酬，七分以上爲上酬，增及九分爲最，不及三分爲殿。所設資品官員，以二周歲爲滿。

8癸卯，改太子少詹事爲副詹事，擢詹事丞王約爲之。約嘗諫太子節飲，詞意懇切，太子嘉納。一日，太子如西園觀角觝戲，命取繒帛賜之。約入，遙見，問曰：「汝何爲來？」太子遽止之。又欲觀俳優，事已集而約至，卽命罷去。其見敬禮如此。

9乙巳，令中書省官吏，如安圖（舊作安童。）居中書事（校者按：事字衍。）時例存設，其已汰者，尙書省遷敍。

10二月，癸未，浚會通河，給鈔四千八百錠、糧二萬一千石以募民。

11乙丑，尙書省言：「官階差等，已有定制，近奉聖旨、懿旨、令旨要索官階者，率多躐等，願依世祖舊制，次第給之。」制可。

12丁卯，尙書省言：「至元鈔初行，卽以中統鈔本供億及銷其板。今既行至大銀鈔，宜以至元鈔輸萬億庫，銷燬其板，止以至大鈔與銅錢相權通行爲便。」從之。

13己巳，寧王庫庫楚，舊作闊闊出，今改。與越王圖喇舊作禿剌，今改。子喇特納實哩舊作阿喇納失里，今改。謀爲不軌，事覺，下庫庫楚獄，竄喇特納實哩于漠北，磔西僧特哩（舊作鐵里，今改。）等二十四人于市。遂欲誅庫庫楚，平章政事特爾格（舊作鐵哥。）獨辨其誣，詔釋之，流于高麗。

14 三寶努（舊作三寶奴。）賜號達喇罕，（舊作答剌罕。）以庫庫楚食邑清州賜之，自達嚕噶齊（舊作達魯花赤。）而下，並聽舉用。

15 壬申，約蘇（舊作樂實。）加尙書左丞相、行平章政事，封齊國公。【考異】元史本紀以約素爲尙書左丞相、駙馬都尉，封齊國公。然宰相表祇列約素于平章政事，不言其爲左丞相也。虞集撰約素碑云：加開府儀同三司、尙書左丞相、行平章政事。錢辛楣曰：武宗之世，名爵濫而遙授之官衆。此左丞相，亦遙授非眞拜，故表不書。本紀不書行平章政事，又不云遙授，殆誤以爲眞相矣，今從碑文正之。

16 三月，庚寅，尙書省言：「初，世祖以哈都（舊作海都。）叛，積其分地五戶絲爲幣帛，俟其來降賜之，藏二十餘年。今其子徹伯爾（舊作察八兒，今改。）感慕德化，歸覲朝廷，請以賜之。」帝曰：「世祖謀慮深遠若是，待諸王朝會，頒賞旣畢，卿等備述其故，然後與之，使彼知所愧。」

17 壬辰，帝如上都。

18 夏，四月，辛未，賜角觝者阿爾（舊作阿里。）銀千兩，鈔四百錠。

19 丙子，增國子生爲三百員。

20 五月，癸巳，賑東平饑。

21 六月，丁未朔，詔尚書右丞相托克托、（舊作脫脫。）左丞相三寶努總治百司庶務，並從尚書省奏行。

22 三寶努等勸帝立皇子爲皇太子。托克托方獵于柳林，亟召之還。三寶努曰：「建儲議急，故相召耳。」托克托驚曰：「何謂也？」曰：「皇子寖長，聖體近日倦勤，儲副所宜早定。」托克托曰：「國家大計，不可不慎。曩者太弟躬定大事，功在宗社，位居東宮，已有定命。自是兄弟叔姪世世相承，孰敢紊其序者！」三寶努曰：「今日兄已授弟，後日叔當授姪，能保之乎？」托克托曰：「在我不可渝。彼失其信，天實鑒之。」三寶努莫能奪其議。

23 己酉，立上都、中都等處銀冶提舉司。尚書省言：「拜都嚕斯（舊作別都魯思。）云雲州、湖河等處產銀，令往試之，得銀六百五十兩。」詔以拜都嚕斯爲銀冶提舉司達嚕噶齊。

24 壬申，以西北諸王徹伯爾等來朝，告祀太廟，特設宴於大廷。故事，凡大宴，必命近臣敬宣王度，以爲告戒。托克托薦濟爾哈呼，（舊作只兒哈忽。）具其言以進，果稱旨。帝歎曰：「博勒呼、（舊作博爾忽。）博爾濟，（舊作博爾朮。）前朝人傑，托克托今世人傑也！」即以所進之言授托克托。及諸王大臣被宴就列，托克托即席陳西北諸藩始離終合之由，去逆效順之義，詞旨明暢，聽者傾服。

25 賜托克托及三寶努珠衣，又封三寶努爲楚國公，以常州路爲分地。

26是月，荆門州大水，山崩，壞官廨民居二萬餘間，死者二千餘人。汝州、六安州俱大水。
27秋，七月，丙戌，循州大水，漂沒廬舍。
28癸巳，給親民長吏考功印曆，令監治官歲終驗其行蹟，書而上之，廉訪司、御史臺、尚書禮部考校以爲陞黜。
29己亥，禁權要商販挾聖旨、懿旨、令旨阻礙會通河民船者。
30八月，甲寅，白虹貫日。
31丙辰，以行用銅錢詔諭中外。
32己巳，尚書省言：「今歲頒賚已多，凡各位下奏聖旨、懿旨、令旨賜財物者，請分汰。」帝曰：「卿等但具名以進，朕自分汰之。」
33九月，丙戌，帝至自上都。
34壬辰，皇太子言：「司徒劉夔，乘驛省親江南，大擾平民，二年不歸。」詔罷之。
35監察御史張養浩上時政書，其略曰：
「自古國家之難，多伏于治平無事之日。爲人臣者欲及未然而言，則恐無實迹，人主忽焉而莫之信；欲俟已然而言，又恐事成不救，貽人主無可柰何之憂。世徒知聽言者難，而不知進言者之爲尤難也。

陛下龍飛之始，詔中外一遵世祖皇帝舊制；而近年以來，稽厥廟謨，無一不與世祖異者。豈陛下欲自成一代之典，以祖宗爲不必法與，將臣下工爲佞詞，陰變之而陛下不知也；世祖時，官外者有田，今乃假祿米以奪之；世祖時，江南無質子，今乃入泉穀以誘之；世祖時，用人必循格，今乃破憲法以爵之；世祖時，守令三載一遷，今則限九年以困之；世祖時，楮幣有常數，今則隨所費以造之；世祖時，臺省各異選，今則侵其官而代之；世祖時，墨敕在所禁，今則開倖門以納之；世祖時，課額未嘗添，今則設苛禁以括之；世祖時，言事者無罪，今則務煅煉以殺之。當國者姦謀詭計，謬論詐忠，以熒惑朝廷，欺天罔人，惟己是利，陛下信彼方深，任彼方篤。今天下藩鎮無有，外敵無有，大盜竊發者無有，宦官作福者無有，女謁亂政者無有，然而所以未極於治者，良由任事之臣惟知曲意迎合，而不知進逆耳之忠言，惟務一切更張，而不知繩武祖宗，足以爲法。今則姑舉害政之太甚者十事爲陛下言之：

一曰賞賜太侈。貨財非經天降，皆世祖銖累寸積而致之，百姓罷精殫力而奉之。四方萬里之外，窮鄉陋邑，疲魂嫠婦，髮鶴于耕，手龜于織；采玉者躡不測之淵，煎鹵者抱無涯之苦。比至積微成巨，改樸以文，爲功幾許，爲費幾何，然後得入於官。水舸陸輿，兵民警衞，沒則責償於見官，壞則倍徵於來者。其在下者有如是之難，苟因一笑之歡，一醉之適，不論有功無功，紛紜賜予，豈不灰民心，糜國力哉？

二曰刑禁太疏。法者，天下公器，將以威姦弼教也。比見近年臣有贓敗，各以左右賄賂而免；民有賊殺，多以好事赦宥而原。加以三年之中，未嘗一歲無赦。殺人者固已幸矣，其無辜而死者，冤孰伸耶！臣嘗官縣，見詔赦之後，罪囚之出，大或讐害事主，小或攘奪編氓，有朝蒙恩而夕被執，旦出禁而暮殺人，數四發之，未嘗一正厥罪者。又有始焉鼠偷，終成狼虎之噬，遠引虛攀，根連株逮，故蔓其獄，未及期歲，又復宥之。古之赦令出人不意；今詔稿未脫，姦民已翬然誦之，乘隙投機，何事不有！以致爲官者不知所畏，罪露則逃；爲民者不知所憂，釁禍益熾；甚非導民以善之義。

三曰名爵太輕。陛下正位宸極，皇太子册號東宮以來，由大事初定，喜激于中，故左右之人，往往爵之太高，祿之太重，微至優伶、屠沽、僧道，有授左丞、平章、參政者。其他因修造而進秩，以技藝而得官，曰國公，曰司徒，曰丞相者，相望於朝。自有國以來，名器之濫，無甚今日。夫爵祿，人君所以厲世磨鈍。因一時之歡，加以極品之貴，則有功者必曰，吾艱苦如此而得之，彼優游如此而得之。自今孰肯赴湯蹈火以徇國家之急哉！

四曰臺綱太弱。御史臺乃國家耳目所在，近年綱紀法度，廢無一存。昔在先朝，雖掾吏之微，省亦未嘗敢預其選。今臺閣之官，皆從尙書省調之。夫選尉，所以捕盜也，尉雖不職，而使盜自選之，可乎？自古姦臣欲固結恩寵，移奪威權者，必先使臺諫默然，乃行其志，臣不容不言於未然也。

五曰土木太盛。累年山東、河南諸郡，蝗、旱洊臻，郊關之外，十室九空，民之扶老攜幼就食他所者，絡繹道路，其他父子、兄弟、夫婦至相與鬻爲食者，比比皆是。當此災異之時，朝廷宜減膳、徹樂，去幾、緩刑，停一應不切之役。今創城中都，崇建南寺，外則有五臺增修之擾，內則有養老宮殿營造之勞，括匠調軍，旁午州郡，或度遼伐木，或濟江取材，蒙犯毒瘴，崩淪壓溺而死者，無日無之。糧不實腹，衣不覆體，萬目睊睊，無所控告，以致道上物故者，在所不免。以此疲氓，使佛見之，陛下知之，雖一日之工，亦所不忍。彼董役者惟知鞭扑趣成，邀功倖賞，因而盜匿公費，奚暇問國家之財詘，生民之力殫哉！

六曰，號令太浮。近年朝廷用人，不察其行，不求諸公，縱意調罷，有若弈碁，其立法舉政，亦莫不爾。雖制誥之下，未嘗有旬月、期年而不變者，甚則朝出而夕改，甫行而即止，一人昉仕，而代者踵隨，不惟取笑於一時，又貽口實於後世。廟堂之上，舉措如此，則外方諸郡，事體可知。原其所以致此者，蓋由執政褊心自用，恃寵大言，或急于迎合之私，或牽於好惡之過，輕率無謀，而徒爲是紛擾也。

七曰倖門太多。比見天下邪巫、淫僧、庸醫、謬卜、游食、末作，及因事亡命無賴之徒，往往依庇諸侯王、駙馬爲其腹心羽翼，無位者因之以求進，有罪者以之而祈免，出則假其勢以淩人，更因其衆以結黨，入則離間宗戚，造搆事端，昭以甘言，中以詭計，中材以下，鮮不爲其所惑。近如庫庫楚賴發覺之早，未及生變，豈可不爲之寒心也哉！

八曰風俗太靡。風俗者，國家之元氣也。方今之俗，以僞相高，以華相尙，以冰蘗爲沽譽，以脂韋爲達時，以吹毛求疵爲異能，以走勢趨炎爲合變，順己者雖跖、蹻而必用，逆己者雖夷、惠而莫容；自非確然有守，不顧一世非笑者出而正之，則未易善其後也。

九曰異端太橫。今釋、老二氏之徒，畜妻育子，飲醇啗腴，萃逋逃游惰之民，爲暖衣飽食之計，使吾民日羸月瘠，曾不得糠粃以實腹，襤褸以蓋體。今日誦藏經，明日排好事，今年造某殿，明歲構某宮，凡天下人迹所到，精藍勝觀，棟宇相望，使吾民穴居露處，曾不得茎芽撮土以覆頂托足。昔世祖嘗欲沙汰天下僧道有室者，籍而民之，後奪於衆多之口，尋復中止。臣嘗略會國家經費，三分爲率，僧居二焉。近者至大二年十一月，昊天寺無因而火，天意較然，可爲明鑒。望自今諭諸省臣，凡天下有夫、有室僧、尼、道士、女冠之流，移文括會，並勒爲民，以竟世祖欲行未及之意。

十曰取相之術太寬。比聞中外皆曰，朝廷近年命相，多結寵入狀以自求進。自古豈有入狀而爲宰相之理！望自今有大除拜，宜下羣臣會議，惟人是論，毋以己所好惡、上所愛憎者以私去取。」【考異】養浩所陳止十事，歸田類稿作一十一事，傳寫之譌也。元史本傳列其目，亦作十事。今從之。

養浩言切直，當國者不能容，遂除翰林待制，復搆以罪，罷之，戒省臺勿復用。養浩恐禍及，乃變姓名遁去。

36 冬，十月，甲辰朔，太白經天。

37 戊申，帝率皇太子、諸王、羣臣朝興聖宮，上皇太后尊號冊寶曰儀天興聖慈仁昭懿壽元皇太后。

38 御史臺言：「江浙省平章烏訥爾，（舊作烏馬兒。）遣人從使臣鼐智密鼎舊作昵匝馬丁，今改。枉道馳驛，取贓吏紹興獄中釋之。」敕臺臣遣官往鞫，勿徇私情。

39 以吳鼎同知中政院事。

兩浙財賦隸中政者鉅萬計，前任率多取其贏，鼎治之，一無私焉。朱清、張瑄既籍沒，而民間貸券之已償者亦入於官，官惟驗券徵理，民不能堪。鼎力為辨白，始獲免。

40 丁巳，尚書省言：「宣徽院廩給日增，儲偫雖廣，亦不能給，宜加分減。」帝曰：「比見後宮飲膳，與朕無異，其覈實減之。」

41 庚申，諭曰：「尚書省事繁重，諸司有才識明達者，並從尚書省選任，樞密院、御史臺及諸司毋輒奏用，違者論罪。」

42 辛酉，以皇太后受尊號，赦天下。

43 三寶努言省都（部）官不肯勤恪署事，敕：「自今晨集暮退，苟或怠弛，不必以聞，便宜罪之。其到任者或一再月辭以病者，杖罷不敍。」又言：「故丞相和爾果斯（舊作和禮霍孫。）時，參議府左右司斷事官、六部官日具一膳，今則無以爲資，乞各賜鈔一百錠規運，取其息錢以爲食。」制可。

44 壬申，晉王伊蘇特穆爾（舊作也孫鐵木兒。）言：「世祖以張特穆爾（舊作張鐵木兒。）所獻地土、金銀、銅冶賜臣，後以成宗拘收諸王所占地土（民戶），例輸縣官，乞回賜。」從之，仍賜鈔賑其部貧民。

45 江浙省言：「曩者朱清、張瑄海漕米歲四五十萬至百十萬。時船多糧少，顧直均平。比歲賦斂橫出，漕戶困乏，頗有逃亡。今歲運三百萬，漕舟不足，遣人於浙東、福建等處和顧，百姓騷動。本省左丞錫布鼎，（舊作沙不丁。）言其弟哈巴密（舊作合八失。）及瑪哈們坦實（舊作馬合謀旦的。）等皆有舟，且深知漕事，請以爲海道運糧都漕萬戶府官，各以己力輸運官糧，萬戶、千戶並如軍官例承襲，寬卹漕戶，增給顧直，庶有成效。」尙書省以聞，請以瑪哈們坦實爲遙授右丞、海外諸蕃宣慰使、都元帥、領海道運糧都漕萬戶府事。設千戶所十，每所設達嚕噶齊一，千戶三，副千戶二，百戶四，制可。

46 雲南省左丞相特穆德爾，（舊作鐵木迭兒。）擅離職守，赴都，有旨詰問。以皇太后旨貸免，令復職。

47 詔諭大司農司勸課農桑。

48 十一月，庚辰，河南水。死者給槥，漂廬舍者給鈔，驗口賑糧兩月。免今年租賦。

49 自立尚書省，賜予無節，遷敍無法，財用日耗，名爵日濫。托克托進言曰：「爵賞者，帝王所以用人也。今爵給否德，賞給罔功，緩急之際，何所賴乎？中書所掌錢糧、工役、選法十有二事，若從臣言，恪遵舊制，則臣願與諸賢黽勉從事。不然，用臣何補！」詔：「濫受宣敕者，赴所屬繳納。」由是奔競之風稍衰。

50 辛巳，加托克托爲太師、錄軍國重事，封義國公。

51 戊子，以朱清子虎、張瑄子文龍往治海漕，以所籍宅一區、田百頃給之。

52 尚書省言：「昔世祖命皇子托歡（舊作脫歡。）爲鎭南王，居揚州。今其子老章出入導衞，僭竊上儀。」敕遣官詰問，有驗，召老章赴闕，仍以所僭儀物來上。

53 敕城中都，以牛車運土，令各部衞士助之。

54 丙申，有事於南郊，以太祖配饗；從三寶努及司徒田忠良之言也。

55 三寶努等憚皇太子英明，謀搖動東宮，以托克托之言而止。李邦寧揣知三寶努之意，言於帝曰：「陛下富于春秋，皇子漸長。父作子述，古之道也，未聞有子而立弟者。」帝不悅曰：「朕志已定，汝自往東宮言之。」邦寧慚懼而退。

56 己亥，尚書省以武衞親軍都指揮使鄭阿爾斯蘭舊作阿兒思蘭，今改。與兄鄭榮祖、段叔仁等圖爲不軌，置獄鞫之，皆誣服，十七人並棄市，籍沒其家，中外冤之。

57 十二月，戊申，冀寧路地震。

58 河南江北行省平章事何瑋卒，贈太傅，諡文正。

59 是歲，太常禮儀院判官張昇，出知汝寧府。民有告寄東書於其家者，踰三年取閱，有禁書一編，且記里中大家姓名於上。昇亟呼吏焚其書曰：「妄言誣人；且再更赦矣，勿論。」同列懼，皆引起。既而事聞，廷議謂昇脫姦宄，遣使鞫問，卒無蹟可指，乃詰以擅焚書狀，昇對曰：「事固類姦宄；然昇備位郡守，爲民父母，今斥誣訴，免冤濫，雖重得罪，不避也。」乃坐奪俸二月。昇，平州人也。

至大四年（辛亥、一三一一）

1 春，正月，癸酉，帝不豫，免朝賀，大赦天下。

2 庚辰，帝崩于玉德殿，在位五年，壽三十一。壬午，葬起輦谷。

帝承世祖、成宗承平之業，慨然欲創制改法；而封爵太盛，多遙授之官，錫賚太優，泛賞無節，至元、大德之政於是乎變。

皇太子哀慟不已，家令察罕進曰：「庶民修短，尚云有數，聖人天命，夫豈偶然！今天下重器，懸于殿下，縱自苦，如宗廟、太后何！」太子輟泣曰：「曩者大喪必命浮屠，何益！吾欲發府庫以賑鰥寡，何如？」曰：「發政施仁，文王所以聖也。殿下行之，幸甚！」

3 皇太子令罷尚書省，托克托、三寶努、約蘇、寶巴、（舊作保八。）王羆等皆伏誅。

初，太子以托克托等變亂舊章，流毒百姓，凡誤國者，欲悉按誅之。延慶使楊多爾濟（舊作楊朶兒只，今改。）諫曰：「爲政而首尚殺，非帝王之治也。」太子感其言，特誅其尤者。既而御史臺言：「托克托等既正典刑，而黨附之徒布在百司，若博囉、（舊作孛羅。）孟克、特穆爾、（舊作忙哥、帖木兒。）奇爾濟蘇、烏訥爾等姦貪害政，今中書方欲用爲行省平章、參政等官，宜加罷黜。」遂流孟克等於海南，尋復以行尚書省爲行中書省，百司庶務，復歸中書。

4 壬子，罷城中都。

5 召前平章程鵬飛、董士選，太子少傅李謙，少保章律，（舊作張驢，今改。）右丞陳天祥、尚文、劉正，左丞郝天挺，中丞董士珍，太子賓客蕭㪺，參政劉敏中、王思廉、韓從益，侍御史趙君信，廉訪使程鉅夫，杭州路達嚕噶齊阿哈特，（舊作阿合馬。）給傳詣闕。

6 乙未，禁百官役軍人營造及守護私第。

7丁酉，以雲南行省左丞相特們德爾（前作特穆德爾。）爲中書右丞相，太子詹事鄂勒哲、（舊作完澤。）集賢大學士李孟並爲平章政事。太子用鄂勒哲、李孟，方欲更張庶務，而皇太后在興聖宮已有旨召特們德爾赴闕，因遂相之。

8戊戌，以塔斯布哈（舊作塔思不花。）爲〔及〕徽政院使（沙沙並爲御史大夫）。

9庚子，停各處營造。

10壬寅，敕中書，凡傳旨非親奉者勿行。

11禁鷹坊馳驛擾民。

12二月，乙巳，命和林、江浙行省依前設左丞相，餘省唯置平章二員；遙授執〔職〕事勿與。

13戊申，罷運江南所印佛經。

14辛亥，罷阿喇卜丹（舊作阿老瓦丁。）買賣浙鹽，供中政食羊，禁宣政院違制度僧。

15甲寅，還中都所占民田。

16司徒蕭珍以城中都徼功毒民，命追奪其符印，令有司禁錮之。【考異】元史不載蕭珍復官。而延祐三年重修濟源廟碑，其結銜仍書大司徒、中都留守。嚴冬友以爲珍書其故官。錢辛楣以爲珍未久而復官。余按元史前後無可考證，當闕之。

17甲子，命平章政事李孟領國子監學，諭之曰：「學校人才所自出，卿等宜數詣國學課試諸生，勉其德業。」

18敕：「諸司擅奏除官者，毋給宣敕。」

19御史臺言：「白雲宗總攝所統江南爲僧之有髮者，不養父母，避役損民，請追收所授璽書銀印，勒還民籍。」從之。

20罷福建繡匠、河南魚課兩提舉司。

21丁卯，命西番僧非奉璽書驛劵及無西番宣慰司文牒者，勿輒至京師，仍戒黃河津吏驗問禁止。

22罷總統所及各處僧錄、僧正、都綱司，凡僧人訴訟，悉歸有司。

23罷仁虞院，復置鷹坊總管府。

24庚午，立淮安忠武王巴延（舊作伯顏。）廟于杭州，仍給田供祀事。

25罷中書左丞相哈喇托克托（舊作康里脫脫，今改。）爲江浙行省左丞相。托克托下車，進父老，問民間利病。或謂：「杭城舊有便河通江滸，湮廢已久，若疏鑿以通舟楫，物價必平。」僚佐或難之，托克托曰：「吾陛辭之日，許以便宜行事，民以爲便，行之可也。」俄有詔禁作土功，托克托曰：「敬天莫如勤民，民蒙其利，則災沴自弭，土功何尤焉！」不一月，河成。

26三月，庚寅，皇太子卽皇帝位。時皇太后欲用陰陽家言，令太子卽位隆福宮，御史中丞張珪言當御大明殿。御史大夫止之曰：「議已定，雖百奏無益。」珪曰：「未始一奏，詎知無益！」遂奏之。太子副詹事王約亦言於太保齊蘇舊作曲樞，今改。曰：「正名定分，當御大內。」齊蘇入奏，帝悟，移仗大明殿卽位，受諸王百官朝賀。

詔曰：「惟昔先帝，事皇太后，撫朕眇躬，孝友天至。由朕得託順考遺體，重以母弟之嫡，加有削平內難之功，於其踐阼曾未踰月，授以皇太子寶，領中書令、樞密使，百揆機務，聽所總裁，于今五年。先帝奄棄天下，勳戚元老咸謂大寶之承，既有成命，非與前聖賓天而始徵集宗親議所(宜)立者比。當稽周、漢、晉、唐故事，正位宸極。朕以國卹方新，誠有未忍，是用經時。今則上奉皇太后勉進之命，下徇諸王勸戴之勤，三月十八日，於大都大明殿卽皇帝位。凡尙書省誤國之臣，先已伏誅，同惡之徒，亦已放殛，百官〔司〕庶政，悉歸中書，命丞相特們德爾、平章政事李孟等從新整治。可大赦天下，敢以赦前事相告言者，罪以其罪。諸衙門及近侍人等，毋隔越中書奏事；諸上事陳言者，量加旌擢。其僥倖獻地土并山場、窯冶及奇寶之人并禁止(之)。諸王、駙馬經過州郡，不得非理需索，應和顧、和買，隨卽結〔給〕價，毋困吾民。」

27辛卯，禁民間製金箔、銷金、織金。

28丁酉，敕：「百司改陞品級者，悉復至元舊制。」

29己亥，寧夏路地震。

30是月，帝諭省臣曰：「卿等裒集中統、至元以來條草，擇曉法律老臣，斟酌重輕，折衷歸一，頒行天下，俾有司遵行，則抵罪者庶無冤抑。」又諭太府監曰：「財用足，則可以養萬民，給軍旅。自今雖一繒之微，不言於朕，毋輒與人。」

31遣宦者李邦寧釋奠於孔子。邦寧既受命行禮，方就位，大風起，殿上及兩廡燭盡滅，燭臺底鐵鐏入地尺許，無不拔者。邦寧悚息伏地，諸執事者皆伏，良久風息，乃成禮。邦寧因慚悔累日。

帝初卽位，左右咸謂邦寧嘗持異議，勸先帝自立皇子，請誅之，帝曰：「帝王曆數，自有天命，其言何足介懷！」加邦寧開府儀同三司，爲集賢院大學士，尋卒。

32賜大都路民年九十者二千三百餘人，人帛二匹；八十者八千三百餘人，人帛一匹。

33小雲石哈雅(舊作小雲石海牙。)爲皇子說書秀才，宿衞禁中，上疏條六事：一曰釋邊戍以修文德，二曰教太子以正國本，三曰設諫官以輔聖德，四曰表姓氏以旌勳冑，五曰定服色以變風俗，六曰舉賢才以恢至道。書凡萬餘言，未報，拜翰林侍讀學士、知制誥、同修國史。

34夏，四月，丁未，以太子少保章律爲江浙行省平章，戒之曰：「以汝先朝舊人，故命汝往。民爲邦本，無民何以爲國！汝其上體朕心，下愛斯民。」

35丁巳　罷中政院。

36辛酉，敕：「國子監師儒之職，有才德者，不拘品級，雖布衣亦選用。」

37丁卯，罷行至大銀鈔、銅錢。詔曰：「我世祖皇帝，參酌古今，立中統、至元鈔法，天下流行，公私蒙利，五十年於茲矣。比者尚書省不究利病，輒意變更，既創至大銀鈔，又鑄大元至大銅錢。鈔以倍數太多，輕重失宜；錢以鼓鑄弗給，新舊恣用；曾未再期，其弊滋甚。爰咨廷議，允協輿言，皆願變通以復舊制。其罷資國院及各處泉貨監提舉司，買賣銅器，聽民自便。應尚書省已發各處至大鈔本及至大銅錢，截日封貯，民間使行（行使）者，赴行用庫倒換。」楊多爾濟曰：「法有便否，不當視立法之人爲廢置。銅錢與楮幣相權爲用，古之道也。錢何可遽廢耶！」言雖不用，時論是之。

38帝御便殿，李孟曰：「陛下御極，物價頓減，方知聖人神化之速，敢以爲賀。」帝蹙然曰：「卿等能盡力贊襄，使兆民乂安，庶幾天心克享。至于秋成，尚未敢必。今朕踐阼曾未踰月，寧有物價頓減之理！朕託卿甚重，茲言非所賴也。」孟愧謝。

帝諭集賢學士呼圖魯都爾密色（舊作忽都魯都兒迷失。）曰：「向召老臣十人，所言治政，汝其詳譯以進，仍諭中書悉心舉行。」

39 初，尚書省用建言者習(冒)獻河汴官民地爲無主，奏立田糧府，歲輸數萬石。帝即位，詔罷之，竄建言人於海外，令河南行省復其舊業。行省方並緣爲姦，田猶未給。及太子副詹事王約出爲河南右丞，至則立期檄郡縣釐正如詔。

會更錢鈔法，且令天下稅盡收至大鈔。約度河南歲用鈔七萬錠，不致上供不給，乃下諸州，凡至大、至元鈔相半。衆以方詔命爲言，約曰：「吾豈不知！第歲終諸事不集，責亦匪輕。」丞相布琳濟岱(舊作卜憐吉帶。)贊之，曰：「善。」遣使白中書省，遂徧行天下。

40 帝如上都。

41 五月，癸酉，遣兵擊八百媳婦。陝西侍御史趙世延諫曰：「蠻夷事在羈縻，先朝用兵不已，致亡失軍旅，誅戮省臣。今第當選重臣知治體者，付以邊寄，兵且勿用也。」不聽。命雲南王及阿固岱(舊作阿忽台。)率衆討之。

42 丙子，命翰林國史院纂修先帝實錄及累朝皇后、功臣列傳。

43 甲午，復太常禮儀院爲太常寺。

44 是月，禁民捕鴽鵝。

45 六月，癸卯，敕宣政院：「凡西番軍務，必移文樞密院同議以聞。」

46 丁巳，敕：「翰林國史院春秋致祭太祖、太宗、睿宗御容，歲以爲常。」

47 大同路宣寧縣民家產犢而死，頗類麒麟，車載以獻，左右曰：「古所謂瑞物也。」帝曰：「五穀豐熟，百姓安業，乃爲瑞耳。」

48 庚申，敕：「自今諸司白事，須殿中侍御史在側。」

49 甲子，上仁惠宣孝皇帝尊謚，廟號武宗，國語曰庫魯克（舊作曲律，今改。）皇帝。

59 己巳，衞王阿珠格（舊作阿朮哥。）入見。帝諭省臣曰：「朕與阿珠格同父而異母，朕不撫育，彼將誰賴！其賜鈔二萬錠，他勿援例。」

51 帝覽貞觀政要，諭翰林侍講阿林特穆爾（舊作阿林鐵木兒。）曰：「此書有益於國家，其譯以國語刊行，俾蒙古、色目人誦習之。」

52 秋，七月，癸未，甘州地震，大風，有聲如雷。

53 己亥，詔諭省臣曰：「朕前戒近侍毋輒傳旨中書，自今敢有犯者，不須奏聞，直捕其人付刑部究治。」

54 是月，大寧等路隕霜。

55 閏月，辛丑，命國子祭酒劉賡詣曲阜，以太牢祠孔子。

56 甲辰，帝將還大都，太后以秋稼方盛，勿以鷹坊、駝人、衞士先往，庶免害稼擾民。敕禁止之。

57 樞密院言：「居庸關古道四十有三，軍吏防守之處僅十有三，舊置千戶，位輕責重，請置隆鎮萬戶府，俾嚴守備。」制可。

58 丙午，奉武宗神主祔于太廟。

59 戊申，封李孟秦國公。孟感帝知遇，以國事爲己任，見當時賜予太廣，名爵太濫，風俗太侈，僭擬無章，勸帝以「人君之柄在刑與賞，刑不足懲，賞不足勸，何以爲治！」帝在懷州，深見吏弊，旣卽位，欲痛剗除之。孟曰：「吏亦當有賢者，在激厲之而已。」帝曰：「卿儒者，宜與此曹氣類不合，而曲爲保護如此，眞長者之言也。」孟嘗乘間請罷政權，避賢路。帝謂之曰：「朕在位，必卿爲中書，朕與卿相與終始。自今其勿復言。」因圖其像，命詞臣爲之贊，及御書「秋谷」二字賜之。入見，必賜坐，語移時，稱其字而不名。

60 己未，詔諭省臣曰：「昔世祖注意國學，如博果密（舊作不忽木。）等皆蒙古人，而教以成材。朕今親定國子生額爲三百人，仍增陪堂生二十人，通一經者，以次補伴讀，著爲定式。」

61 甲子，寧夏地震。

62 丁卯，鄂勒哲、李孟等言：「方今進用儒者，老成日已凋謝，四方儒士有成材者，請擢任國學、翰林、祕書、太常或儒學提舉等職，俾學者有所激勸。」詔：「自今勿限資格，果才而賢，雖白身亦任之。」

63 禁醫人非選試及著籍者，毋行醫藥。

64 大同宣寧縣雨雹，積五寸，苗稼盡損。

65 八月，己巳朔，裁京朝諸司員數，並依至元三十年舊額。

66 以近侍庫勒實（舊作曲列失。）爲戶部尚書。

67 九月，丙子，安南國王陳益稷入見，言：「自世祖朝來歸，妻子皆爲其國人所害，朝廷因遙授湖廣平章，仍與王爵，賜漢陽田五百頃，俾自贍。今臣年幾七十，而有司拘所授田，就食無所。」帝謂省臣曰：「益稷來歸，宜厚賜以懷遠人，其進勳爵，授田如故。」

68 壬子，詔改明年元曰皇慶。

69 都水監傳旨，給驛往取杭州所造龍舟，省臣諫曰：「陛下踐阼，誕告天下，凡非宣索，毋得擅進。誠取此舟，有乖前詔。」詔止之。

70 是月，江陵路水，漂民居，有溺死者。

71 冬，十月，己巳，敕繪武宗御容，奉安大崇恩福元寺，月四上祭。

72 辛未，賜大普慶寺金千兩，銀五千兩，鈔萬錠，西錦、綵緞、紗、羅、布帛萬端，田八百畝，邸舍四百間。

73 丁丑，禁諸僧寺毋得冒侵民田。

74 辛巳，罷宣政院理問僧人詞訟。

75 壬辰，詔收至大銀鈔。

76 十一月，辛丑，李孟言：「世祖朝量入爲出，恆務撙節，故倉庫充牣。今每歲支鈔六百餘萬錠，又土木營繕百餘處，計用數百萬錠，內降旨賞賜復用三百餘萬錠，北邊軍需又六七百餘萬錠；今帑藏見貯止十一萬餘錠，若此安能周給。自今不急浮費，宜悉停罷。」帝納其言，凡營繕悉罷之。

77 戊午，禁漢人、回回術者出入諸王、駙馬及大臣家。

78 甲子，敕增置京城米肆十所，日平糶八百石以賑貧民。

79 十二月，辛卯，遣官監視焚至大銀鈔。

80 乙未，中書省言：「世祖立選法陞降，以示激勸。今官未及考，或無故更代，或躐等進階，僭受國公、丞相等職，諸司已裁而復置者有之。今春以來，內降旨除官千餘人，其中欺僞，豈能悉知！壞亂選法，莫此爲甚。」帝曰：「自今凡內降者，一切勿行。」

81 命李孟整飭國子監學。

82 遣禮部尚書柰瑪台（舊作乃蠻台。）等賷詔往諭安南，頒皇慶元年曆日。

83 是月，太白屢經天。

84 是歲，遣官至江浙議海運事。

時江東寧國、池、饒、建康等處運糧，率令海船從揚子江逆流而上，江水湍急，又多石磯，走沙漲淺，糧船歲有損壞。又，湖廣、江南糧運至眞州泊入海船，船大底小，亦非江中所宜。于是以嘉興、松江秋糧幷江淮、江浙財賦府歲辦糧充海運。

初，海運之道，自平江劉家港入海，經揚州路通州海門縣黃連沙頭、萬里長灘開洋，沿山嶼而行，抵淮安路鹽城縣，歷西海州、海寧府東海縣、密州、膠州界，放靈山洋，投東北路，多淺沙，行月餘始抵成山。計其水程，自上海至楊村馬頭，凡一萬三千三百五十里。至元二十九年，朱淸等言：「其路險惡，復開生路，自劉家洋開洋，至撐腳沙轉沙觜，至三沙、揚子江，過匾擔沙、大洪，又過萬里長灘，放大洋至淸水洋，又經黑水洋至成山，過劉家島，至之罘、沙門二島，放萊州大洋，抵界河口，其道差爲徑直。」明年，千戶殷明略又開新道，從劉家港入海，至崇明三沙放洋，向東行，入黑水大洋，取成山，轉西至劉家島，又至登州沙門島，於萊州大洋入界河。當舟行風信有時，自浙西至京師，不過旬日而已，視前二道爲最便云。然風濤不測，糧船漂溺者，無歲無之。間亦有船壞而棄其米者，後乃責償于運官。人船俱溺者始免。然視河漕之費，則其所得蓋多矣。

續資治通鑑卷第一百九十八

賜進士及第兵部尚書兼都察院右都御史總督湖北湖南等處地方軍務兼理糧餉世襲二等輕車都尉畢沅編集

元紀十六 起玄黓困敦（壬子）正月，盡旃蒙單閼（乙卯）三月，凡三年有奇。

仁宗聖文欽孝皇帝 諱阿裕爾巴里巴特喇，（舊作愛育黎拔力八達。）順宗次子，武宗母弟也。至元二十二年三月丙子生。大德九年與太后出居懷州。十一年正月成宗崩，帝與太后入大都，平內難，遣使迎武宗。武宗至上都，帝與太后往會之。武宗卽位，詔立帝爲皇太子。

皇慶元年（壬子、一三一二）

1 春，正月，庚子，帝諭御史大夫塔斯布哈（舊作塔思不花。）曰：「凡大臣不法，卿等劾奏勿避。」

2 癸卯，敕諸僧犯姦盜、詐僞、鬥訟，仍令有司專治之。

3 戊午，制諸王設王傅六員，其次設官四員。

4 壬戌，陞國史院秩從一品。帝諭省臣曰：「翰林、集賢儒臣，朕自選用，汝等毋輒擬進。人言御史臺任重，朕謂國史院尤重；御史臺是一時公論，國史院實萬世公論也。」

5 帝嘗命道士爲醮事，近侍分其所用金幣，道士訟之御史臺。近侍譖道士於帝，當殺者六人。中丞張珪力辨道士無死罪，帝怒曰：「汝以臺綱脅我耶？」珪曰：「御史臺陛下之臺，則臺綱乃陛下之綱也，陛下柰何欲自壞其綱乎？」帝怒未解，顧左右扶出。明日，珪復諫曰：「陛下必欲用譖言殺無罪，臣請先死。」帝爲寛道士罪，親解衣以賜珪。既而帝語近臣曰：「張中丞乃張忠臣，非官中丞也。」召慰之曰：「朕欲厚賜卿，非無寶玉，如非卿心何！」因以御巾拭面額，納珪懷曰：「朕澤之所存，朕心之所存也，其服膺勿失。」

6 二月，丁卯朔，徙大都路學所置周宣王石鼓於國子監。燕京之始平也，宣撫使王檝以金樞密院爲宣聖廟，春秋率諸生行釋菜禮，仍取石鼓列廡下。及國子監立，以其廟爲大都路學。至是復徙石鼓於國子監。

7 辛未，改安西路爲奉元路，吉州路爲吉安路。

8 壬申，以霸州文安縣屯田水患，遣官疏決之。

9 甲戌，制定封贈名爵等級。

10 改和林省爲嶺北省。

11 賜晉王伊蘇特穆爾舊作也系〔孫〕鐵木兒，今改。及世祖諸皇子等民戶有差，使食其歲賦。

12 己卯，八百媳婦獻馴象二。

13 庚寅，敕嶺北省賑闕食流民。兩淮民種荒田者，如例納稅。

14 賑通、漷州饑。

15 詔勉勵學校。以國子監虞集言，升監丞吳澄爲司業，與齊履謙同日並命，時號得人。澄用程顥學校奏疏，胡安國六學教法，朱熹學校貢舉私議，約之爲教法四條：一曰經學，二曰行實，三曰文藝，四曰治事。未及行而履謙以遷去。澄亦移病歸，諸生有不謁告而從之南者。俄拜集賢直學士，授奉議大夫，俾乘驛至京師；及眞州，疾作而還，學制稍爲之廢。

16 三月，丁酉朔，罷諸王、大臣私第營繕。

17 己亥，以生日爲天壽節。

18 戊申，以前河南行省平章政事達實哈雅（舊作塔失海牙。）爲御史大夫。

19 庚申，簡汰大明宮、興聖宮宿衞。

20 甲子，遣戶部尚書瑪爾（舊作馬兒。）經理河南屯田。

21 乙丑，命河南省建故丞相阿珠（舊作阿朮。）祠堂。

22 初，帝元日臨朝，謂中書省臣曰：「汴省王右丞可卽召之。」至是約至，召見，慰勞，特拜集賢大學士。約首言：「河南行省丞（相）布琳吉岱（舊作卜璘吉帶，一作卜璘吉台。）勳閥舊臣，不宜久外。」召至，封河南王。約又疏薦國子博士姚登孫、應奉翰林文字揭傒斯、成都儒士楊靜，請起復中山知府致仕輔惟良、前尚書參議李源、右司員外郎曹元用，皆除擢有差。

23 夏，四月，丁卯，簡汰控鶴還本籍。

24 以都水監隸大司農寺。

25 庚午，命浙東都元帥鄭祐同浙江軍官教練水軍。

26 辛未，給鈔萬錠修香山永安寺。

27 癸酉，帝如上都。

28 庚寅，太白經天。

29 五月，丙申朔，以中書平章哈克繖（舊作合散，今改。）爲中書左丞相，江浙行省平章章律（舊作張驢，今改。）爲中書平章政事。

30 壬寅，改和林路爲和寧路。

31 諸王托克斯哈密實（舊作脫忽思海迷失。）以農時出獵擾民，敕禁止之，自今十月方許出獵。

32 六月，乙丑朔，日有食之。

33 丁卯，天雨毛。

34 己巳，敕李孟博選中外才學之士任翰林。

35丁亥，敕罷封贈，誡左右守法度，勤職業，勿妄僥倖加官。時封拜繁多，羣臣無功而受公王之爵者，前後相繼，故有是敕。

36秋，七月，丙午，升大司農秩從一品。帝諭司農曰：「農桑衣食之本，汝等舉諳知農事者用之。」

37中書參知政事賈鈞以病請告，賜鈔，給安車還鄉。

38八月，己卯，以吏部尚書許師敬爲中書參知政事。

39庚辰，帝至自上都。

40辛卯，敕雲南省右丞阿固岱舊作阿呼（忽）台，今改。等率蒙古兵從雲南王討八百媳婦。

41以張珪爲樞密副使。舊制，中州軍士鎭江南者，踰嶺以戍，率二年而代，遭犯瘴癘，十無一還。珪曰：「是徒置之死地耳，請屯置近邊。其嶺表要害，因其土人以戍，前死者，官給槥傳還家。」從之。

42徽政院使實勒們，舊作失列門，今改。請以洪城軍隸興聖宮而已領之，以上旨移文樞密院，衆恐懼承命。張珪曰：「徽政有左右都衞兩軍，足備工役，又欲此將何爲？」因不署，事得寢。實勒們由是怨珪。

43是月，濱州旱，涇縣水，賑之。

44 九月，丁酉，增江浙海漕糧二十萬石。

45 戊戌，罷征八百媳婦、大·小徹里蠻，以璽書招諭之；尋獻馴象及方物。

46 甲辰，以參議中書省事阿布哈雅舊作阿卜海牙，今改。為參知政事。

47 壬戌，瓊州黎賊嘯聚，遣官招諭。

48 冬，十月，甲子，有事于太廟。

49 雲南行省右丞索勒濟爾威（舊作算只兒威。）有罪，國師請釋之，帝斥之曰：「僧人宜誦佛書，吏事豈當與耶！」

50 癸未，以中書參知政事察罕為平章政事，商議中書省事。

51 戊子，翰林學士承旨伊輦齊布哈（舊作玉連赤不花。）等進順宗、成宗、武宗實錄。

52 辛卯，赦天下。

53 賜李孟潞州田二十頃。

54 十一月，甲辰，捕滄州羣盜阿實達（舊作阿失達兒。）等，擒之，支解以徇。

55 丙午，諭六部官毋隔越中書奏事。

56 庚申，占城獻犀象；緬國遣使來朝。

57 中書平章政事李孟請歸葬其父母，帝勞餞之，曰：「事訖宜速還，勿久留，孤朕所望。」

十二月，孟入朝，帝大悅。孟因請謝事，優詔不允；請益堅，癸亥，乃命孟以平章政事議中書省事、承旨翰林。

58 癸酉，遣使分道決囚。

59 庚辰，知樞密院事達實曼（舊作答失蠻。）罷。

60 鷹坊請往河南、湖廣括取孔雀、珍禽，帝以擾民，不允。

61 丁亥，中書省言：「中書職在總挈綱維，比者行省六部諸司應決不決者，往往作疑咨呈，以致文繁事弊。」詔體世祖立中書初意，定擬成式以聞。

62 是歲，以左司郎中張思明爲兩江鹽運使，歲課充贏。僚屬請上增數，思明歎曰：「贏縮不常，萬一以增爲額，是我希一己之榮遺百世之害也。」

63 以梁曾爲先朝舊臣，特起昭文館大學士。曾累章乞致仕，不允。復起爲集賢侍講學士，國有大政，必命與諸老議之。

64 前翰林學士承旨姚燧卒，謚曰文。

燧少學于許衡，其爲文宗韓愈。衡賞其辭，且戒之曰：「弓矢爲物，以待盜也，使盜得之，亦將待之。文章固發聞士子之利器，然先有能一世之名，將何以應人之見役者哉！非其人而與之與非其人而拒之，鈞罪也，非周身入世之道也。」燧自是反躬實踐，爲世名儒。

當世爭求其文，詞無溢美。高麗瀋王欲求燧詩文，燧不與，奉詔乃與之。王贈謝幣帛、金玉、名畫五十篋，燧卽時分散於人，一無所取。或問之，燧曰：「彼藩邦小國，唯以貨利爲重，吾能輕之，使知大朝不以是爲意。」其器識過人類如此。

皇慶二年（癸丑、一三一三）

1春，正月，丁未，以太府卿圖呼魯舊作禿忽魯，今改。爲中書右丞相。時特們德爾舊作鐵木迭兒，今改。以病去職，故以圖呼魯代之。樞密副使張珪爲中書平章政事，以代李孟也。【考異】道園學古錄撰張珪墓誌銘，以珪拜平章政事在延祐二年，此誤也。珪在中書，請淸中書之務，在皇慶二年二月，至五月已去位。延祐中，珪未嘗復出，以太后惡之也，安得有延祐二年拜平章之事！此蓋以皇慶、延祐同爲仁宗紀年，道園誤認二年爲延祐。元史本傳祇以誌銘爲據，不復詳考矣。宰相表作皇慶二年正月，當得其實。本紀系于元年十二月李孟致仕之後，疑因珪代李孟而連書之也。今從表。

2己未，置遼陽行省儒學提舉司。

3召河南行省右丞郝天挺爲御史中丞。

天挺入見，首陳紀綱之要，以獵爲喩，曰：「御史職在擊姦，猶鷹揚焉。禽之弱者易獲也，其力大者必借人力；不然，不惟失其前禽，仍或有傷鷹之患矣。」帝嘉其言。

4二月，壬戌，改典內院爲中政院，秩正二品。

5 己卯，免徽益都饑民所貸官糧二十萬石。

6 各寺修佛事，日用羊九千四百四十，敕遵舊制，易以蔬食。

7 命張珪綱領國子學。

8 辛巳，詔以錢糧、造作、訴訟等事悉歸有司，以清中書之務，從張珪之請也。

9 丁亥，敕：「外任官應有公田而無者，皆以至元鈔給之。」

10 功德使策琳沁（舊作亦憐眞。）等以佛事奏釋重囚，不允。

11 帝諭左右曰：「回回以寶玉鬻于官。朕思此物何足爲寶，惟善人乃可爲寶。善人用則百姓安，茲國家所宜寶也。」

12 三月，丙午，册立皇后鴻吉哩氏。（舊作弘吉剌氏。）

13 壬子，圖呼魯言：「臣等職專燮理，去秋至春亢旱，民間乏食，而又隕霜雨毛，天文示變，皆由臣等不能宣上恩澤，致茲災異，乞黜臣等以答天譴。」帝曰：「事豈關汝，其勿復言。」

14 敎坊使曹耀珠舊作咬住，今改。得幸，命爲禮部尚書。張珪諫曰：「伶人爲大宗伯，何以示後世？」帝曰：「姑聽其至部而去之。」珪力言不可，乃止。

15 皇太后命以特們德爾爲太師，以太師（校者按：二字衍。）萬戶博實（舊作別薛。）參知行省政事。張珪言於帝曰：「太師輔上道德，特們德爾非其人。萬戶無功，不得爲外執政。」帝然之。太后聞而怒甚，於是實勒們之譖得行。

16 御史中丞郝天挺上疏論時政，其略曰：「先帝卽位之初，大事方定，故于左右三五有功之人，爵之太高，遂使近幸之臣，因而相襲，王公師保，接迹于朝。比者雖令裁罷，曾未經歲，又復紛然。昔人有言，『服之不衷，身之災也。』是則朝廷名器重，則升斗之祿足以鼓舞豪傑，濫則日拜卿相而人不勸矣。」

又言：「國初設官，在內須三十月，在外須三周歲，考其殿最以爲黜陟。比者省院臺部之臣，久者一二歲，少者三五月，甚有旬日之間而屢遷數易者，奔走往來之不暇，何暇宣風布化，參理機務哉！請自今，惟大臣可急遴選授，其餘內外大小官屬，必候任滿方許超遷，以免朝除夕改，啓倖長姦之弊。」

尋出爲河南行省平章。時河南王布琳濟達舊作卜憐吉帶，今改。爲丞相，待以師禮，由是政化大行。未幾卒，謚文定。

17 丙辰，帝以亢旱既久，於宮中焚香默禱，遣官分禱諸祠。

18 詔敎諭勸課農桑。

19 夏，四月，乙亥，帝如上都。

20 丙子，高麗國王王璋辭位，以其世子王燾爲征東行省左丞相，封高麗國王。時朝廷欲璋歸國，璋無以爲詞，請傳位于其子。

21 甲申，詔遴選賢士，纂修國史。

22 乙酉，御史臺言：「富人夤緣特旨，濫受官爵。徽政、宣徽用人，率多罪廢之流。內侍託爲貧乏，互奏恩賞。而西僧以作佛事之故，累釋重囚。外任之官，身犯刑憲，輒營求內旨以免罪。諸王、駙馬、寺觀土田每歲徵租，擾民尤甚。請悉革其弊。」制可。

23 眞定、保定、大寧路饑，並免今年田租之三。

24 安南國貢方物。

25 五月，中書平章政事張珪罷。

時太后多寵倖，惡張珪持正，倖臣實勒們等尤嫉之，以帝遇之厚，未敢遽發。至是帝由居庸巡上都，乃以中旨召珪，至宮門下，數以違懿旨之罪，杖之。珪創甚，輿歸京師，明日出國門。珪子景元掌符璽，不得一日去宿衞，至是以父病篤告，遽歸。帝驚曰：「朕來時，卿父無病。」景元頓首涕泣不敢言。帝不懌，遣人賜珪酒，遂拜大司徒。珪謝病家居。【考異】張珪之罷，本紀闕書，傳文年月多舛互，今從表。

26 辛丑，以中書右丞哲伯都拉（舊作兀伯都剌。）爲平章政事，左丞巴喇托音（舊作八剌脫因。）爲右丞，參知政事阿布哈雅爲左丞，參議中書省事圖魯哈特穆爾（舊作禿魯花鐵木兒。）爲參知政事。

27 順德、冀寧饑，原州水，賑之。

28 六月，己未，京師地震。癸亥，圖呼魯等以災異乞賜放黜，不允。

29 丙寅，京師地又震。

30 己卯，河東廉訪使趙簡，請選方正博洽之士任翰林侍讀學士，講明治道以廣聖聽，從之。

31 御史臺言：「比年廉訪司多不悉心奉職，宜令監察御史檢覈名實而黜陟之。廣海及甘肅、雲南地遠，遷調者憚勿肯往，請今後加一等官之。」制可。

32 壬午，命監察御史檢察監學官，考其殿最。

33 甲申，建崇文閣於國子監。

34 以宋儒周敦頤、程顥、程頤、張載、邵雍、司馬光、朱熹、張栻、呂祖謙及故中書左丞許衡從祀孔子廟廷。

35 河決陳、亳、睢州及開封之陳留縣，沒民田廬。先是命官沿河相視，上治河之議而竟未施行，故有此患。

36 秋，七月，癸巳，以作佛事，釋囚徒二十九人。

37 甲午，置榷茶批驗所幷茶田局官。

38 庚子，立長秋寺，掌武宗皇后宮政。

39 壬寅，京師地震。

40 己酉，改淮東、淮西道宣慰司爲淮東宣慰司，以淮西三路隸河南省。

41 敕：「守令勸課農桑，勤者陞遷，怠者黜降。著爲令。」

42 丁巳，太白經天。

43 八月，戊午朔，揚州路崇明州大風，海潮泛溢，漂沒民居。

44 丁卯，帝至自上都。

45 庚午，以侍御史薛居敬爲中書參知政事。

46 九月，癸巳，以宣徽院使鄂勒哲（舊作完澤。）知樞密院事。

47 戊申，敕鎭江路建銀山寺，勿徙寺旁塋冢。

48 京師大旱。帝問弭災之道，翰林學士承旨程鉅夫舉桑林六事以對，忤時宰意。帝遣近侍賜上尊勞之曰：「中書集議，惟卿所言甚當，後臨事其極言之。」

陝西行臺治書侍御史尉遲德誠亦上言：「西僧作佛事，疏放罪囚，以爲祈福。奴婢殺主，妻妾殺夫，皆獲賫緣以免，實紊典常。必欲修政以答天遣，無有先于此者。」不報。

49初，世祖、成宗皆嘗議定科舉制而未及行，至是帝與李孟論用人之方，孟曰：「人材所出，固非一途。然漢、唐、宋、金，科舉得人爲盛。今欲興天下之賢能，如以科舉取之，猶勝於多門而進。然必先德行經術而後文辭，乃可得眞材也。」帝深然其言，決意行之。冬，十月，丁卯，敕中書省議行科舉。

50辛未，徙崑山州治於太倉，昌平縣治於新店。

51癸未，以遼陽路之懿州隸遼陽行省；復置蒙陰縣，隸莒州。

52乙酉，旌表高州民蕭乂妻趙氏貞節，免其家科差。

53壬寅，漢人、南人、高麗人宿衞，分司上都，勿給弓矢。

54甲辰，行科舉。

帝使程鉅夫及李孟、許師敬議其事。鉅夫建言：「經學當主程頤、朱熹傳、註，文章宜革唐、宋宿弊。」於是命鉅夫草詔行之。令天下以皇慶三年八月，郡縣興其賢者、能者，充貢有司，次年二月，會試京師，中選者親試於廷，賜及第、出身有差。自後率三歲一開科。蒙古、色目人與漢人、南人各命題。蒙古、色目人願試漢人、南人科目，中選者加一等注授。

帝謂侍臣曰：「朕所願者，安百姓以圖至治，然匪用儒士，何以致此！設科取士，庶幾得眞儒之用，而治道可興也。」集賢修撰虞集獨謂當治其源，因會議學校，乃上議曰：「師道立則善人多。學校者，士之所受教，以至於成德達材者也。今天下學官猥以資格授，強加之諸生之上而名之曰師爾，有司弗信之，生徒弗信之，於學校無益也。如此而望師道之立，可乎？下州小邑之士，無所見聞，父兄所以導其子弟，初無必爲學問之實意，師友之游從，亦莫辨其邪正，然則所謂賢材者，非自天降地出，豈有可望之理哉！爲今之計，莫若使守令求經明行修者，身自師尊之，至誠懇惻以求之，俟其德化之成，庶幾有所觀感也。其次則求操履近正而不爲詭異駭俗者，確守先儒經議師說而不敢妄爲奇論者，衆所敬服而非鄉愚之徒者，延致之日，誠誦其書，使學者習之，入耳著心以正其本，則他日亦當有所發也。其次則取鄉貢至京師罷歸者，其議論文藝猶足以聳動乎人，非若泛泛莫知根柢者矣。」

55十二月，丙子，定百官致仕資格。

56京師以久旱，民多疾疫。帝曰：「此皆朕之責也，赤子何罪！」明日，大雪。

57廣東采珠之人，懸絙于腰，沈入海中，良久得珠，撼其絙，舶上人引出之。葬於黿鼉蛟龍之腹者，比比而有，有司名曰烏蜑戶。蜑，音但。至是特旨放免。

江西行省參知政事敬儼，俾掾吏具烏蜑戶姓名，置册申解，同列皆曰：「中書咨文無是，可不必也。」儼曰：「萬一申明舊典，庶不害及良民。」未幾，皇太后中使至，人咸服儼先見之明。

延祐元年（甲寅、一三一四）

1春，正月，丁亥，以中書右丞劉正爲平章政事。

帝初政風動天下，正與諸老臣陳贊之力居多，累乞致仕，不許，遂有是命。時議經理河南、淮、浙、江西民田，增茶、鹽課額。正極言不可，弗從。歲大旱，野無麥穀，種不入土，臺臣言燮理非其人，姦邪蒙蔽，民多冤抑，感傷和氣所致，詔會議。平章李孟曰：「燮理之責，儒臣獨孟一人，請避賢路。」平章呼圖布鼎（舊作忽都不丁。）曰：「臺臣不能明察姦邪，臧否時政，可還詰之。」正言：「臺省一體，當同心獻替，擇善而行，豈容分異耶！」竟如呼圖布鼎言。

2庚子，敕各省平章爲首者及漢人省臣一員，專意訪求遺逸，先以名聞，而後致之。

3以江浙行省左丞高昉爲中書參知政事。

4丁未，詔改元延祐。

5庚戌，中書省臣圖古勒等以災變乞罷，不允。

6二月，戊辰，大寧路地震。

7中書省言：「比奉詔，漢人參政宜用儒者。侍御史趙世延其人也。」帝曰：「世延誠可用，然永古特舊作雍古，今改。氏非漢人，其署宜居右。」甲戌，拜世延參知政事。

8壬午，以哈克繖爲中書右丞相，與平章李孟監修國史。以揭傒斯爲國史編修官。

傒斯，富州人，程鉅夫、盧摯先後爲湖南憲長，咸器重之。至是以鉅夫薦充編修官。李孟讀其所撰功臣列傳，歎曰：「是書方可名史筆。若他人所爲，直謄吏牘耳。」

9 癸未，以參知政事高昉爲集賢學士。

10 三月，戊戌，眞定、保定、河間民飢，給糧兩月。

11 癸卯，暹羅入貢。

12 乙巳，以僧人作佛事，擅釋獄囚，命中書審察。

13 戊寅，帝如上都。

14 己酉，敕姦民宮其子爲閹宦，謀避傜役者，罪之。

15 辛亥，命參知政事趙世延綱領國子學。

16 癸丑，中書平章察罕致仕。

察罕暮年居德安白雲山別墅，以白雲自號。嘗入見，帝目逆之曰：「白雲先生來也！」初以病請告，暨還朝，與李孟入謝，帝曰：「白雲病愈耶？」頓首對曰：「荷陛下哀矜，放歸田里，不覺沈疴去體耳。」帝顧李孟曰：「知止不辱，今見其人。」察罕天性孝友，田宅在河中者，悉分與諸昆弟，昆弟貧來歸者，復分與田宅。奴婢縱放爲民者甚衆。既致仕，優游八年，以壽終。

17 晉寧民侯喜兒昆弟五人，並坐法當死，帝歎曰：「一家不幸而有是事，其擇情輕者一人杖之，俾養父母，毋絕其祀。」
18 閏月，甲寅朔，敕減樞密知院冗員。
19 辛酉，罷咒僧月給俸。
20 遣人視大都至上都驛驛之地，有侵民田者，計畝給直。
21 丁丑，畿內饑，賑之。濟地〔寧〕等路隕霜殺桑果禾苗，歸州饑，出粟平糶。
22 馬八兒國來貢。
23 夏，四月，甲申朔，大寧路地震，有聲如雷。
24 己酉，以特們德爾錄軍國重事，監修國史。
右丞相哈克織言：「臣非世勳族姓，幸逢陛下爲宰相，如丞相特們德爾練達政體，且嘗監修國史，請授之印，俾領翰林、國史院，軍國重事，悉令議之。」帝然其言，令啓皇太后，與之印。
25 敕：「郡縣官勤職者加賜幣帛。」
26 立回回國子監。
27 帝以資治通鑑載前代興亡治亂，命集賢學士呼圖嚕都爾密實（舊作忽都魯都兒迷失。）及李孟擇其切要者繹寫以進。

28 五月，丁卯，賜李孟孝感縣地二十八頃。

29 禁諸王支屬徑取分地租賦以擾民。

30 敕嶺北行省瘞陣沒遺骸。

31 戊寅，京兆爲故儒臣許衡立魯齋書院，降璽書旌之。

32 武陵縣霖雨，水溢，溺死居民，漂沒廬舍禾稼。膚施縣大風雹，損禾并傷畜。

33 六月，戊子，敕：「內侍今後止授中官，勿畀文階。」

34 置雲南行省儒學提舉司。

35 甲辰，敕：「諸王、戚里入覲者，宜趁夏時芻牧至上都，勿輒入京師，有事遣使奏稟。」

36 賑衡州等路饑。

37 秋，七月，庚午，命中書省議復封贈。

38 賜晉王伊蘇特穆爾部鈔千錠。

39 詔開下蕃市舶之禁。

40 乙亥，會福院越制奏旨除官。敕：「自今舉人，聽中書可否以聞。」

41 渾河隄決，淹沒民田，發廩賑之。

42 八月，戊子，帝至自上都。

43 癸卯，陞太常寺爲太常禮儀院，秩正二品。

44 丁未，冀寧、汴梁及武安、涉縣地震，壞官民廬舍，死者三百餘人。

45 河南行省言：「黃河涸露，舊水泊汙池，多爲勢家所據，驟遇泛溢，水無所歸，遂致爲害。由此觀之，非河犯人，人自犯之耳。擬差知水利都水監官與行省廉訪司同相視，可以疏闢隄障，未及泛溢，先加修治，用力少而成功多。又，汴梁路睢州諸處，決破河口數十，內開封縣小黃邨計會月隄一道，都水分監修築障水隄堰，所擬不一，宜委官按驗，從長講議。」於是命太常丞郭奉政、前都水監丞邊承務、都水監卿多爾濟（舊作朵兒只。）等，上自河陰，下至陳州，與該州縣官沿河相視。開封縣小黃邨河口，測量比舊淺減六尺，陳留、通許、太康舊有蒲葦之地，後因閉塞西河、塔河諸水口，以便種蒔，故他處連年潰決。

各官議以爲：「治水之道，惟當順其性之自然。大河東北入海，歷年既久，遷徙不常，每歲泛溢，兩岸時有衝決，強爲閉塞，正及農忙，科椿梢，發丁夫，動至數萬，所費不可勝計。郡縣嗷嗷，民不聊生。蓋黃河善遷徙，惟宜順下疏泄。今相視上至（自）河陰、下抵歸德，經夏水漲，甚於常年，以小黃口分泄之故，並無衝決，此其明驗也。陳州最爲低窪，瀕河之地，今歲麥禾未收，民飢特甚，欲爲拯救，奈下流無可疏之處。若將小黃邨河口閉塞，必移患鄰郡，決上流南岸，則汴梁被害，決下流北岸，則山東可憂，勢難兩全，當遺小就大。如免陳邨差稅，賑其飢民。陳留、通許、太康縣被災之家，依例取勘賑卹。其小黃邨河口，仍就通流外，當修築月隄并障水隄。」於是以汴梁路所轄州縣河隄或已修治及當疏通與補築者，條列奏上，不果行。

46九月，己巳，復以特們德爾爲中書右丞相，哈克繖爲左丞相。

特們德爾言：「比聞近侍隔越奏旨者衆，倘非禁止，致治實難。請敕諸司，自今中書政務，毋輒干預。又，往時富民往諸蕃商販，率獲厚利，商者益衆，中國物輕，蕃貨反重。今請以江浙右丞曹立領其事，發舟十綱，給牒以往，歸則徵稅如制，私往者沒其貨。又，經用不給，苟不預爲規畫，必至愆誤。臣等集諸老議，皆謂動鈔本則鈔法愈虛，加賦稅則毒流黎庶，增課額則比國初已倍五十矣。唯預買山東、河間運司來歲鹽引及各冶鐵貨，庶可以足今歲之用。又，江南田糧，往歲雖嘗經理，多未覈實，可始自江浙以及江東、西，宜先事嚴限格，信罪賞，令田主手實頃畝狀入官，諸王、駙馬、學校、寺觀亦令如之。仍禁私匿民田，貴戚勢家毋得沮撓。請敕臺臣協力以成，則國用足矣。」

47罷陝西諸道行御史臺。

48冬，十月，乙未，敕：「吏人轉官，止從七品，在選者降等注授。」

49 申飭內侍及諸司隔越中書奏請之禁，及下蕃商販給牒徵稅；遣官括淮民所佃閒田不輸稅者，從特們德爾請也。

50 庚戌，監察御史言：「請命樞密院設法教練士卒，應軍官襲職者，試以武事而後任之。」制可。

51 十一月，壬子，陞司天臺爲司天監，秩正三品，賜銀印。

52 戊辰，以通政院使蕭拜珠舊作拜住，今改。爲中書右丞。

53 癸酉，敕：「吏人贓行者黥其面。」

54 大寧路地震，有聲如雷。

55 戊寅，特們德爾言：「比者僚屬及六部諸臣，皆晚至早退，政務廢弛。今後有如此者，視其輕重杖責之。臣或自惰，亦令諸人陳奏。」帝曰：「如更不悛，卽罷不敍。」

56 以前中書右丞相圖呼魯知樞密院事。

57 詔檢覈浙西、江東、江西田稅。章律言：「經理之法，世祖已行，但其間多欺蔽。」遂遣章律等往三省行之，限民四十日以所有田自實於官。期限猝迫，貪刻用事，富民黠吏，並緣爲姦。樞密副使吳元珪言：「江南之平，幾四十年，戶有定籍，田有定畝。今經理之法，務以增多爲能，加之有司頭會箕斂，元元困苦日甚，臣恐變生不測，非國之福。」帝曰：「凡爾軍士之田，悉遵舊制。」時有司以峻法相繩，民多虛報以塞命。其後田稅無所於徵，民多逃竄流移者。汴梁路總管達哈言其弊於朝，由是省民間虛糧二十二萬。

58 十二月，辛卯，禁諸王、駙馬、權勢之人增價鬻鹽。

59 壬辰，定官民車服制度。帝以市人靡麗相尙，僭禮費財，命中書省定其等第；惟蒙古及集賽（舊作怯薛。）諸色人不禁，然亦不許服龍鳳文。

60 己亥，敕中書省定議孔子五十三代孫當襲封衍聖公者以名聞。及元明善爲禮部尙書，正孔氏宗法，以宣聖五十五（四）代孫思晦當襲封衍聖公，奏上，帝親取孔氏譜牒按之，曰：「以嫡應襲封者，思晦也。復奚疑！」特授中議大夫，襲封衍聖公，月俸百緡，加至五百緡。

61 庚子，遣官浚揚州、淮安等處運河。

62 以翰林學士承旨李孟復爲中書平章政事。孟宇量弘朗，材略過人，三入中書，民間利害知無不言，引古證今，務歸至當。士無貴賤，苟有賢者，不進不止。朝廷賴之。

63 乙巳，敕經界諸衞屯田。

64 是歲，復以齊履謙爲國子司業。履謙酌舊制，立升齋積分之法，每季攷其學行，以次第升。既升上齋，又必踰再歲始與私試，詞理俱優者一分，詞平理優者爲半分，歲終積至八分者爲高等。禮部、集賢歲選六人以貢，三年不通一經者，黜之。帝從其議，自是人人勵志，多文學之士。

65特們德爾專政，一日，召刑曹官屬問曰：「西僧訟某之罪，何以久弗治？」衆莫敢對。刑部侍郎曹伯啓從容言曰：「事在赦前。」竟莫能奪其議。宛平尹盜官錢，特們德爾欲幷誅守者，伯啓執不可，杖遣之。伯啓，碭山人也。

延祐二年（乙卯、一三一五）

1春，正月，戊午，賑懷孟、衞輝饑。

2丙寅，霖雨壞渾河隄堰，沒民田，發卒補之。

3禁民煉鐵。

4發卒浚漷州漕河。

5己巳，置大聖壽萬安寺都總管府，秩正三品。

6庚午，立行用庫於江陰州。

7敕以江南行臺贓罰鈔賑卹饑民。

8乙亥，詔遣宣撫使分十二道問民疾苦，黜陟官吏，並給銀印。

9特們德爾言：「天下庶務雖統于中書，而舊制省臣亦分領之。請以錢帛、鈔法、刑名委平章李孟、左丞阿博哈雅、參政趙世延等領之；其糧儲、選法、造作、驛傳，委平章章律、右丞蕭拜珠、參政曹從革等領之。」詔皆如所請。

10禁南人典質妻子商販爲奴。

11御史臺言：「比年地震、水旱，民流、盜起，皆風憲顧忌，失於糾察，宰臣燮理有所未至。或近侍蒙蔽，賞罰未當，或獄有冤濫，賦役繁重，以致乖和。宜與老臣共議所由。」詔明言其事當行者以聞。

12二月，己卯朔，會試進士，命中書平章政事李孟、禮部侍郎張養浩知貢舉，吳澄、楊剛中、元明善皆與焉。於是得人爲多。進士詣謁，養浩皆不納，但使人戒之曰：「諸君子但思報效，奚勞謝爲！」

13癸巳，太白經天。

14甲午，詔禁民轉鬻養子。

15壬寅，辰沅峒蠻吳千道爲寇，敕調兵捕之。

16丙午，太白經天。

17三月，乙卯，廷試進士，賜呼圖克岱爾、舊作護都沓兒，今改。張起巖等五十六人及第、出身。分進士爲兩榜，蒙古、色目人爲右，漢人、南人爲左。第一名從六品，第二名以下及第一甲皆七品，第三甲正八品。

18 庚午，帝率諸王、百官奉玉册、玉寶，加上皇太后尊號，蠲天下逋欠稅課。

19 丁丑，以中書平章事章律爲江浙行省平章政事。【考異】元史宰相表作元年十月，今從本紀。章律以妻病，謁告歸江南，奪民河渡地。御史楊多爾濟劾之，故調外。多爾濟正色立朝，帝爲改容。

續資治通鑑卷第一百九十九

賜進士及第兵部尚書兼都察院右都御史總督湖北湖南等處地方軍務兼理糧餉世襲二等輕車都尉　畢　沅　編集

元紀十七

起旃蒙單閼（乙卯）四月，盡著雍敦牂（戊午）十二月，凡三年有奇。

仁宗聖文欽孝皇帝

延祐二年（乙卯、一三一五）

1夏，四月，戊寅朔，日有食之。

2辛巳，賜進士恩榮宴於翰林院。

3辛丑，賜會試下第舉人七十以上，從七流官致仕；六十以上，府、州教授；餘並授山長、學正；後勿援例。

4敕：「諸王分地，仍以流官爲達嚕噶齊，（舊作達魯花赤。）各位所辟爲副達嚕噶齊。」

5命李孟等類集本朝條格，俟成書，聞奏、頒行。

6乙巳，帝如上都。

7 宣徽院以供尙膳，遣人獵于歸德，敕以其擾民，罷之。

8 自特們德爾舊作鐵木迭兒，今改。定括田之議，遣人分行各省，苛急煩擾，江西爲甚。是月，贛州民蔡五九聚衆作亂，遠近騷動。【考異】元史本紀作七月蔡五九作亂，今從經世大典作四月，蓋七月乃遣兵捕之耳。

9 五月，戊申朔，改給各道廉訪司銀印。

10 復立陝西諸道行御史臺。

11 乙丑，秦州成紀縣山移。是夜，疾風電雹，北山南移至夕河川，次日再移；平地突出土阜，高者二三丈，陷沒民居。敕遣官覈驗賑䘏。監察御史馬祖常言：「山不動之物，今之動者，由在野有當用不用之賢，在官有當言不言之佞，故致然耳。」

12 甲戌，加授宦者中尙卿續元暉昭文館大學士。

13 六月，戊戌，河決鄭州。

14 辛丑，以濟寧、益都亢旱，汰省衞士芻粟。

15 贛州賊蔡五九陷寧都，焚四關，戕趙同知，分掠郡邑。秋，七月，乙卯，遣兵捕討蔡五九。

16 甲子，江南、湖廣道奉使溫迪罕，言廉訪使公田多取民租，宜復舊制，從之。

17 癸酉，命特們德爾總宣政院事。

18 是月，畿內大雨，漷州、昌平、香河、寶坻等縣水，沒民田廬。

19 八月，丙戌，官軍擊蔡五九，寧都圍解。五九益修攻具，招集失業之民，勢益張，遂陷汀州寧化縣，僭稱王號，遣江浙行省平章章律（舊作張驢。）等率兵討之。

20 己丑，帝至自上都。

21 乙未，臺臣言：「蔡五九之變，皆由鼐智密鼎（舊作呢匝馬丁。）經理田糧，與郡縣橫加酷暴，逼抑至此。新豐一縣，撤民廬千九百區，夷墓揚骨，虛張頃畝，流毒居民。請罷經理及冒括田租。」時臺臣不敢斥言特們德爾建議之非，但言有司奉行不善，帝悟其弊，命罷其役。詔下，民大悅，由是五九之勢漸衰。

22 壬寅，增國子生百員，歲貢伴讀四員。

23 詔江浙行省印農桑輯要萬部，頒降有司遵守勸課。

24 旌表貴州達嚕噶齊相元（兀）孫妻死節。

25 監察御史納琳（舊作納璘。）言事忤旨，帝怒叵測，中丞楊多爾濟（舊作楊朵兒只。）救之，一日至八九奏，曰：「臣非愛納琳，誠不願陛下有殺御史之名。」帝曰：「爲卿宥之，可左遷昌平令。」多爾濟曰：「以御史宰京邑，無不可者。但以言事而得左遷，恐後之來者用是爲戒，不肯復言矣。」帝不允。後數日，帝讀貞觀政要，多爾濟侍側，帝顧謂曰：「魏徵，古之遺直也，朕安得用之？」對曰：「直由太宗。太宗不聽，徵雖直，將焉用之！」帝笑曰：「卿意在納琳耶？當赦之以成爾直。」

有上書論朝政闕失，面觸宰相；宰相怒，將取旨殺之。多爾濟曰：「詔書云：『言雖不當，無罪。』今若此，何以示信天下！果誅之，臣亦負其職矣。」帝悟，釋之，於是特加昭文館大學士、榮祿大夫，以旌其直。

時位一品者，多乘間邀王爵，贈先世，或謂多爾濟可援例以請，多爾濟曰：「家世寒微，幸際遇至此，已懼弗稱，尙敢多求乎！且我爲之，何以風勵僥倖者乎？」

26九月，丁未，章律以括田逼死九人，敕吏部尙書王居仁等鞫之。

27壬戌，蔡五九衆潰，伏誅，餘黨悉平。賞軍士討捕功，幷官死事者子孫。

28參知政事趙世延，居中書二十月，遷御史中丞，詔省臣自平章以下相率送之官，其禮前所無有。由是爲權臣所忌，乃用皇太后旨，出世延爲雲南行省右丞。陛辭，帝特命仍還臺爲中丞。

29冬，十月，庚辰，以淮西廉訪使郭貫爲中書參知政事。

30 乙未，授白雲宗主沈明仁榮祿大夫、司空。

31 丁酉，加授特們德爾太師。

32 十一月，丙午，客星變爲彗，犯紫微垣，歷軫至壁十五宿。辛未，以星變，赦天下，減免各路差稅有差。丞相哈克繖（舊作合散。）等乞避位，帝曰：「此朕之愆，豈卿等所致！其復乃職。苟政有過差，毋憚於改。又，凡可以安百姓者，當悉言之，庶上下交修，天變可弭也。」

33 遼東肅政廉訪使尉遲德誠上疏言事，其略曰，勞諸王以懷其心，防出入以嚴宮禁，正諫官以遠讒佞，崇科目以求人才，立常平以備荒年，汰僧、道以寬民力，舉賢良以勵忠孝，抑奢侈以厚風俗，及拯鈔法、裁冗官等事，不報。德誠尋卒。

34 甲戌，封武宗子和實拉（舊作和世㻋。）爲周王，出鎭雲南。

初，武宗立帝爲太子，命以次傳位於和實拉。已而丞相三寶努（舊作三寶奴。）復勸武宗立其子，既乃以哈喇托克托（舊作康里脫脫。）言而止。至是議立太子，特們德爾欲固位取寵，乃請立皇子碩迪巴拉，（舊作碩德八剌，今改。）又與太后幸臣實勒們（舊作什烈門，（一作失烈門。）今改。）譖和實拉於兩宮，遂有是命。

又譖哈喇托克托爲武帝舊臣，詔逮至京師。居數日，綽和爾、（舊作牀兀兒。）實勒們，傳兩宮旨諭托克托曰：「初疑汝親于所事，故召汝。今察汝無他，其復還鎭。」托克托入謝太后曰：「臣雖被先帝知遇，而受太后及今上恩不爲不深，豈敢昧所自乎！」未幾，遷江西行省左丞相。

35 十二月，庚寅，增置平江路行用庫。

36 癸巳，命省臣定擬封贈通例，俾高下適宜以聞。

37 旌表汀州寧化縣民賴祿孫孝行。蔡五九之亂，祿孫負其母，挈其妻，隨衆入山避之。盜至，衆散走，祿孫守母不去。盜將刃其母，祿孫以身翼蔽曰：「寧殺我，勿傷吾母。」時母病渴，覓水不得，祿孫含唾呴之，盜相顧駭歎，不忍害，反取水與之。有掠其妻去者，衆責之曰：「柰何辱孝子婦！」使歸之。事聞，賜旌表。

38 朝廷以吏多滯事，責曹案不如程者。令下，刑部尙事謝讓曰：「刑獄非錢穀、銓選之比，寬以歲月，尙慮失實，豈可律以常法乎！」乃入白宰相，由是刑曹獨得不責稽遲。

延祐三年（丙辰、一三一六）

1 春，正月，乙巳，賑漢陽路饑。

2 丙午，增置晉王府屬官。

3 以眞定、保定洊饑，禁畋獵。

4 改直沽爲海津鎮。

5 二月，丁丑，調海口屯儲漢軍隸臨清運糧萬戶府，以供轉漕。

6 戊寅，賑河間等處饑。

7 庚寅，彗滅。自去年十一月丙午始見，至是乃滅，凡百有五日。

8 壬子，敕衞輝、昌平守臣修殷比干、唐狄仁傑祠，歲時致祭。【考異】元史繫于四月壬午，潛研堂跋尾云，元敕封太師忠烈公殷比干廟碑作季春壬子，當以碑爲正也。今從之。

9 三月，甲寅，敕中書右丞蕭拜珠（舊作拜住。）及陝西四川省臣各一員，護送周王和實拉之雲南。置周王常侍府官屬，以遙授中書左丞相圖古勒、（舊作禿忽魯。）大司徒鄂爾多、（舊作斡耳朶。）中政使尙家〔嘉〕努、（舊作尙家奴。）山北、遼陽等路蒙古軍萬戶博囉、（舊作孛羅。）翰林侍講學士嘉琿（舊作教化。）等並常侍，中衞親軍都指揮使唐古、（舊作唐兀。）兵部尙書賽罕巴圖魯（舊作八都魯。）爲中尉，仍置諮議、記室各二員，遣就鎮。

10 癸亥，帝如上都。

11 壬申，鷹坊博囉等擾民於大同，敕拘還所奉璽書。

12 禁天下春時田獵。

初議犯者抵死，左司郎中韓若愚曰：「齊宣王之囿方四十里，殺其麋鹿者如殺人之罪，孟子非之。」衆以爲然，遂減其刑。

13 太史令郭守敬卒於位，年八十六。

守敬曆數、儀象之學，並爲時用，其尤濟時者爲水利之學。決金口以下西山之栰，而京師財用饒；復三白渠以漑瀕河之地，而靈夏軍儲足；引汶、泗以接江、淮之派，而燕、吳漕運通；建斗閘以開白浮之源，而公私陸費省。其在西夏，嘗挽舟溯流而上究所謂河源者，又嘗自孟門以東，循黃河故道，縱廣數百里間，皆爲測量地平，或可以分殺河勢，或可以漑灌田土，具有圖誌。又嘗以海面較京師至汴梁地形高下之差，謂汴梁之水去海甚遠，其流峻，而京師之水去海至近，其流甚緩。其言皆有徵驗，論者惜其未盡見用云。

14 夏，四月，癸酉朔，以河南流民羣聚渡江，所過擾害，命行臺、廉訪使以見貯贓鈔賑之。

15 横州猺蠻爲寇，命湖廣省發兵討捕。

16 己亥，以淮東廉訪司僉事苗好謙善課民農桑，賜衣一襲。

17 庚子，命中書省與御史臺、翰林、集賢院集議封贈通制，著爲令。

18 賑遼陽、蓋州及南豐州饑。

19 是月，前集賢大學士、商議中書省事陳天祥卒於家，年八十，謚文忠。

20 五月，庚申，以大都留守拜特穆爾（舊作伯鐵木兒。）爲中書平章政事。擢中書右丞蕭拜住

〔珠〕爲平章政事，左丞阿爾哈雅（舊作阿里海牙。）爲右丞，郭貫爲左丞，參議布哈（舊作不花。）爲參知政事。【考異】拜特穆爾之除拜，宰相表繫于六月，今從本紀。時特們德爾恃勢貪虐，兇穢愈甚，於是進拜珠爲平章，稍牽制之。

21 庚午，置甘肅儒學提舉司，遼陽金銀鐵冶提舉司。

22 賑衡、永等路饑。

23 六月，乙亥，制封孟軻父爲邾國公，母爲邾國宜〔宣〕獻夫人。

24 丙子，融、賓、柳州傜蠻叛，命湖廣行省遣官督兵捕之。

25 丁丑，敕：「凡鞫囚，非強盜毋加酷刑。」

26 丁酉，河決汴梁，沒民居，發糧賑之。

27 秋，七月，壬子，命御史大夫巴圖托歡（舊作伯忽脫歡。）整治臺綱，仍降詔宣諭中外。

28 丙寅，復以雅克特穆爾（舊作燕帖木兒，今改。）知樞密院事。

29 八月，癸酉，以兵部尙書奇達（舊作乞塔。）爲中書參知政事。【考異】表作九月，今從紀。

30 己卯，帝至自上都。

31 戊戌，置織佛像工匠提調所。

32 九月，辛丑，以中書左丞郭貫爲集賢大學士，集賢大學士王毅爲左丞。【考異】王毅爲左丞，宰相表作六月，今從本紀。 毅旋出爲江浙行省左丞。

33 庚戌，陞縉山縣爲龍慶州，以帝生是縣故也。

34 己未，冀寧、晉寧路地震。

35 丙寅，太白經天。

36 冬，十月，辛未，以江南行省侍御史高昉爲中書參知政事。【考異】高昉擢參知政事，宰相表作四年正月，今從紀。

37 壬申，有事於太廟。

38 壬午，河南路地震。

39 甲申〔庚寅〕，敕五臺靈鷲寺置鐵冶提舉司。

40 乙未〔丁酉〕，禁民有父在者不得私貸人錢及鬻墓木。

41 是月，周王和實拉次延安，圖古勒、尙家〔嘉〕努、博囉及武宗舊臣哩日、（舊作釐日，今改。）錫布鼎、（舊作沙不丁。）哈巴勒圖（舊作哈八兒圖。）等皆來會。嘉琿諫曰：「天下者，我武皇之天下也。出鎭之事，本非上意，由左右構鬬致然。請以其故白行省，俾聞之朝廷，庶可杜塞離間；不然，事變叵測。」遂與數騎馳去。

先是哈斯罕（舊作阿思罕。）爲太師，特們德爾奪其位，出之，爲陝西行省左丞相。及嘉琿等至，卽與平章政事塔齊爾、(舊作塔察兒。)行臺御史大夫圖魯布、(舊作脫里伯，今改。)中丞托歡(舊作脫歡。)悉發關中兵，分道自潼關、河中府入。已而塔齊爾、托歡(中悔，襲殺)阿斯罕、嘉琿會(校者按：會字衍。)于河中，周王遂西行至北邊金山。西北諸王察克台(舊作察阿台。)等聞周王至，咸率衆來附。周王至其部，與定約束，十餘年間，邊境寧謐。

初，宣德府人武恪，以神童遊學江南，吳澄爲江西儒學副提舉，薦入國學肄業，選爲親王和實拉說書秀才。及以周王出鎭，恪在行，王欲起兵陝西，恪諫曰：「太子此行，於國有君命，於家有叔父之命，今若向京師發一箭，史官必書太子反。」左右惡恪言，乃曰：「武秀才有母在京，合遣歸。」恪遂還大都，居陋巷，教訓子弟。

42 十一月，壬寅，命監察御史監治嶺北，鉤校錢糧，半歲而代。

43 大萬寧寺僧以所佩國公印移文有司，紊亂官政，敕禁止之。

44 十二月，庚午，以知樞密院事圖古勒爲陝西行省左丞相。

45 丁亥，立皇子碩迪巴拉爲皇太子，兼中書令、樞密使，皇后鴻吉哩氏(舊作弘吉剌氏。)所生也。帝以嫡子，欲立之，碩迪巴拉入謁皇太后，固辭，曰：「臣幼無能，且有兄，宜立兄，以臣輔之。」太后不許，遂立爲太子，授金寶，開府，置官屬。

監察御史馬祖常上言：「皇太子天賦美姿，急宜招延天下碩德雅望、文采博通之士，朝夕起居以侍左右，輔養懿美，薰陶沖和。傳云：『成王始爲太子也，太公爲師，周公爲輔，召公爲保，伯禽、唐叔與遊，目不覩淫豔，耳不聞僈笑，居不近庸邪。及爲君也，血氣既定，遊習既成，雖有放心，不能奪已成之性。』今皇太子春秋鼎盛，請建立宮寮，覈求名實相副，調護羽翼儲闈之才；臣僕亦宜精擇，不可雜以商賈宂瑣之流。天下休戚之源，實在於此。」御史段輔，太子詹事郭貫等並請近賢人，擇師傅，帝嘉納之。

46 是歲，翰林學士承旨陳〔程〕鉅夫以病乞骸骨歸田里，不允。命尚醫給藥物，官其子大本郊祀署令，以便侍養，時令近臣撫視，且勞之曰：「卿，世祖舊臣，惟忠惟貞，其勉加餐粥，少留京師，以副朕心。」鉅夫請益堅，特授光祿大夫，賜上尊，命羣臣飲餞于齊化門外，給驛南還，敕行省及有司常加存問。集賢學士趙孟頫，以鉅夫薦起家，帝眷顧甚厚，以字呼之而不名，至是擢孟頫爲翰林學士承旨。帝嘗與侍臣論文學之士，以孟頫比唐李白、宋蘇軾。又嘗稱孟頫操履純正，博學多聞，書畫絕倫，旁通佛、老之旨，皆人所不及，有不悅者間之，帝初若不聞者。又有上書者，言國史所載，不宜使孟頫與聞，帝乃曰：「趙子昂，世祖所簡拔，朕特優以禮貌，置於館閣，典司述作，傳之後世，此輩呶呶何也！」俄賜鈔五百錠。孟頫嘗累月不至宮中，帝以問左右，皆謂其年老畏寒，敕御府賜貂鼠衣。

47 皇慶中，命西僧必蘭納識里繙繹諸梵經典，至是特賜銀印，授光祿大夫。

延祐四年（丁巳、一三一七）

1 春，正月，庚子，帝謂左右曰：「中書比奏百姓乏食，宜加賑恤。朕思民飢若此，豈政有過差以致然歟？向詔百司務遵世祖成憲，宜勉力奉行，輔朕不逮，惟當省刑薄賦，庶使百姓各遂其生也。」

2 乙卯，諸王托克托（舊作脫脫。）駐雲南，擾害軍民，以昂輝（舊作按灰，今改。）代之。丙辰，以知樞密院事鄂勒哲（舊作完者，今改。）爲雲南行省平章政事。

3 壬戌，冀寧路地震。

4 閏月，丙戌，以立皇太子詔天下，賜鰥寡孤獨鈔，減免各路租稅有差。

5 辛卯，封拜特穆爾爲汾陽王。

6 壬辰，賑汴梁等路饑。

7 二月，甲辰，敕郡縣各社復置義倉。

8 戊申，授近侍鄂勒哲布哈（舊作完者不花。）翰林侍讀學士、知制誥、同修國史。

9 乙丑，升蒙古國子監秩正三品，賜銀印。

10 三月，丁卯，帝如上都。

11 夏，四月，己亥，德安旱，免屯田租。

12戊申，達哈遜（舊作答合孫。）寇邊，吳王多勒達（舊作朶列納。）等敗之，賜賚有差。

13乙丑，帝夜坐，憂旱，謂侍臣曰：「雨暘不時，柰何？」蕭拜珠曰：「宰相之過也。」帝曰：「卿不在中省耶？」蕭拜珠惶愧。頃之，帝露香默禱。既而大雨，左右以雨衣進，帝曰：「朕爲民祈雨，何避焉！」

14翰林學士承旨圖古勒都爾密實（舊作忽都魯都兒迷失。）劉賡等譯大學衍義以進，帝覽之，謂羣臣曰：「大學衍義議論甚嘉，其令翰林學士阿琳特穆爾（舊作阿憐鐵木兒。）編譯之。」

15五月，戊寅，改太子衞率府爲中翊府。

16壬午，黄州、高郵、眞州、建寧等處，流民羣聚，持兵抄掠，敕所在有司：「其傷人及盜者罪之，餘並給糧遣歸。」

17以翰林學士承旨齊勒特穆爾（舊作赤晉帖木兒，今改。）爲中書平章政事。以平章烏拜都拉（舊作兀伯都剌。）爲集賢大學士。己丑，擢左丞阿爾哈雅爲平章政事，參政奇塔爲右丞，高昉爲左丞。【考異】齊勒特穆爾等除授，宰相表俱作六月，今從本紀。

18己丑，以參議中書省事完珠、（舊作換住。）張思明爲參知政事。【考異】元史張思明傳：三年，拜中書參知政事。宰相表於四年六月書張而闕其名，即思明也。今從紀。

浮屠妙總統有寵，敕中書官其弟五品，思明執不可，帝大怒，召見，切責之，對曰：「選法，天下公器。徑路一開，來者雜遝，故寧違旨獲戾，不忍隳祖宗成憲，使四方得窺陛下淺深也。」帝心然其言而業已許之，曰：「卿可姑與之，後勿爲例。」乃以爲萬億庫提舉，不與散官。

19 六月，戊申，中書右丞相特們德爾罷，以左丞相哈克繖爲右丞相。

特們德爾貪虐日甚，中外切齒，羣臣不知所爲，中丞楊多爾濟慨然以糾正其罪爲己任。上都富民張弼，殺人繫獄，特們德爾使家奴脅留守賀勝使出之，勝不可。而多爾濟已廉得其賕鉅萬，乃與蕭拜珠及勝奏發其事，內外御史共劾奏其「桀黠奸貪，欺上罔下；占據晉王田及衞兵牧地；竊食郊廟供祀馬；受人珠寶之賄，動以萬計。且既位極人臣，又領宣政院事，以其子巴爾濟蘇舊作八爾吉思，今改。爲之使，諸子無功於國，盡居貴顯。縱家奴淩虐官府，爲害百端。以致陰陽不和，山移地震，災異數見，百姓流亡；已乃恬然略無省悔。私家之富，又在阿哈瑪特、（舊作阿哈馬。）僧格（舊作桑哥。）之上。四海疾怨已久，願早加顯戮以示天下。」奏上，帝震怒，詔逮問，特們德爾逃匿興聖近侍家。帝爲不御酒數日以待決獄，誅其大奴同惡數人，特們德爾終不能得。多爾濟持之急，徽政近臣以太后旨召多爾濟至宮門責之，對曰：「待罪御史，奉行祖宗法，非敢違太后旨也。」帝不忍傷太后意，但罷其相位，而遷多爾濟爲集賢學士。

20己酉，烏拜都拉復爲中書平章政事。

21參知政事張思明，持法峭直，近臣疾之，日搆讒間，遷工部尚書。帝問左右曰：「張士瞻居工部，得毋怏怏乎？」對曰：「勤職如初。」帝嘉歎之，旋授宣徽院副使。士瞻，思明之字也。

22壬子，以工部尚書王桂爲中書參知政事。

23癸亥，禁總攝沈明仁所佩司空印毋移文有司。

24秋，七月，乙亥，中書平章政事李孟罷。

孟以衰病，乞解政權歸田里，帝不得已從所請。復爲翰林學士，入侍宴閒，禮遇尤厚。

25以江浙行省左丞王毅爲中書平章政事。

26己丑，成紀縣山崩，土石潰徙，壞田稼廬舍，壓死居民。

27辛卯，冀寧路地震。

28帝諭省臣曰：「比聞蒙古諸部困乏，往往鬻子女於民家爲婢，其命有司贖之還各部。」

29帝出，見衞士有敝衣者，駐馬問之，對曰：「戍守邊鎭踰十五年，故貧耳。」帝曰：「此輩久勞於外，留守臣未嘗以聞，非朕親見，何由知之！自今有類此者，必言於朕。」因命賜之錢帛。

30八月，丙申，帝至自上都。

31庚申，哈克繖奏事畢，帝問曰：「卿等日所行者何事？」哈克繖對曰：「臣等第奉行詔旨而已。」帝曰：「卿等何嘗奉行朕旨！雖祖宗遺訓，朝廷法令，皆不遵守。夫法者，所以辨上下，定民志，自古及今，未有法不立而天下治者。使人君制法，宰相能守而勿失，則下民知所畏避，紀綱可立，風俗可厚。其或法弛民慢，怨言並興，欲求治安，豈不難哉！」

32帝在御已久，猶居東宮，而飲酒無度，監察御史馬祖常上言：「天子承天繼統，當極保愛。玉食之御，猶必審五味之宜；酒醴之供，可不思百拜之義！大內正衙朝賀之地，雖陛下不忘東宮之舊，竊慮起民間觀聽之疑。且國家百年，朝儀尙闕，誠使羣臣奏對之際，御史執簡，史官執筆，則雖有懷奸利乞官賞者，不敢出諸其口。乞令中書集議，或三日、二日，常出視朝，則治道昭明，生民之福也。」

33九月，丙寅，右丞相哈克繖言：「故事，丞相必用蒙古勳臣；臣西域人，不厭人望。」遂懇辭相位。制以宣徽院使遙授左丞相巴達錫（舊作伯答沙。）爲中書右丞相，哈克繖仍左丞相。

34壬辰，嶺北地震，凡三日。

35冬，十月，甲午，有事於太廟。

36戊戌〔壬寅〕，遣御史大夫巴圖、（舊作伯忽。）參知政事王桂祭陝西岳鎭、名山，賑䘏秦州被災之民。

37 癸酉，監察御史言：「官吏丁憂起復，人情驚惑，請禁止以絕僥幸。惟朝廷耆舊特旨起復者，不在禁例。」制可。

38 十一月，己卯，復濬揚州運河。

39 壬辰，諭諸宿衞：「入直各居其次，非有旨不得上殿，闌入禁中者坐罪。大臣許從二人，他官一人，門者譏其出入。」

40 十二月，丁酉，復廣州采金、銀、珠子都提舉司。

41 饒州路大饑，米價翔踊，總管王都中以官倉之米定其價爲三等，言於江浙行省，以爲須糶以下等價，民乃可得食，未報，輒于下等減價十之二，使民就糶。行省怒其專擅，都中曰：「饒去杭幾二千里，比議定往還，非半月不可。人七日不食則死，安能忍死以待乎！」其民相與言曰：「公爲我輩減米價，公果得罪，我輩當鬻妻子以代公償。」會行省左右司都事王克敬言于其丞相曰：「鄱陽去此甚遠，比待報，民且死。彼爲仁，而吾屬顧爲不仁乎？」都中乃得免。郡歲貢金，而金戶貧富不常，都中考得其實，乃更定之。包銀之法，戶不過二兩，而州縣徵之加十倍，都中責之一以詔書從事。

42 江浙行省遣王克敬往四明監倭人互市。

先是往監者懼有叵測，必嚴兵自衞，如待大敵。克敬至，悉去之，撫以恩意，皆帖然無敢譁者。吳人從軍征日本陷于倭者，及是從至中國，訴于克敬，願還本鄉。或恐爲禍階，克敬曰：「豈有軍士懷恩德來歸而不之納耶？脫有釁，吾當坐。」事聞，朝廷嘉之。

延祐五年(戊午、一三一八)

1 春，正月，甲戌，懿州地震。

2 丙子，安南來貢。

3 乙酉，赦：「諸王位下民在大都者，與民均役。」

4 丁亥，會試進士。

5 是月，召前中書右丞倘文爲太子詹事。

6 河北、河南道廉訪副使鄂囉(舊作奧屯。)言：「近年河決杞縣小黃村口，滔滔南流，莫能禦遏。陳、潁瀕河膏腴之地浸沒，百姓流散。今水迫汴城，遠無數里，倘值霖雨水溢，倉猝何以防禦！方今農隙，宜爲講究，使水歸故道，達于江、淮，不惟陳、潁之民得遂其生，而汴城亦可恃以無患。」詔都水監與汴梁路分監修治。以二月興工，至三月而畢。

7 以眞定路總管曹伯啓爲司農丞，命至江浙議鹽法。伯啓既至，罷檢校官，置六倉於浙東、西，設運鹽官；輸運有期，出納有次，船戶、倉吏資賣漏失者有罰。歸報，著爲令。

8 二月，癸巳朔，日有食之。

9 和寧路地震。

10 丁酉，秦州秦安縣山崩。

11 戊申，建鹿頂殿于文德殿後。

12 辛亥，敕杭州守臣春秋祭淮安忠武王巴延（舊作伯顏。）祠。

13 乙卯，命中書省汰不急之役。

14 敕上都諸寺、權豪商販貨物並輸稅課。

15 戊午，給書西天字維摩經金三千兩。

初，宣徽院使歲會內廷佛事之費，以斤數者，麪四十萬九千五百，油七萬九千，酥蜜共五萬餘。蓋自至元三十年間，醮祠佛事之目僅百有二，大德七年，再立功德使司，增至五百餘。至是僧徒冒利無厭，歲費滋甚，較之大德，又不知幾倍矣。

16 三月，辛酉，倘文入見，年八十二矣。帝顧太保庫春（舊作曲出。）而目之曰：「此自世祖皇帝效力，潔淨人也。」徐諭曰：「汝知古今，識道理，練大務，皇太子托汝善輔之，有言勿吝善致，此朕意也。」文見太子，首以念祖宗、孝兩宮、養德性、辨邪正陳之，太子異其言。

17戊辰，廷試進士，賜呼圖達勒、（舊作忽都達兒。）霍希賢以下五十人及第、出身。

18癸未，命晉王伊蘇特穆爾（舊作也孫鐵木兒。）賑遼東貧民。

19給金九百兩，銀百五十兩，書金字藏經。

20乙酉，御史臺言諸司近侍隔越中書聞奏者，請如舊制論罪，從之。

21曹伯啓擢南臺治書侍御史，上言：「揚清激濁，屬在臺憲。諸被枉赴愬者，實則直之，妄則加論可也。今愬冤一切不問，豈風紀定制乎！」伯啓俄去位。

22夏，四月，己亥，眈羅捕獵戶成金等爲寇，敕征東行省督兵捕之。

23庚戌，免懷孟、河南南陽居民所輸陝西鹽課。時解州鹽池爲水所壞，命懷孟等處食陝西紅鹽。後以地遠，改食滄鹽，而仍輸課陝西，民不堪命，故免之。

24甲寅，【考異】本紀于是日書以千努、（舊作千奴。）史弼並爲中書平章政事，表不書。疑紀有訛字，今闕之。以侍御史敬儼爲中書參知政事。

儼初爲侍御史，臺臣有劾去而復職者，御史復劾之。章再上，命丞相、樞密共決之。儼曰：「如是則臺事去矣。」遂卽帝前奏黜之，因伏殿上，叩頭請代，帝曰：「事非由汝，其復位。」至是拜參政。臺臣復奏留之，儼亦陛辭，不允，賜大學衍義及所服犀帶。舊制，諸院及寺監得奏除其僚屬，歲久多冒濫，富民或以賂進，有至大官者。儼以名爵當愼惜，會臺臣亦以爲言，乃奏悉追奪之，著爲令。

25 戊午，帝如上都。

26 五月，丁卯，以御史中丞伊拉齊舊作亦列赤，今改。爲中書右丞。【考異】本紀作伊拉齊爲左丞相，以表考之，乃左（右）丞也，但表較紀遲一月耳，紀誤衍「相」字。

27 壬申，監察御史言：「比年名爵冒濫，太尉、司徒、國公，接迹於朝。昔奉詔裁罷，中外莫不欣悅。近聞禮部奉旨鑄太尉、司徒、司空等印二十有六，此輩無功于國，載在史册，貽笑將來。請自今，門閥貴重、勳業昭著者，存留一二，餘並革去。」從之。

28 癸酉，遣官分道減杖笞以下罪。

29 己卯，德慶路地震。

30 鞏昌隴西縣大雨，南土山崩，壓死居民，給糧賑之。

31 太子詹事尙文，以年老不受俸，帝慰留之，仍諭其盡言敎太子。尋謝病歸。

32 六月，辛卯，御史臺言：「昔遣章律等經理江浙、江西、河南田糧，虛增糧數，流毒生民，已嘗奉旨俟三年徵租。今及其期，若江浙、江西當如例輸之，其河南請視舊例減半徵之。」

33 乙巳，術者趙子玉等七人伏誅。

時衞（魏）王阿穆爾克舊作阿木哥，今改。以罪貶高麗，子玉言於王傅司馬曹圖卜台舊作曹脫不台，今改。等曰：「阿穆爾克名應圖讖。」于是潛謀備兵器、衣甲、旗鼓，航海往高麗取阿穆爾克至大都，俟時而發。行次利津縣，事覺，誅之。

34 西番土寇作亂，敕甘肅省調兵捕之。

35 以宣政院副使張思明爲西京宣慰使。嶺北戍士多貧者，歲凶相挺爲變。思明威惠並行，邊境乃安，因條上和林運糧不便十二事。帝勞以端硯、上尊。

36 秋，七月，壬申，御史中丞趙簡言：「皇太子春秋鼎盛，宜選耆儒敷陳道義。今李銓侍東宮說書，未諳經史，請別求碩學，分進講讀，實宗社無疆之福。」制可之。

37 諸王布里雅敦（舊作不里牙敦。）之叛，諸王額森、（舊作也舍。）實列吉（舊作失列吉。）及衞士多岱、巴圖（舊作朵帶伯都。）坐持兩端，不助官軍進討，敕流額森江西，實列吉湖廣，多岱衡州，巴圖潭州。

38 癸酉，拘衞（魏）王阿穆爾克王傅印。

39 壬午，罷河南行省左丞陳英等所括民田，止如舊例輸稅。

40 戊子，鞏昌路寧遠縣山崩。

41 加封楚三閭大夫屈原爲忠節淸烈公。

42 八月，庚子，帝至自上都。

43 是月，伏羌縣山崩。秦州成紀縣暴雨，山崩，朽壤墳起，覆沒畜產。

44 九月，癸亥，大司農邁珠舊作買住，今改。進司農丞苗好謙所撰栽桑圖說，帝命刊印千帙，散之民間。

45 丁卯，以中書右丞伊拉齊爲中書平章政事，左丞高昉爲右丞，參知政事完珠爲左丞，吏部尚書雅濟格舊作完只〔燕〕干，今改。爲參知政事。【考異】宰相表作十月，今從紀。

46 甲戌，以作佛事，釋重囚三人，輕囚五十三人。

47 己卯，以江浙行省所印大學衍義五十部賜朝臣。

48 丁亥，立行宣政院於杭州，設官八員。

49 大同路金城縣大雨雹。

50 先是播州南寧長官洛磨作亂，思州守臣招諭之。冬，十月，己丑，洛磨遣人以方物入貢。

51 癸巳，改中翊府爲羽林親軍都指揮使司。

52 甲午，有事於太廟。

53 癸丑，贛州路雩都縣里胥劉景周，以有司徵括田新租，聚衆作亂，敕免徵新租，招諭之。

54十一月，丁卯，用監察御史奈曼台（舊作乃蠻帶，今改。）等言，追奪建康富民王訓等白身濫受宣敕，仍禁冒籍貫宿衞及巧受遠方職官、不赴任求别調者，隱匿不自首者罪之。

55癸未，敕增江西茶運司茶課。

初，世祖時，置榷茶都轉運司于江州，總江南及兩淮茶税，尋改江西。其税自二萬四千錠以漸增至一十九萬二千八百錠，至是又因江西茶副帕合哩鼎（舊作法忽魯丁。）言，立減引增課之法，敕以二十五萬錠爲額，復增至二十八萬九千餘錠。郡縣所輸，竭山谷之產，不能充其半，餘皆酷取民間，歲以爲常。時轉運使得以專制有司，凡五品以下官皆杖決，州縣莫敢誰何。江南僉事鄧文原請罷其司，俾郡縣領之，不報。

56十二月，辛亥，置重慶路江津、巴縣屯田，省成都歲漕萬二千石。

57是歲，中書平章政事、商議樞密院事齊諾（舊作千奴；24條考異改作千努。）乞致仕，許之，仍給半俸，終其身。

齊諾退居濮上，築先聖燕居祠堂於歷山之下，聚書萬卷，延名師教其鄉里子弟，出私田百畝以供養之。有司以聞，賜額歷山書院。家居七年而卒，年七十一，謚景憲。

續資治通鑑卷第二百

賜進士及第兵部尚書兼都察院右都御史總督湖北湖南等處地方軍務兼理糧餉世襲二等輕車都尉　畢　沅　編集

元紀十八　起屠維協洽（己未）正月，盡上章涒灘（庚申）十二月，凡二年。

仁宗聖文欽孝皇帝

延祐六年（己未、一三一九）

1 春，正月，丁巳朔，暹羅來貢方物。

2 丁卯，敕：「福建、兩廣、雲南、甘肅、四川軍官致仕還家，官給驛傳如民官例。」

3 戊辰，賑晉王部貧民。

4 甲戌，監察御史富珠哩翀（舊作孛朮魯翀，今改。）等言：「皇太子位正東宮，既立詹事院以總家政，宜擇年德老成，道義厚重者爲師保賓贊，俾盡心輔導，以廣緝熙之學。」翀嘗以御史巡按淮東，淮東憲司惟尚刑，多致獄具。翀曰：「國家所以立風紀，蓋將肅清天下，初不尚刑也。」取其獄具焚之。

時凡以吏進者，例降二等，從七品以上不得用。翀言：「科舉未立，人才多以吏進，若一概屈抑，恐非持平之議。請以吏進者，宜止於五品。」詔復舊制，其犯贓者止從七品，著爲令。

5 己卯，廣東南思、新州傜賊龍郎庚等爲寇，命江西行省發兵捕之。

6 帝謂達嚕噶齊瑪嚕（舊作札魯忽赤買閭，今改。）（一作買驢。）曰：「凡人命所繫，其詳閱獄詞；事無大小，必謀諸同僚，疑不能決者，與省臺臣集議以聞。」又顧謂侍臣曰：「卿等以朕居帝位爲安耶？朕惟太祖創業艱難，世祖混一疆宇，兢業守成，恆懼不能當天心，繩祖武，使萬方百姓樂得其所，念慮在茲，卿等固不知也。」

7 二月，丁亥朔，日有食之。改釋奠於中丁，祀社稷於中戊。

8 丁酉，雲南闊里愛俄、永昌蒲蠻阿八剌等並爲寇，命雲南省從宜勦捕。

9 乙巳，赦：「諸司不由中書奏官而輒署事者罷之。」

10 三月，丁巳，以天壽節，釋重囚一人。

11 辛酉，以御史中丞圖圖哈（舊作禿禿合。）爲御史大夫，諭之曰：「御史大夫職任至重，以卿勳舊之裔，故特授汝。當思乃祖乃父忠勤王室，仍以古名臣爲法，否則墜汝家聲，負朕委任之意矣。」

12 己巳，敕：「諸王、駙馬、宗姻，諸事依舊制，領于內八府，勿徑移文中書。」

13 免大都、上都、興和、大同今歲租稅。

14 夏，四月，壬辰，中書省言：「雲南土官病故，子姪兄弟襲之，無則妻承夫位。遠方蠻夷，頑獷難制，必任土人，可以集事。今或闕員，宜從本俗。」制可之。

15 庚子，帝如上都。

16 以前中書右丞相特們德爾舊作鐵木迭兒，今改。為太子太師。內外監察御史四十餘人，劾其逞私蠹政，難居師保之任，帝以皇太后故，終不用其言。又嘗以臺事問集賢學士楊多爾濟，舊作朶兒只，今改。對曰：「非臣職事，臣不敢與問。所念者德（特）們德爾雖去君側，反得為東宮師傅，在太子左右，恐售其奸，則禍有不可勝言者。」帝亦不能用。

17 五月，揚州火，燬官民廬舍二萬三千三百餘區。

18 六月，辛丑，置河南田賦總管府，隸內史府。

19 戊申，置勇校署，以角觝者隸之。

20 庚戌，大同縣雨雹，大如雞卵。

21 詔以駝馬牛羊分給朔方蒙古民戍守邊徼者，俾牧養蕃息以自贍，仍議興屯田。

22 癸丑，以羽林親軍萬人隸東宮。

23 丁丑，以濟寧等路大水，遣官閱視，其民之貧者賑之，仍開河泊禁，聽民采食。

24 秋，七月，丙辰，緬國遣人來覲。

25 來安路總管岑世興叛，據唐興州，賜璽書招諭之。

26 壬戌，東宮增軍萬人，置右衞率府。

27 丁卯，諭江西官吏豪民勿阻撓茶課。

28 甲戌，皇姊大長公主作佛事，釋全寧府重囚二十七人。帝聞之怒，敕按問全寧守臣阿縱不法，仍追所釋囚還獄。

29 八月，甲申，以河東、山西道宣慰使張思明爲中書參知政事。

先是左丞相哈克繖舊作合散，今改。辭職，帝不允，其請益堅，帝詰之曰：「朕任卿未專耶？」曰：「非也。」「近臣有撓政者耶？」曰：「無有。」「然則何爲而辭？」對曰：「臣自揆才薄，恐誤陛下國事。若必欲任臣，願薦一人爲助。」帝問爲誰，哈克繖再拜曰：「臣願得張思明。」即日召用之。【考異】元史宰相表，張思明拜參知政事在閏八月，今從本紀作八月。蓋八月召用，閏月始上耳。

庚子，帝至自上都，張思明謁見于道。帝曰：「卿向不負朕注委，故因哈克繖言復起用汝。」

30是月，伏羌縣山崩。

31閏月，甲子，浚會通河。

32癸酉，敕：「諸司有受命不之官及避煩劇托故去職者，奪其宣敕。」

33九月，甲申，以奇徹爾（舊作欽察。）爲中書參知政事。

34癸巳，以作佛事，釋大辟四七人，流以下四六人。

35戊戌，增海漕十萬石。

36癸卯，御史臺言：「比者官以倖求，罪以賂免。請凡內外官非勳舊有資望者，不許驟陞。諸犯贓罪已款伏及當鞫而幸免者，悉付原問官以竟其罪。其貪污受刑，奪職不敍者，夤緣近侍，出入內庭，覬倖名爵，宜斥逐之。」帝皆納其言。

37詔：「四宿衞嘗受刑者，勿令造內庭。」

38浚鎮江練湖，以圍田日多，致水泛溢也。

39賑濟寧等路饑。

40冬，十月，乙卯，中書省言：「白雲宗統攝沈明仁，強奪民田二萬頃，誑誘愚俗十萬人，私賂近侍，妄受名爵，已奉旨追奪，請汰其徒，還所奪民田。其諸不法事，宜令覈問。」帝曰：「朕知沈明仁奸惡，其嚴鞫之。」

41 戊午，授皇太子玉册。

42 辛酉，以達嚕噶齊特穆爾布哈（舊作札魯忽赤鐵木兒不花。）爲御史大夫。

43 癸亥，上都民饑，發官粟萬石減價賑糶。

44 己卯，浚通會（惠）河。

45 十一月，辛卯，木邦路帶邦爲寇，敕雲南省招捕之。

46 庚子，中書省言：「曩賜諸王阿濟吉（舊作阿只吉。）鈔三萬錠，使營子錢以給畋獵廩膳，毋取諸民。今其部阿嚕呼（舊作阿魯忽。）等出獵，恣索于民，且爲姦事，宜令宗正府、刑部訊鞫之，以正典刑。」制可之。

47 禁民匿蒙古軍亡奴。

48 帝諭臺臣曰：「有國家者，以民爲本，比聞百姓疾苦銜冤者衆，其令監察御史、廉訪司審察以聞。」

49 翰林學士承旨趙孟頫，乞致仕南歸，帝遣使賜衣幣，促之還朝，以疾辭，不起。

50 賑河間饑。

51 十二月，壬戌，命皇太子參決國政。太子謂中書省臣曰：「至尊委我以天下事，日夜寅畏，惟恐弗堪。卿等亦當洗心滌慮，恪勤乃職，勿有隳壞，以貽君父憂也。」

帝亦語左右曰：「前代皆有太上皇之號。今太子且長，可居大位，朕欲爲太上皇，與若等遊觀西山，以終天年。」羣臣皆稱善。右司郎中魯特穆爾（舊作魯鐵木兒。）曰：「臣聞昔所謂太上皇，若唐玄宗、宋徽宗，皆當禍亂，不得已而爲之。願陛下正天位，保無疆之業。前代虛名，何足慕哉！」

52 壬申，平章政事王毅，以親（老）辭職；從之，仍賜其父幣帛。

53 癸酉，夜，風雪甚寒，帝謂侍臣曰：「朕與卿等居暖室，宗戚、昆弟遠戍邊陲，曷勝其苦！歲賜幣帛，可不徧及耶！」

54 是月，封宋儒周惇頤爲道國公。

55 帝嘗謂左右曰：「儒者皆用矣，惟虞伯生未顯擢耳。」遂以集爲翰林待制兼國史院編修，集尋以憂歸。伯生，集之字也。

延祐七年（庚申、一三二〇）

1 春，正月，辛巳朔，日有食之。帝齋居損膳，輟朝賀。

2 壬午，御史臺言：「比賜布爾罕鼎（舊作不兒罕丁。）山場，鄂勒哲布哈（舊作完者不花。）海船稅，會計其鈔，皆數十萬錠，諸王軍民貧乏者，所賜未嘗若是，苟不撙節，漸致帑藏虛竭，民益困矣。」中書省臣進曰：「臺臣所言良是，若非振理朝綱，法度愈壞。臣等乞賜罷黜，選任賢者。」帝曰：「卿等不必言，其各共乃事。」

3 辛卯，江浙行省丞相赫嚕（舊作黑驢，今改。）言：「白雲僧沈明仁，擅度僧四千八百餘人，獲鈔四萬餘錠，既已辭伏，今遣其徒沈崇勝潛赴京師行賄求援，請逮赴江浙倂治其罪。」從之。

4 丁亥，帝不豫。皇太子憂形于色，夜則焚香祈告於天曰：「至尊以仁慈御世，庶績順成，四海清晏，天何遽降大厲！不如罰殛我身，使至尊永爲民主。」辛丑，帝崩于光天宮，年三十六。太子哀毀過禮，素服寢于地，日歠一粥。癸卯，葬起輦谷。

帝天性恭儉，通達儒術，兼曉釋典，每曰：「明心見性，佛教爲深；修身治國，儒道爲大。」在位七年，不事遊畋，不喜征伐，尊賢重士，待宗戚勳舊，始終有禮。有司奏大辟，每慘惻移時。其孜孜爲治，一遵世祖成憲云。

5 甲辰，中書右丞相巴達錫（舊作伯答沙。）罷。太子太師特們德爾以皇太后命，復入中書爲右丞相。

參議中書省事韓若愚，廉勤稱職，特們德爾初爲相時，以其不附己，欲羅織以事而不得逞，至是復相，乃誣若愚以罪，請殺之，皇太子不從。復奏奪其官，除名，歸鄉里。

6 丙午，遣使分讞內外刑獄。

7 戊申，汰知樞密院四員。

8 禁巫、祝、日者交通宗戚、大官。

9 二月，壬子，罷造永福寺。

10 賑大同、豐州諸驛饑。

11 以江浙行省左丞相赫嚕爲中書平章政事。

12 戊午，祭社稷。

13 建御容殿于永福寺。

14 汰富民竄名宿衛者，給役蒙古諸驛。

15 辛酉，中書平章政事齊勒特穆爾、（舊作赤因帖木兒。）御史大夫托歡（舊作脫歡。）並罷，爲集賢大學士。

16 甲子，特們德爾、阿克繖（舊作阿散。）請捕逮四川行省平章政事趙世延赴京。特們德爾以世延嘗劾奏其罪惡十三事，銳意報復，屬其黨何志道誘世延從弟索哈爾哈呼舊作胥益爾哈呼，今改。誣告世延罪，逮世延置對；且使諷世延，昭以美官，令告引同時異己者，世延不肯從。行至夔州，遇赦，以疾抵荊門就醫，特們德爾遣使督追至京師，俾其黨煅煉成獄，會有旨，事經赦原者勿復問，乃已。

17參議中書省事奇勒監，（舊作乞失監。）坐鬻官，刑部以法當杖，太后命笞之，太子曰：「不可，法者，天下之公，徇私而輕重之，非示天下以公也。」卒正其罪。

18丙寅，以陝西行省平章政事趙世榮爲中書平章政事，江西行省右丞穆布喇（舊作木八剌。）爲中書右丞，參知政事張思明爲中書左丞，中書左丞完珠（舊作換住。）罷爲嶺北行省右丞。

19白雲宗（統）攝沈明仁以不法坐罪，詔籍江南冒爲白雲僧者爲民。

20己巳，修鎭雷佛事於京城四門。

21辛未，括民間係官山場、河泊、窯冶、廬舍。

22癸酉，括勘崇祥院地，其冒以官地獻者追其直，以民地獻者歸其主。

23丙子，定京城環衞更番法，準五衞漢軍歲例。

24丁丑，特們德爾以李孟初不附己，奪其秦國爵及前後制命，仆其先墓碑。

25戊寅，中書平章政事烏巴都拉（舊作兀伯都剌。）罷，爲甘肅行省平章政事，阿里〔爾〕哈雅（舊作阿里海牙。）罷，爲湖廣行省平章政事。

26特們德爾怨集賢學士楊多爾濟前爲中丞時發其奸贓、專制等罪，而平章政事蕭拜珠（舊作拜住。）在中書牽制其所爲，於是矯皇太后旨，召多爾濟、蕭拜珠至徽政院，與徽政使賓勒們、（舊作失烈門。）御史大夫圖勒哈（舊作禿魯花。）雜問之，責以前違太后旨之罪。多爾濟曰：「中丞之職，恨不即斬汝以謝天下！果違太后旨，汝豈有今日耶？」特們德爾請殺之，皇太子曰：「人命至重，刑殺非輕，不宜倉卒。二人罪狀未明，當白太后，使詳讞之，誅之未晚也。」特們德爾乃引同時爲御史者二人證成其獄。多爾濟顧二人唾之曰：「汝等嘗得備風憲，乃爲是犬彘事耶？」坐者皆慚，俯首。即起入奏，未幾，稱旨執多爾濟，載諸國門之外，與蕭拜珠俱見殺。是日，風沙晦冥，都人恟懼，道路相視以目。【考異】虞集撰楊公神道碑，云太后爲之驚悔。集奉敕撰文，故不免有所回護，其時坐多爾濟以誣罔大臣罪名，故冤久不白，非既殺而旋悔也。後又欲奪多爾濟妻劉氏與人，劉翦髮毀容自誓，乃免。蕭拜珠之死，有吳仲者，潛守其屍，三日不去，竟收葬之。

時特們德爾日思報復仇怨，誅戮不已，張思明謂曰：「山陵甫畢，新君未立，丞相恣行殺戮，人皆謂丞相陰有不臣之心，萬一諸王、駙馬疑而不至，柰何？」特們德爾乃止。

27 徽政院使實勒們，以皇太后命請更朝官，皇太子曰：「此豈除官時耶？且先帝舊臣，豈宜輕動！俟予卽位，議于宗親、元老，賢者任之，邪者黜之，可也。」司農卿鄂勒哲布哈，言先帝以土田頒賜諸臣者，宜悉歸之官。太子問曰：「所賜爲誰？」對曰：「左丞相哈克繖所得爲多。」太子曰：「予嘗諭卿等，當以公心輔弼。卿於先朝嘗請海舶之稅，以哈克繖奏而止。今卿所言，乃復私憾耳，非公議也，豈輔弼之道耶！」遂出鄂勒哲布哈爲湖南宣慰使。

28 三月，辛巳，以中書禮部領教坊司。

29 壬午，賑陳州、嘉定州饑。

30 爪哇入貢。

31 戊子，征（徵）諸王、駙馬流竄者，給侍從，遣就分邑。

32 庚寅，皇太子卽皇帝位，詔赦天下，尊皇太后爲太皇太后。

33 壬辰，太皇太后受百官朝賀于興（聖）宮。特們德爾進開府儀同三司、上柱國、太師。

初，太皇太后以周王和實拉（舊作和世㻋。）少時有英氣，而帝稍柔懦，諸羣小亦以立和實拉必不利於己，遂定策。帝既卽位，太皇太后來賀，帝毅然見於色。太后退而悔曰：「我不擬養此兒耶！」

34 敕：「羣臣超授散官，朝會毋越班。」

35 戊戌，汰上都留守司留守五員。

36 定吏員秩止從七品如前制。

37 辛丑，禁擅奏璽書。

38 壬寅，降前中書平章政事李孟爲集賢侍講學士。特們德爾欲因其不就，陰中之，孟拜命欣然。帝謂特們德爾子巴爾濟蘇舊作八兒吉思，今改。曰：「爾輩謂孟不肯爲是官，今何如？」

由是讒不得行。

39御史臺請詔諭百司以肅臺綱，帝曰：「卿等但守職盡言，善則朕當服行，否亦不汝罪也。」

40甲辰，詔中外毋沮議特們德爾。

41敕罷醫、卜、工匠任子，其藝精絕者擇用之。

42丙午，有事于南郊；夏，四月，庚戌，有事于太廟，告卽位也。

43罷行中書省丞相。河南、湖廣、遼陽並降爲平章政事，惟征東行省丞相高麗王不降。

44乙卯，罷回回國子監。

45戊午，祀社稷。

46己未，紹慶路峒蠻爲寇，命四川行省捕之。

47祭遁甲神於香山。

48命平章政事王毅等徵理在京諸倉庫錢穀，虧耗者七十八萬石，及諸路歲貢幣帛稍紕謬者，俱責償所司。程督嚴刻，怨讟並作矣。

49以太常禮儀院使拜珠舊作拜住，今改。爲中書平章政事。拜珠，安圖舊作安童，今改。孫也，閎遠端亮，有祖風，襲宿衞長。延祐中，拜太常禮儀院使，每議大政，必問曰：「合典故否？」同官有異見者曰：「大朝止說典故耶？」拜珠微笑曰：「公試言之，國朝何事不合典故？」同官不能對。太常事簡，每退食，必延儒士，諮訪古今禮樂刑政，治亂得失，盡日不倦，嘗曰：「人之仕宦，隨所職司，事皆可習。至于學問有本，施于事業，此儒者之能事，宰相之資也。」

帝在東宮，問宿衞之臣於左右，咸稱拜珠賢，遣使召之，欲與語，拜珠謂使者曰：「嫌疑之際，君子所愼。我長天子宿衞，而與東宮私相往來，我固得罪，亦豈太子福耶！」竟不往。及卽位，遂有是命。

50 壬戌，特們德爾請參決政務，禁諸臣毋隔越擅奏，從之。

51 乙丑，大行皇帝喪卒哭，作佛事七日。

52 丙寅，周王和實拉長子托歡特穆爾舊作妥懽帖木兒，（元史順帝紀作妥懽貼睦爾。）今改。生。【考異】明史袁忠徹傳，著有符臺外集，載元順帝爲瀛國子，符臺外集蓋本於庚申外史也。據庚申外史云：瀛國爲僧白塔寺，已而奉詔居甘州山寺。有趙王者，因嬉遊至其寺，憐國公年老且孤，留一回回女子與之。延祐七年，女子懷娠，四月十六日夜，生一男子。明宗適自北方來，早行，見其寺上有龍文五采氣，卽物色得之，乃瀛國所居室也。因問：「子之所居，得無有重寶乎？」曰：「無有。」固問之，則曰：「今早五更後，舍下生一子。」明宗大喜，卽求爲子，幷其母以歸。此必當時相傳有此言，故後來文宗據以下詔書耳。余應詩云：「是時明宗在沙漠，締交合尊情頗濃。合尊之妻夜生子，明宗隔帳聞笙鏞。乞歸行宮養爲子，皇考崩時年甫童。」亦詠其事也。其詩頗近委巷俚鄙之談。其後文宗崩，中外推戴順帝無異詞。則文宗之詔爲不足信，而外史諸書更無足據矣。今從元史明宗紀。

53戊辰，帝如上都。

54初，太廟九室，合饗於一殿，及仁宗崩，無室可祔，乃權結綵殿於武宗室前，以奉神主。帝召禮官集議，太常儀禮院經歷曹元用言：「古者宗廟，有寢有室，宜以今室爲寢，當更營大殿於前，爲十五室。」帝嘉其議，授翰林待制。

55戊寅，有獻七寶帶者，因近臣以進，帝曰：「朕登大位，不聞卿等進賢而爲人進帶，是誘朕也。其還之。」

56五月，己卯朔，禁僧馳驛，仍收元給璽書。

57庚辰，殺上都留守賀勝。

勝與特們德爾居同巷，惡其奸惡，且帷薄不修，絕不通問，復與楊多爾濟發其贓罪。特們德爾恚甚，乃奏其便服迎詔爲大不敬，棄市，籍其家。勝死之日，百姓爭持紙錢哭於屍旁甚哀。

58己丑，中書左丞相阿克織罷爲嶺北行省平章政事。以拜珠爲左丞相，鼐喇呼、舊作乃剌忽，今改。達斯哈雅舊作塔失海牙，今改。並爲中書平章政事，濟爾哈朗（舊作只兒哈郎。）爲參知政事。

特們德爾特其權寵，乘間肆毒，睚眦之私，無不報復。帝覺其所譖毀者皆先帝舊人，滋不悅其所爲，乃以拜珠爲左丞相，委以心腹，特們德爾漸見疏外矣。

59 辛卯，中書參知政事奇徹舊作欽察，今改。（前改作奇徹爾。）罷，爲集賢學士。

60 遣使榷廣東番貨。

61 壬辰，和林民閣海，瘞殍死者三千餘人，旌其門。

62 乙未，上聖文欽孝皇帝尊謚，廟號仁宗，國語曰布延圖舊作普顏篤，今改。皇帝。

63 戊戌，有告嶺北平章政事阿克徹、中書平章政事赫嚕及御史大夫圖卜台、（舊作脫忒哈。）徽政使實勒們等與故約蘇穆爾（舊作要束木。）妻伊埒薩巴（舊作亦列失八。）謀廢立者，帝御穆清閣，召拜珠謀之。對曰：「此輩擅權亂政久矣，今猶不懲，陰結黨與，謀危社稷。宜速施天威，以正祖宗法度。」帝動容曰：「此朕志也！」命率衞士擒斬之，籍其家，餘黨皆伏誅。

先是近侍傳旨，以姓名赴中書銓注者六七百員，選曹爲之壅滯，拜珠奏閣之，注授一依選格次第，吏無容奸。刑曹事有情可矜者，寬恕之，貪暴不法，必不少容。帝嘗諭左右曰：「汝輩愼之，苟陷國法，我雖曲赦，拜珠不汝恕也。」

64 追封隴西公汪世顯爲隴右王。

65 辛丑，以知樞密院事特穆爾托舊作鐵木兒脫，今改。爲中書平章政事。

66 壬寅，監察御史請罷僧道、工、伶濫爵及建寺、象獸之費。

67 甲辰，以誅阿克繖、赫嚕、賀勝等詔天下。勝死非其罪，而詔書與諸逆並言，時猶爲特們德爾所蔽也。

68 丙午，捕伊哷薩巴子江浙平章瑪嚕，（舊作買驢。）仍籍其家。

69 丁未，封汪沁（舊作王禪，今改。）爲雲南王，往鎮其地。

70 以賀勝、實勒們、阿克繖家資、田宅賜特們德爾等。

71 六月，己酉，流徽政院使密錫實（舊作米薛迷。）于金剛山。

72 以托實哈、實勒們所奪人畜産歸其主。

73 甲寅，前太子詹事綽和爾（舊作牀兀兒。）伏誅。

74 京師疫，作佛事于萬壽山。

75 戊午，罷徽政院。

76 廣東采珠提舉司罷，以有司領其事。

77 庚申，賜角觝者百二十人鈔各千貫。

78 壬戌，敕：「諸使入京者，大事五日，小事三日遣還。」

79 是夜，月食既。

80 乙丑，新作太祖幄殿。

81 時僧徒橫甚，有司無敢詰難者。盩厔僧圓明，以燒香受戒私相煽惑，從者日衆，遂自稱皇帝，衆呼萬歲，約以孟秋五日攻奉元路。秋，七月，丁丑朔，陝西參政多爾濟以兵捕之，圓明遁去，踰月，始就擒，斬之。【考異】元史英宗紀：至治元年十月，辛丑朔，妖僧圓明等伏誅，而經世大典以爲延祐年事。其略云：延祐七年六月十三日夜，奉元路盩厔縣終南景谷小高山僧圓明和尚，就扶風糾合蘇子榮等五十餘人，各執桑木笏，持二劍，祀星斗，僞即位爲皇帝，衆呼萬歲。圓明和尚者，姓白，名唐古岱，（舊作唐兀帶。）建禪庵小高山秋池邊，盩厔人來燒香者受戒牒，因與子榮等相識。至是誠以七月五日攻奉元路舉事。六月二十九日，扶風人告變，官軍捕之。唐古岱提劍，夜二更欲出山走，官軍圍之，遂相射，雞鳴時，復回庵。七月一日，陝西參政以兵捕賊，唐古岱藏其母林中，與妻妙師及其黨西循秦嶺走。久之，棄僞印章草內。八月五日，官軍追及，執妙師等。九日，擒唐古岱于白楊平河，伏誅。是其事之始末皆在延祐七年也。元修經世大典，去延祐時較近，視明人修元史爲可徵信矣。今從經世大典。

82 甲申，車駕將北幸，調左右翊軍赴北邊浚井。

83 以知樞密院事瑪嚕、哈坦（舊作哈丹。）並爲遼陽行省平章政事。

84 壬辰，遣扈從諸營還大都，禁踐民禾。

85 安南內附人陳巖，言其國貢使多爲覘伺，敕湖廣行省汰遣之。

86 丙申，中書平章政事鼐喇呼罷。

87禁獻珍寶製袞冕。

88庚子，以江南行御史臺中丞廉恂爲中書平章政事。恂，希憲之子也。【考異】元史宰相表作十一月，今從本紀。又表作廉穆濟爾哈雅，卽恂之小字也。舊作米只兒海牙，今改。

89辛丑，晉王伊蘇特穆爾（舊作也孫鐵木兒。）遣使以地七千頃歸朝廷，請有司徵其租，歲給糧鈔，從之。

90是月，汴梁路言：「滎澤縣河決塔海莊隄十步餘，橫隄兩重復決數處；又，開封縣蘇村及七里寺決二處。」詔本路及都水監官併工修築。

91八月，丁未朔，嶺北省臣實都，（舊作忻都。）坐以官錢犒軍免官，詔復其職。

92丙辰，祔仁宗聖文欽孝皇帝、莊懿慈聖皇后于太廟。特們德爾攝太尉，奉玉册行事。

93戊午，特們德爾復誣趙世延以違詔不敬，下之獄，請置極刑，幷究省臺諸臣，不允。帝幸涼亭，從容謂近侍曰：「頃特們德爾必欲置趙世延于死地，此殆報怨耳。朕素聞其忠良，故每奏不納。」左右咸稱萬歲。

94丁卯，宮人官努，（舊作官奴。）坐用日者請太皇太后禜星，杖之，籍其資。

95托期瑪（舊作脫思馬。）部宣慰使尹琳沁，（舊作亦憐眞。）坐違制不發兵，杖流紐爾干（舊作奴兒干。）地。

96 九月，甲申，建壽安山寺，給鈔千萬貫。

97 禁五臺山樵采。

98 庚子，常德澧（澧）州峒蠻合諸峒爲寇，命土官追捕之。

99 甲辰，遣瑪薩曼（舊作馬札蠻。）等使占城、眞臘、龍牙門，索馴象。

100 以廩藏不充，停諸王所部歲給。

101 冬，十月，丁未，時饗太廟。

102 庚戌，將作院使伊蘇，（舊作也速。）坐董製珠衣怠工，杖之，籍其家。

103 丁巳，酉陽醬儂峒蠻田謀遠爲寇，命守臣招捕之。

104 戊午，帝至自上都。

105 詔太常院曰：「朕將以四時躬祀太室，宜與羣臣集議其禮。此追遠報本之道，毋以朕勞於對越而有所損。其悉遵典禮。」

106 庚申，敕譯佛書。

107 乙丑，幸大護國仁王寺。帝師請以醮八兒監藏爲土番宣慰使、都元帥，從之。

108 丁卯，爲皇后作鹿頂殿於上都。

109 庚午，命拜珠督造壽安山寺。

110 十一月，丙子朔，帝御齋宮。丁丑，恭詣太廟，備法駕，服袞冕以行禮。至仁宗室，卽獻欷流涕，左右莫不感動。

111 甲申，敕翰林國史院纂修仁宗實錄。

112 丁酉，詔各郡建帝師帕克斯巴舊作八思巴，今改。殿，其制視孔子廟有加。

113 甲辰，特們德爾言：「和市織幣薄惡，由董事者不謹，請免右丞高昉等官，仍令郡縣更造，徵其元直。」不允。

114 十二月，乙巳朔，詔：「以明年爲至治元年，減天下租賦二分，包銀五分，免大都、上都、興和三路差稅二年，優復袞鹽、煉鐵等戶二年。開燕南、山東河泊之禁，聽民采取。命官家屬流落邊遠者，有司給資遣之；其子女典鬻與人者，聽還其家。監察御史、廉訪司歲舉可任守令者二人。七品以上官，有偉畫長策可以濟世安民者，實封上之。士有隱居行義，明治體，不求聞達者，有司具狀以聞。」

115 丁未，播州蜑蠻的羊籠等內附。

116 庚戌，鑄銅爲佛像，置玉德殿。

117 癸丑，以天壽節，預遣使修醮于龍虎山。

118 乙卯，率百官奉玉册玉寶，加上太皇太后尊號曰儀天興聖慈仁昭懿壽元全德泰寧福慶徽文崇祐太皇太后。

119翰林學士呼圖嚕都勒(舊作忽都魯都兒。)譯進大學衍義,帝曰:「修身治國,無踰此書。」賜鈔五萬貫,以印本頒賜羣臣。

120河南饑,帝問其故,羣臣莫能對,帝曰:「良由朕治道未洽,卿等又不盡心乃職,委任失人,致陰陽不和,災害洊至。自今各務勤恪以應天心,毋使吾民重困。」

121辛酉,作延春閣後殿。

122乙丑,禜星于回回司天監四十晝夜。

123丙寅,修祕密佛事于延春閣。

124丁卯,特們德爾、拜珠言:「比者詔內外言得失,今上封事者或直進御前。乞令臣等開視,再入奏聞。」帝曰:「言事者直至朕前可也,如細民輒訴訟者則禁之。」

125給武宗皇后鈔七十五萬貫。

126己巳,敕罷明年二月八日迎佛。

127以江南、浙西道廉訪使薛處敬爲中書參知政事。

128辛未,拜珠進鹵簿圖,帝以唐制用萬二千三百人耗財,乃定大駕爲三千二百人,法駕二千五百人。

129上思州徭結交趾寇忠州。

130癸酉，帝聞賀勝母老，憫之，以所籍京兆田磑還其家。

131江浙行省平章政事巴延徹爾，(舊作伯顏察兒。)江西行省平章政事白薩都，(舊作白撒都。)並坐貪墨免官。

132是歲，決獄輕重七千六百三十事。

133滹沱河決文安、大城等縣，渾河溢，壞民田廬。秦州成紀縣暴雨，山崩，朽壤墳起，覆沒畜產。大同雨雹，大如雞卵。益津縣隕黑霜。

134帝命宣徽院使特克實(舊作鐵失，今改。)領中都威衞指揮使。特克實、特們德爾黨也。延祐中，近臣多託恩幸以求賞者，宣徽院使圖沁布哈(舊作禿堅不花。)輒抑弗予。特克實、王廷顯，皆同官也，仁宗賜特克實海船，圖沁布哈曰：「此軍國之所資，上不宜賜，下不宜受。」又賜廷顯玉帶，廷顯欲取大官羊錢一萬五千緡充其價，圖沁布哈復持不可，於是怨之者衆。及帝卽位，特們德爾擅政，特克實竟譖殺之。

續資治通鑑卷第二百一

賜進士及第兵部尙書兼都察院右都御史總督湖北湖南等處地方軍務兼理糧餉世襲二等輕車都尉畢　沅　編集

元紀十九

起重光作噩（辛酉）正月，盡昭陽大淵獻（癸亥）十二月，凡三年。

英宗睿聖文孝皇帝諱碩迪巴拉，（舊作碩德八剌。）仁宗嫡子也，母莊懿慈聖皇后鴻吉哩氏，（舊作弘吉剌氏。）以大德七年二月甲子生。延祐三年十二月丁亥，立爲皇太子；六年十月戊午，命參決庶務。

至治元年（辛酉、一三二一）

1春，正月，丁丑，修佛事於文德殿。

2甲申，召高麗王王璋赴上都。

3丙戌，帝服衮冕，饗太廟，以左丞相拜珠（舊作拜住。）亞獻，知樞密院事圖哲伯（舊作闊徹伯。）終獻。

自世祖建太廟以來，歷十四年，未行親饗之禮，拜珠乃言曰：「古云禮樂百年而後興，此其時矣。」帝悅曰：「朕能行之。」敕有司上親饗太室儀注。至是禮畢，詔羣臣曰：「一歲惟四祀，使人代之，不能致如在之誠，實所未安。歲必親祀，以終朕身。」廷臣或言祀事畢宜赦天下，帝諭之曰：「恩可常施，赦不可屢下。使殺人獲免，則死者何辜！」命中書陳便宜事，行之。

4丁亥，帝欲結綵樓於禁中，元夕張燈設宴。參議中書省事張養浩上疏於左丞相拜珠，拜珠謂當進諫，即袖其疏入奏，其略曰：「世祖臨御三十餘年，每值元夕，閭閻之間，燈火亦禁；況闕庭之嚴，宮掖之邃，尤當戒慎。今燈山之構，臣以為所翫者小，所係者大；所樂者淺，所患者深。願以崇儉慮遠為法，以喜奢樂近為戒。」帝覽而喜曰：「非張希孟不敢言。」遽命罷之，且曰：「有臣如此，朕復何憂！自今朕凡有過，豈特臺臣當諫，人皆得言。」賜養浩帛以旌其直。

5二月，戊申，改中都威衞為忠翊侍衞親軍都指揮使司。

6己酉，作仁宗神御殿於普慶寺。

7辛亥，調軍三千五百人修上都華嚴寺。

8大永福寺成，賜金銀鈔幣。

9丁巳，畋於柳林，敕更造行宮。

10壽安山寺役甚急，監察御史索約勒、舊作鎖咬兒，今改。哈迪密實舊作哈的迷失，今改。與同列觀音保、成珪、李謙亨上章極諫，以爲「東作方始而興大役，以耗財病民，非所以祈福也。且歲在辛酉，不宜興築。」奏入，帝怒。初，司徒劉夔妄獻浙右民田，冒出內帑鈔六百萬貫，丞相特們德爾（舊作鐵木迭兒。）分取其半；御史發其奸，由是疾忌臺諫。治書侍御史索諾木，（舊作鎖南，今改。）特們德爾之子也，至是密奏曰：「彼宿衞舊臣，聞事有不便，弗卽入白，而訕上以揚己之直，大不敬。」帝乃殺索約勒、哈迪密實與觀音保；杖桂（珪）、謙亨，黥之，竄（于）紐爾干（舊作奴兒干，今改。）地。二人始亦不測，而特們德爾方引左丞張思明爲己助，思明爲言於丞相曰：「言事，御史職也。祖宗以來，未嘗殺諫臣。成、李旣屬吏，當論法。」二人由是得輕典。

11 丁卯，以僧法洪爲釋源宗主，授司徒。

12 罷先朝傳旨濫選者。

13 三月，丙子，建帝師帕克斯巴（舊作八思巴。）寺於京師。

14 丁丑，發民兵疏小直沽白河。

15 庚辰，廷試進士，賜泰布哈、（舊作泰普化。）宋本等六十四人及第、出身。

16 辛巳，帝如上都，拜珠從至察罕諾爾。（舊作察罕腦兒。）帝以行宮制度卑隘，欲廣之，拜珠曰：「此地苦寒，入夏始種粟黍。陛下初登大寶，不求民瘼，而遽興大役以妨農務，恐失民望。」帝乃止。

帝嘗謂拜珠曰：「朕委卿以大任者，以乃祖穆呼哩（舊作木華黎。）從太祖開拓土宇，安圖（舊作安童。）相世祖克成善治也。卿念祖宗令聞，豈有不盡心者乎！」拜珠再拜曰：「陛下委臣以大任，臣有所畏者三：畏辱祖宗；畏天下事大，識見有所未盡；畏年少不克負荷，無以上報聖恩耳。」

17 壬午，遣咒師多爾濟（舊作朶兒只。）往牙濟、班十〔卜〕二國取佛經。

18 癸未，製御服珠袈裟。

19 甲申，敕纂修仁宗實錄、后妃功臣傳。

20 乙酉，寶集寺金書西番般若經成，置大內香殿。

21 益壽安山造寺役軍。

22 己丑，大同路麒麟生。

23 己亥，宦者博囉特穆爾，（舊作孛羅鐵木兒。）坐罪流紐爾干地。

24 辛丑，以特實克（克實）（舊作鐵失。）爲御史大夫，佩金符，領忠翊侍衞親軍都指揮使。帝嘗謂特實克（克實）曰：「徽政雖隸太皇太后，朕視之與諸司同，凡簿書宜悉令御史檢覈。」

25 夏，四月，己未，造象駕金脊殿。

26 戊辰，敕賜特們德爾父祖碑。

27 命宦者博囉台（舊作孛羅台。）爲太常署令，太常官言刑人難與大祭，遂罷之。

28 五月，丙子，毀上都回回寺，以其地營帝師殿。

29 壬午，遷武宗子親王圖卜特穆爾舊作圖帖睦兒〔爾〕，今改。於瓊州。時特們德爾懷私固寵，搆釁骨肉，諸王、大臣莫不自危。中政使耀珠舊作咬住，今改。告托歡徹爾（舊作脫歡察兒。）等交通親王，於是徙圖卜特穆爾遠居海南。因禁日者勿交通諸王、駙馬，掌陰陽五科者毋泄占候。

30 辛卯，海漕糧至直沽，遣使祀海神天妃。

31 作行殿於緡山流杯池。

32 乙未，命世家子弟成童者入國學。

33 辛丑，太常禮儀院進太廟制圖。御史、翰林、太常臣集議，以爲：「前代廟室，多寡不同，晉則兄弟同爲一室，正室增爲十四間，東西各一間。唐九廟，後增爲十一室。宋增室至十八，東西夾室各一間，以藏祧主。今太廟雖分八室，然兄弟爲世，止六世而已。世祖所建，前廟後寢，往歲寢殿災，請以今殿爲寢，別作前廟十五間，中三間通爲一室，以奉太祖神主，餘以次爲室，庶幾情文得宜。」帝稱善，期以來歲營之。

34 六月，癸卯朔，日有食之。

35 作金浮屠於上都，藏佛舍利。

36 乙卯，以特們德爾領宣政院事。

37 丁巳，以前中書參知政事敬儼爲陝西行臺御史中丞。儼告病家居，以其鄉在近圻，恐復徵用，乃徙居淮南，雖親故皆不接見。至是聞命，堅辭不赴。

38 辛酉，太白經天。

39 趙弘祚等言事，勒歸田里，仍禁妄言時政。

40 己巳，（霸州大水），渾河溢，被災者二萬三千五〔三〕百戶。

41 秋，七月，戊寅，通州潞縣榆埭水決。

42 庚辰，滹沱河及巨馬河溢。

43 郃陽道士劉志先以妖術謀亂，命樞密院判官章台捕之。

44 乙酉，大雨，渾河隄決。

45 丙申，禁服色踰制。

46 庚子，修上都城。

47 八月，壬寅，修大都城。

48 戊申，上都鹿頂殿成。

49 庚戌，以軍士貧乏，遣知樞密院事特們布哈（舊作鐵木兒不花。）整治，仍詔諭中外，有敢擾害者罪之。

50 乙卯，中書平章政事特穆爾圖舊作鐵木兒脫，今改。罷，爲上都留守。

51 壬戌，帝駐蹕興和，左右以寒甚，請還京師，帝曰：「兵以牛馬爲重，民以稼（稿）爲本。朕遲留，蓋欲馬得芻牧，民得刈穫，一舉兩得，何畏乎寒！」

52 雷州路海康、遂溪二縣海水溢，壞民田四千餘頃，免其租。

53 秦州成紀縣山崩。

54 九月，壬辰，中書平章政事塔斯哈雅，（舊作塔失海牙。）坐受贓杖免。

55 丁酉，帝至自上都。

56 庚子，安陸府漢水溢，壞民田，賑之。

57 冬，十月，辛丑朔，修佛事於大內。

58 庚戌，親饗太廟，以中書左丞相拜珠亞獻，御史大夫特實克（克實）終獻。

59 壬子，拜珠獻嘉禾，兩莖同穗。

60 癸丑，敕：「翰林、集賢官年七十耆毋致仕。」

61 延祐間，朔漠大風，羊馬駝畜盡死，蒙古人民流散，以子女鬻於回回、漢人爲奴婢。拜珠以興王根本之地，其民宜加賑卹，請立宗仁衞統之，命縣官贖置衞中以遂生養，詔從之，且令給子女冬衣。

62禁中書掾曹毋洩機事。

63己巳，遣雅克特穆爾（舊作燕鐵木兒。）巡邊。雅克特穆爾，綽和爾（舊作牀兀兒。）第三子也，時爲左衞親軍都指揮使。

64十一月，乙亥，幸大護國仁王寺。

65戊寅，羣臣上尊號曰繼天體道敬文仁武大昭孝皇帝。己卯，詔天下。拜珠請釋囚，不允。

66庚辰，益壽安山寺役卒三千人。

67辛巳，命御史大夫特實克（克實）領左、右阿蘇衞。（舊作阿速衞。）

初，世祖立阿蘇巴圖達嚕噶齊，（舊作阿速拔都達魯花赤。）後招集阿蘇軍三千七百餘人，扈從車駕，掌宿衞禁城兼營潮河、蘇沽兩州（川）屯田，併供給軍儲。本隸前後二衞，武宗至大初，始改立左、右衞阿蘇親軍都指揮使司，至是以特實克（克實）領之。

68丙申，敕立故丞相安圖碑於保定新城。【考異】元文類載元明善所撰碑文，云碑建大都良鄉之通逵，與元史作新城者微異。錢辛楣曰：初擬立石良鄉，後乃定於新城也。其地名高碑店，蓋以碑得名，距涿州三十里，實新城西北境。

69右丞相特們德爾，廣樹朋黨，凡不附己者，必以事去之。尤惡平章王毅，右丞高昉，因在京諸倉糧儲失陷，欲奏誅之。左丞相拜珠密言於帝曰：「論道經邦，宰相事也，以金穀細務責之，可乎？」帝然之，俱得不死。

特們德爾忌拜珠方正，每與其黨密謀中害之。左右得其情，乘間以告，且請備之，拜珠曰：「我祖宗爲國元勳，世篤忠貞，百有餘年；我今年少，叨受寵命，蓋以此耳。大臣協和，國之利也。今以右相讐我，我求報之，非特吾二人之不幸，亦國家之不幸。吾知盡吾心，上不負君父，下不負士民而已。死生禍福，天實鑒之，汝輩勿復言。」至是奉詔往新城爲其祖立碑，特們德爾久稱疾，聞拜珠行，將出涖省事。入朝，至內門，帝遣蘇蘇舊作速速，今改。賜之酒，且曰：「卿年老，宜自愛，待新年入朝未晚。」遂怏怏而還。

70(十二月)，辛丑，立伊奇哩舊作亦啓烈，今改。氏爲皇后，遣攝太尉、中書右丞相特們德爾持節授玉册、玉寶。

71庚戌，作太廟正殿。

72甲寅，幸西僧灌頂寺。

73疏玉泉河。

74甲子，命帝師往西番受具足戒，賜金千三百五十兩，銀四千五十兩，幣帛萬匹，鈔五十萬貫。

75以諸王錫濟伯（舊作怯伯。）使者數入朝，發兵守北口及盧溝橋。

76乙丑，置中瑞司，冶銅五十萬觔作壽安山寺佛像。

77特們德爾雖家居，其黨布列朝中，事必稟於其家；以拜珠故，不得大肆其奸，百計傾之，終不能遂。

在京倉曹管庫之職，歲終例應注代，時左丞張思明稱疾不出，衆皆顧望。拜珠以事不可緩，乃日坐省中，謂僚屬曰：「左丞病，省事遂廢乎？」郎中李處恭曰：「金穀之職，須愼選擇，不得其人，未敢遽擬。」拜珠曰：「汝爲賣官之計耳。」遣人善慰思明，思明乃出，共畢銓事。

78是歲，集賢侍講學士李孟卒。

孟既罷政左遷，嘗語人曰：「老臣待罪中書，無補於國，聖恩寬宥，不奪其祿，今老矣，其何以報稱！」帝聞而善之，恩意稍加。及卒，御史累章辨其誣，詔復元官，贈舊學同德翊戴輔治功臣，進封魏國公，謚文忠。

79樞密院副使吳元珪與知樞密院事特穆爾布哈上軍民之政十餘事，大抵言「諸王、近侍不可干軍政，管軍官吏不可漁取軍戶，軍官之材者當遷其職，有司賦役當務均一，而軍民不可有所偏，軍官襲職惟傳嫡嗣，而支庶不可有所亂」，帝並嘉納，詔施行之。

80 以右侍儀兼修起居注星吉爲監察御史。

星吉，河西人，少給事仁宗潛邸，以精敏稱，故帝擢用之。在臺中，直聲大著。

至治二年（壬戌、一三二二）

1 春，正月，庚午，廣太廟。

2 甲戌，禁漢人執兵器出獵及習武藝。

3 丁丑，親祀太廟。始備法駕，設黃麾大仗。帝服通天冠、絳紗袍，出自崇天門，左丞相拜珠攝太尉以從。帝顧拜珠曰：「朕用卿言，舉行大禮，亦卿所共喜也。」對曰：「陛下以帝王之道化成天下，非獨臣之幸，實四海蒼生所共慶也。」致齋大次，行酌獻禮，升降周旋，儼若素習，中外肅然。明日還宮，拜珠率百官稱賀於大明殿。執事之臣及導駕者老賜金帛有差。拜珠又奏建太廟前殿，議行祫禘配饗等禮。

4 戊寅，敕有司存卹孔氏子孫貧乏者。

5 辛巳，敕：「臺憲用人，勿拘資格。」

6 儀封縣河溢傷稼，賑之。

7 癸未，流徽政院使羅源於耽羅。

8 柳林行殿成。

9 癸巳，以西僧羅藏爲司徒。

10 二月，庚子，置左右奇徹衞（舊作欽察衞。）親軍都指揮使司，命拜珠總之。

11 罷上都歇山殿及帝師寺役。

12 辛丑，賜特實克（克實）父祖碑。

13 甲寅，以太廟役軍造流杯池行殿。

14 乙卯，以西僧（亦思剌蠻展普）有疾，釋大辟四一人，笞罪二（十）人。

15 三月，己巳朔，（校者按：朔字衍。）左丞相拜珠以學校政化大源，似緩實急，而主者不務盡心，遂致廢弛，請令中書平章政事廉恂、參議中書省事張養浩、都事富珠哩翀（舊作孛朮魯翀。）董之；外郡學校，仍命御史臺、翰林院、國子監同議興舉，從之。

16 辛未，禁捕天鵝，違者籍其家。

17 丙子，罷京師諸營繕役卒四萬餘人。

18 河間、河南、陝西十二郡春旱秋霖，民飢，免其租之半。

19 戊寅，修大都城。

20 庚辰，敕：「江浙僧寺田，除宋故有永業及世祖所賜者，餘悉稅之。」

21 丙戌，復置市舶提舉司於泉州、慶元、廣東三路，禁女子〔子女〕、金銀、絲綿下番。

22 丁亥，鳳翔道士王道明，以妖言伏誅。

23 己丑，命有司建穆呼哩祠於東平，仍樹碑。

24 以國用匱竭，停諸王賞賚及皇后歲賜。

25 庚寅，命將作院更製冕旒。

26 辛卯，監察御史何守謙，坐贓杖免。

27 丁酉，幸柳林，駙馬許訥之子蘇拉（舊作速怯。）訴曰：「臣父謀叛，臣母私從人。」帝曰：「人子事親，有隱無犯。今有過不諫，乃復告訐！」命誅之。

28 帝從容謂拜珠曰：「朕思天下之大，非朕一人思慮所及。汝爲朕股肱，毋忘規諫，以輔朕之不逮。」拜珠頓首謝曰：「昔堯、舜爲君，每事詢衆，善則舍己從人，萬世稱聖。桀、紂爲君，拒諫自賢，悅人從己，好近小人，國滅而身不保，民到於今稱爲無道之主。臣等仰荷洪恩，敢不竭忠以報。然凡事言之則易，行之則難，臣等不言，則臣之罪也。」又嘗謂拜珠曰：「今亦有如唐魏徵之敢諫者乎？」對曰：「槃圓則水圓，盂方則水方。有太宗納諫之君，則有魏徵敢諫之臣。」或言佛教可治天下者，帝問之，對曰：「清淨寂滅，自治可也；若治天下，舍仁義則綱常亂矣。」帝皆嘉納之。

29夏，四月，戊戌朔，帝如上都。中書左司都事富珠哩翀從帝次龍虎臺，丞相拜珠命翀傳旨中書，翀行數步還，曰：「命翀傳否？」拜珠歎曰：「眞謹飭人也！」間謂翀曰：「爾可作宰相否？」翀對曰：「宰相固不敢當，然所學，宰相事也。夫爲宰相者，必福、德、才、量四者皆備，乃足當耳。」拜珠大悅，以酒觴翀曰：「非公不聞此言。」

30乙丑，中書省臣請節賞賚以紓民力，帝曰：「朕思所出倍於所入，出納之際，卿輩宜愼之，朕當撙節其用。」

31五月，己巳，修滹沱河隄。

32庚午，奉符、臨邑二縣民謀逆，其守〔首〕王驢兒伏誅，餘杖流之。

33庚辰，〔置營於永平〕，收養蒙古子女，遣使諭四方，匿者罪之。

34癸未，置仁宗〔宗仁〕蒙古侍衞親軍都指揮使司，以拜珠領其事。

35甲申，帝幸五臺山，拜珠曰：「自古帝王得天下以得民心爲本，失其心則失天下。錢穀，民之膏血，多取則民困而國危，薄斂則民足而國安。」帝曰：「卿言甚善。朕思之，民爲重，君爲輕，國非民則何以爲君！今理民之事，卿等當熟慮而愼行之。」

36甲申，以吳全節爲玄教大宗師，特進上卿。

37閏月，戊戌，封諸葛忠武侯爲威烈忠武顯靈仁濟王。

38 癸卯，禁白蓮佛事。

39 甲辰，御史臺請黜監察御史不稱職者以示懲勸，從之。

40 戊申，以特們德爾子同知樞密院事拜坦（舊作班丹。）知樞密院事。

41 壬子，作紫檀殿。

42 丙寅，辰州沅陵縣峒蠻爲寇，遣兵捕之。

43 敕：「已除不赴任者，奪其官。」

44 六月，丁卯朔，帝至五臺山，禁扈從宿衞毋踐民禾。

45 癸酉，申禁日者妄談天象。

46 丙子，修渾河隄。

47 壬午，辰州江水溢，壞民廬舍。

48 是月，前翰林學士承旨趙孟頫卒，追封魏國公，謚文敏。

49 秋，七月，丁未，賜拜珠平江田萬畝。拜珠辭曰：「陛下命臣釐正庶務，若先受賜田，人其謂我何！」帝曰：「汝勳舊子孫，加以廉愼，人或援例，朕自諭之。」

50 帝自五臺還，戊午，次應州；辛酉，次渾源州。拜珠奏召中書左丞張思明至，數其罪，杖而免之，籍其家。【考異】元史張思明傳云：拜珠與特們德爾各樹朋黨，賊害忠良，思明懼禍及，累表辭不獲。後竟誣以不支蒙古子女口糧，餓死四百人，遂廢於家。拜珠傳云：特們德爾引張思明以助己，思明爲盡力，忌拜珠，與其黨謀中害之。此采兩家碑誌以入傳。然拜珠以忠死，而特們德爾爲權倖，觀其所與，則思明之爲人可知矣。今從紀。

51 八月，己巳，道州寧遠縣民符翼軫作亂，有司討擒之。

52 甲戌，帝次奉聖州，築宗仁衞營。

53 帝留意民事，戊寅，詔畫蠶麥圖於鹿頂殿壁，以時觀之。

54 庚辰，增壽安山寺役卒七千人。

55 庚寅，太師、中書右丞相特們德爾卒於家，命給直市葬地。

56 九月，丙辰，太皇太后鴻吉哩氏崩。

57 庚申，敕停今冬祀南郊。

58 癸亥，地震。

59 甲子，作層樓於涿州鹿頂殿西。

60 冬，十月，丁卯朔，（校者按：朔字衍。）太史院請禁明年興作土工，從之。

61 戊辰，饗太廟。先是太常奏，國哀以日易月，旬有二日外乃舉祀事，帝曰：「太廟禮不可廢，迎香去樂可也。」至是以廟工未畢，妨陳宮縣，止用登歌。

62 丙子，江南行臺御史大夫托克托，（舊作脫脫。）坐請告未得旨輒去職，杖謫雲南，從御史大夫特實克奏也。

63 甲申，建太祖神御殿於興教寺。

64 己丑，以中書左丞相拜珠爲右丞相，監修國史。帝欲爵以三公，懇辭，遂不置左相，獨任以政。參議中書省事王結言於拜珠曰：「爲相之道，當正己以正君，正君以正天下。除患不可猶豫，猶豫恐生他變。服用不可奢僭，奢僭則害及於身。」拜珠深是之。

65 治書侍御史索諾木罷，爲翰林侍講學士，特實克〔克實〕奏復其職，帝不允。

66 十一月，甲午朔，日有食之。

67 己亥，以立右丞相，詔：「天下流民復業者，免差稅三年。站戶貧乏鬻賣妻子者，官贖還之。凡差役造作，先科商賈末技富貴之家，以優農力。免陝西明年差稅十之三，各處官佃田明年租之十二；江淮創科包銀全免之。」

68 監察御史李端，言近者京師地震，日月薄蝕，皆臣下失職所致，帝自責曰：「是朕思慮不及致然。」因敕羣臣亦當修飭以謹天戒。

69 罷世祖以後冗置官。

70 括江南僧有妻者爲民。

71 癸卯，地震。

72 甲辰，罷徽政院。

73 丙午，造龍船三艘。

74 御史李端言：「朝廷雖設起居注，所錄皆臣下聞奏事目。上之言動，亦宜悉書之以付史館。世祖以來所定制度，宜著爲令，使吏不得爲奸，治獄者有所遵守。」並從之。

75 乙卯，宣德縣地震。

76 初，浙民吳機，以累代失業之田賣於司徒劉夔，夔賂宣政使巴喇吉斯（舊作八剌吉思。）買置諸寺，以益僧廩，矯詔出庫鈔六百五十萬貫酬其直。田已久爲他人之業，特們德爾父子及特實克等，上下蒙蔽分受之，爲贓巨萬。眞人謝（蔡）道泰，以奸殺人，獄已成，特們德爾納其金，令有司變其獄。拜珠舉奏二事，命臺鞫察（察鞫）之，盡得其情，以田歸主，夔、道泰、巴喇吉斯等皆坐死，並籍其家。刑部尚書布達實哩坐受道泰金，范德郁坐詭隨，並杖免。特赦特實克。

77 十二月，甲子朔，南康、建昌大水，山崩，死者四十七人，民飢，命賑之。

78 丁卯，中書平章政事瑪嚕（舊作買驢。）罷爲大司農，廉恂罷爲集賢大學士。以集賢大學士張珪爲平章政事。

珪家居已久，帝召見於易水之上，曰：「四世舊臣，朕將畀卿以政。」珪辭歸，遣近臣設醴。拜珠問珪曰:「宰相之體何先?」珪曰:「莫先於格君心,莫急於廣言路。」時拜珠方欲召用致仕老臣,優其祿秩,議事中書,遂首薦珪,起爲集賢大學士。至是復拜平章,侍宴萬壽山,賜以玉帶。

79戊辰,以掌道教張嗣成、吳全節、藍道元各三授制命、銀印,敕奪其二。

80癸未,以地震、日食,敕廷臣集議弭災之道。中書平章政事張珪抗言於坐曰:「弭災當究其所以致災者。漢殺孝婦,三年不雨。蕭、楊、賀冤死,獨非致沴之端乎?死者固不可復生,而情義猶可昭白,毋使朝廷終失之也。」

81禁近侍奏取沒入錢物。

82丙戌,賜淮安忠武王巴延(舊作伯顏。)祠祭田二十頃。

83西僧(灌頂)疾,請釋囚,帝曰:「釋囚祈福,豈爲師惜!朕思惡人屢赦,反害善良,何福之有!」

宣徽院言,世祖時輝吉喇(舊作晃吉剌。)歲輸尙食羊二千,成宗時增爲三千,今請增五千,帝不許,曰:「天下之民,皆朕所有,如有不足,朕當濟之。若加重賦,百姓必致困窮,國亦何益!」命遵世祖舊制。

84是月,兩江來安路總管岑世興,葛蠻安撫司副使龍仁貴,皆以其地作亂,柔遠州峒蠻把者爲寇，並遣兵討捕之。

85是歲，山北廉訪司經歷許有壬，遷江南行臺監察御史，行部廣東，以貪墨劾罷廉訪副使哈質蔡衍。（舊作哈只蔡衍。）至江西，會廉訪使苗好謙監焚昏鈔，檢視鈔者日至百餘人，好謙恐其有弊，痛鞭之，人畏罪，率剔眞爲僞以迎其意。管庫吏而下，搒掠無全膚，訖莫能償。有壬覆視，率眞物也，遂釋之。凡勢官豪民，有壬悉擒治以法，部內肅然。

86甘肅歲糴糧於蘭州，多至二萬石，距寧夏各千餘里至甘州，自甘州又千餘里始達伊集納（舊作亦集乃。）路，而寧夏距伊集納僅千里。至是行省平章柰瑪台（舊作乃蠻台。）令輓者自寧夏徑趨伊集納，歲省費六十萬緡。柰瑪台，穆呼哩五世孫也，性明果善斷，所至有治聲。

至治三年（癸亥、一三二三）

1春，正月，癸巳朔，以禹城縣去秋霖雨，縣人邢著、程進出粟以賑飢民，命旌其門。

2己亥，思明州盜起，湖廣行省督兵捕之。

3庚子，刑部尙書烏訥爾，（舊作烏馬兒。）坐贓杖免。

4壬寅，以行省平章政事復兼總軍政，軍官有罪，重者以聞，輕者就決。

5罷上都、雲州、興和、宣德、蔚州、奉聖州及鷄鳴山、房山、黃蘆、三叉諸金銀冶，聽民采鍊，以十分之三輸官。

6起前樞密院副使吳元珪、王約爲集賢大學士，翰林侍講學士韓從益爲昭文館大學士，並商議中書省事。

丞相拜珠又言前集賢侍講學士趙居信，直學士吳澄，皆有德老儒，請徵用之，帝喜曰：「卿言適副朕心，更當使訪山林隱逸之士。」遂以居信爲翰林學士承旨，澄爲學士。王約年老，俾以其祿家居，每日一至中書，時政多所參酌。

7帝嘗謂臺臣曰：「朕深居九重，臣下奸貪，民生疾苦，豈能周知！故用卿等爲耳目。曩者特們德爾貪蠹無狀，汝等拱默不言。其人雖死，宜籍其家以懲後也。」辛亥，申命御史大夫特實克振舉臺綱，詔諭中外。

8壬子，遣回回礮手萬戶赴汝寧、新蔡，遵世祖舊制教習礮法。

9靜江、邕、柳諸郡獠爲寇，命湖廣行省督兵捕之。

10丙辰，泉州民留應總作亂，命江浙行省遣兵捕之。

11辛酉，禁故殺子孫誣平民者。

12初，四川行省平章政事趙世延，爲其弟訟不法事，繫獄待對，其弟逃去，特們德爾必欲殺之，有司承望風旨，數脅令自裁，世延終不爲動。至是丞相拜珠爲言其無罪，詔釋之。仍著令：「原告逃百日不出，則釋待對者。」

13二月，癸亥朔，作上都華嚴寺、帝師帕克斯巴寺及丞相拜珠第，役軍六千二百人。

14定軍官襲職，嫡長子孫幼者，令諸兄弟攝之，所受制敕書權襲，以省爭訟。

15丙寅，翰林國史院進仁宗實錄。進前數日，監修拜珠詣國史院聽讀首卷，書大德十年事，不書左丞相哈喇哈斯（舊作哈剌哈孫。）定策功，惟書越王圖喇（舊作禿剌。）勇決。拜珠從容謂史官曰：「無左丞相，雖百越王何益！錄鷹犬之勞而略發蹤指示之人，可乎？」立命書之。其他筆削未盡然者，一一正之。人皆服其卓職（識）。

16己巳，修廣惠河牐十有九所，治野狐、桑乾道。

17癸酉，畋於柳林。帝顧謂拜珠曰：「近者地道失寧，風雨不時，豈朕纂承大寶行事有闕歟？」對曰：「地震自古有之，陛下自責固宜，亦由臣等失職，不能燮理。」帝曰：「朕在位三載，於兆姓萬物，豈無乖戾之事！卿等宜與百官議，有便民利物者，朕卽行之。」

18拜珠患法制不一，有司無所守，請詳定舊典以爲通制。於是命樞密副使完顏納坦、集賢學士侍御史曹伯啓纂集累朝格例而損益之。書成，辛巳，奏上，凡二千五百三十九條，名曰大元通制，頒行天下。伯啓言：「五刑者，刑異五等。今黥、杖、徒役於千里之外，百無一生還者，是一人身備五刑，非五刑各底於人也，法當改易。」丞相雖是之而不果行。

19丙戌，雨土。

20 造五輅旗。

21 丁亥，敕金書藏經二部，命拜珠等總之。

22 戊子，封鷹師布哈舊作不花，今改。爲趙國公。

23 辛卯，以太子賓客巴圖（舊作伯都。）廉貧，賜鈔十萬貫。

24 三月，壬辰朔，帝如上都。

25 丁酉，平江路嘉定州饑，發粟六萬石賑之。

26 丁酉（未），西番參卜郎諸族叛，敕鎭西武靖王綽斯監（舊作搠思班。）等發兵討之。

27 戊申，祔太皇太后於順宗廟室，上尊謚曰昭獻元聖皇后。

28 辛亥，以圓明、王道（明）之亂，禁僧、道度牒符籙。

29 丙辰，敕：「醫、卜、匠官，居喪不得去職，七十不聽致仕，子孫無廕敍，能紹其業者量材錄用。」

30 監察御史拜珠、嘉琿，（舊作敎化。）坐舉巴斯爾濟蘇（舊作八里吉思。）失當，並黜免。

31 夏，四月，壬戌朔，敕天下諸司命僧誦經十萬部。

32 丁卯，旌內黃縣節婦王氏。

33 己巳，浚金河水（水河）。

34甲戌，敕都功德司〔使〕庫爾嚕（舊作闊兒魯。）至京師。釋囚大辟三十一人，杖五十七以上者六十九人。放籠禽十萬，命有司償其直。

35己卯，詔行助役法，遣使攷視稅籍高下，出田若干畝，使應役之人更掌之，收其歲入以助役費，官不得與。

36五月，庚子，大風，雨雹，柳林行宮大木盡拔。

37辛丑，以特克實獨署御史大夫事。

38戊申，監察御史蓋繼元、宋翼，言特們德爾奸貪負國，生逃顯戮，死有餘辜，乃命毁所立父祖碑，并追官爵及封贈制書，籍沒其家貲，告諭中外。

39帝御大安閣，見太祖、世祖遺衣，皆以縑素木棉爲之，重加補綴，嗟歎良久，謂世〔侍〕臣曰：「祖宗創業艱難，服用節儉乃如此，朕焉敢頃刻忘之！」

40戊午，奉元行宮正殿災，上都利用監庫火，帝命衞士撲滅之。因語羣臣曰：「世皇始建宮室，於今安焉，至朕而毁，實朕不能圖治之故也。」奇徹衞兵戍邊，有卒累功，請賞以官，帝曰：「名爵豈賞人之物！」賜鈔三千貫。

41六月，寇圍寧都，州民孫王臣出糧餉軍，旌其門。

42丁酉〔卯〕，西番參卜郎諸寇未平，遣徹政使丑嚕（舊作醜驢。）往督師。

43壬申，將作院使哈撒布哈，（舊作哈撒兒不花。）坐罔上營利，杖流之，籍其家。

44留守司以雨請修都城，詔以不宜大興土功，其略完之。

45癸酉，太常請纂修累朝儀禮，從之。

46乙酉，諸王錫（濟）伯數寇邊，至是遣使來降，帝曰：「朕非欲彼土地人民，但吾民不罹邊患，軍士免於勞役，斯幸矣。今既來降，當厚其賜以安之。」

47秋，七月，辛卯朔，宣政使奇徹台（舊作欽察台。）自傳旨署事，中書以體制非宜，請通行禁止，從之。

48癸卯，太廟成。前殿十有五間，東西二門爲夾室，南向。

49知樞密院事拜坦，坐贓杖免。

50乙巳，招諭左右兩江黃勝許、岑世興。

51己酉，丞相拜珠，以海運糧視世祖時頓增數倍，今江南民力困極而京倉充滿，請歲減二十萬石；帝遂併特們德爾增科江淮糧免之。

52丙辰，御史臺請降旨開言路，帝曰：「言路何嘗不開，但卿等選人未當耳。朕知嚮所劾者，率由宿怨羅織成獄，加之以罪，遂玷其人，終身不復伸。御史嘗舉巴爾濟蘇可任大事，未幾，以貪墨伏誅。言路遷（選）人，當乎否乎？」

時特們德爾兩子俱獲罪，毀碑籍貲，明致其罰。帝方委任拜珠，以進賢退不肖爲急務。特克實以奸黨不自安，而帝又屢飭臺臣以阿比特們德爾之事，特克實由是益懼。

53是月，冀寧、興和、大同三路隕霜。

54帝在上都，夜寐不寧，命作佛事；拜珠以國用不足諫止之。既而奸黨懼誅者，復陰誘羣僧，言國當有厄，非作佛事而大赦，無以禳之，拜珠叱曰：「爾輩不過圖得金帛而已，又欲庇有罪耶？」奸黨聞之，知必不免，遂萌逆圖。

八月，辛酉，晉王獵於圖喇之地，特克實遣烏魯斯舊作斡羅思，今改。告曰：「我與哈克繖、（舊作哈散。）額森特穆爾、舊作也先帖木兒，今改。實達爾舊作失禿兒，今改。謀已定，事成，推立王爲皇帝。」又令烏魯斯以其事告晉王之內史都爾蘇，舊作倒剌沙，今改。且言：「汝與巴蘇呼舊作馬速忽，今改。知之，勿令舒瑪爾節舊作旭邁傑，今改。得聞也。」晉王命囚烏魯斯，遣巴勒密實特（舊作別烈迷失。）等赴上都，以逆謀告。【考異】元史泰定紀云：王府內史都爾蘇得幸於帝，常偵伺朝廷事機，以其子哈克繖事丞相拜珠，且入宿衞。久之，哈克繖歸，言御史大夫特克實意相忤，欲傾害之。至治三年，三月，宣徽使哈坦（舊作探忒。）來王邸，爲都爾蘇言：「主上將不容於晉王，汝盍思之！」於是都爾蘇與哈坦深相要結。是以晉王之臣素有窺覦之心也。紀又云：特克實遣烏魯斯來告，事成，推立王爲皇帝。於是王命囚烏魯斯，遣巴勒密實特以逆謀告。天（夫）遣人告逆謀，則晉王素非預謀者矣。紀文前後自相矛盾，蓋爲天曆詔書所惑也。天曆欲得大位，不得不加泰定以惡名，不盡當時實事也。元史拜珠傳祇言晉王遣人以逆謀告，而不言其偵伺及深相要結，當得其實，今從傳。

帝南還。癸亥，駐蹕南坡，晉王之使未至。是夕，特克實、額森特穆爾、實達爾與前中書平章政事齊勤特穆爾、舊作赤因鐵木兒，今改。前雲南行省平章政事鄂勒哲、舊作完者，今改。特們德爾之子前治書侍御史索諾木、特克實之弟宣徽使索諾木、典瑞院使託和齊、舊作托火赤，今改。樞密院副使阿薩爾、舊作阿散，今改。簽書樞密院章岱、舊作章台，今改。衞士圖們舊作禿滿，今改。及諸王額特布哈、舊作按梯不花，今改。博囉、舊作孛羅，今改。伊嚕特穆爾、舊作月魯帖木兒，今改。庫庫布哈、舊作曲呂不花，今改。（後改譯卒魯克布哈。）烏魯斯布哈舊作兀魯思不花，今改。等，以特克實所領阿蘇衞兵爲外應，殺右丞相拜珠，而特克實直犯禁幄，手弒帝於臥所。年二十一，從葬諸帝陵。

帝性剛明，嘗以地震，減膳，徹樂，避正殿，有近臣稱觴以賀，問：「何爲賀？朕方修德不暇，汝爲大臣，不能匡輔，反爲諂耶？」斥出之。嘗戒羣臣曰：「卿等居高位，食厚祿，當勉力圖報。苟或貧乏，朕不惜賜汝；若爲不法，則必刑無赦。」巴爾濟蘇下獄，謂左右曰：「法者，祖宗所制，非朕所得私。巴爾濟蘇雖事朕日久，今有罪，當論如法。」嘗御鹿頂殿，謂拜珠曰：「朕以幼沖，嗣承大業，錦衣玉食，何求不得！惟我祖宗櫛風沐雨，戡定萬方，曾有此樂耶？卿元勳之裔，當體朕至懷，毋忝爾祖！」拜珠頓首謝曰：「創業維艱，守成不易，陛下言及此，億兆之福也。」又謂大臣曰：「中書選人署事未旬日，御史臺卽改除之。臺除亦然。

今山林之士，遺逸良多，卿等不能盡心求訪，惟以親戚故舊更相引用耶？」其明斷如此。然以果於刑戮，奸黨懼誅，遂搆大變云。

55張珪在大都，聞南坡之變，密言於監省魏王庫庫圖舊作徹徹禿，今改。曰：「我世爲國忠臣，不敢愛死。事已如此，大統當在晉邸。我有密書陳誅逆定亂之宜，非王莫敢致。」庫庫圖曰：「公誠忠，萬一事泄，得無危乎？」珪曰：「事成，王之功，不成，吾家甘虀粉萬死，不敢以言累王。」庫庫圖乃遣人達珪書於晉王，且勸進。【考異】虞集撰張珪墓志銘備載其達書晉王之事，而元史本傳删之。修元史者，承天曆下詔之後，似於泰定之宜立與否尚疑而未定也。錢辛楣曰：湯陰縣有增修扁鵲廟記石刻，其云皇太孫梁王者，晉王噶瑪喇，（舊作甘麻剌。）世祖之孫，裕宗之長子，時以梁王出鎭雲南，故云開府西南海也。元初，諸王之子通稱太子，然不得稱皇太子，以示別也。噶瑪喇以嫡長孫稱皇太孫，是當時固有儲貳之望。其後讓國成宗，退守藩服，有吳泰伯風。故至治之末，中外推戴晉王無異言。乃〔及〕天曆干位，乃倡言晉王不宜立，誣罔之詞，難以取信於天下後世矣。按錢說所引皇太孫，最爲確據，今併載張珪之言，以存當日之公論云。

56諸王額特布哈舊作按梯不花，今改。及額森特穆爾舊作也先帖木兒，今改。奉皇帝璽綬北迎晉王於鎭所。癸巳，晉王卽皇帝位於龍居河，大赦天下。

是日，以知樞密院事額森特穆爾爲中書右丞相，以內史都爾蘇爲中書平章政事，奈曼台爲中書右丞，御史大夫特克實知樞密院事，博囉爲宣徽院使，舒瑪爾節爲宣政院使。

乙未，以樞密副使阿薩爾爲御史中丞，內史善僧爲中書左丞。

丁酉，以鄂勒哲知樞密院事，圖們同簽樞密院事。

戊戌，以薩迪密實知樞密院事，章台同知樞密院事。

57 己亥，敕諭百司：「凡銓授官，遵世祖舊制，惟樞密院、御史臺、宣政院、宣徽院得自奏聞，餘悉由中書。」

58 辛丑，以瑪謨錫（舊作馬某沙。）知樞密院事，實達爾爲大司農。

59 召諸王屬流徒〔徙〕遠地及還元籍者二十四人還京師。

60 冬，十月，癸亥，修佛事於大明殿。

61 特克實之變，諸王邁努（舊作買奴，今改。）逃赴潛邸，願效死力，且言於帝曰：「不誅元凶，則陛下善名不著，天下後世何從而知！」帝深然之。

甲子，以舒瑪爾節爲中書右丞相，陝西行省左丞圖魯、（舊作禿魯。）通政院使寧珠（舊作紐澤，今改。）並爲御史大夫，蘇蘇（舊作速速。）爲御史中丞。遣使至大都，以即位告天地、宗廟、社稷。命舒瑪爾節、寧珠誅逆賊特克實、實達爾、齊勒特穆爾、託和齊、章岱等於大都，並戮其子孫，籍沒家產，惟特們德爾子索諾木議遠流，張珪曰：「索諾木從逆賊，親斫丞相拜珠，乃欲活之耶？」

初，特克實使齊勤特穆爾遽至京師，趣召兩院學士北上，翰林學士曹元用獨不行，曰：「此非常之變，吾寧死，不可曲從也。」未幾，賊伏誅，人服其先見之明。

62壬申，以內史諸達庫（舊作按答出。）爲太師、知樞密院事。

63癸未，以舒瑪爾節兼阿蘇衞達嚕噶齊。

64八番、順元及靜江、大理、威楚諸路猺兵爲寇，（丙戌，敕）湖廣、雲南二省招諭之。

65十一月，己丑朔，帝次於中都，修佛事於昆剛殿。

66辛丑，車駕至大都。丁未，御大明殿，受諸王、百官朝賀，

67初，特克實遣使至大都，封府庫，收百司印。監察御史許有壬知事急，卽往告中丞董守庸。守庸謂：「宮禁事非子所當問。」有壬卽疏守庸及經歷多爾濟班、（舊作朵兒只班。）監察御史郭額森呼都（舊作郭也先忽都。）附特克實之罪以俟，及御史大夫寧珠至，有壬卽袖疏上之。辛亥，守庸坐黨特克實免官。

68壬子，敕營繕不急者罷之。

69癸丑，遣使詣曲阜，以太牢祀孔子。

70敕會福院奉北安王納穆罕（舊作那木罕。）像於高梁（良）河寺。

71祭遁甲五福神。

72丙辰，御史中丞蘇蘇，坐貪淫免官。

73丁巳，廣州路新會縣民汜長弟作亂，廣東副元帥烏訥爾率兵捕之。

74詔：「凡有罪自首者，原其罪。」

75十二月，己未，御史臺經歷多爾濟巴勒、御史徹里達漢、（舊作撒兒塔罕。）烏圖曼、（舊作兀都蠻。）郭額森呼圖，並坐黨特克實免官。

76監察御史許有壬言：「曩者特們德爾專政，誣殺楊多爾濟、蕭拜珠、賀勝、觀音保、索約勒、哈迪密實，黥竄成珪、李謙亨，罷免王毅、高昉、張志弼，而趙世延受禍尤慘，天下咸知其冤。請昭雪之，存者召還錄用，死者贈官有差。」

77壬戌，浚鎭江路漕河及練湖。江浙行省言：「鎭江運河，全藉練湖之水爲上源，官司漕運及商賈、農民來往，其舟楫莫不由此。宋時專設人夫，以時修濬，瀦蓄潦水，若運河淺阻，開放湖水一寸，則可添河水一尺。近來淤淺，舟楫不通，凡有官物，差民運遞，甚爲不便。委官相視，疏治運河，自鎭江路至呂城壩長百三十一里，計役夫萬五百十三人，六十日可畢，又用三千餘人浚滌練湖，九十日可完，人日支糧三升，中統鈔一兩。」詔從之，以來春興工。

78戊辰，追尊皇考晉王噶瑪拉曰光聖仁孝皇帝，廟號顯宗，妣晉王妃鴻吉哩氏曰宣懿淑聖皇后。

79庚午，盜入太廟，竊仁宗及莊懿慈聖皇后金主。時參知政事瑪喇（舊作馬剌。）兼領太常禮儀使，當遷左丞，集賢大學士張珪曰：「太常奉祭祀不謹，當待罪，而反遷官，何以謝在天之靈？」命遂格。

80甲戌，命道士吳全節修醮事。

81乙亥，太常院言：「世祖以來，太廟歲惟一饗，先帝始復古制，一歲四祭，請裁擇之。」帝曰：「祭祀，大事也，朕何敢簡其禮！」命仍四祭。

82監察御史托克托、趙成慶等言：「特們德爾在先朝，包藏禍心，離間親藩，誅戮大臣，使先帝孤立，卒罹大禍。其子索諾木，親與逆謀，久逃天憲，宜正其罪，以快元元之心。伊魯托克托、（舊作月魯禿禿。）呼薩敦，（舊作哈速敦。）皆特克實之黨，不宜寬宥。」遂並伏誅。

83丙子，命嶺北守邊諸王修佛事以卻寇兵。

84己卯，命僧作佛事於大內以厭雷。

85癸未，流諸王伊嚕特穆爾於雲南，額特布哈於海南，庫魯克布哈（舊作曲律不花。）於尼嚕罕，舊作奴兒干，（前改作紐爾干。）今改。博囉及烏魯斯布哈於海島，並坐與特克實逆謀也。

86乙酉，諭百司惜名器，各遵世祖定制。

87丙戌，舒瑪爾節言：「宗戚之中，能自拔逆黨，盡忠朝廷者，惟有諸王邁努，請加封賞，以示激勸。」遂以泰寧縣五千戶封邁努爲泰寧王。

88丁亥，議賞討逆功，賜舒瑪爾節金銀鈔，都爾蘇爲中書左丞相，瑪謨錫、寧珠、索多舊作鎖禿，今改。並加授光祿大夫。

89詔改明年元曰泰定。

90雲南花腳蠻爲寇，詔招諭之。